中南财经政法大学"互联网金融犯罪治理"项目（编号31712110702）阶段性成果

企业管理
常见刑事风险及防控

童德华　童高波　著

WUHAN UNIVERSITY PRESS
武汉大学出版社

图书在版编目（CIP）数据

企业管理常见刑事风险及防控/童德华,童高波著.—武汉：武汉大学出版社,2022.8

　ISBN 978-7-307-23133-7

　Ⅰ.企…　Ⅱ.①童…　②童…　Ⅲ.企业—刑事犯罪—研究—中国
Ⅳ.D924.114

中国版本图书馆 CIP 数据核字（2022）第 102781 号

责任编辑:陈　帆　　责任校对:李孟潇　　版式设计:马　佳

出版发行:**武汉大学出版社**　　（430072　武昌　珞珈山）

　　　　（电子邮箱:cbs22@ whu.edu.cn 网址:www.wdp.com.cn）

印刷:武汉市宏达盛印务有限公司

开本:787×1092　1/16　印张:24.5　字数:578 千字　插页:2

版次:2022 年 8 月第 1 版　　2022 年 8 月第 1 次印刷

ISBN 978-7-307-23133-7　　定价:89.00 元

作 者 简 介

　　童德华，法学博士，中南财经政法大学刑法学、国家安全学教授，南湖法学特聘教授，博士生导师，中南财经政法大学廉政研究院副院长，中南财经政法大学刑事合规研究中心主任。

　　学术兼职有：中国刑法学研究会常务理事、湖北省法学会理事、湖北省法学会法学教育研究会常务理事、武汉市刑事法学会学术委员会主任委员、湖北省法学会诉讼法学研究会合规专业委员会主任委员。其他兼职有：湖北省纪委监委机关法律顾问、湖北省人民检察院听证员、武汉市人民检察院法律顾问等。

　　主要致力于中国刑法、比较刑法学和刑法现代化研究，并开展监察刑事法治化与职务犯罪风险防控相关研究。迄今为止，承担国家社科基金重点项目1项、国家社科基金一般项目1项、最高人民检察院重点课题1项、中国博士后基金1项、中国法学会项目2项，主持省人大立法项目1项。已经出版个人专著16部。发表政治学与刑法学论文120余篇。

　　童高波，毕业于武汉大学法学院。刑事辩护专业律师，湖北省律师协会刑事专业委员会委员。执业十八年来，专注于刑事辩护业务，致力于以刑法理论与司法实务相结合的方式进行刑事辩护技术研究。办理过金额逾百亿元的经济犯罪、高级国家公职人员职务犯罪、黑恶势力犯罪等重大刑事案件，积累了较为丰富的刑事辩护经验，经办案件多数取得了较好的辩护效果。近年来，积极进行企业刑事合规和刑事风险防控的理论与实务研究，发表了《药品保健品企业刑事合规建设前瞻——以大数据报告为视角》《刑事合规不起诉中律师作用初探》等文章。

目　　录

第一章　重大责任事故犯罪的风险及其防控

一、重大责任事故罪的立法规定

(一) 重大责任事故罪的行政法律法规及规章

为了使各行业的安全生产规范化，避免安全事故的发生，国务院及其相关部门陆续发布了《安全生产法》《安全生产许可证条例》《安全生产违法行为行政处罚办法》等行政性法律法规，另外还颁发了《矿山安全法实施条例》《关于加强防尘防毒工作的决定》等大量专门性行业性规章。

(二) 重大责任事故罪的刑法及司法解释

1. 《刑法》规定

第一百三十四条　在生产、作业中违反有关安全管理的规定，因而发生重大伤亡事故或者造成其他严重后果的，处三年以下有期徒刑或者拘役；情节特别恶劣的，处三年以上七年以下有期徒刑。

2. 司法解释

(1) 最高人民检察院、公安部《关于公安机关管辖的刑事案件立案追诉标准的规定 (一) 》 (公通字 [2008] 36 号)

第八条　[重大责任事故案 (刑法第一百三十四条第一款)] 在生产、作业中违反有关安全管理的规定，涉嫌下列情形之一的，应予立案追诉：

(一) 造成死亡一人以上，或者重伤三人以上的；

(二) 造成直接经济损失五十万元以上的；

(三) 发生矿山生产安全事故，造成直接经济损失一百万元以上的；

(四) 其他造成严重后果的情形。

(2) 最高人民法院、最高人民检察院《关于办理危害生产安全刑事案件适用法律若干问题的解释》 (法释 [2015] 22 号)

第一条　刑法第一百三十四条第一款规定的犯罪主体，包括对生产、作业负有组织、指挥或者管理职责的负责人、管理人员、实际控制人、投资人等人员，以及直接从事生产、作业的人员。

第六条　实施刑法第一百三十二条、第一百三十四条第一款、第一百三十五条、第一百三十五条之一、第一百三十六条、第一百三十九条规定的行为，因而发生安全事故，具有下列情形之一的，应当认定为"造成严重后果"或者"发生重大伤亡事故或者造成其他严重后果"，对相关责任人员，处三年以下有期徒刑或者拘役：

（一）造成死亡一人以上，或者重伤三人以上的；

（二）造成直接经济损失一百万元以上的；

（三）其他造成严重后果或者重大安全事故的情形。

第七条（部分）　实施刑法第一百三十二条、第一百三十四条第一款、第一百三十五条、第一百三十五条之一、第一百三十六条、第一百三十九条规定的行为，因而发生安全事故，具有下列情形之一的，对相关责任人员，处三年以上七年以下有期徒刑：

（一）造成死亡三人以上或者重伤十人以上，负事故主要责任的；

（二）造成直接经济损失五百万元以上，负事故主要责任的；

（三）其他造成特别严重后果、情节特别恶劣或者后果特别严重的情形。

第十条　在安全事故发生后，直接负责的主管人员和其他直接责任人员故意阻挠开展抢救，导致人员死亡或者重伤，或者为了逃避法律追究，对被害人进行隐藏、遗弃，致使被害人因无法得到救助而死亡或者重度残疾的，分别依照刑法第二百三十二条、第二百三十四条的规定，以故意杀人罪或者故意伤害罪定罪处罚。

第十一条　生产不符合保障人身、财产安全的国家标准、行业标准的安全设备，或者明知安全设备不符合保障人身、财产安全的国家标准、行业标准而进行销售，致使发生安全事故，造成严重后果的，依照刑法第一百四十六条的规定，以生产、销售不符合安全标准的产品罪定罪处罚。

第十二条　实施刑法第一百三十二条、第一百三十四条至第一百三十九条之一规定的犯罪行为，具有下列情形之一的，从重处罚：

（一）未依法取得安全许可证件或者安全许可证件过期、被暂扣、吊销、注销后从事生产经营活动的；

（二）关闭、破坏必要的安全监控和报警设备的；

（三）已经发现事故隐患，经有关部门或者个人提出后，仍不采取措施的；

（四）一年内曾因危害生产安全违法犯罪活动受过行政处罚或者刑事处罚的；

（五）采取弄虚作假、行贿等手段，故意逃避、阻挠负有安全监督管理职责的部门实施监督检查的；

（六）安全事故发生后转移财产意图逃避承担责任的；

（七）其他从重处罚的情形。

实施前款第五项规定的行为，同时构成刑法第三百八十九条规定的犯罪的，依照数罪并罚的规定处罚。

第十三条 实施刑法第一百三十二条、第一百三十四条至第一百三十九条之一规定的犯罪行为，在安全事故发生后积极组织、参与事故抢救，或者积极配合调查、主动赔偿损失的，可以酌情从轻处罚。

第十四条 国家工作人员违反规定投资入股生产经营，构成本解释规定的有关犯罪的，或者国家工作人员的贪污、受贿犯罪行为与安全事故发生存在关联性的，从重处罚；同时构成贪污、受贿犯罪和危害生产安全犯罪的，依照数罪并罚的规定处罚。

第十六条 对于实施危害生产安全犯罪适用缓刑的犯罪分子，可以根据犯罪情况，禁止其在缓刑考验期限内从事与安全生产相关联的特定活动；对于被判处刑罚的犯罪分子，可以根据犯罪情况和预防再犯罪的需要，禁止其自刑罚执行完毕之日或者假释之日起三年至五年内从事与安全生产相关的职业。

3. 司法指导文件

关于本罪的司法适用问题，最高人民法院及最高人民检察院单独、联合或会同其他部委发布了四个司法指导文件，分别是最高人民法院《关于进一步加强危害生产安全刑事案件审判工作的意见》（法发〔2011〕20 号），最高人民法院《关于充分发挥审判职能作用切实维护公共安全的若干意见》（法发〔2015〕12 号），最高人民法院《关于依法妥善审理高空抛物、坠物案件的意见》（法发〔2019〕25 号），最高人民法院、最高人民检察院、公安部《关于办理涉窨井盖相关刑事案件的指导意见》（高检发〔2020〕3 号）。

二、重大责任事故罪犯罪学分析

（一）重大责任事故罪的犯罪现状

2010 年 1 月 1 日—2020 年 12 月 31 日全国重大责任事故罪案件基本情况分析①：

1. 案件总数：10934

2. 法院分布

表 1-1   重大责任事故罪案件审理法院

审理法院层级	最高人民法院	高级人民法院	中级人民法院	基层人民法院	专门法院
总件数	0	3	930	9972	23

---

① 该数据选取时间为 2010 年 1 月 1 日—2020 年 12 月 31 日，数据来源：威科先行网（http：//8721add15be1c16f50bd1ba831cbefd9. f2a9b9a2. libvpn. zuel. edu. cn/），访问日期：2021 年 3 月 31 日。

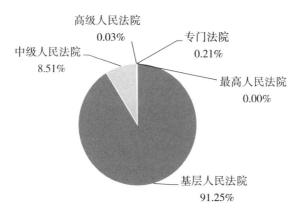

图 1-1　重大责任事故罪案件审理法院级别

3. 审级分布

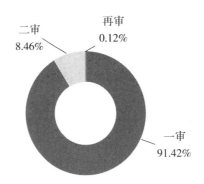

图 1-2　重大责任事故罪案件审级分布

4. 地域分布

除港澳台地区，全国各省（区、市）重大责任事故罪案件分布如下：

表 1-2　　　　　全国各省（区、市）重大责任事故罪案件分布情况

东部沿海地区									
省（区、市）	京	津	冀	沪	苏	浙	闽	鲁	粤	琼
案件数	427	108	368	312	1936	605	395	733	562	34

中 部 地 区					
省（区、市）	豫	晋	皖	赣	鄂	湘
案件数	1366	304	421	125	308	332

续表

西 部 地 区											
省（区、市）	渝	滇	桂	川	贵	藏	陕	甘	蒙	青	宁	新
案件数	199	124	108	305	114	3	161	140	471	43	93	97

东北部地区		
省（区、市）	辽宁	吉林	黑龙江
案件数	271	186	254

5. 年度趋势

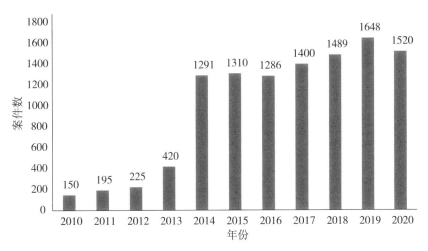

图 1-3　重大责任事故罪（单位犯罪）年度趋势图

（二）重大责任事故罪的犯罪特征

重大责任事故罪是刑法中危害生产安全类犯罪的罪名之一。随着我国经济建设的发展，化工、矿山、机械等工业行业不断兴起扩大，由于此类行业在生产、作业中具备一定的危险性，因此，该行业中人身伤亡等事故也具有常发性、广泛性以及危害后果的严重性等特征。

2012 年 1 月 10 日最高人民法院在其新闻发布会中发布了三起危害生产安全犯罪的典型案例，其中，黑龙江龙煤矿业集团新兴煤矿"11·21"特别重大事故案令人震惊。本案由黑龙江省鹤岗市兴山区人民法院审理。2009 年 1 月 13 日至 9 月 18 日，黑龙江省煤矿监察局及其鹤滨监察分局 7 次责令新兴煤矿停产整改，但新兴煤矿拒不执行。因新兴煤矿三水平 113 工作面探煤巷施工中未按作业规程打超前钻探，违章作业。同年 9 月 10 日至 10 月 18 日，新兴煤矿隐患排查会及矿务会 3 次将三水平 113 工作面未打超前钻探措施列为重大安全隐患，均确定负责"一通三防"的工作的被告人谢某某（副矿长）为整改责任人，但谢某某未予整改，被告人岳某某（矿长）没有督促落实，负责全矿技术管理工作的总工程师董某某（已判刑）和负责安全监督检查工作的监察处长刘某某（已判刑）亦未要求隐患单位整改落实。二开拓区区长、副区长张某某、王某某（已判刑）继续在三水平113工作面违章施工作业。同年11月21日2时，三水平113工作面作业中发生煤与瓦斯突出事故，岳某某、谢某某现场指挥中未下令切断二水平电源，致使三水平113工作面突出的瓦斯进入二水平工作面，遇电火花后发生爆炸，造成108人死亡、133人受伤（其中重伤6人），直接经济损失5614.65万元。被告人岳某某作为矿长，多次拒不执行煤矿监察部门停产整改指令，组织违法生产，对违章作业监管不力，在发生煤与瓦斯突出事故后，现场指挥中未下令切断瓦斯突出波及的二水平区域电源，造成特别重大事故，后果特别严重，应依法从重处罚。被告人谢某某作为主管"一通三防"副矿长，拒不执行煤矿监察部门停产整改指令而违法生产，在违法生产中，多次不履行打超前钻探、排除安全隐患职责，发生煤与瓦斯突出事故后，现场指挥中未下令切断瓦斯突出波及的二水平区域电源，造成特别重大事故，后果特别严重，应从重处罚。依法以重大责任事故罪分别判处被告人岳某某有期徒刑七年（与另案私分国有资产罪所判刑罚有期徒刑六个月并罚，决定执行有期徒刑七年，罚金人民币3万元），被告人谢某某有期徒刑七年。

最高人民法院2015年度又一次通报了危害生产安全犯罪典型案例。贵州省盘县金银煤矿"3·12"重大瓦斯爆炸事故案同样令人痛心。本案由贵州省盘州市人民法院（原贵州省盘县人民法院）审理。2008年7月21日，被告人印某四、印某二明知松河新成煤业复采四单元老系统（即金银煤矿）是禁止开展生产的煤矿，仍将该矿发包给被告人张某某和陆某开采，并安排被告人孔某某和印某某（另案处理）对煤矿进行安全管理，安排被告人封某某担任技术员，负责煤矿的巷道规划和图纸资料设计。张某某和陆某承包煤矿后招聘工人，并在安全管理不到位、不具备相应安全生产条件的情况下组织工人生产。其间，当地煤炭管理部门和安全监管部门多次对金银煤矿进行查处，严禁该煤矿开展生产，但张某某、陆某拒不执行监管决定。2011年3月9日，盘县安监局淤泥安监站发现金银煤矿非法生产，遂依法关闭并砌封了矿井口。当日，张某某、孔某某、封某某等人擅自组织工人启封矿井恢复生产。由于该矿井通风设施不符合规定，且未安装瓦斯抽放系统，安全监测监控系统损坏后一直未重新安装，造成瓦斯不断积聚。同年3月12日0时许，金银煤矿在生产过程中放炮时母线短路产生火花，导致发生重大瓦斯爆炸事故，造成19名工人死亡、15名工人受伤的严重后果。本案最终以重大责任事故罪，分别判处被告人印某四有期徒刑六年六个月，被告人印某二、孔某某、陆某有期徒刑四年六个月，被告人张某某有期徒刑四年，被告人封某某有期徒刑三年。

2021年，最高人民检察院发布的第二十五批指导性案例中，余某某等人重大劳动安全事故重大责任事故案也值得注意。本案由湖北省当阳市人民法院审理。2015年6月，B矸石发电公司热电联产项目开工建设。施工中，余某某、双某某为了加快建设进度，在采购设备时，未按湖北省发展与改革委员会关于该项目须公开招投标的要求，自行组织邀请招标。张某某收受无生产资质的重庆某仪表有限公司（简称仪表公司）负责人李某某给予的4000元好处费及钓鱼竿等财物，向其采购了质量不合格的"一体焊接式长颈喷嘴"（简称喷嘴），安装在2号、3号锅炉高压主蒸汽管道上。项目建成后，余某某、双某某擅自决定试生产。2016 年 8 月 10 日凌晨，B 矸石发电公司锅炉车间当班员工巡检时发现集中控制室前楼板滴水、2 号锅炉高压主蒸汽管道保温层漏汽。赵玉某、王某某赶到现场，未发现滴水情况和泄漏点，未进一步探查。8 月 11 日 11 时许，锅炉运行人员发现事故喷嘴附近有泄漏声音且温度比平时高，赵玉某指示当班员工继续加强监控。13 时许，2 号锅炉主蒸汽管道蒸汽泄漏更加明显且伴随高频啸叫声。赵玉某、王某某未按《锅炉安全技术规程》《锅炉运行规程》等规定下达紧急停炉指令。13 时 50 分至 14 时 20 分，叶某某先后三次接到 B 矸石发电公司生产科副科长和 A 化工集团生产调度中心调度员电话报告"2 号锅炉主蒸汽管道有泄漏，请求停炉"。叶某某既未到现场处置，也未按规定下达停炉指令。14 时 30 分，叶某某向赵某某报告"蒸汽管道泄漏，电厂要求停炉"。赵某某未按规定下达停炉指令，亦未到现场处置。14 时 49 分，2 号锅炉高压主蒸汽管道上的喷嘴发生爆裂，致使大量高温蒸汽喷入事故区域，造成 22 人死亡、4 人受伤，直接经济损失 2313 万元。最终，当阳市人民法院以重大劳动安全事故罪分别判处被告人余某某、双某某、张某某有期徒刑五年、四年、五年；以重大责任事故罪、帮助毁灭证据罪分别判处被告人赵某某有期徒刑四年、六个月，数罪并罚决定执行四年三个月；以重大责任事故罪分别判处被告人叶某某、赵玉某、王某某有期徒刑四年、五年、四年。各被告人均未上诉，判决已生效。

除此以外，还有"11·24"江西丰城发电厂冷却塔施工平台坍塌事故案、"11·22"中石化东黄输油管道泄漏爆炸特别重大事故案、"8·12"天津滨海新区爆炸事故案等一系列典型案例，该事故均造成上百名人员伤亡，上亿元经济损失。可见，此类事故不仅严重威胁广大人民群众的生命与财产安全，还对国家和社会的安全生产带来了重大的影响，阻碍了经济、社会的正常运行和发展。分析重大责任事故发生的原因，探究此罪的事故特点，对防范事故发生、维护公共安全具有重要意义。

(三) 重大责任事故罪的犯罪原因

1. 追求利益，忽视安全

第一，企业盲目追求利益最大化，不重视安全生产，内部安全监管部门作用小。除外部的行政监管外，企业内部应当成立监管部门或监管小组，对企业的日常生产、作业进行日常监督管理。但因追求利益最大化，企业中存在监管部门缺失或形同虚设的现象，监管部门不勤勉地履行监管职责，企业员工甚至企业管理人员对监管部门提出的整改意见也不予理睬，错失了提前消除潜在危险、防止安全事故发生的机会。

第二，企业为最大程度攫取利润、"节省"生产成本，雇佣不具备相关资质、未经安全生产培训的施工人员进行施工，或者是雇佣社会人员自行施工。这些人员通常不具备专业的工作技能，既不具备充分的业务知识，也没有接受过必要的安全培训。他们在生产、作业中往往无法及时察觉到安全隐患，进行有效排除，从而导致了很多悲剧的发生。有的企业为了节省成本，在作业设备出现老化、故障后仍不及时更换，导致设备在生产中发生故障，甚至发生爆炸等重大事故，造成人员伤亡、财产损失。

2. 企业安全生产责任落实不到位

第一，安全意识不到位。企业管理者安全意识薄弱。片面追求利益，导致企业的安全生产意识不强。企业管理人员具备较高的安全意识对企业安全生产具有重要推动作用，但是，一些企业管理者安全意识薄弱，法律知识缺乏，不重视安全教育和安全管理，该做的工作没有做，或者没有做好。一是岗前培训不落实，施工企业缺乏有效的安全生产岗前培训教育；二是现场施工人员总体素质不高、安全意识较为薄弱，不进行必要教育整顿；三是违章指挥、违章作业、违反劳动纪律等现象屡有发生，造成安全风险隐患。上层管理人员安全意识的缺位导致下属员工对安全生产不以为然，缺乏应有的重视。除此以外，有的企业管理者面对政府监管中的整改要求，不仅不及时纠正、停止违规操作，甚至逃避政府的监督审核、巧立名目、偷梁换柱，继续进行违规生产作业，最终酿成严重的生产事故。

第二，企业安全生产制度不完善。企业应当建立完备的安全生产制度和作业规范，以指导员工严格按照规范的程序生产作业，同时建立事故预防和应急机制，在章程中规定定期举办安全知识培训等，将安全生产制度化。有的企业安全生产制度不完善，企业内部管理不规范，事故预防和应急机制不健全，使得企业整体应对事故风险的能力较低，发生事故的可能性增大。

第三，安全防范不到位。一是违规招标、违规开工。部分项目工程未经过施工招投标，生产作业单位在未办理任何规划许可、施工许可、安全监督、质量监督等手续的情况下，违规开工建设，造成安全风险隐患。二是安全设施、设备不到位。主要是基坑支护和降水、土方开挖、模板及支撑、起重吊装及安装拆卸、脚手架、建（构）筑物拆除、幕墙安装等容易引起群死群伤的危险性较大分部分项工程以及城市轨道交通工程，因前期保障、专项施工方案编制论证实施、现场安全管理等措施不到位等原因，造成安全风险隐患。

第四，安全管理不到位。一是施工总承包单位安全生产主体责任不落实，以包代管，安全管理体系不健全、日常管理不到位，且低价中标易带来降低施工安全防护等必要投入和租赁低廉、缺乏安全保障的机械设备等问题。二是转包经营，挂靠经营问题突出。尤其在建筑行业中，挂靠经营的情形普遍存在，有的施工挂靠单位甚至继续分解工程并允许无任何资质的施工个人或者施工队参与到分包、转包等过程中，因此，对施工人员资质失管。部分施工人员在既无施工资质，亦未对施工现场进行安全管理，甚至未采取相应的安全防范措施且未严格监督、教育工人按照使用规则正确佩戴使用劳动防护用品的情况下，自行组织他人进行施工作业。三是任由企业盲目抢工期、赶进度。一些项目因为资金一拖再拖，开工后，由于非建设性因素，工程要求按照合同约定时期完工，或者为了作为"节日献礼"，要求项目提前完工等人为因素干扰多。再加上城市因为空气优良天数达标要求频繁停工进而压缩工期，导致不能按正常工序组织施工，造成安全风险隐患。

3. 安全监管不受重视

第一，监管不到位。《安全生产法》中规定，行政区域内的安全生产监督管理归县级以上各级人民政府负责，但因为相关法律规定不够明晰，存在多个部门共同执法的情况，监管权限未捋顺，安监部门与卫生监管等部门权责易发生交叉，容易发生多部门争夺监管权造成监管混乱，或部门之间相互推诿，均不履行监管职责，造成监管责任落空等现象。除此以外，也存在一些肩负具体监管职责的部门对于企业的安全隐患监督消极作为、不作为现象，不认真贯彻相关法律法规，执法不严、工作不实，对企业的处罚往往只停留在行政罚款层面，甚至怠于行使职权或为了私利对企业的违规操作和安全隐患视而不见。

第二，监管部门对违规企业的整改工作落实不到位。针对发现的安全隐患，监管部门对违规企业的整改要求不强烈，相关部门提出的整改措施力度小，整改要求及态度不坚决，处罚手段弱，甚至存在不按规定严格整改的缺位现象。更有甚者为了地方的经济效益，抑或为谋取私利，采取地方保护主义，帮助违规企业逃避监管，纵容企业违规生产，最终造成重大责任事故。

三、重大责任事故罪刑法教义学分析

（一）重大责任事故罪构成要件

1. 客体要件

犯罪客体是我国刑法所保护的、为犯罪行为所侵害的社会关系，行为之所以构成犯罪，首先就在于侵犯了一定的社会关系。

本罪规定在《刑法》分则第二章"危害公共安全罪"中，这类犯罪的客体，是社会的公共安全，即不特定或多数人的生命、健康和重大公私财产的安全。随着《刑法修正案（六）》的颁布，本罪的客体由"工厂、矿山、林场、建筑企业或者其他企业、事业单位的生产、作业安全"修正为"生产、作业安全"，即本罪侵害的社会关系是社会生产、作业的安全秩序。

2. 客观要件

根据我国《刑法》第134条的规定，本罪的客观方面表现为"在生产、作业中违反有关安全管理规定"，因而"发生重大伤亡事故或者造成其他严重后果"。在理解本罪的客观方面特征时，需要着重注意以下几个方面：

（1）"生产、作业"的含义

违法行为必须发生在"生产、作业"中，这是构成重大责任事故罪客观要件的前提。从文义上理解"生产、作业"的概念，即生产单位给工人或作业人员布置的，使用工具来创造生产资料、生活资料的生产活动，可见，凡是使用工具进行生产或生活资料创造的行为均属于"生产、作业"。"生产、作业"的概念范围非常广，既包括农业生产，也包括工业生产，既包括大型建造作业，也包括日常生活的修补作业。但刑法作为保障法具有谦抑性，不可能把生活的所有方面均纳入其调整的范围，"生产、作业"在刑事立法上的范围较之于"生产、作业"本身的文义要窄，只有在生产、作业中可能发生严重危害后果，具备严重的社会危害性的行为才能被刑法所考量。应当指出，这里的"生产、作业"，既包括合法开办的企业、事业单位开展的生产、作业，也包含非法从事的生产、作业，例如未经工商登记批准的企业从事的生产活动，未取得采矿许可证而从事的地下采矿作业，等等。

（2）违反有关安全管理的规定

造成重大责任事故的行为必须是客观上违反与安全管理相关的规定的行为。

在《刑法修正案（六）》颁布之前，我国刑法对本罪的罪状描述为"不服管理、违反规章制度"，《刑法修正案（六）》将"规章制度"修改为"有关安全管理的规定"，从客观上扩大了违法行为的前置法范围，增加了"有关安全管理"这一限制，使本罪的调整范围呈现出总体扩大、局部缩小的特点。

目前，重大责任事故罪的相关立法及司法解释并没有就有关安全管理的规定范围作出说明。最高人民法院曾于2011年出台了《关于进一步加强危害生产安全刑事案件审判工作的意见》，其中规定了"认定相关人员是否违反有关安全管理规定，应当根据相关法律、行政法规，参照地方性法规、规章及国家标准、行业标准，必要时可参考公认的惯例和生产经营单位制定的安全生产规章制度、操作规程"。在违反有关安全管理规定的认定上，该意见采用效力等级评价，效力在先的是法律法规，其次是规章制度，最后是惯例规程等。对于违反法律法规规定的安全管理内容的属应予认定为违反规定的情形，而对于规章制度则是"参照"，如果是惯例规程只是"必要时"，即在法律法规或规章制度等没有规定的情形下，而且被告人确实应当追究刑责时才适用。有关安全管理的规定范围，从层级上而言，可能是国家层面，也可能是地方层面；从内容上而言，可能是法律法规，也可能是单位制度。结合该意见规定来看，只要是与安全生产、作业相关的成文或不成文规定、习惯均可。

（3）发生重大伤亡事故或者造成其他严重后果

根据《刑法》的规定，行为人违反有关安全管理的规定，只有发生了重大伤亡事故或者造成其他严重后果的，才能构成重大责任事故罪。换言之，如果行为人仅仅是违反了规章制度，并未发生重大伤亡事故或者造成其他严重后果，那么其行为就不构成犯罪，因为我国《刑法》规定的过失犯罪都是以危害结果的发生为前提。

有关"重大伤亡事故"和"其他严重后果"的认定，2015年最高人民法院、最高人民检察院颁布了《关于办理危害生产安全刑事案件适用法律若干问题的解释》（以下简称为2015年《生产安全解释》），其中第6条规定了应当认定为"造成严重后果"或者"发生重大伤亡事故或者造成其他严重后果"的三种情形，分别是：其一，造成死亡一人以上，或者重伤三人以上的；其二，造成直接经济损失一百万元以上的；其三，其他造成严重后果或者重大安全事故的情形。2015年《生产安全解释》第7条规定了造成严重后果法定刑升格的情形，并将本罪的危害结果以伤亡人数和直接经济损失数额为标准确定基准刑，有利于司法机关在司法实践中予以认定。

3. 主体要件

重大责任事故罪的主体在我国立法上经历了多次修订，具有以自然人为犯罪主体，且自然人范围逐渐扩大的特点。

1979 年，我国《刑法》首次规定了重大责任事故罪①，受立法背景下经济制度及犯罪特点的影响，本罪在当时的犯罪主体限于工厂、矿山、林场、建筑企业或其他企业、事业单位的职工。可见，在立法初期，本罪的主体具有特殊性。

随着社会经济发展，生产经营主体逐渐多元化，本罪规定的主体范围已无法适应司法实践，国家相继出台了一系列司法解释和文件，扩大本罪适用的主体范围。1986 年，最高人民法院、最高人民检察院联合发布《关于〈刑法〉第 114 条规定的犯罪主体的适用范围的联合通知》，规定"群众合作经营组织、个体经营户的主管负责人"为本罪的适格主体；1987 年，最高人民检察院对《关于无证开采的小煤矿矿主是否构成重大责任事故犯罪主体的请示》的批复中认可了"无证开采的小煤矿矿主"属于个体经营户的从业人员，可以成为本罪的主体；1988 年，最高人民检察院在《关于无照施工经营者能否构成重大责任事故罪主体的批复》中指出，"无照施工经营者"在施工过程中强令从业人员违章冒险作业，造成重大伤亡事故的，可以构成重大责任事故罪的犯罪主体；1989 年，最高人民检察院发布的《关于在押犯能否构成重大责任事故罪主体的批复》中规定了在劳改企业中"直接从事生产的在押人员"，违反规章制度生产、作业，因而发生重大伤亡事故或者造成其他严重后果的，亦可以构成重大责任事故罪的主体。

1997 年《刑法》对 1979 年《刑法》进行了全面修订，其中，从重大责任事故罪中分离出了重大劳动安全事故罪、工程重大安全事故罪、教育设施重大安全事故罪、消防责任事故罪等罪名，重大责任事故罪作为一般罪名继续存在，其犯罪主体、罪状及法定刑与 1979 年《刑法》基本一致。需要注意的是，随着社会经济的持续不断发展，部分司法解释也有失效的趋势，加之劳动关系的日益复杂化、安全生产形势的日益严峻化，本罪名仍然存在主体适用范围过窄、无法有效打击和预防安全生产领域内的重大事故犯罪的问题。

2006 年，《刑法修正案（六）》对重大责任事故罪的罪状描述作出了修改，删除了"……企业、事业单位的职工"这一主体限制，直接规定了本罪的危害行为和危害结果。针对这一修改，通说普遍认为重大责任事故罪的主体由特殊主体转变为一般主体，即由企业、事业单位的职工扩大到所有在生产、作业中违反有关安全管理的规定，造成重大伤亡事故发生或其他严重后果的人员；但也有学者提出修正后的重大责任事故罪的犯罪主体虽在法条中没有描述，但仍应属于特殊主体，② 其理由是这是由重大责任事故罪的犯罪特点决定的，即重大责任事故通常发生在生产、作业中，不是任何人的行为都可以造成，而是特定人的行为都可以造成犯罪结果的。但根据立法意图和司法实践的需要，以及从文义解释的角度，在法条未对犯罪主体作出明确限制时，本罪的犯罪主体应为一般主体。

关于单位是否构成本罪主体，在本罪的立法历程中，从未纳入单位作为主体范畴。但考虑到生产、作业通常是由单位组织进行的，甚至在有的案例中，事故责任系由单位原因

---

① 1979 年《刑法》第 114 条："工厂、矿山、林场、建筑企业或者其他企业、事业单位的职工，由于不服管理、违反规章制度，或者强令工人违章冒险作业，因而发生重大伤亡事故，造成严重后果的，处 3 年以下有期徒刑或者拘役；情节特别恶劣的，处 3 年以上 7 年以下有期徒刑。"

② 张清丰：《论重大责任事故罪的构成》，载《皖西学院学报》2007 年第 2 期。

导致，因此，将单位犯罪主体纳入重大责任事故罪主体范畴，是准确惩治犯罪的要求，也符合司法实践的需要。此外，重大责任事故罪的危害后果往往带来巨大的经济财产损失，这些损失往往是个人无力承担的，需要以单位资金来承担大额的补偿及赔偿款项，尽可能弥补事故损失，安抚受害人及其家属。虽然单位犯罪一般作为故意犯罪呈现，但并非否定单位成立过失犯罪的可能。单位作为生产、作业中的组织者和平台，有着安全和规范作业的监督责任，当这种监督责任未尽履行，发生危害后果时，单位应当负有监督不力的法律责任。"由此可见，监督过失理论的产生与企业事故有着密切联系，它为追究对企业事故发生具有监督关系者的过失责任，提供了法理依据。"① 因此，对于重大责任事故罪而言，纳入单位作为主体范围，在定罪量刑中明确事故责任的主体和责任大小，是实现罪责刑相适应，做到刑罚公平的重要举措。

4. 主观要件

关于重大责任事故罪的主观罪过形式，学界有不同观点，概括起来主要有三种观点，即第一种观点认为重大责任事故罪的罪过形式只能是过失，第二种观点认为重大责任事故罪的罪过形式只能是间接故意，第三种观点认为本罪的罪过形式既可以是过失也可以是间接故意。

首先，根据各国刑法的立法惯例，一种犯罪的罪过形式要么是故意，要么是过失，一般不存在同一犯罪既可以是故意又可以是过失的情况，如此有混淆故意犯罪和过失犯罪所体现的不同的社会危害程度之嫌，因此，第三种观点很难得到认可。

其次，根据我国的刑法理论，作为罪过形式的犯罪故意是相对于危害结果而言的，而非针对危害行为，即行为人在违反有关安全管理规定时，通常是出于故意的主观态度，但判断其罪过形式需考虑行为人对自己的行为会发生危害社会的结果的态度，因此，行为人对安全管理规定之违反的故意不能作为判断其罪过形式之故意的依据。

我国理论和实践通说都普遍认为重大责任事故罪的罪过形式只能是过失，既可以是疏忽大意的过失，也可以是过于自信的过失，即行为人应当预见到自己的行为可能发生危害社会的结果，但是由于疏忽大意而没有预见或者已经预见而轻信能够避免，以致发生这种结果的心理态度。行为人对于安全管理规定的违反，既可能是无意之中违反，也可能是明知故犯，但均不影响本罪的成立，在量刑时可以作为一个情节予以考虑。

(二) 重大责任事故罪司法认定问题

1. 不构成犯罪的情形

(1) 由于不能预见或者不能抗拒的自然现象引起的事故，以及因为技术条件或设备条件的限制而无法避免的事故，因为行为人主观上没有过失，不能认定为本罪。

(2) 在技术革新、科学实验中，只要行为人遵守了有关规则，就不能因为技术革新或科学实验失败而认定为本罪。时代的发展需要技术革新与科学实验，而技术革新与科学

---

① 陈兴良：《刑法各论精释》，人民法院出版社 2015 年版，第 713 页。

实验都面临着两种结局：成功与失败，行为人一般也预见到了失败的可能性。在这种情况下，不能轻易认定行为人具有过于自信的过失，否则会抑制人民群众的积极性与创造性。只有在行为人没有遵守有关规则的情况下，才能认定为过失行为。

（3）行为人虽然在生产、作业中违反规章制度，但没有造成严重后果的，不能认定为本罪。但是，由于行为本身不合法、不合规，所以不应因此心存侥幸。

2. 此罪与彼罪的界限

（1）本罪与失火罪、过失爆炸罪等的界限。两者在主观上都是过失，在客观上都造成了人员的重大伤亡或公私财产的重大损失。其主要区别是：前者是在生产、作业活动中违反规章制度造成严重后果，后者是在日常生活中违反生活规则造成严重后果；前者是特殊主体，后者是一般主体；前者是业务过失，后者是普通过失。

（2）本罪与交通肇事罪的界限。两者一般容易区别，但对厂（矿）区内机动车作业期间发生的伤亡事故案件有时难以认定。对此应根据不同情况，区别对待：在公共交通管理范围内，因违反交通运输管理法规，造成重大事故的，应认定为交通肇事罪；因违反安全生产规章制度，发生重大伤亡事故，造成严重后果的，应认定为本罪。在公共交通管理范围外机动车作业期间发生的伤亡事故案件，应认定为本罪。

（3）本罪与强令、组织他人违章冒险作业罪的界限。依据刑法规定，强令他人违章冒险作业，或者明知存在重大事故隐患而不排除，仍冒险组织作业，因而发生重大伤亡事故或者造成其他严重后果的，构成强令、组织他人违章冒险作业罪。应该说，在发生事故的情况下，企业管理者一般因为有组织、指挥、命令施工的职责，所以，往往构成的是强令、组织他人违章冒险作业罪。

（4）本罪与危险作业罪的界限。危险作业罪是2020年《刑法修正案（十一）》新增罪名，是指在生产、作业中违反有关安全管理的规定，实施特定行为，具有发生重大伤亡事故或者其他严重后果的现实危险的情况。这些特定行为包括：①关闭、破坏直接关系生产安全的监控、报警、防护、救生设备、设施，或者篡改、隐瞒、销毁其相关数据、信息的；②因存在重大事故隐患被依法责令停产停业、停止施工、停止使用有关设备、设施、场所或者立即采取排除危险的整改措施，而拒不执行的；③涉及安全生产的事项未经依法批准或者许可，擅自从事矿山开采、金属冶炼、建筑施工，以及危险物品生产、经营、储存等高度危险的生产作业活动的。危险作业罪是危险犯，不以法定结果为犯罪成立的条件，它是重大责任事故罪的上游犯罪，其立法目的在于防止重大责任事故的发生。可见在生产作业中，某些管理行为虽然导致结果发生，但因为符合危险作业罪的规定，也构成犯罪。

四、重大责任事故罪典型案例分析

（一）重大责任事故罪典型案例

倪某甲、倪某乙、冯某某、何某某、顾某某、袁某某、樊某在恒大威尼斯水城运动中心高大模板支撑系统工程项目中，分别作为施工单位、建设单位、监理单位的主要负责人以及建设项目的具体实施者，在不同环节和岗位中，本应上下衔接、相互制约、相互督促，却违反安全管理规定，不履行、不正确履行或者消极履行各自的职责、义务，最终导致高大模板支撑系统坍塌，造成 4 人死亡的重大后果。①

（二）重大责任事故罪案例分析

本案符合重大责任事故罪的构成要件。

1. 客体要件。行为人的行为造成了 4 人死亡的严重后果，严重危害了生产、作业安全。

2. 客观要件。行为人在生产、作业中违反有关安全管理的规定，不履行、不正确履行或者消极履行各自的职责、义务，表现为在不同环节和岗位中，本应上下衔接、相互制约、相互督促，却违反安全管理规定，不履行、不正确履行或者消极履行各自的职责、义务，因而发生重大伤亡事故。

3. 主体要件。行为人是作业单位的主要负责人或直接从事生产、作业的人员，本案主体分别作为施工单位、建设单位、监理单位的主要负责人以及建设项目的具体实施者，符合本罪的主体要求。

4. 主观要件。行为人在岗位上本应上下衔接、相互制约、相互督促，认真正确履行职责，但是因为疏忽大意或过于自信，未能认真履行从业责任，主观上有过失。

五、重大责任事故罪的刑事政策与企业犯罪预防

（一）重大责任事故犯罪的刑事政策

依法从严查处是处理重大责任事故罪的基本刑事政策。

其一，2016 年 12 月 9 日，中共中央、国务院发布《关于推进安全生产领域改革发展的意见》，这是历史上首次以中共中央、国务院名义印发安全生产方面的文件。该意见确立了安全第一的发展观念，明确指出安全生产的原则，"坚持安全发展。贯彻以人民为中心的发展思想，始终把人的生命安全放在首位，正确处理安全与发展的关系，大力实施安全发展战略，为经济社会发展提供强有力的安全保障"。该意见还确立了依法从严处罚的政策。即"严格事故直报制度，对瞒报、谎报、漏报、迟报事故的单位和个人依法依规追责。对被追究刑事责任的生产经营者依法实施相应的职业禁入，对事故发生负有重大责任的社会服务机构和人员依法严肃追究法律责任，并依法实施相应的行业禁入"。

其二，司法机关也重视依法从严查处安全事故犯罪。2011 年最高人民法院颁布了《关于进一步加强危害生产安全刑事案件审判工作的意见》，其中明确"对严重危害生产安全犯罪，尤其是相关职务犯罪，必须始终坚持严格依法、从严惩处"。

---

① 江苏省南通市中级人民法院刑事裁定书：（2013）通中刑终字第 0060 号。

（二）重大责任事故犯罪的企业犯罪预防

1. 提高安全意识，加强安全教育

首先，企业管理者应当提高自身的安全意识，通过参加安全教育学习、安全知识讲座以及法律法规学习等，熟知生产、作业中可能面对的事故危险以及法律风险，提前制定防范措施和应对措施，引领企业依法安全生产。

除企业管理者外，企业员工作为一线的生产人员，也应当提高安全生产意识。但企业员工作为普通的工作人员，很难有积极性主动进行安全知识学习，这就需要企业加以引导和保障，在上岗前、工作中定时提供安全学习指导，如定期举办安全知识讲座、安全知识竞赛等活动。同时，为防止安全教育形式化，还可以通过监督小组突击检查等方式，考察员工是否严格按照规定进行规范生产，将安全教育落到实处。

2. 建立健全安全生产制度

企业应当根据生产、作业的性质建立完备的安全生产制度，如安全生产教育制度、检查制度、特种作业人员培训制度、危险作业审批制度、厂区交通运输管理制度、电气安全管理制度、消防管理制度等，并在章程和企业守则中加以确认，将安全生产制度化、严格化，用企业章程来约束企业管理人员，用企业守则来指导和规范企业员工的作业行为。除此以外，企业还需要完善防范风险隐患体制机制，建立风险隐患排查和治理台账，强化督促整改落实力度，坚持责任倒逼机制；建立应急救援机制，不断提升企业生产过程中的应急反应能力，及时应对和处理风险，将事故发生的可能性降到最低。

在实际操作中，要结合各个生产作业内容的特点，有针对性开展安全管理和防护。

（1）明确工程参与主体的职责及义务。一旦发生重大责任事故，那么一切对生产作业负有组织、指挥或者管理职责的负责人、管理人、实际控制人、投资人乃至直接从事生产作业的人员都可能成为重大责任事故罪的犯罪主体。为此，项目工程的各方参与主体，如建设单位法定代表人、勘察设计员、监理员、项目经理、技术负责人、安全负责人、施工人员等，均应提高安全意识，严格依据法律规定以及合同约定明确并正确履行好自身的安全管理职责、义务，做到在工程施工的不同岗位和环节中，上下衔接、互相制约。

（2）参与生产作业主体均应将安全施工作为生产作业运转的立足点，并制定相应的规章制度。一是综合不同工程项目的不同特点，在现行法律法规以及行业规章制度的指引下，对其内部安全管理制度规范进一步细化并完善；二是要通过加大事故预防奖惩力度等方式，形成一套切实可行且具有约束力的安全准则；三是不仅要将安全管理规章制度悬挂于醒目位置，还要在例会、每天进场施工前或单独会议中时刻提醒强调；四是在做好安全施工岗前培训教育以及安全技术交底工作的基础上，必须确保对安全准则以及施工作业操作规程的学习真正落实到每一个工程相关的个体身上，从而提高各人员安全施工的风险意识，在一定程度上减少违章指挥、违章作业、违反劳动纪律等情况，以实现对重大责任事

故的有效规避。

（3）加强生产作业现场管理。对此要依据情况做工作：一是对发包、分包、转包以及挂靠行为的存在，不能以包代管，还是应纠正现场安全管理不规范、不严格的做法，不让安全生产的规章制度形同虚设。二是加强项目施工现场的管理，管理人员应当督促生产作业人员进行封闭施工，按规定进行现场围护，并在醒目位置悬挂安全警示标志，禁止非生产作业人员随意进入生产作业区域。三是采取相应的安全防范措施、提供符合安全保障标准的设施、施工机械设备以及材料，严格监督、教育施工人员按照正确的使用规则规范穿戴安全帽、安全带和劳动保护用品等，不得冒险作业。四是预案。生产作业人员一旦发现安全隐患，必须马上停止生产作业，并将该情况及时上报，待隐患排除后方可继续生产作业。除此之外，不得因为抢工期、赶进度等原因擅自压缩施工工序，不得选用缺乏相应资质或较难管理的生产作业单位和人员进行施工。

（4）按照项目内容，根据头顶、地下、周边等做好相应安全防护。

①低处稳当防坠落。脚手架搭设前必须根据工程特点，按照规范、规定进行设计，制定施工方案和搭设的安全技术措施；脚手架搭设或拆除必须由有证人员进行操作，操作时必须佩戴安全带、安全帽，穿防滑鞋；脚手架搭设或拆除必须按形成基本单元的要求逐排、逐跨、逐步地进行搭设；单位工程技术负责人对高处作业应当编制安全技术措施，并进行安全技术交底和落实岗位责任制；高处作业的安全设施发现有缺陷时必须及时解决；临边作业必须设置防护措施；临边的外侧面临街道时，除防护栏杆外，敞口立面必须采用满挂安全网；洞口作业要设置牢固盖板，防护栏，安全网、安全标志等防坠落措施，夜间要设有红灯示警等。

②高处扎实防坍塌。基坑支护应综合考虑工程地下与水文资料、基础类型、基坑开挖深度、降排水条件、周边环境等对基坑侧壁的影响、施工荷载、施工季节等因素，因地制宜合理设计；坑开挖后应及时修筑基础，不得长期暴露，基础施工完毕应抓紧回填基坑；在施工过程中要加强监护；夜间施工时，应合理安排施工项目，并设置有足够的照明和红灯示警；基坑开挖严格要求放坡，操作时应随时注意边坡的稳定情况，如发现裂纹、局部坍塌应及时进行支护或改缓放坡；坑周边料具堆放以及挖掘弃土存放要保证边坡稳定；基坑开挖要注意地下水，做好排水和降水措施等。

③安全用电防意外。在现场用电和用火往往是管理的重点，一般而言，防火要先防电。临时施工用电设备较多或总用电量较大的应编制临时用电施工组织设计；电气安装、维护人员必须持证上岗，二人操作；建立必要的电气运行记录档案；电器气线路安装必须具有良好的接地接零保护系统；配电箱要进行分路标记，每月至少进行一次检查与维护；各类电气设备、机械设备，均实行专人专机负责制，定期进行保养和维护，机具的负荷必须选择容量充足等。但是，在一些易燃易爆炸的现场，除了用电安全之外，还应按照规定，建立防火制度，如严禁明火等。

④进出现场防穿透。现场人员必须正确配戴好安全帽，出入通道、出入口都应搭设防护棚；吊装作业必须严格执行操作规程，被吊重物和吊臂下面不准站人，不准行走，不得超载，并要有专人指挥和监护，所吊重物必须绑扎牢固；模板拆除时，应将下方一切预留

洞口及建筑物周围进行封闭维护等。

⑤谨慎操作防伤害。要防止现场作业机械的伤害。操作人员必须持证上岗，严禁违章操作。操作人员在班前应空车试转确认正常后方可投入使用等。①

---

① 李振敏：《重大责任事故罪的风险提示及防范方法》，载《四川建筑》2015 年第 4 期。

第二章　重大劳动安全事故犯罪的风险及其防控

一、重大劳动安全事故罪的立法规定

(一) 重大劳动安全事故罪的行政法律法规及规章

1. 《关于改善地方国营煤矿安全生产条件的报告的通知》

1984 年，国务院批转了国家计委、国家经委《关于改善地方国营煤矿安全生产条件的报告》，针对地方国营煤矿伤亡事故多、职业病发病率高、安全情况不好的情况提出要改善地方国营煤矿的安全生产条件，使地方国营煤矿健康、稳定地发展。

2. 《建设工程安全生产管理条例》

2003 年，国务院发布《建设工程安全生产管理条例》，加强了对建设工程安全生产的监督管理，保障人民群众生命和财产安全。

3. 《建设工程开工安全生产条件审查规定》

2007 年，建设部（现住房和城乡建设部）发布关于对《建设工程开工安全生产条件审查规定》征求意见的函，规范建设工程开工安全生产条件，以防止和减少生产安全事故。

4. 《关于进一步推动不具备安全生产条件小化工企业关闭工作的通知》

2013 年，国家安全生产监督管理总局（现应急管理部）发布《关于进一步推动不具备安全生产条件小化工企业关闭工作的通知》，要求继续开展安全距离不足、生产安全事故隐患突出、本质安全水平低等不具备安全生产条件的小化工企业关闭工作，促进科学发展、安全发展。

5. 《关于做好关闭不具备安全生产条件非煤矿山工作的通知》

2019 年，国务院安全生产委员会发布了《关于做好关闭不具备安全生产条件非煤矿山工作的通知》，就关闭对象、关闭标准、关闭程序等作出规定，以防范化解重大安全风险，遏制重、特大事故发生，促进非煤矿山生产形势持续稳定好转。

(二) 重大劳动安全事故罪的刑法及司法解释

1.《刑法》规定

第一百三十五条 安全生产设施或者安全生产条件不符合国家规定，因而发生重大伤亡事故或者造成其他严重后果的，对直接负责的主管人员和其他直接责任人员，处三年以下有期徒刑或者拘役；情节特别恶劣的，处三年以上七年以下有期徒刑。

2. 司法解释

（1）最高人民检察院、公安部《关于公安机关管辖的刑事案件立案追诉标准的规定（一）》（公通字〔2008〕36号）

第十条 ［重大劳动安全事故案（刑法第一百三十五条）］安全生产设施或者安全生产条件不符合国家规定，涉嫌下列情形之一的，应予立案追诉：

（一）造成死亡一人以上，或者重伤三人以上的；

（二）造成直接经济损失五十万元以上的；

（三）发生矿山生产安全事故，造成直接经济损失一百万元以上的；

（四）其他造成严重后果的情形。

（2）最高人民法院、最高人民检察院《关于办理危害生产安全刑事案件适用法律若干问题的解释》（法释〔2015〕22号）

第三条 刑法第一百三十五条规定的"直接负责的主管人员和其他直接责任人员"，是指对安全生产设施或者安全生产条件不符合国家规定负有直接责任的生产经营单位负责人、管理人员、实际控制人、投资人，以及其他对安全生产设施或者安全生产条件负有管理、维护职责的人员。

3. 司法指导文件

2009年，最高人民法院研究室发布了《关于被告人阮某重大劳动安全事故案有关法律适用问题的答复》（法研〔2009〕228号），其中规定"用人单位违反职业病防治法的规定，职业病危害预防设施不符合国家规定，因而发生重大伤亡事故或者造成其他严重后果的，对直接负责的主管人员和其他直接责任人员，以重大劳动安全事故罪定罪处罚"。

二、重大劳动安全事故罪犯罪学分析

(一) 重大劳动安全事故罪的犯罪现状

2010年1月1日—2020年12月31日全国重大劳动安全事故罪案件基本情况分析[①]：

---

① 该数据选取时间为2010年1月1日—2020年12月31日，数据来源：威科先行网（http://8721add15be1c16f50bd1ba831cbefd9.f2a9b9a2.libvpn.zuel.edu.cn/），访问日期：2021年3月31日。

1. 案件总数：1859；企业（家）犯罪①：163

2. 法院分布

表 2-1　　　　　　　　　　　重大劳动安全事故罪案件审理法院

审理法院层级	最高人民法院	高级人民法院	中级人民法院	基层人民法院	专门法院
单位犯罪案件数/总件数	0/0	1/3	3/142	4/1713	0/1

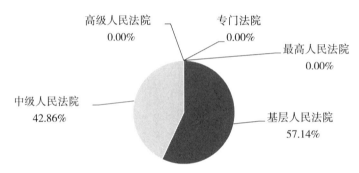

图 2-1　重大劳动安全事故罪（单位犯罪）案件审理法院级别

3. 审级分布

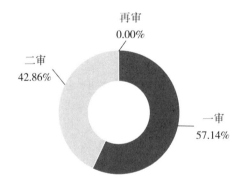

图 2-2　重大劳动安全事故罪（单位犯罪）案件审级分布

4. 地域分布

除港澳台地区，全国各省（区、市）重大劳动安全事故罪案件分布如下：

---

① 此处及以下各处企业（家）犯罪是指单位犯罪以及单位法定代表人犯罪。

表 2-2　　　　　　全国各省（区、市）重大劳动安全事故罪案件分布情况

东部沿海地区									
省（区、市）	京	津	冀	沪	苏	浙	闽	鲁	粤	琼
案件数（单位犯罪案件数/总件数）	0/29	0/5	1/69	0/6	0/269	0/113	0/61	1/114	0/121	0/3

中 部 地 区					
省（区、市）	豫	晋	皖	赣	鄂	湘
案件数（单位犯罪案件数/总件数）	1/364	0/47	1/157	0/19	2/60	0/49

西 部 地 区											
省（区、市）	渝	滇	桂	川	贵	藏	陕	甘	蒙	青	宁	新
案件数（单位犯罪案件数/总件数）	0/21	0/28	0/20	0/38	0/18	0/1	0/28	0/31	0/68	0/6	0/7	0/9

东北部地区		
省（区、市）	辽宁	吉林	黑龙江
案件数（单位犯罪案件数/总件数）	0/33	0/31	1/33

5. 年度趋势

从图 2-3 重大劳动安全事故罪（单位犯罪）年度趋势图可知，自 2010 年至 2020 年间，仅有 2017 年和 2018 年有触及相关犯罪，分别为 2 件和 5 件。从表 2-2 全国各省（区、市）重大劳动安全事故罪案件分布情况分析可知，企业触犯重大劳动安全事故罪频率最高的为湖北省，与该省份重大劳动安全事故罪发生频率相比，企业犯罪触及的频率极小。此外，重大劳动安全事故罪的审理法院多为基层人民法院和中级人民法院，虽企业犯罪中重大劳动安全事故罪的触发频率相对较少，但一旦触犯了该罪，其后果都较为严重，严重危害到人的生命安全，造成重大伤亡事故或者其他严重后果。

例如，最高人民法院发布危害生产安全犯罪典型案例之一，李发某、李成某、李向某、苏正某、苏强某、邓某某非法买卖、储存爆炸物，非法采矿，重大劳动安全事故，不报安全事故，行贿案，该案由河北省高级人民法院审理。被告人李发某、李成某、李向某、苏强某、邓某某明知新立井是独眼井，安全生产设施、安全生产条件均不符合国家规定，仍从事生产作业。2008 年 7 月 14 日 9 时 30 分，该井下存放的炸药在潮湿环境下热分

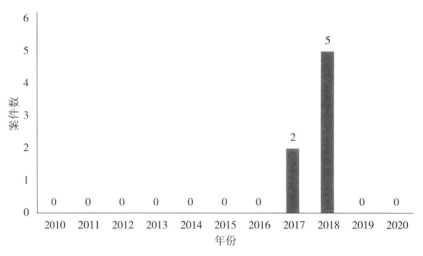

图 2-3 重大劳动安全事故罪（单位犯罪）年度趋势图

解，形成自燃，燃烧产生大量一氧化碳、氮氧化合物等有毒有害物质，造成 34 人死亡、1 人失踪，直接经济损失 1924.38 万元。最终依法对被告人李发某以重大劳动安全事故罪判处有期徒刑七年；对被告人李成某以重大劳动安全事故罪判处有期徒刑七年。

在最高人民法院发布的危害生产安全犯罪典型案例中，还包括刘卫某、刘胜某、楚某某重大劳动安全事故、非法采矿、单位行贿案，该案由湖南省湘潭市中级人民法院审理。2010 年 1 月 5 日 12 时 5 分，立胜煤矿中间井（又名新井）三道暗立井（位于 -155 米至 -240 米之间）发生因电缆短路引发的火灾事故。事故当日有 85 人下井，事故发生后安全升井 51 人，遇难 34 人，造成直接经济损失 2962 万元。经鉴定，造成事故的直接原因是立胜煤矿中间井三道暗立井使用非阻燃电缆，吊笼向上提升时碰撞已损坏的电缆芯线，造成电缆相间短路引发火灾，产生大量有毒有害气体，且矿井超深越界非法开采，未形成完整的通风系统和安全出口，烟流扩散造成人员中毒死亡。二审湖南省湘潭市中级人民法院维持了一审的判决，对被告人刘卫某以重大劳动安全事故罪判处有期徒刑五年；对被告人刘胜某以重大劳动安全事故罪判处有期徒刑四年；对被告人楚某某以重大劳动安全事故罪判处有期徒刑四年。

中华全国总工会曾公布 10 起劳动违法典型案件，其中一起是吴某某等重大劳动安全事故案。2014 年 8 月 2 日，江苏昆山台资企业中荣金属制品有限公司（以下简称中荣公司）发生爆炸事故，调查报告认为，事故直接原因是事故车间除尘系统较长时间未清理，铝粉尘积聚。除尘系统风机开启后，打磨过程产生的高温颗粒在集尘桶上方形成粉尘云。1 号除尘器集尘桶锈蚀破损，桶内铝粉受潮，发生氧化放热反应，达到粉尘云的引燃温度，引发除尘系统及车间的系列爆炸。因没有泄爆装置，爆炸产生的高温气体和燃烧物瞬间经除尘管道从各吸尘口喷出，导致全车间所有工位操作人员直接受到爆炸冲击，造成群死群伤。至国务院针对事故调查报告作出批复为止，共造成 146 余人死亡。该案由江苏省昆山市人民法院审理，对涉嫌犯罪的中荣公司董事长吴某某认定犯重大劳动安全事故罪，判处有期徒刑六年六个月（刑期至 2021 年 2 月 4 日止）；对江苏省副省长等其他 35 名责任人给予相应的党纪、政纪处分；对江苏省政府予以通报批评，并责令其向国务院作出深刻检讨。

（二）重大劳动安全事故罪的犯罪特征

1. 具有严重的危害性

本罪是因单位的安全生产设施或者安全生产条件不符合国家规定而导致危害结果的发生，这些设施和生产条件的规定本就是为了预防、控制、减少和消除生产过程中的各种潜在安全隐患，防止劳动生产过程中发生伤亡事故，以及为了打造一种无害于劳动者生命、健康和公私财产安全的劳动处所或环境而制定的。因此，一旦实践中构成了本罪，都是因为事故具有严重的危害性，造成了严重的后果。

2. 以建筑施工等基础性行业居多

重大劳动安全事故罪多发生于建筑施工领域等劳动密集型的基础性行业，这些行业内部用工人员多且杂，对其如何管理能够体现出该企业及企业管理人员的水平。恰恰也正是因为企业未能缓和多方利益冲突，没能满足众多从业人员的需求，从而导致矛盾的激烈化，引发了安全事故的发生。

（三）重大劳动安全事故罪的犯罪原因

重大劳动安全事故的发生往往是众多因素共同作用的结果，事故发生及其后果的严重程度具有较大的不确定性和随机性。2019 年 1 月 22 日，国务院新闻办公室（以下简称国新办）就应急管理部组建以来改革和运行情况举行发布会，报告显示生产安全事故总量、较大事故、重特大事故起数与上年相比实现"三个下降"，其中重特大事故起数和死亡人数分别下降24%和33.6%。2020 年 4 月 28 日，国新办举行《全国安全生产专项整治三年行动计划》新闻发布会，报告显示，2019 年实现了事故总量、较大事故、重特大事故起数"三个继续下降"，2020 年安全生产事故起数和死亡人数进一步下降。但安全发展理念还不够牢、安全责任不落实、本质安全水平不高、安全预防控制体系不完善等本质性问题未得到解决，全国安全生产整体水平还不高。我们从以下几个方面探讨重大劳动安全事故罪的犯罪原因。

1. 安全设施落后

在生产建设领域，如矿业领域，全国煤矿数量由 21 世纪初的 3.7 万处减少到 2019 年的 5268 处，全国煤矿事故总量由 20 世纪末的年死亡 9506 人，下降到 2019 年的 316 人。但非煤矿山仍具有数量比较多、低水平以及高风险的特点，特别是这些非煤矿山的安全装备和安全设施的落后和投入不足，安全装备和设施未能按标准生产制造，使用过程中常常违规操作也未能定期维护，矿难的发生因此而多发。

2. 超强度生产引发事故

在利益的驱使下，公司负责人为了更高的收益以及尽可能多地占据社会资源，会不断压榨工人的劳动价值，侵犯工人的生命、健康和自由等正当的权利，因此超强度、超额度生产的现象屡见不鲜。且生产建设行业本是一个应按秩序运转的行业，各个环节之间是一个协调的整体，当一个环节超负荷工作时，会极大可能造成整体的失调，从而引发重大的安全事故，使人员生命、财产安全受到损害。

3. 从业人员的素质不高

生产建设领域对于工人和管理人员的生产素质要求较高，不仅需要具备丰富的理论知识、更需要具备实践的能力，但在现实生活中，工人的文化程度不高，对于相关的生产建设标及要求熟悉程度不够，生产事故的隐患也随之增多，加上公司的管理人员一味追求速度和效率，会忽视对生产过程中安全的把控。

4. 安全监管不严

生产领域中的安全问题一直是国家关注的重点，然而由于官商勾结现象频发，重大劳动安全事故也随之发生。曾经担任国家安全生产监督管理总局局长的李毅指出："滥用权力和非法利益结盟，是导致矿难频发的症结之一。"由此得知，不少重大劳动安全事故的发生也正是由于官商勾结，官员利用手中的权力给公司开展生产建设提供了便利。官员的加持会使得监管部门不能履行自己的监管职责，对于生产建设公司的生产会疏于监督，更有甚者在办理相关生产手续时会予以"关照"，这些都会促使安全事故的爆发。

5. 法律规范不够完善

按照现行《刑法》的规定，当安全生产行业中有隐患存在时，只要未产生实际的严重后果，企业负责人或相关责任人无需对此承担刑事责任，因此刑法对这一类隐患事故的打击力度远远不够，也无法起到预防事故发生的效用。且刑法对被告人的刑罚普遍较低，在"情节特别恶劣"的情形下，才对被告人处以三年以上七年以下有期徒刑。刑罚的规定无法体现重大劳动安全事故罪造成后果的严重性，对于社会安全和相关劳动者的生命财产安全无法起到应有的保护作用。

三、重大劳动安全事故罪刑法教义学分析

根据修正后《刑法》第 135 条的规定，重大劳动安全事故罪，是指安全生产设施或者安全生产条件不符合国家规定，因而发生重大伤亡事故或者造成其他严重后果的行为。

（一）重大劳动安全事故罪构成要件

1. 客体要件

在国家着力主张对于生产、建筑等行业的企业、事业单位的安全施工、安全生产及安全作业的事故预防时，仍存在不少单位、机关一心逐利，而置劳动者或公共安全于不顾的现象，这些单位在施工或生产时，对出现的安全隐患视而不见，在安全生产设施或者安全生产条件不符合国家规定的情况下，仍然不停止违规的生产或施工，以致发生严重的安全事故，导致重大的人员伤亡或者造成其他严重后果。特别是随着社会主义市场经济的快速发展，我国经济领域、生产建设行业等出现了不少新兴的产业，这些产业存在不少安全隐患，生产经营中的风险较大，如对生产过程或施工进程中安全的重视程度不够，将会导致这些单位的安全事故频发。因此运用法律武器来与其中侵犯劳动安全的行为作斗争，维护劳动者的生命、财产安全以及公私财物的安全十分重要。

关于本罪的客体，有观点认为本罪对公共安全造成了危害，客体是单位的劳动安全，包括生产、作业的安全；也有观点认为，本罪侵犯了劳动者的职业安全；[1] 也有观点认为，客体为工厂、矿山、林场、建筑企业或者其他企业、事业单位的劳动安全，但包括了劳动者的生命、健康和重大公私财产的安全；[2] 还有观点认为，本罪侵犯的客体为相关主体的人身健康和重大公私财物安全，还包括单位生产的正常秩序；另有观点认为，客体是劳动者的劳动安全，并不包含公私财产安全。[3]

可以看出，对重大劳动安全事故罪的客体存在很多不同的观点。一般来说，"客体"包括"犯罪客体"和"犯罪对象"，分析以上观点，主要争议点在于，犯罪客体是否限于生产作业的安全、是否包括公私财产权；是生产作业场所的人身财产与财产安全，还是劳动者的生命健康安全及公私财产安全；是否可以用职业安全加以概括，是否包括单位生产的正常秩序，犯罪对象是否限于劳动者；等等。

首先，《刑法修正案（六）》中取消了对重大劳动安全事故罪中场所的限制，因此本罪的犯罪客体不应当局限于生产作业中的安全，从立法者的目的出发也可以看出，本罪是为了打击单位在追求经济利益过程中不择手段、不顾及劳动者人身安全的行为，而不是通过《刑法》规定来维护单位生产作业中的安全，因此本罪犯罪客体不应当局限于生产作业中的安全。

其次，对于是否包括公私财产权，根据 2007 年 3 月 1 日开始实施的《关于办理危害矿山生产安全刑事案件具体应用法律若干问题的解释》第 4 条，"具有下列情形之一的，应当认定为《刑法》第一百三十四条、第一百三十五条规定的'重大伤亡事故或者其他严重后果'：（一）造成死亡一人以上，或者重伤三人以上的；（二）造成直接经济损失一

---

① 冯彦君：《重大劳动安全事故罪若干问题探析》，载《国家检察官学院学报》2001 年第 2 期。

② 叶高峰：《危害公共安全罪的定罪与量刑》，人民法院出版社 2005 年版，第 424 页。

③ 周铭川、黄丽勤：《论重大劳动安全事故罪》，载《四川警官高等专科学校学报》2006 年第 3 期。

百万元以上的；（三）造成其他严重后果的情形"。可以看出，认定构成重大伤亡事故或者其他严重后果，不仅包括侵犯了人身生命健康安全，还包括公私财产安全，且是重大的公私财产安全，本罪犯罪客体的范围较一般的单纯对单位或公私财产安全进行保护的犯罪要大。因此本罪的犯罪客体应当包括公私财产权。

再次，劳动安全与职业安全不同。职业安全是劳动法中的概念，是指劳动者依法所享有的在劳动的过程中不受职场危险因素侵害的权利。它的范围远远大于重大劳动安全事故罪中对于劳动者生命健康安全进行保护的范围，针对一般的健康安全的侵犯，不属于本罪的规范范围，因此不能用职业安全加以概括。

另外，重大劳动安全事故罪属于"危害公共安全罪"中的一个罪名，刑法分则的划分是根据犯罪客体进行的，因此根据刑法规定，本罪犯罪客体应当是"公共安全"，传统理论认为"公共安全"包括生命健康安全和公私财产安全，但随着社会经济的发展，"公共安全"的范围也有所扩展，不能仅限于传统理论的范围，对于单位正常生产秩序而言，持这一观点的学者仍然偏向于本罪保护单位的利益，但是本罪的主体是单位中直接负责安全生产的主管人员和其他直接责任人员，如果认为本罪侵犯客体包括单位正常生产秩序，逻辑上就是由单位自己侵犯自己，不具有合理性，因此我们认为本罪的客体不包括单位的正常生产秩序。

最后，本罪也不应局限于劳动者的生命健康，因本罪针对的是重大的劳动安全事故，一旦事故发生，所造成的损害后果是十分巨大的。在实践中，不仅是从事安全生产的劳动者可能会受到伤害，其他的人员也可能受到损害，因此将犯罪客体范围局限为劳动者将不利于对受害者的保护。

综上，我们认为，本罪的客体应当为自然人的生命健康以及重大公私财产的安全，不局限于生产作业领域中。

2. 客观要件

本罪客观要件表现为单位的安全生产设施或者安全生产条件不符合国家规定，因而发生重大伤亡事故或者造成其他严重后果的情形。

要厘清重大劳动安全事故罪的客观要件，首先需要对本罪的刑法条文进行分析，了解其中"安全生产设施或者安全生产条件不符合国家规定"中的安全生产设施或者安全生产条件以及国家规定分别指的是什么。安全生产条件或安全生产设施不符合国家规定主要是指下列情形：

（1）矿山建设项目或者用于生产、储存危险物品的建设项目没有安全设施设计或者安全设施设计未按照规定报经有关部门审查同意的；

（2）矿山建设项目或者用于生产、储存危险物品的建设项目的施工单位未按照批准的安全设施设计施工的；

（3）矿山建设项目或者用于生产、储存危险物品的建设项目竣工投入生产或者使用前，安全设施未经验收合格的；

（4）未在有较大危险因素的生产经营场所和有关设施、设备上设置明显的安全警示标志的；

（5）安全设备的安装、使用、检测、改造和报废不符合国家标准或者行业标准的；

（6）未对安全设备进行经常性维护、保养和定期检测的；

（7）未为从业人员提供符合国家标准或者行业标准的劳动防护用品的；

（8）特种设备以及危险物品的容器、运输工具未经取得专业资质的机构检测、检验合格，取得安全使用证或者安全标志，投入使用的；

（9）使用国家命令淘汰、禁止使用的危险生产安全的工艺、设备的，等等。

这些是该法对安全生产条件或安全生产设施是否符合国家规定的否定性情形的描述，对于具体的标准则在其他的文件中有相应的规定，例如《矿山安全条例》《建筑安装工程安全技术规程》等规范性文件。

概括来说，安全生产设施，实践中一般是指为了预防、控制、减少和消除生产过程中的各种潜在安全隐患，防止劳动生产过程中发生伤亡事故，基于法律规定应当提供的用以保护从业人员生命健康安全的设备、设施和各种装置以及安全防护措施的总称。具体来说主要有：

（1）安全防护装置和措施，用防护等手段将人与生产过程中有危险的部位隔离开来的装置和措施，比如防护罩、防护屏等设施，《安全生产法》第 29 条规定，"生产经营单位采用新工艺、新技术、新材料或者使用新设备，必须了解、掌握其安全技术特性，采取有效的安全防护措施，并对从业人员进行专门的安全生产教育和培训"；《安全生产法》第 45 条规定，"生产经营单位必须为从业人员提供符合国家标准或者行业标准的劳动防护用品，并监督、教育从业人员按照使用规则佩戴、使用"；《特种设备安全法》第 37 条规定，"特种设备的使用应当具有规定的安全距离、安全防护措施。与特种设备安全相关的建筑物、附属设施，应当符合有关法律、行政法规的规定"。

（2）安全保险装置和措施，即能够通过程序设置或自动装备自行消除生产中由于设备事故和部件损害而可能引发人身事故危险的装置和措施，如流量表、压力表、温度计等临界值报警设施，有毒有害气体检测仪、易燃易爆气体报警仪等设施设备。

（3）安全信号装置和措施，即应用信号警告可能出现危及劳动安全的险情的装备设施，如各种信号灯、警示灯等。

（4）安全警示牌示和识别标志，即借助文字、色彩、图案等，用醒目的记号来告示安全、提示存在危险的各种装备设施，如"注意安全""危险"等字样的安全警示牌等。《安全生产法》第 35 条规定，"生产经营单位应当在有较大危险因素的生产经营场所和有关设施、设备上，设置明显的安全警示标志"。

安全生产条件，是指根据法律、法规、规章等规范性法律文件的规定，应当提供的无害于劳动者生命、健康和公私财产安全的劳动处所或环境。一般是指在生产经营活动中为保证从业人员生命健康安全，生产经营单位必须为从业人员提供的保证安全生产的各种条件。生产经营单位要保障生产经营活动安全地进行，防止和减少生产安全事故的发生，必须在生产经营设施、设备、人员素质、管理制度、采用的工艺等方面达到相应的要求，具备必要的安全生产条件。《安全生产法》第 20 条规定，"生产经营单位应当具备本法和有关法律、行政法规和国家标准或者行业标准规定的安全生产条件；不具备安全生产条件的，不得从事生产经营活动"。第 23 条第 1 款规定，"生产经营单位应当具备的安全生产条件所必需的资金投入，由生产经营单位的决策机构、主要负责人或者个人经营的投资人予以保证，并对由于安全生产所必需的资金投入不足导致的后果承担责任"。国家安全生产监督管理总局审理通过的《建设项目安全设施"三同时"监督管理暂行办法》第 3 条规定，"本办法所称的建设项目安全设施，是指生产经营单位在生产经营活动中用于预防生产安全事故的设备、设施、装置、构（建）筑物和其他技术措施的总称"。

依据《安全生产许可证条例》第 6 条规定，企业取得安全生产许可证，应当具备下列安全生产条件：

（1）建立、健全安全生产责任制，制定完备的安全生产规章制度和操作规程；

（2）安全投入符合安全生产要求；

（3）设置安全生产管理机构，配备专职安全生产管理人员；

（4）主要负责人和安全生产管理人员经考核合格；

（5）特种作业人员经有关业务主管部门考核合格，取得特种作业操作资格证书；

（6）从业人员经安全生产教育和培训合格；

（7）依法参加工伤保险，为从业人员缴纳保险费；

（8）厂房、作业场所和安全设施、设备、工艺符合有关安全生产法律、法规、标准和规程的要求；

（9）有职业危害防治措施，并为从业人员配备符合国家标准或者行业标准的劳动防护用品；

（10）依法进行安全评价；

（11）有重大危险源检测、评估、监控措施和应急预案；

（12）有生产安全事故应急救援预案、应急救援组织或者应急救援人员，配备必要的应急救援器材、设备；

（13）法律、法规规定的其他条件。这是通过法律对安全生产条件进行的原则性规定，具体规定在各部门规章中也有规定。

首先，安全生产条件的考核。安全生产条件应当包括硬件设备上需满足各类规定要求以及机构和人员上也要具有应有的安全生产素质和文化素质，即生产经营单位在安全生产制度建设、安全投入、安全生产管理机构和人员、有关人员培训考核、生产经营单位的作业环境、生产设备、安全设施、工艺以及安全生产管理等方面必须符合法律法规规定的安全生产要求。

其次，对于法条中"国家规定"如何解释，根据《最高人民法院关于准确理解和适用刑法中"国家规定"的有关问题的通知》和《刑法》第 96 条的规定，《刑法》中的"国家规定"是指全国人民代表大会及其常务委员会制定的法律和决定，国务院制定的行政法规、规定的行政措施、发布的决定和命令。其中，"国务院规定的行政措施"应当由国务院决定，通常以行政法规或者国务院制定文件的形式加以规定。以国务院办公厅名义制发的文件，符合下列条件的，亦应视为刑法中的"国家规定"：（1）有明确的法律依据或者同相关行政法规不相抵触；（2）经国务院常务会议讨论通过或者经国务院批准；（3）在国务院公报上公开发布。

最后，根据最高人民检察院发布的第二十五批指导性案例，其中对于重大劳动安全事故罪的指导建议指出，在司法实务中要注意准确区分重大劳动安全事故罪与重大责任事故罪，当事故发生同时触犯了两个罪名时会出现竞合。此时，应当根据相关涉案人员的工作职责和具体行为来认定其罪名，当行为人同时符合两个罪名，要全面评价行为人的行为，应认定为重大责任事故罪。

因此，按照法律规定，国务院有关部门应当按照保障安全生产的要求，依法及时制定有关的国家标准或者行业标准，并根据科技进步和经济发展适时修订。生产经营单位必须执行依法制定的保障安全生产的国家标准或者行业标准。安全设备的设计、制造、安装、使用、检测、维修、改造和报废，应当符合国家标准或者行业标准。如果生产单位没能按照标准安全配置或标准不符合国家规定，导致存在安全隐患，在事故发生之前相关部门应当履行安全生产监督管理职责，依照行政管理的有关规定责令生产单位限期改正，确保生产单位的安全设施能够达到安全生产的标准，对逾期未整改到位的，应当责令其停产停业整顿，并处一定数额的罚金；对于因该行为造成重大生产安全事故构成犯罪的，应依照重大劳动安全事故罪进行处罚。

总的来说，安全生产设施或者安全生产条件应自始就符合国家规定，在任何时间由于安全生产设施或者安全生产条件不符合国家规定，而导致发生重大劳动安全事故，引发重大伤亡事故或其他严重后果时，构成重大劳动安全事故罪。而如果是由于其他原因导致重大劳动安全事故的发生，则无法认定构成本罪。

3. 主体要件

本罪主体是特殊主体，即对安全生产直接负责的主管人员和其他直接责任人员。2006年《刑法修正案（六）》对本罪主体进行了修订，将原本的限定"工厂、矿山、林场、建筑企业或者其他企业、事业单位"取消了，同时从"直接责任人员"到"直接负责的主管人员和其他直接责任人员"的修订也扩大了需要承担刑事责任的人员的范围，对发生安全事故的对象也取消了"劳动安全设施"这一限制，即在生产中，各类安全设施都可纳入该罪的规制范围内。

重大劳动安全事故罪的主体是特殊主体毋庸置疑，只是针对的究竟是自然人主体还是单位主体的问题有不少争议。现行《刑法》中规定，"对直接负责的主管人员和其他直接责任人员，处三年以下有期徒刑或者拘役；情节特别恶劣的，处三年以上七年以下有期徒刑"。仅从《刑法》中"对直接负责的主管人员和其他直接责任人员"的规定，无法明确问题的答案。从含义上来看，安全事故是指由于安全生产条件或者设施不符合国家规定，从而引起人身、财产遭受损害的事故。那么《刑法》中提到的"责任"其实包括两层含义：一是对自己分内的事应当去做从而具有一定的责任；另一是当没有做好分内的事时应当承担相应的责任。在生产过程中，每个人各司其职，具有不同的责任，本罪中"安全生产设施或者安全生产条件不符合国家规定"只是行为人在生产中没能确保安全的一部分，因此本罪中的责任应当指的是行为人应当完成自己分内的事，当行为人没能按规定完成自己的任务时，会造成安全生产设施或者安全生产条件不符合国家规定，因而发生重大伤亡事故或者造成其他严重后果。

4. 主观要件

本罪主观要件只能是过失，即应当预见生产设施或者生产条件不符合国家规定，可能发生重大伤亡事故或者造成其他严重后果，但因为疏忽大意而没有预见，或者已经预见而轻信能够避免，以致发生这种结果。

(二) 重大劳动安全事故罪司法认定问题

1. 责任主体认定

在安全事故中，应如何确定具体的责任人，我国一般会按照"谁主管谁负责"的原则来划分责任，对于谁承担主管责任可分为以下几类来讨论。

第一类是本地区、本部门、本单位的安全生产总负责人，其一般作为政府部门或者行政单位的行政首长，对预防管辖范围内的安全事故承担领导责任，应当采取合理的预防措施应对安全事故的发生，但因其身份的特殊性，这类主体并不构成重大劳动安全事故罪的主体。实践中，当这类负领导责任的国家机关工作人员滥用职权对于安全生产设施或者安全生产条件不符合国家规定的情况给予审批和通过，或者有失职的行为而没能履行自己的监管职责，导致发生了重大劳动安全事故，进而引发了严重后果构成犯罪时，《刑法》上对其有专门的定罪，比如滥用职权罪或者徇私枉法罪，因此这一类主体不构成本罪的主体。

第二类是生产经营单位中对安全生产设施或者安全生产条件不符合国家规定负有直接责任的负责人、管理人员、实际控制人、投资人，既包括负责单位全面工作的单位正职负责人，也包括主管单位安全生产的单位副职负责人。对此，我们要区分正职负责人和副职负责人，根据《安全生产法》第90条等的规定，生产经营单位的主要负责人、个人经营的投资人负有法定的安全生产管理职责，有义务保证单位的安全生产设施和安全生产条件符合国家规定，若违反本法规定，导致发生安全生产事故，构成犯罪的，依照《刑法》有关规定追究刑事责任。由此可以看出，无论是生产经营单位还是个人经营中，主要负责人和投资人都可构成本罪，并未区分正职负责人与副职负责人，如对重大劳动安全事故只需要由副职负责人作为"直接负责人"而承担本罪的刑事责任，正职负责人反倒不需要承担刑事责任时，会导致正职负责人将其对安全生产的保障责任下放给副职负责人或是其他的人，从而规避自己的责任，因此生产经营单位主要负责人、个人经营的投资人能构成本罪的主体。

第三类是具体岗位的责任人，这属于其他直接责任人员的范畴，包括岗位责任人以及在岗员工。这类责任人是在具体岗位上工作或者监管具体岗位运行的人员，对实际的安全生产设施、安全生产条件有直接的使用、维护、监管、管理等职责，在发生重大安全事故时常成为事故的受害者。因此，具体岗位的责任人应作为本罪的主体，但并不是发生任何的重大安全事故都需由其承担责任，对于生产过程中安全生产设施或者安全生产条件不符合国家规定时，具体岗位的责任人有识别的义务，也有消除或者向有关责任人员汇报安全隐患从而维护安全生产的责任。而当安全生产设施或者安全生产条件在投入生产或进行生产之前就不符合国家规定，此时具体岗位的责任人无需承担责任。

第四类是复合主体，最高人民法院、最高人民检察院公布的《关于办理危害生产安全刑事案件适用法律若干问题的解释》第 3 条规定，《刑法》第 135 条规定的 "直接负责的主管人员和其他直接责任人员"，是指对矿山安全生产设施或者安全生产条件不符合国家规定负有直接责任的矿山生产经营单位负责人、管理人员、实际控制人、投资人，以及对安全生产设施或者安全生产条件负有管理、维护职责的人员。据此，本罪主体中的其他直接责任人员应当包括负有管理、维护职责的电工、瓦斯检查工等技术人员，对安全生产设施或者安全生产条件进行日常维护，排除安全隐患。且不论是安全生产运行之前的不符合国家规定的安全生产设施和条件，还是生产过程中，对不符合国家规定的安全生产设施和条件采取技术措施失误或者不力等引发的重大劳动安全事故，这类技术人员都需要承担刑事责任。但如果是因为现实的客观原因或技术发展水平导致对其中的安全隐患无法识别或排除的情况，则行为人无需承担刑事责任，不作为本罪的主体。

2. 单位前后任主管人员的责任承担认定

当单位里对安全设施或安全生产条件承担责任的主管人员因没能履行自己的义务导致存在安全隐患，但安全事故又是在其离任后在后任主管人员的上任期间发生的，对此安全事故应当由谁来承担责任？仅根据《刑法》及相关司法解释难以回答此问题，如果实务中简单认定一律应由新上任的主管人员承担责任，有违公平也不太合理，毕竟作为新上任的主管人员，其对单位的安全设施及安全生产条件的了解程度远远不够。而作为已经离任的主管人员，也并非由其一律承担之后发生的安全事故的责任。有观点认为，这种情况不仅属于犯罪主体的问题，也涉及因果关系等客观方面，具体表现为，在前任行为引发安全隐患后，危害结果的产生又是在后任主管人员上任之后，依据条件中断说，行为与结果之间存在介入因素，因此属于因果关系中断的问题。

但如果前任的行为引发的安全隐患较为隐蔽、急迫，后任是否一律要对此负责，还值得研究。当前任主管人员离任以后，其对在位期间产生的安全隐患具有排除的责任，即便在新主管人员上任之后仍需要对因自己不负责任遗留下来的安全隐患所造成的重大事故承担刑事责任。在后任主管人员上任并且对安全生产设施或安全生产条件熟悉之后，后任主管人员就应当对熟悉之后发生的安全事故承担责任，因其在履职期间也具有发现安全隐患并采取排除隐患措施的责任，如果他没有发现安全隐患，乃至造成重大事故，就应该对自己由于过错没有发现安全隐患进而造成重大事故承担刑事责任。因此，条件关系的中断时间节点不应是在接任之时，而应当认定为是在后任主管人员对安全生产设施或安全生产条件较为熟悉之后。

3. 本罪的主观故意认定

学界有观点认为，重大劳动安全事故罪的主观要件应当是间接故意，即行为人明知道其行为违反了相关安全管理规定，且必定会产生严重危害社会或生产安全的后果，仍放任自己实施这种违反相关法律规定的行为，因此在刑法上其主观罪过就是间接的故意犯罪，而不应该是过失犯罪。

我们认为这种观点不正确，过失和间接故意的区别在于，行为人对引发严重损害后果的违法犯罪行为所持的主观心态是故意还是过失。在重大劳动安全事故罪中，行为人作为直接负责的主管人员或其他的直接责任人员，对安全生产设施或者安全生产条件是否符合国家规定应当有判断，其并不希望危害结果发生，同时对可能发生的严重的危害结果并不明知，而是由于疏忽大意或过于自信而导致危害结果的发生。另外，间接故意属于故意的主观心态范畴，"故意内容由认识和意志两个因素构成：认识因素即对所实施的行为将会导致什么样的损害后果这一内容有明确的认识；意志因素即明确认识到其行为将会导致严重的危害后果，在此情形下仍然希望甚至放任该危害后果的发生的心理态度，这两个因素都必须是现实的、确定的，即在没有'认识'的情况下，无论具有多大的认识可能性，都不应认为犯罪行为人有故意的认识因素；若行为实施者本身都不能明确其想要达成什么目的、实现什么行为，那么行为人就不存在故意的认识因素与意志因素，因为只有两种因素有机统一才能构成故意犯罪"①。

作为引发重大劳动安全事故的行为人，其对可能发生的安全事故及其后果不具有明确的认识，同时对危害结果持有的是排斥而不是希望发生的态度，故不能认为其构成故意，故意需要行为人积极追求财产损失和人员伤亡的产生，或者对其行为将要造成的危害后果不在意，持放任的态度，因此行为人的主观心态应当认定为过失。

重大劳动安全事故犯罪与生产作业等密切相关，这种犯罪中的过失实质上属于从业人员业务上的过失犯罪。在实际的生产过程中，由于从业人员的操作失误导致危害结果发生时，不同的从业人员对于安全设施或安全生产条件是否存在安全隐患的预见义务是不一致的。当从业人员具备相应的从业资格时，就应当认定其具备发现安全隐患从而需要对由该安全隐患引发的安全事故承担责任，此时从业人员因怠于履行预见义务而引发安全事故造成损失，属于疏忽大意的过失；而当从业人员不具备相应的从业资格时，也需要承担一定的责任，原因在于行为人明知自己没有能力胜任该项业务而继续从业，危害结果的发生是在其预料之中的，其却因各种原因而疏忽大意导致没能预见到，或者虽已有所预料，却因轻信能够避免而导致危害结果的发生，因此认定该从业人员主观上还是存在过失。

综上，在重大劳动安全事故罪中，行为人的主观心态应认定为过失。

四、重大劳动安全事故罪典型案例分析

（一）重大劳动安全事故罪典型案例

2015 年 8 月中旬，被告人刘某在未取得合法建筑资质的情况下，承揽了枣阳市王城镇原陈店粮站仓库库门改建工程，并雇请被害人谢某等人施工。同月 20 日 6 时许，被告人刘某在未取得特种作业操作证的情况下，违规驾驶铲车用作登高作业工具，并安排工人谢某站在铲车斗内用风镐施工，施工中刘某未对铲车采取有效的安全防护措施，致使铲车滑动将正在铲车斗内施工的谢某挤压致死。枣阳市公安司法鉴定中心法医学尸体检验意见

---

① 张明楷：《刑法学（第四版）》，法律出版社 2011 年版，第 232~233 页。

为，被害人谢某系生前因胸部外伤致胸腔内器脏破裂而死亡。法院认为，被告人刘某违反安全生产法规，安全生产条件不符合国家规定，因而发生重大伤亡事故，致 1 人死亡，其行为已构成重大劳动安全事故罪。①

(二) 重大劳动安全事故罪案例分析

本案符合重大劳动安全事故罪的构成要件。

1. 客体要件。本罪的客体是生产安全，本案中被告人刘某承揽工程并雇请被害人谢某等人进行施工，未采取必要的安全生产设施或条件，导致发生了重大伤亡事故，造成 1 人死亡的后果，其行为已经侵犯了自然人的生命健康以及重大公私财产的安全。

2. 客观要件。被告人刘某违规行为明显：其一，无从事建筑工作的合法资质；其二，违规使用登高作业工具；其三，不采取防护措施，导致施工人员被挤压死亡。在建设施工的工程中，被告人刘某负责的安全生产设施或者安全生产条件未能达到国家规定的标准，因而发生重大伤亡事故，其行为与结果之间具有因果关系。

3. 主体要件。被告人刘某承揽了该改建工程，并安排被害人谢某进行施工，故应作为安全生产直接负责的主管人员，对本罪的后果承担责任。

4. 主观要件。行为人从事相关工作，理应知道该工作的危险点，并采取防护措施。本罪中被告人刘某违反了安全生产法规，未履行避免结果发生的义务，但对可能发生的安全事故及其后果并不具有明确的认识，没能预见到结果的发生，同时对危害结果的发生持有的是排斥而不是希望发生的态度，因此被告人刘某在主观上应认定为过失。

五、重大劳动安全事故罪的刑事政策与企业犯罪预防

(一) 重大劳动安全事故犯罪的刑事政策

本罪实践中的刑事政策和重大责任事故罪相同。依据很多学者主张，刑法作为保障法，为了防止恣意运用刑罚来侵害人权等其他人们具有的合法权益，应被谨慎且合理地适用，长久以来，这样的观点也是一种普遍的价值导向。这体现了刑法谦抑精神，即凡是适用其他法律足以抑止某种违法行为、足以保护合法权益时，就不要将其规定为犯罪；凡是适用较轻的制裁方法足以抑止某种犯罪行为、足以保护合法权益时，就不要规定较重的制裁方法。②

这种观点本身是正确的，但是，实践中要考虑现有的刑法及背后的刑事政策能否降低重大劳动安全事故的发生频率，二者如何协调成为值得探讨的问题。在重大劳动安全事故罪中，发生实际的后果是必要的构成要件，而当只有发生重大劳动安全事故的危险存在时，并不能对相关行为人定罪处罚。这也是刑法谦抑精神的体现，但在这种精神的引导

---

① 湖北省枣阳市人民法院刑事判决书：（2016）鄂 0683 刑初 151 号。
② 张明楷：《论刑法的谦抑性》，载《中南政法学院学报》1995 年第 4 期。

下，刑法能否发生实际效用呢？从上文及我们获得的数据资料可知，重大劳动安全事故罪的数量逐年增多，其多发生于建筑施工等基础性行业，即便是企业犯罪在其中占据的比例不大，但一旦构成了犯罪，造成的危害结果比一般的犯罪更为严重。特别是本罪中行为人的主观要件为过失，作为本罪的主体——具有专业知识、应承担特定业务的人员，理应对发生危害结果承担更重的责任，但现有的刑事政策并未能实现这一点。

有学者指出，现有重大劳动安全事故罪的定罪量刑忽视了企业自我管理的实现，在行政执法部门先行执法而未采取合理措施的基础上触犯本罪，会被处以更重的刑罚，这体现出了企业对于内部生产自我管理的过程未赋予应有的重视，而这恰恰是生产经营活动中的重要环节；此外，司法实践中对行为人的量刑也使得刑罚未能发挥其威慑性的效用。① 还有观点认为，在司法阶段，受制于罪刑法定原则的刑法解释具有有限性，每一分则条款均有其保护的特定法益，如果借口刑法谦抑精神而在构成要件之外寻找行为的社会意义从而实现具体事案的非刑罚化、刑罚的轻缓化，刑法惩治和预防犯罪的功能必然会大打折扣，失去本身应具有的社会功能。② 因此，重大劳动安全事故罪的治理要着眼于其侵犯的法益具有社会性和集体性两个特征，此罪的设立是对劳动者安全、公共安全的一种保障，刑罚谦抑性精神在本罪中应当得到相应的抑制。为了适应风险社会的发展，实现对法益的根本性保障，重大劳动安全事故罪背后的刑事政策应当体现对于安全事故危险的消除，而非仅仅是对实际发生的危害的处罚。

（二）重大劳动安全事故犯罪的企业犯罪预防

1. 提高企业员工的安全意识

企业作为雇佣劳动者的一方，理应对劳动者的安全和生产过程负责，企业应利用各种资源对劳动者进行安全教育，不间断地提高劳动者的安全意识，让劳动者对自身所处的生产环境及其中的安全生产情况有较深的了解，同时也需要培养劳动者对于生产过程中出现安全隐患的挖掘能力，提高处理突发状况的应急水平，以此来减少当安全事故发生时对企业造成的财产损失及对劳动者的生命健康造成的损害，比如定期举办安全知识讲座，开展安全知识竞赛，评选安全先锋，等等。

企业自身需要更多将关注力集中于安全生产，提高安全生产的重要性，而对于企业整体的安全生产文化氛围的构建，需要企业投入更多的人力、财力和物力，来为企业全体员工提供安全相关培训，坚决铲除盲目追求利润而忽视安全生产不当观念。在生产环境方面，企业也应该在企业生产场所等各领域，通过张贴安全宣传海报、警示标语等手段进行安全生产意识的宣传，从各个细节入手，让劳动者感受到安全生产意识的熏陶，潜移默化

---

① 刘金祥、毕劲松：《重大劳动安全事故罪的司法逻辑——基于106件裁判文书的考察》，载《华东理工大学学报（社会科学版）》2019年第4期。

② 简爱：《一个标签理论的现实化进路：刑法谦抑性的司法适用》，载《法制与社会发展》2017年第3期。

地形成良好的安全生产环境。对表现优异的员工进行奖励，从而督促全体员工自觉遵守安全防范要求，提高安全防范意识。

2. 强化源头预防控制

源头控制的有效方法，一是安全责任要明确。建立、完善以项目经理为第一责任人的安全生产领导组织，承担组织、领导安全生产的责任；建立各级人员的安全生产责任制度，明确各级人员的安全责任，抓责任落实、制度落实。要建立完善安全风险评估与论证机制，高危项目审批必须把安全生产作为前置条件，实行重大安全风险"一票否决"，严格落实部门安全生产行政许可责任，依法严肃追究有关人员责任。二是安全教育要常抓。管理与操作人员应具备安全生产的基本条件与素质；经过安全教育培训，考试合格后方可上岗作业；特种作业（电工作业，起重机械作业，电、气焊作业，登高架设作业等）人员，必须经专门培训、考试合格并取得特种作业上岗证，方可独立进行特种作业。相关企业要挖潜力，提升安全生产水平。必要时，对高危行业从业人员建立准入制度，定期举行安全教育培训教育。三是安全设施要到位。在安全设施方面，保障设施设备的安全是保障安全生产的前提，企业也需要投入更多的资金维持生产设备的安全运营。企业全体员工应遵守安全生产标准，在企业制定安全生产章程后要严格遵守。同时，企业可以制定配套的奖惩制度，对不能遵守规章制度的员工进行惩处。

3. 强化安全风险管控

其一，企业要严格落实安全风险管控责任主体。其二，企业要强化隐患内部排查。树立"隐患就是事故"的观念，对于隐患整改不到位的部门和相关责任人进行必要处理。其三，重点防控。高层建筑和大型综合体施工、隧道桥梁及管线管廊作业、燃气和电力设备等要加强安全监测、安全检测和防护系统建设。其四，安全检查不松懈。安全检查是发现危险源的重要途径，是消除事故隐患，防止事故伤害，改善劳动条件的重要方法。其五，生产作业要规范。按科学的作业标准，规范各岗位、各工种作业人员的行为，控制不安全行为，防范安全事故。其六，施工现场要整洁。施工管理是消除危险源，防范安全事故必不可少的内容，施工现场整洁管理包括现场管理（包括现场保卫工作管理）、料具管理、环保管理、卫生管理等四项内容。

4. 建立安全应急救援管理体系

企业对于发生的事故不隐瞒。安全事故是违背人们意愿且又不希望发生的事件，一旦发生安全事故，应采取严肃、认真、科学、积极的态度，不隐瞒、不虚报，保护现场、抢救伤员，进而分析原因、制定避免发生同类事故的措施。除此之外，企业也要健全完善应急救援预案和现场处置方案。特别是矿山钻探、危险化学品泄漏处置等企业，配备和储备大型先进救援装备、应急物资、紧急运输和应急通信设备。加强应急救援队伍标准化建设。

5. 建立安全生产的防范和监督工作机构

成立专门的或者非专门的专业监管小组，对企业生产经营进行无缝隙、全时段监管，采取重点监督、定期监督以及专门监督等形式，在常规监管的基础上强化监管的力度和强度，确保监管机制不沦为表面功夫，切实提高监管的效用。

第三章 串通投标犯罪的风险及其防控

一、串通投标罪的立法规定

（一）串通投标罪的行政法律法规及规章

我国有多部法律、法规及规章对串通投标行为进行规制，举例如下。

1.《中华人民共和国招标投标法》

　　第三十二条　投标人不得相互串通投标报价，不得排挤其他投标人的公平竞争，损害招标人或者其他投标人的合法权益。

　　投标人不得与招标人串通投标，损害国家利益、社会公共利益或者他人的合法权益。

　　禁止投标人以向招标人或者评标委员会成员行贿的手段谋取中标。

2.《中华人民共和国对外贸易法》

　　第三十三条　在对外贸易经营活动中，不得实施以不正当的低价销售商品、串通投标、发布虚假广告、进行商业贿赂等不正当竞争行为。

　　在对外贸易经营活动中实施不正当竞争行为的，依照有关反不正当竞争的法律、行政法规的规定处理。

　　有前款违法行为，并危害对外贸易秩序的，国务院对外贸易主管部门可以采取禁止该经营者有关货物、技术进出口等措施消除危害。

3.《中华人民共和国招标投标法实施条例》

有多条法条对串通投标行为进行了规制。

4.《政府采购货物和服务招标投标管理办法》

　　第三十七条　有下列情形之一的，视为投标人串通投标，其投标无效：

　　（一）不同投标人的投标文件由同一单位或者个人编制；

　　（二）不同投标人委托同一单位或者个人办理投标事宜；

（三）不同投标人的投标文件载明的项目管理成员或者联系人员为同一人；

（四）不同投标人的投标文件异常一致或者投标报价呈规律性差异；

（五）不同投标人的投标文件相互混装；

（六）不同投标人的投标保证金从同一单位或者个人的账户转出。

（二）串通投标罪的刑法及司法解释

1.《刑法》规定

第二百二十三条　投标人相互串通投标报价，损害招标人或者其他投标人利益，情节严重的，处三年以下有期徒刑或者拘役，并处或者单处罚金。

投标人与招标人串通投标，损害国家、集体、公民的合法利益的，依照前款的规定处罚。

2. 司法解释

最高人民检察院、公安部《关于公安机关管辖的刑事案件立案追诉标准的规定（二）》（公通字［2010］23 号）

第七十六条　投标人相互串通投标报价，或者投标人与招标人串通投标，涉嫌下列情形之一的，应予立案追诉：

（一）损害招标人、投标人或者国家、集体、公民的合法利益，造成直接经济损失数额在五十万元以上的；

（二）违法所得数额在十万元以上的；

（三）中标项目金额在二百万元以上的；

（四）采取威胁、欺骗或者贿赂等非法手段的；

（五）虽未达到上述数额标准，但两年内因串通投标，受过行政处罚二次以上，又串通投标的；

（六）其他情节严重的情形。

二、串通投标罪犯罪学分析

（一）串通投标罪的犯罪现状

2010 年 1 月 1 日—2020 年 12 月 31 日全国串通投标罪案件基本情况分析①：

---

① 该数据选取时间为 2010 年 1 月 1 日—2020 年 12 月 31 日，数据来源：威科先行网（http：//8721add15be1c16f50bd1ba831cbefd9.f2a9b9a2.libvpn.zuel.edu.cn/），最后访问日期：2021 年 3 月 31 日。

1. 案件总数：2576；企业（家）犯罪①：163

2. 法院分布

表 3-1 串通投标罪案件审理法院

审理法院层级	最高人民法院	高级人民法院	中级人民法院	基层人民法院	专门法院
单位犯罪案件数/总件数	0/1	1/14	35/516	127/2043	0/2

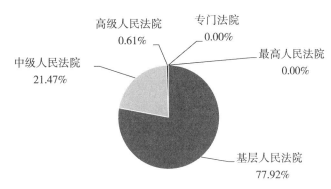

图 3-1 串通投标罪（单位犯罪）案件审理法院级别

3. 审级分布

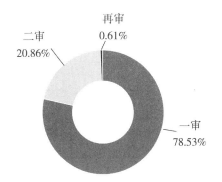

图 3-2 串通投标罪（单位犯罪）案件审级分布

---

① 此处及以下各处企业（家）犯罪是指单位犯罪以及单位法定代表人犯罪。

4. 地域分布

除港澳台地区，全国各省（区、市）串通投标罪案件分布如下：

表 3-2　　　　　　　全国各省（区、市）串通投标罪案件分布情况

东部沿海地区									
省（区、市）	京	津	冀	沪	苏	浙	闽	鲁	粤	琼
案件数（单位犯罪案件数/总件数）	2/20	1/28	3/88	4/45	11/129	16/357	1/87	5/36	15/149	0/6

中 部 地 区					
省（区、市）	豫	晋	皖	赣	鄂	湘
案件数（单位犯罪案件数/总件数）	4/102	0/24	13/197	9/286	30/404	13/192

西 部 地 区										
省（区、市）	渝	滇	桂	川	贵	藏	陕	甘	蒙	青	宁	新
案件数（单位犯罪案件数/总件数）	1/48	5/46	1/21	6/96	1/23	0/2	1/13	0/9	0/9	0/9	2/3	1/20

东北部地区		
省（区、市）	辽宁	吉林	黑龙江
案件数（单位犯罪案件数/总件数）	3/25	5/47	10/58

5. 年度趋势

从图 3-3 串通投标罪（单位犯罪）年度趋势图可知，自 2010 年至 2020 年间，2019 年度串通投标罪的触犯频次最高，共计 46 件，2018 年度为 31 件。从表 3-2 全国各省（区、市）串通投标罪案件分布情况分析可知，企业触犯串通投标罪的频率最高的为湖北省和浙江省，分别为 30 件和 16 件，广东省、湖南省以及安徽省较高，分别为 15 件、13 件及 13 件，与如上省份串通投标罪总体发生频率相比，企业犯罪所占比例较小。此外，串通投标罪的审理法院多为基层人民法院，在司法实践中常涉及其他扰乱市场秩序罪，案情复杂。

在最高人民检察院发布第二届民营经济法治建设峰会检察机关服务民营经济典型案例中，2017 年 7 月，被告人陈某、崔某、吉某等人在获悉某市农村道路 9 个标段提档升级

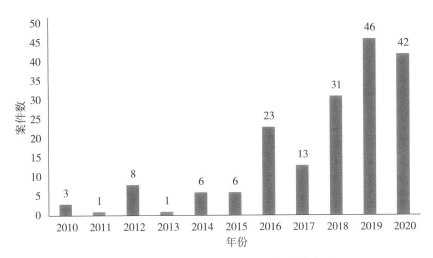

图 3-3　串通投标罪（单位犯罪）年度趋势图

工程的招标信息后，通过杨某等中间人介绍，组织 A 公司等 11 家有资质的企业，各自派公司资料员统一制作商务标书串通投标，最终中标 2 个标段，涉案金额 3900 万余元。该案因被实名举报而案发。检察机关经审查认为，A 公司、陈某等相互串通投标报价作出区别处理。2020 年 5 月，检察机关对提出犯意、实际操作、有前科的陈某等 6 人提起公诉，对仅出借资质的 11 家串标单位和犯罪情节轻微的 24 名参与人作出不起诉决定。① 此案件中，对 11 家企业依法未起诉的举动挽救了这些企业，其不仅体现了检察机关坚持打击和保护并重，对串通投标的提议者、组织者、主要受益者以及职业陪标人、专业居间介绍者，依法从严惩处；对没有犯罪前科、被动参与陪标、收取少量好处且具有从轻、减轻情节的，依法作不起诉处理，并向行政主管部门提出加强招投标监管、开展以案释法警示教育的检察建议和对被不起诉人予以行政处罚的检察意见；也体现出检察机关慎重作出不起诉的决定，最大限度降低刑事办案对企业正常生产经营可能造成的负面影响。

在检例第 90 号的许某某、包某某串通投标立案监督案中，江苏省连云港市海州区锦屏磷矿"尾矿坝"是应急管理部要求整改的重大危险源，多年对外招商未果。2017 年 4 月 10 日，海州区政府批复同意海发集团对该项目进行拍卖，海发集团主动联系并与许某某、包某某合作参与竞拍。经举报，许某某、包某某被以涉嫌串通投标罪立案侦查，海州区人民检察院认为，投标与拍卖行为性质不同，分别受招标投标法和拍卖法规范，对于串通投标行为，法律规定了刑事责任，而对于串通拍卖行为，法律仅规定了行政责任和民事赔偿责任，串通拍卖行为不能类推为串通投标行为。因此，检察机关通过立案监督，依法通知公安机关撤销案件。②

在杨某某等串通投标案中，杨某某作为淮安市公安局相关招标项目的组织实施者和采

---

① 江苏省启东市人民法院刑事判决书：（2020）苏 0681 刑初 229 号。
② 《最高人民检察院印发第二十四批指导性案例——许某某、包某某串通投标立案监督案（检例第 90 号）》，中华人民共和国最高检察院网（www.spp.gov.cn），访问日期：2021 年 8 月 5 日。

购参与人，为了使巨人公司中标，指使张某某根据其指示的标价为两家公司设计标书并以此价投标，并串通陈某组织他人陪标；在移动警务通的招投标过程中，杨某某泄露采购计划的内容、设定投标价格，串通陈某、屠某某、张某某借用其他公司的资质共同制作标书，以围标的方式投标，使得该项招投标活动成为各被告人实际掌控的独家投标，并最终使淮康公司违法中标。① 作案过程中，4 名被告人在串通投标的主观故意支配下分工协作，分别实施了不同的串通投标行为，其行为均符合串通投标罪的犯罪构成，因此分别被判处有期徒刑数月，缓刑 1 年以及罚金。

（二）串通投标罪的犯罪特征

1. 相关人员之间存在串通现象

通过上述分析案例可以看出，投标人员之间的串通被称为"围标"。为了实现利益的最大化，投标者与参与陪标的公司串通，给予参与陪标的公司一定的投标费用，实际上早已同中标人达成一致，这样的行为满足串通投标罪的客观行为要件。另外，由于各方面原因，投标人与招标人之间也会串通，合谋以达成目的，形成"明招标，暗定标"的现象。因此，参与投标的公司之间为了节约流程带来的经济损耗，同时提高招投标的效率，常会在事先与多方沟通，加上招投标相关人员自身的专业素质较高，对于招投标的法律十分熟悉，易出现"钻空子"的情形，而评标专家的条件较高，人员也较为固定，投标人会为了中标对评标专家名单提前打探，从而出现通过行贿等违法手段来达到高效中标目的的行为。

2. 挂靠投标现象严重

尽管对于招投标单位的资质有法律法规的相关条文规定，但不少投标公司会利用其中的缺陷挂靠投标，其中存在不具有相关资质的投标人与具有相关资质的单位串通，或是投机方借用具有相关资质的投标方的资质来参与投标的现象。不论是哪一种串通的方式，其本质都是为了双方的共同利益以及为了获得更高的利润而利用招投标流程中不够完善的规定的行为。

3. 利用招投标环节中的漏洞

在招投标的专业领域，对于招标文件而言，其评标办法的设定不够科学，具有倾向性，标书编制的时间不够合理；对于评标专家而言，招标人可指定的专家人数占评标专家库的人数比例较高且评标专家数量有限；对于标底而言，招标具有标底、标底编制人员事先泄露；加上对围标、陪标的处罚力度不够等制度性漏洞，都是诱发串通投标的起因。

4. 量刑较轻，且数罪并罚比例高

本罪主要涉及经济犯罪以及行贿受贿等犯罪，并多与这些犯罪数罪并罚，其刑罚处罚普遍较轻，以缓刑居多，因本罪的涉案主体主观上是为了谋取经济利益，因此本罪的刑罚

---

① 江苏省淮安市中级人民法院刑事判决书：（2013）淮中刑二终字第 0026 号。

也以财产刑较多，自由刑较少，与其他罪名相比，刑罚较轻。

串通投标罪中所指的招标投标包括招标投标法中规定的所有招标投标活动。只要招标人通过招标方式选择承包商或供应商，无论是何种招标项目，无论是采取何种招标方式，都应当遵守招标投标法的有关规定，不得有串通投标行为，否则均有可能构成犯罪。

（三）串通投标罪的犯罪原因

本罪是典型的法定犯，所以社会对其重要性认识不够，导致对犯罪风险的认识不足。串通投标罪的案件常具有报价和组织围标的行为，作为新型的犯罪手段，实务中多与行贿等违法行为相联系。《刑法》和《招标投标法实施条例》对串通投标的具体情形进行了列举，也对相关行为规定了行政处罚措施，但在招投标的实践中，串通投标的行为仍屡禁不止，下文从几个方面来分析串通投标罪的犯罪原因。

1. 立法不够完善

立法对于哪些事情应该走招投标程序、哪些事情可以不走招投标程序缺乏类型化规定，导致无论项目大小一律招标，无论何种项目都适用同类招标流程，使得部分事项的招投标规定不合理。《刑法》关于串通投标罪的规定同样不合理，其规定的最高法定刑为3年，且要求在情节严重或者损害国家、集体、公民的合法利益的情况下，才能成立犯罪。司法实务中，并不考量行为人的情节以及行为人是否损害了国家和公民的合法利益，一方面，被告人因串通投标获罪的可能性很大，另一方面，被告人获得的利润远高于违法成本，这不利于对行为人违法犯罪现象起到警示和预防的作用。随着犯罪手段逐渐复杂多样，串通投标行为应当如何界定在实务中成为一大难题，尽管法律条文中对串通投标行为规定了兜底条款，但在适用上仍有一定的难度，因此对于串通投标行为的列明在立法中应当与时俱进。

2. 监管不严

招标投标领域始终是违法违纪等腐败现象的多发领域，领导干部违规插足招标投标的活动过程，利用职务上的便利进行权钱交易，如对依法必须进行招标的项目不招标、对依法应当公开招标的项目不公开招标、要求评标委员会成员或者招标人选定所指定的投标人为中标候选人或者中标人，或者以其他方式非法干涉评标活动影响中标结果等。公司企业为了达到中标的目的常与相关负责人勾结，这些行为破坏了市场经济秩序，阻碍了投标招标环节的正常运行。

因为立法不科学、不合理，加之监管不力等问题，导致竞标走过场、走程序现象泛滥，且项目在招投标过程中存在较多的利益输送、权钱交易现象，也诱发一些竞标者错误认识的产生，所以串通投标现象屡屡发生。

三、串通投标罪刑法教义学分析

串通投标罪，是指投标人相互串通投标报价，损害招标人或者其他投标人的利益，情节严重，或者投标人与招标人串通投标，损害国家、集体、公民的合法权益的行为。

（一）串通投标罪构成要件

1. 客体要件

本罪的犯罪客体应当是社会主义公平竞争的市场秩序和国家、集体、公民的合法利益。首先，社会主义市场经济中公平竞争的市场秩序是主要客体，和谐的社会主义市场秩序"要求招标投标活动体现公开、公平、公正和诚实信用的原则。公开即开标、评标、中标结果公开进行，不得暗箱操作。公平要求严格依条件和程序，一视同仁，不得厚此薄彼。公正要求人人机会均等，利益均衡，不得存在特权。诚实信用要求材料真实，诚意履行，不得弄虚作假"①。其次，国家、集体、公民的合法权益是次要客体，公民在这里当然包括招标人与投标人，而其中的合法权益主要指的是国家、集体以及公民经济方面的财产利益，这也是串通投标罪立法的主要目的。行为人实施串通投标的各种行为，造成国家、集体和公民个人的经济利益受到损害，制造出质量不合格的施工项目或者其他项目，对社会公共利益是一大隐患，侵犯了社会公共利益，故触犯串通投标罪的行为违背了公开、公平、公正和诚实信用的原则，其犯罪客体为社会主义市场经济的公平竞争的市场秩序和国家、集体、公民的合法利益。

2. 客观要件

本罪在客观方面表现为两种情况：一是投标人相互串通投标报价，损害招标人或者其他投标人的利益，并且情节严重的行为。二是投标人与招标人串通投标，损害国家、集体、公民的合法权益。有的观点只认为存在其中一种情况，但这种观点不能完全涵盖实务中串通投标可能出现的情形，会导致对被害人权益保护的不周全，因此串通投标罪的客观方面应当同时包括投标人相互串通投标报价，损害招标人或者其他投标人的利益，并且情节严重的行为，以及投标人与招标人串通投标，损害国家、集体、公民的合法权益的行为两个方面。

3. 主体要件

我国《刑法》第 223 条对串通投标罪进行了规定，时间早于《招标投标法》的颁布。《招标投标法》第 8 条规定，"招标人是依照本法规定提出招标项目、进行招标的法人或者其他组织"。第 25 条规定，"投标人是响应招标、参加投标竞争的法人或者其他组织。依法招标的科研项目允许个人参加投标的，投标的个人适用本法有关投标人的规定"。据此，在《招标投标法》中招标人一般不为个人，投标人也并未限定为个人，法人或其他组织也能作为招标人和投标人构成招标投标罪的主体。但《刑法》第 223 条规定，"投标人相互串通投标报价，损害招标人或者其他投标人利益，情节严重的，处三年以下有期徒刑或者拘役，并处或者单处罚金"。第 231 条规定，"单位犯本节第二百二十一条至第二

---

① 高铁军、安海航：《论串通投标罪》，载《沈阳建筑大学学报（社会科学版）》2006 年第 1 期。

百三十条规定之罪的，对单位判处罚金，并对其直接负责的主管人员和其他直接责任人员，依照本节各该条的规定处罚"。其中通过第 231 条可知第 223 条的招标投标罪的主体为个人，属于个人犯罪。《刑法》与《招标投标法》中关于串通投标的规定在主体上有不同，因此在具体案件的认定评定过程中会产生歧义，因此我们要首先对串通投标罪中的主体是否局限于个人进行分析。

《刑法》与《招标投标法》之间的关系属于一般法与特别法的关系，在特别法中有不同规定时，通常按照特殊法中的规定理解。串通投标罪被纳入《刑法》并对触犯该条犯罪的行为进行惩治的目的在于打击串通投标行为，为市场经济运行的竞争机制提供一个较为公平、公正、公开的环境，提升市场主体的信用力，从而促进市场经济的发展。而串通投标罪在招投标的实践中，是通过个人行为而实施的，按照《招标投标法》的规定，招标人只能为法人或其他组织，属单位主体，只有在"依法招标的科研项目允许个人参加投标的，投标的个人适用本法有关投标人的规定"时，才能将自然人纳入犯罪的主体范畴，这样的规定不能适应快速发展的招投标市场，市场中存在多种多样的串通投标行为，按此规定不利于对多发的串通投标罪起到打击和有力惩治的作用，与本罪要保护的法益不相符合。因此《招标投标法》的规定不符合立法的意图和招投标的实践。

此外，《刑法》第 223 条关于串通投标罪的规定属于确定性规则并非准用性规则。确定性规则是指内容已经明确规定人们具体的行为模式，无须再援引或者参照其他规则来确定其内容的法律规则。准用性规则指内容本身没有规定人们具体的行为模式，而是可以援引或参照其他相应内容规定的规则。刑法中对串通投标罪有具体的规定，并不需要通过援引或者参照其他的规则来确定内容，其立法规定早于《招标投标法》，对于主体范围的规范也并未以《招标投标法》为依据，因此在司法认定中对于主体的认定并不能以《招标投标法》为据，应当在刑法体系中对其进行实质解释。

刑法体系是指各种刑法规范按照一定的规律、顺序、联系有机地排列，组成统一的整体。即对刑法中规定的串通投标罪必须通过整体而又系统的思考来解释，在理解串通投标罪的刑法规范时应将其置于刑罚体系中并通过对刑法整体的理解来实现。因此，结合《刑法》第 223 条和第 231 条的规定及这两条法律条文之间的联系，串通投标罪的主体为自然人，当单位犯本罪时，对单位判处罚金，并对其直接负责的主管人员和其他直接责任人员，依照第 223 条的规定处罚，且单位也可作为主体。《刑法》对于串通投标罪的规定并未限定招投标的具体行为，而《招标投标法》第 2 条，"在中华人民共和国境内进行招标投标活动，适用本法"，是对自愿组织的招标活动进行的规定。其第 3 条，在中华人民共和国境内进行下列工程建设项目包括项目的勘察、设计、施工、监理以及与工程建设有关的重要设备、材料等的采购，必须进行招标：（1）大型基础设施、公用事业等关系社会公共利益、公众安全的项目；（2）全部或者部分使用国有资金投资或者国家融资的项目；（3）使用国际组织或者外国政府贷款、援助资金的项目。前款所列项目的具体范围和规模标准，由国务院发展计划部门会同国务院有关部门制定，报国务院批准。法律或者国务院对必须进行招标的其他项目的范围有规定的，依照其规定，都是对强制进行招标活动进行的规定。不论是自愿的招标活动还是强制必须进行的招标活动，都对招标人和投标人以及国家、集体、公民的合法权益造成了损害。因此，串通投标罪的主体既可以是自然人，也可以是单位。

4. 主观要件

本罪的主观方面只能由故意构成，过失不成立本罪。但在故意中，是直接故意还是间接故意也存在不同观点，直接故意与间接故意的相同点在于从认识因素上看，二者都明确认识到自己的行为会发生危害社会的结果；从意志因素上看，二者都不排斥危害结果的发生。而"直接故意"是指行为人明知自己的行为必然或者可能会发生危害社会的结果，而希望这种结果的发生；"间接故意"是指行为人明知自己的行为可能会发生危害社会的结果，而采取漠不关心、听之任之的放任态度，结果发不发生，都不违背行为人的意志。在串通投标罪中，直接故意是一定存在的，而间接故意主要存在于围标和陪标的场合，这种场合下，串通行为人主要是为了获取好处费和补偿费等，对于可能发生的危害结果并不持希望的态度，而是一种放任的态度。

因此，我们认为在串通投标罪中，直接故意和间接故意都存在，行为人对自己的行为会破坏社会主义市场经济的自由交易和公平竞争秩序，损害国家、集体、公民的合法利益是事先明知的，只不过在实务中有的行为人是主动为之，希望危害结果的发生，具有较大社会危害性，属于直接故意；有的行为人是间接为之，处于被动地位，对危害结果的发生听之任之，属于间接故意。综上，串通投标罪的主观要件为故意，包括直接故意与间接故意。

（二）串通投标罪司法认定问题

1. 何为投标

投标是本罪的核心行为。法律上对该罪名表述为"投标"，但实际上狭义的"投标"在《招标投标法》中仅指在竞争缔约的场合，参加竞争者根据招标人招标文件的要求，以投标文件表示契约的内容向招标人提出请求，争取中标达成交易的民事行为。其中第32条指出，"投标人不得相互串通投标报价，不得排挤其他投标人的公平竞争，损害招标人或者其他投标人的合法权益。投标人不得与招标人串通投标，损害国家利益、社会公共利益或者他人的合法权益。禁止投标人以向招标人或者评标委员会成员行贿的手段谋取中标"。但《刑法》对串通投标罪进行规制的目的不仅限于对投标环节进行规范，也在于对整个招标投标流程中所有环节出现的相互串通、破坏社会主义市场经济的自由交易和公平竞争秩序和侵犯国家、集体、公民的合法利益等违法犯罪行为进行惩治。因此，对串通投标罪中的投标应作广义的理解，认为其包括招标、投标、开标、评标、中标等全部程序中的竞争性缔约行为，串通投标罪的成立也要以法律意义上上述程序的存在为前提。

《招标投标法》对必须进行的招标活动进行了规范，除了必须进行的招标活动，还包括自愿进行的招标活动。必须进行的招标活动主要指的是涉及国家和社会公共利益的项目，虽然我国《刑法》中对串通投标罪规范的范围没有限制是强制招标还是自愿招标，但这些招标中存在的串通投标行为都对投标市场的公开、公平、公正的竞争秩序造成了破坏，也损害了国家、集体、公民的合法利益，因此这些行为都视作符合串通投标罪的构成要件，可构成串通投标罪，行为人要承担相应的刑事责任。

但要注意的是，在实践中，存在很多活动即便被冠上了"招投标"的名头，其实质上不能视作《招标投标法》中规定的招投标活动，特别是一些不属于《招标投标法》中规定的强制招标的活动，其更多是流于形式，实际运行中程序执行得不够严格，目的也是为了实现缔约，不具有实质上招投标活动应具有的特征，无法实现招投标程序的目的。实质意义上的招投标活动应当满足公开、公平、公正的特征，但由于我国市场竞争机制不够完善，许多市场中招投标主体以及对招投标活动承担监管责任的行政部门在招投标制度及程序的运作方面认识程度不够，监管力度不足，导致招投标的行为违背了市场规律，导致招投标市场的混乱。所以，要构成串通投标罪的前提是需要存在法律意义上的"投标"活动，这里的"投标"活动应当包括招标、投标、开标、评标、中标等全部程序中的竞争性缔约行为，且实质上不能视作《招标投标法》中规定的招投标的活动则不能列入串通投标罪的规制范围。

2. 串通投标的手段有哪些

根据实施串通行为的主体不同，可以在客观上分为投标人之间或者投标人和招标人之间的串通投标行为。我国《刑法》并未对串通投标罪的行为手段进行明确规定，但我国澳门特别行政区的《澳门刑法典》中有类似的规定，规定以赠送、承诺、暴力或以重大恶害相威胁等手段进行非法串通招投标行为的构成犯罪。① 随着社会主义市场经济的不断发展，市场竞争中的串通投标行为方法呈现多样性、隐蔽化的趋势，要学习其他国家或地区的刑法立法做法，对串通投标的手段进行细致的规定。如法国《刑法典》规定，在公开招标活动中，采用赠送礼品、允诺、达成默契或其他欺骗手段，排斥某一竞价投标人，或者限制竞价或投标的行为以暴力、打斗或威胁，阻碍或扰乱自由竞价或投标之行为或者在公开招标活动之后，在没有管辖权的司法助理人员协助的情况下，进行或参加对竞价给予折扣的行为均构成犯罪。② 其中被视作串通投标罪中的犯罪行为，涉及贿赂、诈骗、暴力、危险等方方面面。《意大利刑法》规定以强暴、胁迫、贿赂、期约、围标或其他欺诈之手段阻止或扰乱标卖或拍卖竞争的行为均构成犯罪。③ 其中规定的串通投标行为有所拓展，与法国《刑法典》相比，添加了强暴等手段。上述不同刑法对于串通投标罪犯罪行为的规定，主要呈现为贿赂、暴力或非暴力胁迫、诈骗等其他行为在内的手段，不论规定为哪些行为手段，都要对串通投标罪的犯罪客体构成侵犯，即串通投标的行为要侵犯到社会主义公平竞争的市场秩序和国家、集体、公民的合法利益。

我国《刑法》规定的串通投标行为，具体是指在招投标市场交易活动中，招投标人之间违反招投标活动的相关法律法规规定实施的串通投标行为。具体表现为投标人之间合谋实施抬高标价、降低标价等违法行为，或者投标人和招标人私下串通，实施泄露投标信

① 全国人大常委会法制工作委员会民法室：《中华人民共和国反不正当竞争法释义》，法律出版社1994年版，第42页。

② 罗结珍译：《法国刑法典》，中国人民公安大学出版社1995年版，第112页。

③ 司法行政部：《各国刑法汇编》（下册），台湾司法通讯社1981年版，第1565页。

息、对投标人区别对待等限制市场竞争的违法行为，这些行为最终目的是为了使事先约定的投标人中标，严重损害了其他招投标活动参与人甚至是国家、集体、其他公民的权益，扰乱招投标活动以及社会主义市场经济的自由交易和公平竞争秩序。

将串通投标行为分为投标人之间或投标人和招标人之间的行为，其实也就是横向串通投标行为和纵向串通投标行为的区分，此外还包括混合串标的行为：[1]

第一，横向串通投标行为指的是两个以上具有平等竞争关系的投标人之间，在招投标过程中通过相互串通统一抬高或者压低投标报价等手段排挤竞争对手，以便最终顺利中标的行为。经过市场不断发展，"横向串通投标行为分为轮流坐庄型，即在多次招投标活动或者分阶段的招投标过程中，投标人之间相互约定每次招投标活动依次由不同的投标人以较高的价格轮流中标；内定陪标型，即事先投标人之间约定某一个投标人为中标人，邀请其他投标人参与陪标，约定的中标人顺利中标后，由中标人给予其他陪标人经济补偿的行为；挂靠垄断型，即无资质或资质较低的投标人，挂靠拥有资质或者高资质的企业去参加招投标活动，提高中标概率的行为；以及利益集团型，即投标顺利获取标的，利用自身条件优势找与其有关联的公司或者集团达成中标价格协议，内定中标人一起进行围标，巧妙运用招投标的规则，排挤掉其他竞争对手"[2]。

此外，还可以将横向串通投标行为分为围标、陪标、绑标以及挂靠投标等类型。围标是指投标人之间相互协调立场，帮助特定投标人中标，约定各自标书中的投标条件和价格，在标书中一致抬高或压低报价，围标人中标后支付给其他投标人费用或者按协议分标，或者事先商量好在今后的项目中轮流以约定高价或约定低价中标。参与陪标也可能构成串通投标罪。实践中，部分企业或个人刑事法律风险防范意识不强，往往出于人情或其他利益的驱使，接受他人的邀请，参与陪标。在陪标过程中，陪标人往往不实际参与投标活动，投标文件全部由实际投标人编制，陪标人的投标目的并非中标，而是为实际投标人串通投标提供帮助，陪标人的此种行为不仅仅是一般的违法行为，也可能构成串通投标罪，承担刑事法律责任。陪标与围标的区别在于陪标中仅有部分投标人参与了串通，而绑标则指的是通过暴力、胁迫等手段进行串通。投标人通过挂靠方式串通投标的具体表现为，投标人为提供中标率，通过挂靠两家或两家以上有资质的企业进行投标，甚至通过挂靠方式进行围标（所有投标人均为其挂靠单位）。此种情况属于典型的串通投标行为，情节严重的，投标人将构成犯罪。被挂靠单位如果明知挂靠人通过挂靠串通投标而对外挂靠的，可能构成串通投标罪的共犯。另外，挂靠行为本身属于严重的违法行为，挂靠人和被挂靠人均将承担相应的法律责任。

以上各种类型都是为了排挤其他投标人，使得正常的招投标制度失去作用，实际上不仅损害了其他投标人的利益，也损害了招标人的利益。

第二，纵向串通投标行为指的是招标人与投标人之间，为了提高串通的投标人中标可

---

[1]　朱天云：《招投标过程中的串标问题及其法律规制研究》，兰州大学2016年硕士学位论文，第5~8页。

[2]　郑文通：《串通投标罪司法认定疑难问题探析》，江西理工大学2020年硕士学位论文，第10~11页。

能性，采取各种手段破坏投标竞争秩序的行为。随着招投标市场的发展，招标代理机构和评标委员会成员等其他参与人也逐渐加入串通投标罪的犯罪，成为打击犯罪的对象。纵向串通投标行为分为：量身定做型，即在招标过程中，招标人量身为内定投标人设置其他投标人不具有相关条件的招标书，使其他投标人根本无法中标，让内定投标人中标的行为。① 事后补贴型，即招标人事先与投标人商量好投标的价格，事后再由招标人给予投标人一定的经济补贴。泄露招投标信息型，即招标人或招标代理机构通过不法手段故意泄露保密的招标信息，使得相应的投标人中标或增大其中标的可能性。协助投标型，即招标人或招标代理机构违反招标投标的法律规定，事先与投标人串通，为其制作、修改书来应对招标的行情，或者使投标人按照一定手法进行围标，事先中标的目的。贿赂评标专家的类型，即招标人或投标人事先向评标专家行贿，从而保证投标人能够顺利中标。具体来说也有以下的不同方式：

一是招标人为投标人提供帮助串通投标。具体表现为：招标人违反法律规定，为特定投标人提供便利，量身定制投标人资格条件，以明显不合理的要求排除其他潜在投标人，向特定投标人透露招标底价以帮助投标人串通投标。此种情况下，招标人与投标人构成串通投标罪的共犯，投标人应当根据其在串通投标行为中所起的作用，承担相应的刑事法律责任。另外，招标人在串通投标中收取中标人财物的，构成受贿罪的，应当数罪并罚。

二是招标人未招标先开工，事后补办招标程序，这也可能涉嫌串通投标。在部分工程建设中，工程已经开工建设或已经完工，工程承包商已经确定，但招标人为了"完善"招标程序，要求承包商配合其履行招标投标程序进行投标，在此过程中，为了确保承包商中标，招标人往往要求承包商寻找陪标单位进行陪标，甚至招标人为直接承包商安排陪标单位。对于依法应当招标的项目，未进行招标便选定承包商开工建设，已属于严重的违法行为，一旦被查处，相关责任人将承担行政责任；而招标人为了"完善"所谓招标程序，补办招标手续，虚假招标，都属于更加严重的违法行为，甚至可能构成串通投标罪，承担刑事法律责任。

这些行为也是为了使投标人中标，不仅破坏了正常招投标的竞争秩序，也具有一定的隐蔽性，严重损害了公平公正的招投标制度，使得相关规定无法得到落实。

第三，混合串标指的是上述横向串通投标行为以及纵向串通投标行为共同存在的行为，这里包括：交叉串通投标型，即招投标人之间出现多起串通投标的现象，主体存在重叠；暴力胁迫型，即招标人通过非法的暴力手段帮助投标人投标，同时投标人之间也存在暴力胁迫等手段来提高特定投标人中标的可能性；聚众型，指的是多方参与到串通投标的行为之中。

实践中，横向串通投标行为占的比例更大，其中围标行为在我国多发。在我国竞争投标市场中，最低价评标法赋予只要具备投标资质的公司投标符合最低价格即可中标的机会，实施此行为的隐蔽性较强，风险和成本较低，因此围标这种行为构成串通投标罪中的常见行为手段，成为我国打击串通投标罪中的重点。

---

① 刘厚林：《串通招投标行为的法律规制》，四川省社会科学院 2011 年硕士学位论文，第 12 页。

3. 串通投标行为情节要达到何种程度

我国的串通投标罪为情节犯，招投标市场中并非所有的串通投标行为都会构成串通投标罪。一般来说，行为人会承担相应的民事或行政责任，要构成刑法上的串通投标罪，需要行为人的串通投标行为达到"情节严重"的程度。我国《刑法》没有对串通投标的数额和追诉标准作统一的规定。"日本在《关于违反反垄断法上刑事揭发的方针》中明确表明只对有'重大的、恶劣的'串通招投标案件才进行刑事告发，一类为'性质恶劣且重大的案件'；另一类为'对反复进行违反行为的经营者、业界，不听从排除措施的经营者等违法行为'。而美国对串通招投标是按照本身违法原则进行刑事制裁。也就是说，美国并不关注串通行为是否对竞争产生的实际效果，都按照'情节严重'进行处罚。"①

在串通投标罪的《刑法》规定中，对于招标人与投标人之间和投标人之间的情节要求不一，《刑法》中对于招标人与投标人之间的串通投标，并未规定"情节严重"的要件，因此招标人与投标人之间串通投标行为不需要以"情节严重"为构成要件。但我们认为，无论是招标人与投标人之间，还是投标人之间，当串通投标行为没有达到刑法规制的程度，就可以通过其他法律如《招标投标法》《反不当竞争法》等法律进行调整，只有当行为危害性突破了这些法律规范的范畴时，才需要通过《刑法》加以规范。此外，投标人与招标人的规定属于对第1款规定的补充，"若招标人与投标人串通，不包含'情节严重'就会导致同一罪名反而有两套犯罪构成，进而去判定是否构成犯罪，就会导致司法实务界在认定的过程造成冲突与矛盾"②。这样的规定减少了实务中司法工作存在的矛盾，也体现了刑法的谦抑性，避免刑法打击范围的不当扩大。

我国最高人民检察院、公安部《关于公安机关管辖的刑事案件立案追诉标准的规定（二）》（以下简称2010年《立案追诉标准规定（二）》）中规定，投标人相互串通投标报价，或者投标人与招标人串通投标，涉嫌下列情形之一的，应予立案追诉：（1）损害招标人、投标人或者国家、集体、公民的合法利益，造成直接经济损失数额在五十万元以上的；（2）违法所得数额在十万元以上的；（3）中标项目金额在二百万元以上的；（4）采取威胁、欺骗或者贿赂等非法手段的；（5）虽未达到上述数额标准，但两年内因串通投标，受过行政处罚二次以上，又串通投标的；（6）其他情节严重的情形。该规定体现了串通投标罪的立案追诉标准，李翔教授认为，由于犯罪构成需要主客观要件都符合要求，不能仅有一个方面符合构成要件要求，因此《刑法》中"情节严重"的规定实质上不够明确，也需要司法机关及办案人员对实际的犯罪情节进行分析后加以定夺。

"情节严重"如何认定，影响到罪与非罪的区分标准。2010年《立案追诉标准规定（二）》中对立案标准进行了规定，但要对行为人进行定罪，仍然需要综合考虑其他犯罪构成要件。因此"情节严重"的情形可归纳为以下几点。

第一，串通投标罪数额巨大或者给他人造成严重的经济损失的情形。通过2010年

---

① 刘强：《串通投标罪研究》，江西财经大学2010年硕士学位论文，第14页。

② 杨莉英：《串通投标罪客观要件探析》，载《河北大学学报（哲学社会科学版）》2006年第3期。

《立案追诉标准规定（二）》，我们可知，规定中的前三项都与犯罪数额有关，以犯罪金额为参考标准能够直观反映犯罪的情节严重大小，其一般也能体现出社会危害性的大小。但随着社会主义市场经济的快速发展，定罪标准应当适当高于 2010 年《立案追诉标准规定（二）》的立案标准，当法律滞后于现实的发展，会不当扩大刑法的惩治范围，且根据《工程建设招标范围与规模标准规定》（国家计委 3 号令）第 7 条第 1 款规定："目的勘察、设计、施工、监理以及与工程建设有关的重要设备、材料等的采购，施工单项合同估算价在 200 万元人民币以上的，必须进行招标。"这里的 200 万元以上必须进行招标的规定与《立案追诉标准规定（二）》中"中标项目金额在二百万元以上的"应当立案追诉的标准互相矛盾，因此实务中对于定罪标准应相应提高。

第二，行为人多次受到行政处罚，又实施串通投标行为的情形。由于对串通投标行为进行行政处罚的标准比刑法低，因此在刑法定罪标准中，行为人受到的行政处罚次数应在两次以上，当行为人串通投标破坏了公平公正的市场竞争秩序，破坏国家、集体、公民的财产利益而受到行政处罚后，行为人没有认识到自己的行为严重性，没有悔改的精神又数次实施串通投标行为，可以看出行为人的再犯性高以及主观恶性较大的特征，因此将这种情形认定为"情节严重"具有合理性。

第三，行为人通过暴力、诈骗等手段实施串通投标行为的情形。由于一般的串通投标行为破坏的是公平公正的市场竞争秩序，并不会对受害人生命、健康造成威胁，因此一旦行为人通过暴力、诈骗等手段实施串通投标行为，可以认定属于"情节严重"。如《招标投标法实施条例》第 68 条规定，"投标人以他人名义投标或者以其他方式弄虚作假骗取中标的，中标无效；构成犯罪的，依法追究刑事责任；尚不构成犯罪的，依照《招标投标法》第 54 条的规定处罚。依法必须进行招标的项目的投标人未中标的，对单位的罚款金额按照招标项目合同金额依照招标投标法规定的比例计算。投标人有下列行为之一的，属于《招标投标法》第 54 条规定的情节严重行为，由有关行政监督部门取消其 1 年至 3 年内参加依法必须进行招标的项目的投标资格：（1）伪造、变造资格、资质证书或者其他许可证件骗取中标；（2）3 年内 2 次以上使用他人名义投标；（3）弄虚作假骗取中标给招标人造成直接经济损失 30 万元以上；（4）其他弄虚作假骗取中标情节严重的行为"。

第四，其他情节严重的情形。这种实际上是兜底性的规定，能够将实务中发展出的新手段纳入刑法规制的范畴以适应社会经济的发展，其中需要考虑的是危害后果这一因素，行为人实施串通投标行为造成的危害后果实际上也是对社会危害性的一种反映。特别是在建筑行业，由于串通投标现象存在，投标者之间或投标人与招标人之间通过不正当的手段中标，不仅扰乱了招投标领域正当的竞争秩序，也出现中标人中标后不积极履行合同的现象，使得工程质量无法得到保障，大量的豆腐渣工程或者质量不合格的建筑产品出现，对社会公共安全造成极大的威胁，存在不少安全隐患。因此，其他情节严重，特别是产生严重危害后果时，也能认定为符合"情节严重"的情形。

4. 如何计算经济损失

经济损失分为直接经济损失和间接经济损失。直接经济损失是指与行为有直接因果关系的损失。直接经济损失作为认定案件情节严重较为直观的衡量标准，主要包括招标人的损失及其他投标人的损失。

对于招标人而言，实际中标价与公正价格之间的差额以及由于不正当中标导致的工程价值的减少数额都视作直接经济损失，如果工程仍能按照标准完工，则不存在直接的经济损失，而实际中标价会由于行为人的串通投标行为较公正价格更高，此时的经济损失不仅包括可能出现的工程价值的减少也包括中标价与公正价格之差，且工程自身价值由于串通投标行为的影响也无法做到真实地计算。其中公正价格的认定，一般以最低投标价的合适投标人的价格为准，当无最低投标价的合适投标人存在，则需要专门机构来对工程价值进行测算，只是委托测算的成本较高难以实现。此外，根据《中华人民共和国招标投标法实施条例》第 19 条第 2 款规定，"通过资格预审的申请人少于 3 个的，应当重新招标"。本是废标又被视为有效招标的项目，此时的最低投标价也不作为公正价格看待。其中有学者认为，围标费、挂靠费等也应视为直接经济损失的组成部分，① 因为这些费用最终也会被计入中标价的成本，具有较强的隐蔽性，会成为招标人的直接经济损失。

对于其他投标人的损失，主要考虑的是对按照公平公正的竞标秩序最具有中标可能性的投标人的直接经济损失，其直接支出的人力、物力费用很好计算，但因未中标带来的损失是难以估量的。

通过对上文阐述的直接经济损失的计算角度进行分析我们发现，仅计算工程价值的减少会缩小串通投标罪的打击范围；当所有的投标人都实施了串通投标行为，也会导致实际公正价格无法计算；且聘请专门机构对工程价值进行测算在实践中的实施难度较大。

因此，确立直接经济损失，应当符合下列条件：一是经济损失应当与串通投标行为具有直接的因果关系，张绍谦教授在《刑法因果关系》一书中写道，"在刑法学上，因果关系问题与结果责任密切相关。只需危害结果是确定刑事责任的重要参考要素，在法律上就必须重视因果关系问题"。因此要认定属于直接经济损失，需要损失与串通投标行为之间具有直接的因果关系，否则就不应将其认作直接经济损失的范畴，串通投标罪的打击范围也会被不当扩大。二是在计算直接经济损失时，可参考《反不正当竞争法》第 20 条的规定："经营者违反本法规定，给被侵害的经营者造成损害的，应当承担损害赔偿责任，被侵害的经营者的损失难以计算的，赔偿额为侵权期间因侵权所获得的利润；并应当承担被侵害的经营者因调查该经营者侵害其合法权益的不正当竞争行为所支付的合理费用。被侵害的经营者的合法权益受到不正当竞争行为损害的，可以向人民法院提起诉讼。"因此，当串通投招标人的损失无法计算时，可将投标人在招投标过程中所获得的利润如围标费、好处费等计算在内，这其实相当于计算了串通投标人的非法所得，而调查投标人的串通行为所支出的费用在招投标活动中属于间接损失，和反不正当竞争中客观构成要件有所不同，因此不应纳入直接经济损失数额的计算范畴。三是通过法律推定来认定直接经济损失，法律推定虽然在民事诉讼中应用得较多，但将其应用在刑事诉讼中，也能进一步保障国家、集体、公民的合法利益，维护公平公正的投标竞争秩序。

另根据最高人民检察院发布的第二十四批指导性案例对于串通投标案件的意见，对发现公安机关对串通拍卖行为以涉嫌串通投标罪刑事立案的，应当依法监督撤销案件。严格

---

① 王玉辉等：《串通投标法律控制机制研究》，科学出版社 2017 年版，第 176～177 页。

遵循罪刑法定原则，法律没有明文规定为犯罪行为的，不得予以追诉。其中特别要注意区分拍卖与投标，虽然二者都是竞争性的交易方式，形式上具有一定的相似性，但二者行为性质不同，分别受不同法律规范调整。因此，要准确把握法律政策界限，依法保护企业合法权益和正常经济活动。坚持法治思维，贯彻"谦抑、审慎"理念，严格区分案件性质及应承担的责任类型。对企业的经济行为，法律政策界限不明，罪与非罪不清的，应充分考虑其行为动机和对社会有无危害及其危害程度，加强研究分析，慎重妥善处理，不能轻易进行刑事追诉。对于民营企业参与国有资产处置过程中的串通拍卖行为，不应以串通投标罪论处。如果在串通拍卖过程中有其他犯罪行为或者一般违法违规行为的，依照《刑法》《拍卖法》等法律法规追究相应责任。

5. 本罪主体范围如何确定

（1）是否包括招标代理机构等代理机构方？《招标投标法》第13条规定，"招标代理机构是依法设立、从事招标代理业务并提供相关服务的社会中介组织"；其第50条规定，招标代理机构违反本法规定，泄露应当保密的与招标投标活动有关的情况和资料的，或者与招标人、投标人串通损害国家利益、社会公共利益或者他人合法权益，构成犯罪的，依法追究刑事责任。《政府采购法》第72条规定，采购代理机构及其工作人员与供应商恶意串通，构成犯罪的，依法追究刑事责任；其第77条规定，供应商与采购代理机构恶意串通，构成犯罪的，依法追究刑事责任。通过这些法律规定可以看出，串通投标罪的主体已经拓展至招标代理机构以及采购代理机构，因此这些招标代理机构以及采购代理机构能作为该罪的犯罪主体。

（2）串通投标罪的主体是否包括不具有招投标资格而加入招投标活动的自然人与单位？比如负责招标的单位或个人让其他不具有投标资格的单位或个人盗用其他单位名义进行投标，这并不符合《刑法》或《招标投标法》中对串通投标罪的主体的规定，损害了其他具备投标资格的招标人的正当权利，实质上侵犯了串通投标罪保护的法益，扰乱了正常的市场竞争秩序。有观点认为，不具有招投标资格而加入招投标活动的自然人与单位可以与符合串通投标罪的主体构成共同犯罪，但这一说法并不能满足前述的案例；也有观点认为，上述行为可构成侵犯商业秘密罪，但串通投标罪与侵犯商业秘密罪的法益和犯罪构成要件有明显的不同，侵犯商业秘密罪侵犯的法益是能为权利人带来经济利益，具有实用性并经权利人采取保密措施的技术信息和经营信息，[1] 同时要求达到情节严重给权利人带来重大损失的程度。但串通投标罪中投标人之间、招标人与投标人之间的串通投标行为，虽然可能侵犯了招标人或者投标人的相关信息，但并不必然侵犯到采取了保密措施的商业经营信息，串通投标的行为更多侵犯的是招投标市场的正常竞争秩序，而且符合串通投标罪的构成要件中也并不必然要求使权利人受到较大的损失。因此，不具有招投标资格而加入招投标活动的自然人与单位行为触犯了串通投标罪，我们应当坚持以参与投标程序为基础，将其视为串通投标罪的主体，纳入串通投标罪的惩治范畴。

（3）评标委员会及委员会成员触犯串通投标罪能否作为犯罪主体？学术界也存在不

---

① 张明楷：《刑法学》，法律出版社2011年版，第738~740页。

同的观点，我们需要对评标委员会是否属于"单位"的范畴进行分析。《刑法》第30条规定，"单位负刑事责任的范围包括公司、企业、事业单位、机关、团体实施的危害社会的行为，法律规定为单位犯罪的，应当负刑事责任"；其第31条规定，"单位犯罪的，对单位判处罚金，并对其直接负责的主管人员和其他直接责任人员判处刑罚。本法分则和其他法律另有规定的，依照规定"。以及《最高人民法院关于审理单位犯罪案件具体应用法律有关问题的解释》第1条、《刑法》第30条规定的公司、企业、事业单位，既包括国有、集体所有的公司、企业、事业单位，也包括依法设立的合资经营、合作经营企业和具有法人资格的独资、私营等公司、企业、事业单位。因此，评标委员会并不属于单位的范畴，也没有独立的财产用以支付刑法规定的罚金。

至于评标委员会中的成员，《招标投标法》第56条规定，"评标委员会成员收受投标人的财物或者其他好处的，评标委员会成员或者参加评标的有关工作人员向他人透露对投标文件的评审和比较、中标候选人的推荐以及与评标有关的其他情况的，给予警告，没收收受的财物，可以并处三千元以上五万元以下的罚款，对有所列违法行为的评标委员会成员取消担任评标委员会成员的资格，不得再参加任何依法必须进行招标的项目的评标；构成犯罪的，依法追究刑事责任"。因此，当评标委员会的成员有串通投标的行为时，也能根据《招标投标法》将其认定为串通投标罪的主体。

综上，串通投标罪的主体既包括招投标的自然人和单位，也包括招标代理机构等代理机构方，同时还包括评标委员会中的成员。

6. 政府采购中的串通投标

政府采购中的串通招投标是一种复杂的违法行为，单纯依靠法律来治理很难达到预期目的。政府采购制度是指一个国家根据本国经济体制和具体国情制定的或在长期政府采购实践中形成的，旨在管理和规范政府采购行为的一系列法律、规则和惯例的总称。它是一项重要的财政支出管理制度，是国家公共财政的重要组成部分。

《政府采购法》第26条规定，公开招标是政府采购的主要采购方式，要求政府采购严格履行招标制度。因此，公开招标制度是决定政府采购成功的重要因素，而抑制串通招投标行为则是对招标制度的基本要求。如果投标者之间或者招标者与投标者之间进行串通，那么会导致公开招标流于形式，丧失竞争，达不到预期目的，也违背政府采购的初衷。法律之所以严格禁止串通行为的原因在于：首先，串通行为不但会限制招标市场的自由竞争，还会给招标者与纳税者带来损失。一般情况下，串通的结果会导致购买合同价格升高，给采购方、政府带来损失，其最终受害者还是纳税者。其次，串通行为所带来的结果是那些效益好的企业不能胜出，而效益差的企业反而能够中标，那些效益差的企业得以继续生存下来，对市场效率造成影响。最后，若是采购人与供应商相互串通、秘密决定交易对象及价格，势必会导致政府腐败，丧失公信力。因此，防止、制止、排除串通招投标行为自然成了政府采购中需要解决的重要问题。而实际上，政府采购活动是一项复杂的系统工程，其运行轨道较长、涉及面广、资源丰富、环节多，而且每个环节均包含有许多内容、职责与权力。某个环节出现问题或存在缺陷，都有可能给投标企业或招标者提供谋划串通的机会。当然，串通招投标的产生也是有一定原因的。主观方面主要是利益驱动，包括投标人为了谋取超额利润以及招标责任人、评标专家等谋求不正当的利益，或者基于人际关系或人情的影响而为之。客观方面则因现行招标制度不完善，存在漏洞与缺陷，为违法者提供了串通的可乘之机。

尽管法律规制较为全面，但我国政府采购价格普遍偏高，串通、违规操作现象随处可见。据中国社科院法学研究所法治国情调研室 2013 年首次推出的《中国政府采购制度实施状况报告》显示，政府采购的高价现象仍然突出。我国政府采购的八成商品高于市场均价，56.1%的商品高于市场平均价 1.5 倍。据悉，2011 年，江西省萍乡市查处了一起特大串通操纵投标案件，涉案金额高达 2 亿元，参与串通企业有 100 多家，共有 22 名官员涉嫌违纪。从案件本身来看，既有投标企业之间的暗箱操作，也有投标企业与招标代理机构之间串通，还有招标机构相关责任人从中暗自操纵与部分领导授意操控。由此看来，诸如此类政府采购不仅达不到"物有所值"，甚至远超出市场价格，以至于会出现令人触目惊心的天价 U 盘采购案、豪华电脑采购案。究其原因，是由于缺乏协调统一、规制机关各自有别、规制力度普遍不足，加之投诉与申诉制度不健全、执法不力，最终没有发挥出法律应有的作用。除此之外，现行的招标制度与招标监管机制方面也存在问题。

其中，较突出的是政府采购中欠缺激励机制。目前主要是由招标者自主应对串通行为方面，其应对态度有积极的与消极的，而体现在处罚上的力度不尽相同。其实，有很多招标者是不愿意处罚串通企业的，这主要与利益输送、利益集团等相关联。且现行招标制度只能按照价格要素来选定中标者，而对那些需要高度技术力量的项目，则不能单单依照价格要素来确定中标者，因为还牵涉到项目的质量、技术等一些复杂问题。依价格要素决定中标者是一种既简单又快捷的方法，但它便于投标者进行价格协商，利于投标者串通。

另外，政府采购监管机制不健全。政府采购缺乏制约机制，招标者具有制定招标事宜等方面的决定权，如果制约机制不健全，招标者就有可能滥用这种决定权。比如，实行对本地中小企业保护的政策。现行的振兴本地经济、确保中小企业参与机会等措施政策，对于那些小规模的县、市，因其招标的体制、水平、能力等还不完善，也就无法保证竞争机制的贯彻执行，导致串通现象频繁出现。政府采购审批程序应该更加公开、透明。加上行政机关的职责不明确，充当多种角色。比如，财政部门在采购过程中既是采购人，又是审批人，还是监督人，多重角色的相互变换会使人们对其能否有效履行监督职能持怀疑态度。因缺乏监督，泄露标底、串通投标等现象时有发生，甚至几家企业长期垄断政府采购的现象也是屡见不鲜。政府采购过程中的管理制约机制有待完善。比如，对招标过程的监督、评标、定标等法律规定仍有不完善之处。管理的制约机制尚不健全，加之信息披露不规范，串通现象也就屡禁不止。

四、串通投标罪典型案例分析

(一) 串通投标罪典型案例

本案主要涉案人员刘某原系湖南省建筑工程集团总公司路桥工程有限公司聘任副总经理。

2008 年至 2012 年 5 月，被告人刘某为谋取不正当利益，违规借用相关承建单位的资质，采取串通其他公司投标、围标的非法手段，同时借助湖南省交通运输厅原副厅长陈某、郴宁高速公路筹备组长、洞新高速公路建设开发有限公司总经理吴某在中标过程中的关照，先后承接了汝城—郴州高速、郴州—宁远高速、洞口—新宁高速中一些合同段的建设工程，业务总额共计人民币 10 亿余元。刘某在获得上述工程业务的过程中，为了得到陈某的推荐和感谢其打招呼，先后送给陈某 15 万元人民币及 1 万美元（折合人民币 6.7 万元）；为得到和感谢吴某在高速公路招标中的关照，先后 6 次共送给吴某人民币 53 万元及欧元 4 万元（折合人民币 41.8 万元）。

一审法院认为，被告人刘某的行贿行为与串通投标行为之间存在牵连关系，因此仅以行贿罪对其定罪量刑，二审法院湖南省岳阳市中级人民法院认为，刘某向陈某、吴某行贿，是为了利用招标单位领导、管理者的职权，排挤对手，达到串通投标，最后实现中标获利的目的。其中，中标获利是目的行为，行贿和串通投标都是手段行为，不构成原因与结果行为或手段与目的行为的牵连关系，而刘某作为行贿人，其谋取不正当利益的行为构成犯罪，应当实行数罪并罚。因此，二审法院改判刘某犯行贿罪，判处有期徒刑 5 年；犯串通投标罪，判处有期徒刑 1 年，并处罚金 20 万元。决定执行有期徒刑 5 年 6 个月，并处罚金 20 万元。[①]

（二）串通投标罪案例分析

串通投标罪属于扰乱市场秩序罪中的一项重要罪名，本案符合串通投标罪的构成要件。

1. 客体要件。本罪侵犯的是复杂客体，既侵犯了其他投标人或国家、集体的合法权益，又侵犯了社会主义市场经济的自由贸易和公平竞争的秩序。本案中，刘某对主管招标事项的人行贿，又串通其他单位串通投标报价、围标，以达到串通投标，最后实现中标获利的目的，已经触犯了其他投标人或国家、集体的合法权益，扰乱了投标秩序，对社会主义市场经济的公平竞争秩序也是一大破坏。

2. 客观要件。本罪在客观方面表现为串通投标的行为，一般认为具体包括投标人与投标人、投标人与评标人之间的串通行为。本案中刘某向主管招标事项的人行贿的同时，又串通其他单位串通投标报价、围标，其实施了两个行为，一个是行贿行为，一个是为谋取不正当利益的客观行为，业务金额共计 10 亿余元，情节严重，造成了严重的经济损失以及恶劣的影响，符合本罪的客观要件。

3. 主体要件。本罪中，刘某作为投标人向国家工作人员行贿、串通投标，其作为一般主体，应承担本罪的法律责任。

4. 主观要件。本罪主观上是出于故意，刘某实施行贿行为的目的是串通投标，串通其他单位投标、围标也是为了中标，其以非法获取经济利益为目的，犯罪意图明显，可认

---

① 湖南省岳阳市中级人民法院刑事判决书：（2015）岳中刑二终字第 14 号。

定被告人刘某存在故意的主观要件。

五、串通投标罪的刑事政策与企业犯罪预防

(一)串通投标犯罪的刑事政策

招投标实践的发展、市场经营竞争中对利益的追逐、制度的不完善、刑法等法律的惩治不力，往往导致实际中串通投标的方式和形式多样；电子技术的不断更新，也加剧了串通投标犯罪隐蔽化、复杂化的趋势。虽然在《招标投标法实施条例》中对于相关违法犯罪行为有兜底条款的规定，但法律的更新无法及时跟上实践中的变化，在具体适用的时候存在一定的困难。且当前犯罪治理模式仍是以"社会管理"为重心，落后于社会治理模式的转变，造成了刑事治理模式与社会治理模式的相冲突，因此为了更好应对串通投标的违法犯罪行为，适应我国社会治理型治理模式的转型和变化，刑法上的相关刑事政策应予以完善。

陈家刚教授的社会治理理论认为："所谓社会治理，就是政府、社会组织、企事业单位及个人等社会主体，基于平等合作型关系，依法规范与管理社会事务、组织和生活，以实现公共利益最大化的过程。"[1] 而这本质上也是体现在对社会事务的管理上，政府、市场和社会三者之间应互相配合，合作共治。随着社会治理理念的转变，刑法相应也要进行转型，刑法的适用不局限于刑法单一部门法范畴，而应将之置于整个社会体系和治理模式下运转，从而使刑法内外部更好实现统一。

德国著名刑法学家李斯特说过："最好的社会政策即最好的刑事政策。"姜涛教授也指出："在利益多元化的社会中，犯罪的有效治理，从来不是单纯依赖于刑罚的刚性力量，而是要重视宽严相济刑事政策的落实，强调'严厉打击'与'从宽处理'的融合。"[2] 对于串通投标罪而言，其内外部的统一要求在串通投标罪的内部建立起体系化的犯罪惩治体系，即对于串通投标罪的违法行为进行刑法规制时，要考虑到法律规制后果造成的社会效果及社会影响，要注重其中社会效果与法律效果的统一；在外部要将串通投标罪的打击与治理纳入整个社会治理体系进行考量，刑法作为打击违法犯罪的"最后一道防线"，虽然其最具有强制力，也是治理串通投标犯罪不可缺少的主要的手段和方式，但在整个规范串通投标罪的体系中，刑法也只是其中一个组成部分，其作用在于对串通投标行为中的"情节严重"部分进行规制，其余的情节轻微等现象可通过其他法律进行民事或行政上的规制。

不同法律部门之间应当形成对应而不冲突的衔接，如 2018 年 3 月 21 日国家发展改革委等 24 个部委联合签署了《关于对公共资源交易领域严重失信主体开展联合惩戒的备忘录》，2019 年 7 月 9 日国务院办公厅发布《关于加快推进社会信用体系建设构建以信用为

---

① 陈家刚：《从社会管理走向社会治理》，载《学习时报》2012 年第 6 期。
② 姜涛：《"宽严相济"刑事政策的制度基础与价值边界》，载《法商研究》2007 年第 1 期。

基础的新型监管机制的指导意见》等法规及部门规章，加大了对不同领域的违法失信行为的打击力度和惩治范围。在民事责任及行政责任的相关规定中，也可以考虑更严的处罚，使得在进行民事责任、行政责任规制的同时对可能出现的刑事违法犯罪行为进行预防，刑事责任也可随之提高，应对不同程度的刑事违法，以此对潜在的犯罪行为人进行威慑，最大程度发挥刑法的社会效用。

（二）串通投标犯罪的企业犯罪预防

在招标投标活动中，招标应当重点规避、防范以下涉嫌串通投标的行为：

1. 接受招标人的帮助

招标人违反法律规定，实施的下列行为具有风险：一是为特定投标人提供便利，或者量身定制投标人资格条件，以明显不合理的要求排除其他投标人；二是向特定投标人透露招标底价以帮助投标人投标。在前述情况下，无论是否造成他人利益损失，招标人与投标人都涉嫌构成串通投标罪的共同犯罪，遇到这类情况，投标人应该考虑是否退出竞标或者采取其他合法方法参与投标。

2. 先开工后招标

在部分工程项目建设中，由于种种原因，招标人要求投标人先施工后走手续完成招投标程序，或者工程已经开工建设甚至已经完工，工程承包商已经确定，但招标人为了补办招标程序，要求承包商配合其履行招标投标程序进行投标。在此过程中，为了确保承包商中标，招标人往往要求承包商寻找陪标单位进行陪标，甚至招标人为直接承包商安排陪标单位。对于依法应当招标的项目，未进行招标便选定承包商开工建设，已属于严重的违法行为，一旦被查处，相关责任人将承担行政责任；而招标人为了补办招标程序，虚假招标，属于更加严重的违法行为，涉嫌构成串通投标罪。对此，投标企业一旦已经施工，就应该根据实际情况，采取补救措施，而不是强行投标。

3. 挂靠多加单位参与投标

实践中，投标人为提高中标率，通过挂靠两家或两家以上有资质的企业进行投标，由于挂靠企业可能均属一家，所以形成围标事实，排除了其他竞标者。此种情况属于典型的串通投标行为，情节严重的构成犯罪。被挂靠企业如果明知挂靠人通过挂靠串通投标而接受其他企业挂靠的，也涉嫌构成串通投标罪的共犯，挂靠企业和被挂靠企业都将承担相应的法律责任。

4. 参与陪标

实践中，部分企业或个人因刑事法律风险防范意识不强，往往出于人情或其他利益的驱使，接受他人的邀请，参与陪标。在陪标过程中，陪标人往往不实际参与投标活动，投标文件全部由实际投标人编制，陪标人的投标目的并非中标，而是为实际投标人提供帮助，提高其中标的可能性。但是，陪标人的行为不仅仅是严重的违法行为，还可能涉嫌构成串通投标罪，需承担刑事法律责任。除此之外，企业也要善于挖掘潜力，组织相关部门工作人员进行招投标专业知识培训，提高其竞标能力,① 而防止不法招投标现象的出现。

---

① 刘杰、李静、侯杰、张书欣：《构建招投标管理体系，实现企业规范化采购》，载《冶金管理》2021 年第 10 期。

第四章　非法吸收公众存款犯罪的风险及其防控

一、非法吸收公众存款罪的立法规定

（一）非法吸收公众存款罪的行政法律法规及规章

1.《商业银行法》

第十一条　设立商业银行，应当经国务院银行业监督管理机构审查批准。未经国务院银行业监督管理机构批准，任何单位和个人不得从事吸收公众存款等商业银行业务，任何单位不得在名称中使用"银行"字样。

第八十一条　未经国务院银行业监督管理机构批准，擅自设立商业银行，或者非法吸收公众存款、变相吸收公众存款，构成犯罪的，依法追究刑事责任；并由国务院银行业监督管理机构予以取缔。伪造、变造、转让商业银行经营许可证，构成犯罪的，依法追究刑事责任。

2.《关于取缔非法金融机构和非法金融业务活动中有关问题的通知》

1999年1月，中国人民银行发布《关于取缔非法金融机构和非法金融业务活动中有关问题的通知》，从行政法规角度对取缔非法金融机构及包括非法吸收公众存款在内的非法金融业务作出程序规定，并首次在行政法规层面对非法吸收公众存款作出明确规定。

3.《关于防范以"虚拟货币""区块链"名义进行非法集资的风险提示》

2018年8月，中国银行保险监督管理委员会、中央网络安全和信息化委员会办公室、公安部、中国人民银行、国家市场监督管理总局发布《关于防范以"虚拟货币""区块链"名义进行非法集资的风险提示》，针对利用发行所谓"虚拟货币""虚拟资产""数字资产"等方式吸收资金，侵害公众合法权益的行为特征作出了说明。

4.《关于停止播出影视剧项目非法集资类广告的通知》

2019年4月，国家广播电视总局发布《关于停止播出影视剧项目非法集资类广告的通知》，要求各级广播电视局强化媒体主体责任意识，加强日常监管，针对涉及宣传非法集资活动的广告项目一律停播，遏制非法集资信息的传播途径，营造法治化媒体环境。

5. 《防范和处置非法集资条例》

2021 年 4 月，国务院发布《防范和处置非法集资条例》，对防范和处置非法集资活动作出了较为详细的制度安排，同时对非法集资人以及相关人员的法律责任作出了统一规定。

6. 《关于养老领域非法集资的风险提示》

2021 年 5 月，全国老龄工作委员会、公安部、民政部、中国银行保险监督管理委员会发布《关于养老领域非法集资的风险提示》，针对目前高发的养老领域非法集资情况作出了非法集资表现形式的说明和风险提示，为提高群众警惕意识，增强风险防范意识和识别能力提供制度基础。

(二) 非法吸收公众存款罪的刑法及司法解释

1. 《刑法》规定

第一百七十六条 非法吸收公众存款或者变相吸收公众存款，扰乱金融秩序的，处三年以下有期徒刑或者拘役，并处或者单处罚金；数额巨大或者有其他严重情节的，处三年以上十年以下有期徒刑，并处罚金；数额特别巨大或者有其他特别严重情节的，处十年以上有期徒刑，并处罚金。

单位犯前款罪的，对单位判处罚金，并对其直接负责的主管人员和其他直接责任人员，依照前款的规定处罚。

有前两款行为，在提起公诉前积极退赃退赔，减少损害结果发生的，可以从轻或者减轻处罚。

2. 司法解释

(1) 最高人民检察院、公安部《关于公安机关管辖的刑事案件立案追诉标准的规定 (二) 》(公通字 [2010] 23 号)

第二十八条 非法吸收公众存款或者变相吸收公众存款，扰乱金融秩序，涉嫌下列情形之一的，应予立案追诉：

(一) 个人非法吸收或者变相吸收公众存款数额在二十万元以上的，单位非法吸收或者变相吸收公众存款数额在一百万元以上的；

(二) 个人非法吸收或者变相吸收公众存款三十户以上的，单位非法吸收或者变相吸收公众存款一百五十户以上的；

(三) 个人非法吸收或者变相吸收公众存款给存款人造成直接经济损失数额在十万元以上的，单位非法吸收或者变相吸收公众存款给存款人造成直接经济损失数额在五十万元以上的；

(四) 造成恶劣社会影响的；

(五) 其他扰乱金融秩序情节严重的情形。

（2）最高人民法院《关于审理非法集资刑事案件具体应用法律若干问题的解释》（法释［2010］18号）

第一条　违反国家金融管理法律规定，向社会公众（包括单位和个人）吸收资金的行为，同时具备下列四个条件的，除刑法另有规定的以外，应当认定为刑法第一百七十六条规定的"非法吸收公众存款或者变相吸收公众存款"：

（一）未经有关部门依法批准或者借用合法经营的形式吸收资金；

（二）通过媒体、推介会、传单、手机短信等途径向社会公开宣传；

（三）承诺在一定期限内以货币、实物、股权等方式还本付息或者给付回报；

（四）向社会公众即社会不特定对象吸收资金。

未向社会公开宣传，在亲友或者单位内部针对特定对象吸收资金的，不属于非法吸收或者变相吸收公众存款。

第二条　实施下列行为之一，符合本解释第一条第一款规定的条件的，应当依照刑法第一百七十六条的规定，以非法吸收公众存款罪定罪处罚：

（一）不具有房产销售的真实内容或者不以房产销售为主要目的，以返本销售、售后包租、约定回购、销售房产份额等方式非法吸收资金的；

（二）以转让林权并代为管护等方式非法吸收资金的；

（三）以代种植（养殖）、租种植（养殖）、联合种植（养殖）等方式非法吸收资金的；

（四）不具有销售商品、提供服务的真实内容或者不以销售商品、提供服务为主要目的，以商品回购、寄存代售等方式非法吸收资金的；

（五）不具有发行股票、债券的真实内容，以虚假转让股权、发售虚构债券等方式非法吸收资金的；

（六）不具有募集基金的真实内容，以假借境外基金、发售虚构基金等方式非法吸收资金的；

（七）不具有销售保险的真实内容，以假冒保险公司、伪造保险单据等方式非法吸收资金的；

（八）以投资入股的方式非法吸收资金的；

（九）以委托理财的方式非法吸收资金的；

（十）利用民间"会"、"社"等组织非法吸收资金的；

（十一）其他非法吸收资金的行为。

第三条　非法吸收或者变相吸收公众存款，具有下列情形之一的，应当依法追究刑事责任：

（一）个人非法吸收或者变相吸收公众存款，数额在20万元以上的，单位非法吸收或者变相吸收公众存款，数额在100万元以上的；

（二）个人非法吸收或者变相吸收公众存款对象30人以上的，单位非法吸收或者变相吸收公众存款对象150人以上的；

（三）个人非法吸收或者变相吸收公众存款，给存款人造成直接经济损失数额在 10 万元以上的，单位非法吸收或者变相吸收公众存款，给存款人造成直接经济损失数额在 50 万元以上的；

（四）造成恶劣社会影响或者其他严重后果的。

具有下列情形之一的，属于刑法第一百七十六条规定的"数额巨大或者有其他严重情节"：

（一）个人非法吸收或者变相吸收公众存款，数额在 100 万元以上的，单位非法吸收或者变相吸收公众存款，数额在 500 万元以上的；

（二）个人非法吸收或者变相吸收公众存款对象 100 人以上的，单位非法吸收或者变相吸收公众存款对象 500 人以上的；

（三）个人非法吸收或者变相吸收公众存款，给存款人造成直接经济损失数额在 50 万元以上的，单位非法吸收或者变相吸收公众存款，给存款人造成直接经济损失数额在 250 万元以上的；

（四）造成特别恶劣社会影响或者其他特别严重后果的。

非法吸收或者变相吸收公众存款的数额，以行为人所吸收的资金全额计算。案发前后已归还的数额，可以作为量刑情节酌情考虑。

非法吸收或者变相吸收公众存款，主要用于正常的生产经营活动，能够及时清退所吸收资金，可以免予刑事处罚；情节显著轻微的，不作为犯罪处理。

第八条 广告经营者、广告发布者违反国家规定，利用广告为非法集资活动相关的商品或者服务作虚假宣传，具有下列情形之一的，依照刑法第二百二十二条的规定，以虚假广告罪定罪处罚：

（一）违法所得数额在 10 万元以上的；

（二）造成严重危害后果或者恶劣社会影响的；

（三）二年内利用广告作虚假宣传，受过行政处罚二次以上的；

（四）其他情节严重的情形。

明知他人从事欺诈发行股票、债券，非法吸收公众存款，擅自发行股票、债券，集资诈骗或者组织、领导传销活动等集资犯罪活动，为其提供广告等宣传的，以相关犯罪的共犯论处。

（3）最高人民法院研究室《关于认定非法吸收公众存款罪主体问题的复函》（法研〔2001〕71 号）

该文件针对金融机构及其工作人员能否构成非法吸收公众存款罪的主体作出了明确答复："金融机构及其工作人员不能构成非法吸收公众存款罪的犯罪主体。对于银行或者其他金融机构及其工作人员以牟利为目的，采用吸收客户资金不入账并将资金用于非法拆借、发放贷款，构成犯罪的，依照刑法有关规定定罪处罚。"

（4）最高人民法院《关于非法集资刑事案件性质认定问题的通知》（法〔2011〕262 号）

该文件规定了非法集资刑事案件的性质认定问题，包括认定依据以及法院与行政部门对于非法集资的性质认定的相互关系。

（5）最高人民法院、最高人民检察院、公安部《关于办理非法集资刑事案件适用法

律若干问题的意见》（公通字〔2014〕16号）

该文件回应了非法集资刑事案件的行政认定问题、"向社会公开宣传"的认定问题、"社会公众"的认定问题、共同犯罪的处理问题、涉案财物的追缴和处置问题、证据搜集问题、涉及民事案件的处理问题以及跨区域案件的处理问题等有关问题。

（6）最高人民检察院《关于办理涉互联网金融犯罪案件有关问题座谈会纪要》（高检诉〔2017〕14号）

该文件针对涉互联网金融活动以及网络借贷领域涉及非法吸收公众资金的行为，对非法吸收公众存款罪追究刑事责任作出了相关规定。此外，该文件还对主观故意的认定进行了规定，即"在非法吸收公众存款罪中，原则上认定主观故意并不要求以明知法律的禁止性规定为要件"，尤其是具备一定涉金融活动相关从业背景、专业背景或在犯罪活动中担任一定管理职务的犯罪嫌疑人，原则上可以通过其客观行为的非法性推定其非法吸收公众存款的主观故意。

（7）最高人民法院、最高人民检察院、公安部《关于办理非法集资刑事案件若干问题的意见》（高检会〔2019〕2号）

该文件针对非法集资的"非法性"认定依据问题、单位犯罪认定问题、涉案下属单位的处理问题、主观故意的认定问题、犯罪数额的认定问题、管辖问题、办案工作机制问题、涉案财物追缴处置问题、集资参与人权利保障问题、行政执法与刑事司法衔接问题以及关于国家工作人员的相关法律责任等重要问题作了全面的解答。

二、非法吸收公众存款罪犯罪学分析

（一）非法吸收公众存款罪的犯罪现状

2010年1月1日—2020年12月31日全国非法吸收公众存款罪案件基本情况分析[①]：

1. 案件总数：44743；单位犯罪：10732

2. 法院分布

表4-1　　　　　　　　　　非法吸收公众存款罪案件审理法院

审理法院层级	最高人民法院	高级人民法院	中级人民法院	基层人民法院	专门法院
单位犯罪案件数/总件数	0/0	156/511	3177/12632	7399/31584	0/0

[①] 该数据选取时间为2010年1月1日—2020年12月31日，数据来源：威科先行网（http://8721add15be1c16f50bd1ba831cbefd9.f2a9b9a2.libvpn.zuel.edu.cn/），访问日期：2021年3月31日。

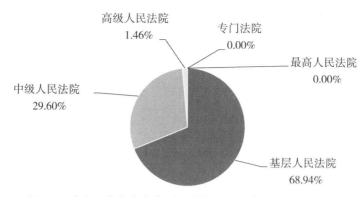

图 4-1　非法吸收公众存款罪（单位犯罪）案件审理法院级别

3. 审级分布

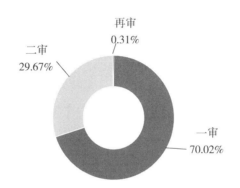

图 4-2　非法吸收公众存款罪（单位犯罪）案件审级分布

4. 地域分布

除港澳台地区，全国各省（区、市）非法吸收公众存款罪案件分布如下：

表 4-2　　　　全国各省（区、市）非法吸收公众存款罪案件分布情况

东部沿海地区									
省（区、市）	京	津	冀	沪	苏	浙	闽	鲁	粤	琼
案件数（单位犯罪案件数/总件数）	485/2404	217/1105	1000/3932	750/4078	835/4089	570/3644	131/2304	780/2489	432/1427	5/38

中 部 地 区					
省（区、市）	豫	晋	皖	赣	鄂	湘
案件数（单位犯罪案件数/总件数）	1283/5346	409/1315	341/1297	227/871	237/784	499/1626

续表

西 部 地 区											
省（区、市）	渝	滇	桂	川	贵	藏	陕	甘	蒙	青	宁	新
案件数（单位犯罪案件数/总件数）	209/581	79/281	68/200	613/1926	78/343	0/1	466/1405	103/278	78/343	26/60	50/156	106/320

东北部地区		
省（区、市）	辽宁	吉林	黑龙江
案件数（单位犯罪案件数/总件数）	263/831	213/708	179/561

5. 年度趋势

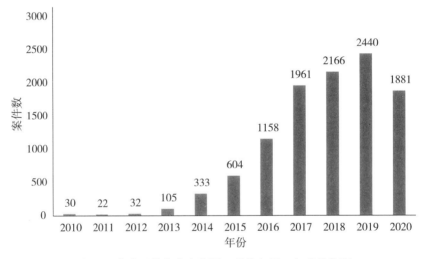

图 4-3　非法吸收公众存款罪（单位犯罪）年度趋势图

（二）非法吸收公众存款罪的犯罪特征

当前非法集资形势严峻，案件高发频发，涉案领域增多，作案方式花样翻新，部分地区案件集中暴露，并有扩散蔓延趋势。①

在中国司法大数据服务网上以非法吸收公众存款罪为案由搜索 2013 年至 2019 年间的犯罪数据，其中，2013 年此罪的案件数量为 463 件，2014 年案件数量为 2032 件，2015 年案件数量为 3497 件，2016 年案件数量为 5997 件，2017 年案件数量为 8197 件，2018 年案件数量为 8107 件，2019 年案件数量为 11551 件。在中国裁判文书网上以非法吸收公众存

---

① 国务院《关于进一步做好防范和处置非法集资工作的意见》（国发〔2015〕59 号）。

款罪为案由，以单位犯罪为关键字进行搜索，共可以搜索到 5087 篇裁判文书，其中 2013 年 26 篇，2014 年 106 篇，2015 年 290 篇，2016 年 580 篇，2017 年 909 篇，2018 年 1105 篇，2019 年 1230 篇。

综合上述数据可以看出，自 2014 年后，非法吸收公众存款的犯罪数量呈迅猛增长态势。综合看来，此罪触发频次较高的地区分别为河南省、河北省、江苏省、浙江省、上海市等，案件的争议焦点多涉及罪与非罪问题、共同犯罪问题、减轻处罚问题、证据问题、量刑问题以及主体问题等。

非法吸收公众存款犯罪通常组织完备、人数众多、案情复杂、数额巨大、社会危害性高。在互联网技术高速发展背景下，非法吸收公众存款案件手段持续翻新，并集中出现在一些新兴经济领域，在损害金融管理秩序，侵害人民群众财产权利的同时，也阻碍了新技术、新理念、新金融产品的良性发展。

如最高人民检察院发布的第十七批指导性案例中，杨某某等人非法吸收公众存款案涉众性广，资金数额大。本案由浙江省杭州市中级人民法院审理。杨某某等人作为浙江望洲集团有限公司的负责人，未经依法批准，假借开展网络借贷信息中介业务之名，归集不特定公众的资金设立资金池，控制、支配资金池中的资金，并承诺还本付息，最终因资金链断裂，无法按期兑付本息。截至 2016 年 4 月 20 日，望洲集团通过线上、线下两个渠道非法吸收公众存款共计 64 亿余元，未兑付资金共计 26 亿余元，涉及集资参与人 13400 余人。其中，通过线上渠道吸收公众存款 11 亿余元。最终，杨某某等人以非法吸收公众存款罪被判处有期徒刑和罚金。

再如，2016 年度发布的十大法律监督案例中，"e 租宝"案引人注意。本案由北京市第一中级人民法院审理。被告单位安徽钰诚控股集团、钰诚国际控股集团有限公司于 2014 年 6 月至 2015 年 12 月间，在不具有银行业金融机构资质的前提下，通过"e 租宝""芝麻金融"两家互联网金融平台发布虚假的融资租赁债权项目及个人债权项目，包装成若干理财产品进行销售，并以承诺还本付息为诱饵对社会公开宣传，向社会公众非法吸纳巨额资金。其中，大部分集资款被用于返还集资本息、收购线下销售公司等平台运营支出，或用于违法犯罪活动被挥霍，造成大部分集资款损失。经查明，相关犯罪嫌疑人非法吸收公众资金的累计交易发生额达 762 亿元，扣除重复投资后非法实际吸收资金 598 亿余元，至案发，集资款未兑付共计人民币 380 亿余元，涉及投资人约 90 万名。

与此类似的还有"唐小僧"案，本案由上海市浦东新区人民法院审理。2012 年至 2018 年 6 月间，邬某某通过其实际控制的以资邦（上海）投资控股有限公司为核心的"资邦系"企业，组建、设立了数十家线下分支机构及"唐小僧""摇旺"等线上平台。为谋取非法利益，资邦控股采用虚设债权、虚构借款人信息、虚假宣传等手段，承诺 5% 至 24% 的年化收益，通过超级借款人、收益权转让、定向委托等方式，向 277 万余名集资参与人非法募集资金人民币 593.57 亿余元，入金总额 160.45 亿余元，其中 116.04 亿余元用于兑付前期投资人本息。至案发，造成 11 万余名集资参与人实际经济损失 50.4 亿余元。

此类犯罪涉案金额动辄上亿元，裹挟大量群众投资参与，部分投资者损失惨重，引发一系列社会问题，也暴露出非法吸收公众存款罪在规制和预防方面与现阶段实际情况存在的诸多不适应之处，急需根据当前的严峻形势对相关规制体系予以适当调整，加大企业对此类犯罪的预防。

(三) 非法吸收公众存款罪的犯罪原因

随着市场经济的深入发展，私营经济和民间融资蓬勃前进，大大增强了经济发展的活力，但随之而来的是非法吸收公众存款犯罪频繁发生。民营企业的发展壮大具备了新兴融投资途径，一定程度上化解了中小企业的融资难题，为提振经济活力起到积极作用。然而随着金融市场改革的不断深入和金融活动领域的不断拓展，现有法律规范和监督管理模式难以继续进行有效引导，部分无序民间融资活动对经济发展起到了干扰阻碍作用，金融类犯罪愈演愈烈。部分行为人利用法律监管的缺失以及人们的逐利心理，在不具备吸收存款的主体资格下，借助网络、电视等传媒，以及通过发传单、打电话等途径向社会公开宣传，以承诺高额利息、还本付息等手段，借用各种名义实施非法吸收公众存款的行为。

1. 外部制度不健全

第一，银行贷款难。由于金融法律的滞后性使得新兴商业模式缺乏引导和制约，行业间乱象丛生。非法吸收公众存款罪产生于20世纪90年代，中国资本市场的大幕刚刚拉开不久，民营经济得到迅速发展，融资需求不断增加，民间借贷市场借势兴起。全国范围内出现了乱集资、乱设金融机构、乱办金融业务现象，非法吸收公众存款等非法集资问题大量出现。为了依法规制非法集资活动，维持金融管理秩序，《中国人民银行法》《商业银行法》相继颁布，对金融机构的设立、业务开展等方面作出了具体规定。但自20世纪以来，我国的社会经济形势已经发生了巨大变化，金融资本市场开放程度与日俱增，民营经济快速崛起，新兴资本概念与商业模式不断涌现，配套的法律与相关司法解释都是在过去的时代背景下制定的，制定时并未能预见到当今层出不穷的新型资本模式，与当前实际明显脱节。以P2P网贷为例，P2P网贷作为金融领域的新生事物，具有进步性、创新性等特点，且拥有较大发展潜力。然而由于我国立法存在滞后性，P2P网贷行业缺乏有效的引导和规制，行业发展之初，我国P2P网贷立法呈现一片空白，既没有准确定位P2P网贷的法律性质，也缺乏合理的行业准入标准及实施细则等规范，导致P2P网贷行业乱象丛生，非法集资犯罪不断爆发。

第二，金融监管难。预警预防机制难以发挥作用。非法吸收公众存款罪一旦发生，往往吸收公众存款的行为人或单位已处于资金链条断裂边缘，难以完全偿付被害人的损失，因此，单靠《刑法》对其进行事后规制难以实现较好的社会效果，需要发挥各行业行政监管部门的预警预防作用。现有的规定虽然赋予各职能部门一系列监管职责，但存在规定过于原则化等问题，对相关的监管工作如何开展没有作出细化规定，同时，由于缺乏强制力，地方政府在制定本地区细化规则上缺乏积极性，进而导致行政监管部门的监管、防范手段过于粗放，难以达到预防效果。除此以外，市场中很多新型吸收公众存款的行为，处于合法与违法的模糊地带，现有行政法规、规章难以对其进行有效界定，使得行政机关在日常监管工作中无法准确认定行为性质，增加了行政机关开展预防工作的难度。上述原因导致非法吸收公众存款罪无法及时被遏制在"萌芽"阶段，产生大量性质模糊的行为，尤其是一些处于"灰色地带"的融资行为在摇摆中走上违法犯罪的道路。

第三，社会治安压力大。由于本罪涉及不特定人员，而且数量大，具有严重社会危害性，一旦出现资不抵债的问题，政府就会面临群体性压力。为此司法实践中不得不扩大打击范围。非法吸收公众存款罪自设立以来，关于"非法吸收公众存款""变相非法吸收公众存款"的法律含义一直缺乏明确的定义，该罪一直作为规制非法集资活动的一般性罪名予以适用，在非法集资行为同时具备"非法占有目的"以及"使用诈骗方法集资"两个条件时，以集资诈骗罪进行规制处罚，其他非法集资行为则以非法吸收公众存款罪进行处罚，导致该罪名兜底特征明显。需要注意的是，"非法集资"并不是一个独立的罪名，它是指"违反国家金融管理法律规定，向社会公众吸收资金的行为"，非法集资人可能涉嫌非法吸收公众存款罪、集资诈骗罪、组织领导传销罪、非法经营罪等罪名。在非法集资行为中，吸收的除了公众存款，还有"资金"，而"存款"与"资金"两个概念在金融学上有其特定的含义和意义，考虑到此罪的立法本意，非法吸收资金的行为并不能一概地以本罪定罪处罚。简单来说，并非所有不具有非法占有目的的非法集资行为都能以非法吸收公众存款罪进行处罚和规制。因此，模糊的立法表达以及滞后的司法解释使得司法工作者未能准确把握住非法吸收公众存款罪的规范目的，使得此罪的内涵在司法适用的需要中不断被扩展甚至歪曲，其打击范围也受到不当地扩大，容易将一些轻微行为打上犯罪的标记，造成刑法的滥用，也不利于金融市场的健康发展。

2. 企业自身原因

第一，企业发展要融资。中小微企业融资困难成为导火索。近年来，一些中小企业特别是小微企业及个体私营业主缺少资金、经营困难等情形，在全球经济疲软，商业银行减息、放贷门槛提高等诸多因素影响下日益严重。为打破缺少资金、发展困难、公共集资难等困境，越来越多的企业将目光投向了民间借贷市场，私营经济和民间融资蓬勃发展。正常合法的民间借贷与非法吸收公众存款罪的最大区别在于是否向社会公众即不特定对象吸收存款，例如，未向社会公开宣传，在亲友或者单位内部针对特定对象借贷的，不属于非法吸收或者变相吸收公众存款，合法的企业内部集资是国家允许的融资方式。但一部分企业利用这一契机，在民间借贷的幌子下，进入社会民间市场进行非法集资、违法放贷，逃避金融监管，影响了正常的金融秩序，严重威胁社会稳定。

第二，互联网发展为非法集资提供了便利和诱惑。企业面对正规的金融机构进行融资，存在融资门槛高、审核严、放款慢等问题，即便在成功融资后，也不能及时满足企业的需求。2013年，互联网金融的发展释放了融资企业的金融压力，衍生出大量的新型金融模式，如P2P平台、众筹、私募基金、私募股权等，大量的融资工具给企业提供了令其眼花缭乱的融资渠道。此类门槛低、融资快的融资方式在互联网的传播效应下，吸引了大量企业参与融资，也衍生出不少提供融资中介的平台，而此类企业和平台，在缺乏有效监管的情况下就很容易走上非法集资的道路。

第三，被害人投机心理被有效利用。在一些非法吸收公众存款案件中，被害人自身也存在一定过错，成为此类案件频发的原因之一。如大多数被害人缺乏金融知识，难以分辨正常的金融行为和犯罪行为，并且抱有投机、侥幸等心理，在投资时没有尽到谨慎的注意义务，盲目进行投资。正如德国社会学家贝克所言，当今时代是个"风险社会"，转型中的中国正面临着形形色色的各种风险，而市场投资的风险尤为激烈。投资者在进行投资时风险意识、法律意识不强，往往只被高额的利率所吸引，忽视背后存在的陷阱。除此以外，人们"一夜暴富"的心理使得其在意识到可能存在的风险后，为了获得高收益仍不惜违背投资规律，选择自陷风险。被害人的以上特性为企业非法吸收公众存款提供了机会与条件。

三、非法吸收公众存款罪刑法教义学分析

（一）非法吸收公众存款罪构成要件

非法吸收公众存款罪，是指非法吸收公众存款或者非法变相吸收公众存款，扰乱金融秩序的行为。

1. 客体要件

本罪的客体是国家的金融管理秩序。从《刑法》规定来看，条文中明确了非法吸收公众存款罪的两种情形，即"非法吸收公众存款"或"变相吸收公众存款"，直观说明了本罪侵犯的客体与"存款"这一商业银行特许业务相关，而且条文中"扰乱金融秩序的"应当是针对金融类犯罪客体的阐述，因此本罪侵犯的客体是"吸收公众存款"的金融管理秩序。

2. 客观要件

本罪客观方面表现为非法吸收公众存款或者非法变相吸收公众存款，扰乱金融秩序的行为。根据《非法金融机构和非法金融业务活动取缔办法》第4条，非法吸收公众存款，是指未经中国人民银行批准，向社会不特定对象吸收资金，出具凭证，承诺在一定期限内还本付息的活动。变相吸收公众存款，是指未经中国人民银行批准，不以吸收公众存款的名义，向社会不特定对象吸收资金，但承诺履行的义务与吸收公众存款性质相同的行为。根据《非法集资具体应用法律若干问题的解释》第1条，非法吸收公众存款或者变相吸收公众存款需要同时具备四个条件：（1）未经有关部门依法批准或者借用合法经营的形式吸收资金；（2）通过媒体、推介会、传单、手机短信等途径向社会公开宣传；（3）承诺在一定期限内以货币、实物、股权等方式还本付息或者给付回报；（4）向社会公众即社会不特定对象吸收资金。

实践中，非法吸收公众存款的方式包括：（1）不具有房产销售的真实内容或者不以房产销售为主要目的，以返本销售、售后包租、约定回购、销售房产份额等方式非法吸收资金的；（2）以转让林权并代为管护等方式非法吸收资金的；（3）以代种植（养殖）、租种植（养殖）、联合种植（养殖）等方式非法吸收资金的；（4）不具有销售商品、提供服务的真实内容或者不以销售商品、提供服务为主要目的，以商品回购、寄存代售等方式非法吸收资金的；（5）不具有发行股票、债券的真实内容，以虚假转让股权、发售虚构债券等方式非法吸收资金的；（6）不具有募集基金的真实内容，以假借境外基金、发

售虚构基金等方式非法吸收资金的；（7）不具有销售保险的真实内容，以假冒保险公司、伪造保险单据等方式非法吸收资金的；（8）以投资入股的方式非法吸收资金的；（9）以委托理财的方式非法吸收资金的；（10）利用民间"会""社"等组织非法吸收资金的；（11）其他非法吸收资金的行为。显然，随着时代变化，非法吸收公众存款的手段在不断翻新，如何准确把握新手段，将其有效解释为"其他非法吸收资金的行为"，要考虑立法缘由和时代要求。

集资活动具有非法性，是非法吸收公众存款罪认定逻辑出发的起点。立法与司法针对该问题的认定标准经历了一个不断变化的过程。总体而言，为了实现打击犯罪、维护社会稳定的目的，该标准呈现不断宽泛化的趋势。一是形式判断标准从"未经人民银行批准"到"未经有关部门依法批准或者借用合法经营的形式"；二是实质判断标准从"违反国家金融管理法律规定"到"违反国家金融管理法律法规"，且法律法规未明确规定时还可以参考金融管理部门的规章或其他规范性文件。可以说，非法吸收公众存款犯罪从最开始只是想处罚未经批准经营银行业务的初衷衍变为金融犯罪领域的一个基础性的口袋罪。因此，许多销售理财产品出现无法兑付的案件都按照非法吸收公众存款进行处理。但无论是以什么形式吸收资金的，要定非法吸收公众存款罪都要具备"非法性"。笔者在实务中曾接触到以下案例：

（1）理财产品投资标的违法。如果理财产品投资的投资对象是不允许通过金融手段融入资金的，那么销售的理财产品肯定具有违法性。典型的例子就是保理理财产品。2019年，中国银行保险监督管理委员会发布《关于加强商业保理企业监督管理的通知》，第1条第4款第2项明确规定禁止保理企业通过资产管理机构以及私募投资基金等机构融入资金。显然，资产管理机构或私募管理人销售以保理产品为投资对象的理财产品就不符合金融管理法规，构成非法吸收公众存款犯罪中的非法性。笔者曾办理的某非法吸收公众存款案件中，案涉企业因销售保理理财产品被刑事立案，委托人坚持认为保理业务所涉的应收账款已经在人民银行备案，因此自己销售理财产品是合法的。但实际上，应收账款在人民银行备案只能在一定程度上说明该保理业务具有合法性（并非完全的合法性背书），无法证明将保理业务进行包装的理财产品是否合法。

（2）理财产品销售行为违法。如果销售理财产品的行为违反了金融管理法规，那么也有可能具有非法性。私募产品，尤其是私募股权基金可能涉及此类问题。私募产品的销售对象必须是合格投资者，且不能采取公开宣传的方式。如果私募管理人在企业合规方面做得不够的话，可能会因为销售行为违法而带来刑事风险。主要体现在以下几个方面：一是没有充分尽到合格投资者审查义务。有些投资者的资产总额并没有达到合格投资者的标准，为了通过审核借用他人的资金。如果私募管理人只是进行形式上的审查，没有完全尽到充分调查义务的话，可能会满足非法吸收公众存款犯罪"非法性"要件。二是是否有公开向社会宣传的行为，如果通过讲座、报告会、分析会甚至招聘宣讲会宣传了自己的产品，那么也有可能构成非法性。三是是否有承诺保本保息的行为，不管是私募还是公募，绝大部分理财产品都是禁止承诺保本保息的。虽然说私募产品一般会提示产品存在风险，不保本保息，但是在激烈的市场竞争下，为了吸收足够多的资金，管理人可能会承诺或者暗示可以保本保息，如果有这样的情况，依然会具有非法性。

（3）理财资金使用方式违法。有些非法吸收公众存款案件中，企业取得了经营相关金融业务的资质，可以销售此类理财产品，但为了追求更大的利润，将吸收的资金用于其他用途，除了构成挪用资金罪、背信运用受托财产罪以外，也可以构成非法吸收公众存款罪。笔者办理的某非法吸收公众存款案件中，涉案企业取得了票据经营资质，宣传票据理财产品具有风险低、回报高的特点，向社会吸收大量资金，却没有将资金用于经营票据业务，而是投入上市公司的市值管理。最后因为投资失败，没有办法兑付资金而被刑事立案。

3. 主体要件

本罪主体既可以是已满 16 周岁、具有辨认控制能力的自然人，也可以是单位。

4. 主观要件

本罪主观方面表现为故意。在故意的认定上，根据《关于办理非法集资刑事案件若干问题的意见》第 4 项，应当根据犯罪嫌疑人、被告人的任职情况、职业经历、专业背景、培训经历、本人因同类行为受到行政处罚或者刑事追究情况以及吸收资金方式、宣传推广、合同资料、业务流程等各方面证据，结合其供述，进行综合分析判断，从而对犯罪嫌疑人、被告人是否具有非法吸收公众存款的犯罪故意作出认定。

根据《刑法》第 176 条的规定，犯本罪的，处三年以下有期徒刑或者拘役，并处或者单处罚金；数额巨大或者有其他严重情节的，处三年以上十年以下有期徒刑，并处罚金；数额特别巨大或者有其他特别严重情节的，处十年以上有期徒刑，并处罚金。单位犯前款罪的，对单位判处罚金，并对其直接负责的主管人员和其他直接责任人员，依照前款的规定处罚。有前两款行为，在提起公诉前积极退赃退赔，减少损害结果发生的，可以从轻或者减轻处罚。

在单位非法吸收公众存款案中，普通业务员的主观故意如何认定值得重视。近年来，司法机关在处理非法吸收公众存款案件中，有一种非常明显的倾向，即只要证明被告人客观上参与了非法吸收资金的行为，即可入刑定罪，基本不考虑主观故意这一构成要件，这种情况在单位非法吸收公众存款案中对底层业务员、业务经理的处理中尤为突出。一般来说，单位非法吸收资金时，负责领导、指挥、策划整个犯罪活动的主犯（一般指法定代表人、实际控制人等核心人员）主观上是明知非法性的，因为整个吸收资金的活动都由他们设计、操盘、控制，所以不难认定他们主观故意。但是，涉案单位中的普通业务员，甚至中层管理人员不必然知道单位行为的非法性。笔者办理的多个非法吸收公众存款案件都有这种现象，普通业务员、业务经理被刑事拘留后，他们都辩称不知道单位吸收资金的行为是非法的，具体理由总结如下：

（1）单位在对业务员进行培训时用各种政府部门、行业协会颁发的资质证书（包括政府领导视察企业的照片等）来证明单位业务的合法性，而普通业务员多是在其他行业就业比较难的人员组成（所谓业务经理及中层管理干部多是业绩比较好的业务员而已，不参与单位人财物权的管理和决策），其文化层次普遍不高，法律及金融专业知识不足，再加上现在非法吸收公众存款行为所表现出的形式极其复杂多样（特别是涉及互联网金融），即使是有一定专业知识的人也不一定能准确判断业务的合法性，更何况专业知识不足的普通业务员。

（2）涉案单位一般在所在地区经营时间很久（一般长达几年），部分单位甚至拥有当地政府部门颁发的"诚信企业"牌照，有的单位拥有金融主管部门颁发的金融类牌照，在历次市场管理部门或者金融管理部门排查中没有进入整改名单或者其他异常经营的"黑名单"。业务员由此普遍认为单位并不是涉嫌违法犯罪的企业，否则政府部门不可能向其颁发牌照或者让一个违法犯罪的企业存续这么久。案涉单位的理财产品合同上明确提示了投资风险，理财回报率较低，符合市场规律，没有刻意高息揽储。

（3）部分业务员自己或者动员自己的亲戚朋友购买了公司的理财产品，有的数额还比较大，如果业务员知道单位业务是违法乃至犯罪的行为，不会将自己或亲戚朋友的财产置入高度危险中。

对于非法吸收公众存款犯罪"主观故意"的认定，最高人民法院、最高人民检察院、公安部《关于办理非法集资刑事案件若干问题的意见》明确规定了应依据犯罪嫌疑人、被告人的任职情况、职业经历、专业背景、培训经历、本人因同类行为受到行政处罚或者刑事追究情况以及吸收资金方式、宣传推广、合同资料、业务流程等证据，结合其供述，进行综合分析判断。

（二）非法吸收公众存款罪司法认定问题

1. 罪与非罪的界限

根据司法解释的规定，吸收公众存款应当达到一定的情节才能追究刑事责任。其中，要从非法吸收或变相吸收公众存款的数额、非法吸收或变相吸收公众存款的对象、给存款人造成的直接经济损失等方面综合考量。为本罪提供帮助行为，从中收取代理费、好处费、佣金等，成立非法集资共同犯罪的，应当追究刑事责任。

行政部门对于非法集资的性质认定，不是非法集资刑事案件进入刑事诉讼程序的必经程序。行政部门未对非法集资作出性质认定的，不影响非法集资刑事案件的侦查、起诉、审判。公安机关、人民检察院、人民法院应当依法认定案件事实的性质，对于案情复杂、性质认定疑难的案件，可参考有关部门的认定意见，根据案件事实和法律规定作出性质认定。

2. 此罪与彼罪的界限

行为人在非法吸收或变相吸收公众存款的过程中，往往伴随虚假广告宣传，非法经营、欺诈发行股票或债券、擅自发行股票、公司企业债券，组织、领导传销活动等犯罪行为，如果认定行为人成立上述相应犯罪的，不以本罪论处。

需要注意，成立非法吸收公众存款罪的行为人只是临时占用投资人资金并承诺还本付息，如果是以非法占有集资款为目的，则可能成立集资诈骗罪。

行为虽构成非法吸收公众存款罪，但只能对犯罪行为进行部分评价，适用非法经营罪能进行整体评价的，定非法经营罪。

四、非法吸收公众存款罪典型案例分析

(一) 非法吸收公众存款罪典型案例

2017 年 12 月 18 日，被告人郭某伙同关某等人成立北京某伟业商贸有限公司，并负责公司的全面运营，后招募被告人王某某、乔某某、陈某某负责店面巡视、授课宣传等管理工作，雇佣被告人曹某某负责统计单数及员工考勤等工作，并在本市海淀区西北旺镇百旺某底商开设分店，雇佣被告人亢某某、杨某、刘某负责发展客户，吸纳投资款项。2018 年 1 月至 7 月，该西北旺店以投资项目、承诺返还高息等方式，收取张某等 100 余人投资款项，现已查实的投资款总计人民币 7233280 元。[①]

(二) 非法吸收公众存款罪案例分析

本案符合非法吸收公众存款罪的构成要件。

1. 客体要件。行为人未经中国人民银行批准，非法吸收公众投资款项达 7233280 元，破坏了国家的金融管理秩序。

2. 客观要件。行为人违反国家金融管理法律规定，未经中国人民银行批准，以投资项目为名，向社会不特定对象吸收资金，承诺在一定期限内还本付息，数额巨大。

3. 主体要件。行为主体为一般主体，包括自然人和单位。

4. 主观要件。行为人主观上具有吸收公众存款的故意，但不具备非法占有目的。

五、非法吸收公众存款罪的刑事政策与企业犯罪预防

(一) 非法吸收公众存款犯罪的刑事政策

非法吸收公众存款罪的发生有其内在机理和要求。长期以来，我国经济社会保持较快发展，资金需求旺盛，融资难、融资贵问题比较突出，民间投资渠道狭窄的现实困难和非法集资高额回报的巨大诱惑交织共存。当前，经济下行压力较大，企业生产经营困难增多，各类不规范民间融资介入较深的行业领域风险集中暴露，非法集资问题日益凸显。一些案件由于参与群众多、财产损失大，频繁引发群体性事件，甚至导致极端过激事件发生，影响社会稳定。因此，党中央、国务院决策提出，为有效遏制非法集资高发蔓延势头，加大防范和处置工作力度，切实保护人民群众合法权益，防范系统性区域性金融风险。[②] 当前，针对本罪的一般政策是防打结合，突出重点的刑事政策。一方面，既要解决好浮出水面的问题，讲求策略方法，依法、有序、稳妥处置风险；更要做好防范预警，尽可能使非法集资不发生、少发生，一旦发生要打早打小，在苗头时期、涉众范围较小时解

---

① 北京市海淀区人民法院刑事判决书：(2019) 京 0108 刑初 1160 号。
② 国务院《关于进一步做好防范和处置非法集资工作的意见》(国发〔2015〕59 号)。

决问题。另一方面,还要抓住非法集资重点领域、重点区域、重大案件,依法持续严厉打击,最大限度追赃挽损,强化跨区域、跨部门协作配合,防范好处置风险的风险,有效维护社会稳定。①

在总结长期经验的基础上,2019年,最高人民法院、最高人民检察院、公安部联合发布了《关于办理非法集资刑事案件若干问题的意见》,提出要"依法惩治非法吸收公众存款、集资诈骗等非法集资犯罪活动,维护国家金融管理秩序,保护公民、法人和其他组织合法权益"。这说明依法打击是基本刑事政策。

(二) 非法吸收公众存款犯罪的企业犯罪预防

1. 提高经营管理水平,拓宽合法融资途径

在现代市场经济竞争中,企业只有正确选择融资方式来筹集生产经营活动中所需的资金,才能保障企业生产经营活动的正常运行。企业管理者应当树立正确的经营观念,通过提高企业自身的经营水平和竞争力来解决融资难的问题。如建立现代企业制度,健全和完善各项规章管理制度;多渠道吸收和培养复合型金融人才,加大对高科技创新型项目的支持;加强合同管理,建立企业预警机制和提高风险管理能力等。

2. 强化法律意识,远离非法集资

尤其是提供民间融资借贷类服务的企业,在企业的设立、运行、监管等各个环节都要强化法律意识,加强合规审查,避免企业非法吸收公众存款。根据最高人民法院公布的《关于审理非法集资刑事案件具体应用法律若干问题的解释》(以下简称2010年《非法集资解释》),非法吸收或者变相吸收公众存款,主要用于正常的生产经营活动,能够及时清退所吸收资金的,可以免于刑事处罚;情节显著轻微的,不作为犯罪处理。因此,企业在面对违法风险时,应当及时清退所吸收资金,避免跨越法律红线,构成犯罪。

为了规避出现非法融资、集资风险,对企业而言行之有效的办法为:一是进行监管备案,如果企业要融资,应提出融资计划,融资规模要清楚,融资对象要明确,融资方案要具体,融资计划要报批、备档;二是进行专业咨询,向银行业或法律业方面的从业专家咨询、审慎决策,如果实在无法判断是不是非法集资,还可以向银行业协会或金融监管部门咨询。

3. 提高宣传力度,强化风险意识

良好的宣传引导是预防犯罪的重要方面。要对群众进行法制宣传,减少非法吸收公众存款行为滋生的土壤,优化宣传效果,开展针对社区群众、公职人员、在校学生的个性化宣传活动,通过多样化新媒体宣传途径,不断提高广大市民对非法集资法律知识的知晓程度,有效降低非法集资活动的参与率。除此以外,还要特别加大群众对投资风险防范意识、正确理财意识的宣传和培养,防止群众因盲目投资、贪图小利而损失惨重。加强案例

---

① 国务院《关于进一步做好防范和处置非法集资工作的意见》(国发〔2015〕59号)。

宣传，让人们认识到非法集资活动所带来的严重的经济损失，形成全社会预警预防网络，及时消除和打击非法融资行为，为社会经济可持续健康发展提供保障。

4. 推进社会诚信体系建设

随着互联网金融的发展，不少民间融资平台在网上相继设立，如典型的P2P平台等。若此类平台从事合法的民间借贷行为，则平台作为第三方中介机构为借款人和出借人牵线搭桥，但由于网络的虚拟性特征，平台难以有效防范当事人虚构信息、隐瞒真相，利用平台从事非法融资活动。因此，构建统一、权威的社会诚信体系，可以有效帮助平台完善借贷准入系统，强化对相关当事人资质的审核，确保平台用户，防止大量死账坏账出现，防止当事人携款潜逃、假标自融等现象的发生，营造合法、公开、高效的网贷平台，为中小微企业融资提供安全、健康的金融环境。

第五章　集资诈骗犯罪的风险及其防控

一、集资诈骗罪的立法规定

(一) 集资诈骗罪的行政法律法规及规章

1. 《金融违法行为处罚办法》

1999 年 2 月，国务院发布《金融违法行为处罚办法》，规定了金融机构的设立、变更、运营规则，以及金融机构在经营活动中违反国家有关金融管理规定的相关处罚，其中涉及金融机构管理人员构成集资诈骗罪之相关规定。

2. 《关于严厉打击以证券期货投资为名进行违法犯罪活动的通知》

（三）对以"投资咨询""代客理财"等为招牌，以高额回报、赠送礼品、虚假融资、减免手续费、提供"免费午餐"等为诱饵吸纳客户资金，采用内部模拟证券期货交易等手法，非法侵占他人财产的，以涉嫌集资诈骗罪立案查处。

3. 《关于依法惩处非法集资有关问题的通知》

2007 年 7 月，国务院办公厅发布《关于依法惩处非法集资有关问题的通知》，针对非法集资案件频发、涉案金额巨大的现实情况作出工作部署，对非法集资的社会危害性、非法集资的主要形式和特征、地方人民政府的责任和惩治工作等各方面作出了重要安排。

(二) 集资诈骗罪的刑法及司法解释

1. 《刑法》规定

第一百九十二条　以非法占有为目的，使用诈骗方法非法集资，数额较大的，处三年以上七年以下有期徒刑，并处罚金；数额巨大或者有其他严重情节的，处七年以上有期徒刑或者无期徒刑，并处罚金或者没收财产。

单位犯前款罪的，对单位判处罚金，并对其直接负责的主管人员和其他直接责任人员，依照前款的规定处罚。

2. 司法解释

（1）最高人民检察院、公安部《关于公安机关管辖的刑事案件立案追诉标准的规定

（二）》（公通字〔2010〕23号）

第四十九条　［集资诈骗案（《刑法》第一百九十二条）］以非法占有为目的，使用诈骗方法非法集资，涉嫌下列情形之一的，应予立案追诉：

（一）个人集资诈骗，数额在十万元以上的；

（二）单位集资诈骗，数额在五十万元以上的。

（2）最高人民法院《关于审理非法集资刑事案件具体应用法律若干问题的解释》（法释〔2010〕18号）

第四条　以非法占有为目的，使用诈骗方法实施本解释第二条规定所列行为的，应当依照《刑法》第一百九十二条的规定，以集资诈骗罪定罪处罚。

使用诈骗方法非法集资，具有下列情形之一的，可以认定为"以非法占有为目的"：

（一）集资后不用于生产经营活动或者用于生产经营活动与筹集资金规模明显不成比例，致使集资款不能返还的；

（二）肆意挥霍集资款，致使集资款不能返还的；

（三）携带集资款逃匿的；

（四）将集资款用于违法犯罪活动的；

（五）抽逃、转移资金、隐匿财产，逃避返还资金的；

（六）隐匿、销毁账目，或者搞假破产、假倒闭，逃避返还资金的；

（七）拒不交代资金去向，逃避返还资金的；

（八）其他可以认定非法占有目的的情形。

集资诈骗罪中的非法占有目的，应当区分情形进行具体认定。行为人部分非法集资行为具有非法占有目的的，对该部分非法集资行为所涉集资款以集资诈骗罪定罪处罚；非法集资共同犯罪中部分行为人具有非法占有目的，其他行为人没有非法占有集资款的共同故意和行为的，对具有非法占有目的的行为人以集资诈骗罪定罪处罚。

第五条　个人进行集资诈骗，数额在10万元以上的，应当认定为"数额较大"；数额在30万元以上的，应当认定为"数额巨大"；数额在100万元以上的，应当认定为"数额特别巨大"。

单位进行集资诈骗，数额在50万元以上的，应当认定为"数额较大"；数额在150万元以上的，应当认定为"数额巨大"；数额在500万元以上的，应当认定为"数额特别巨大"。

集资诈骗的数额以行为人实际骗取的数额计算，案发前已归还的数额应予扣除。行为人为实施集资诈骗活动而支付的广告费、中介费、手续费、回扣，或者用于行贿、赠与等费用，不予扣除。行为人为实施集资诈骗活动而支付的利息，除本金未归还可予折抵本金以外，应当计入诈骗数额。

3. 司法指导文件

《全国法院审理金融犯罪案件工作座谈会纪要》（法〔2001〕8号）对金融诈骗罪中非法占有目的的认定，金融诈骗犯罪定罪量刑的数额标准和犯罪数额的计算以及金融犯罪财产刑的适用等方面作了统一规定，统一适用于各类金融诈骗犯罪，包括本节所提到的集资诈骗罪；此外，本文件还专门规定了有关集资诈骗罪的认定和处理，包括集资诈骗罪与欺诈发行股票、债券罪，非法吸收公众存款罪的区分关键（非法占有目的）等。

二、集资诈骗罪犯罪学分析

（一）集资诈骗罪的犯罪现状

2010年1月1日—2020年12月31日全国集资诈骗罪案件基本情况分析[1]：

1. 案件总数：8364；单位犯罪：1360

2. 法院分布

表5-1　　　　　　　　　　　　　集资诈骗罪案件审理法院

审理法院层级	最高人民法院	高级人民法院	中级人民法院	基层人民法院	专门法院
单位犯罪案件数/总件数	0/1	151/770	581/3544	628/4048	0/1

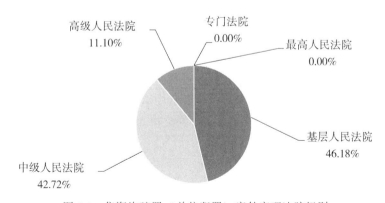

图5-1　集资诈骗罪（单位犯罪）案件审理法院级别

---

① 该数据选取时间为2010年1月1日—2020年12月31日，数据来源：威科先行网（http：//8721add15be1c16f50bd1ba831cbefd9.f2a9b9a2.libvpn.zuel.edu.cn/），访问日期：2021年3月31日。

3. 审级分布

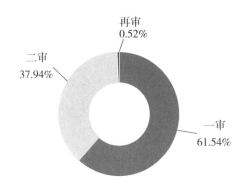

图 5-2　集资诈骗罪（单位犯罪）案件审级分布

4. 地域分布

除港澳台地区，全国各省（区、市）集资诈骗罪案件分布如下：

表 5-2　　　　　　　　全国各省（区、市）集资诈骗罪案件分布情况

东部沿海地区									
省（区、市）	京	津	冀	沪	苏	浙	闽	鲁	粤	琼
案件数（单位犯罪案件数/总件数）	49/286	17/145	61/284	79/602	61/502	139/1214	23/271	91/336	110/646	2/13

中 部 地 区					
省（区、市）	豫	晋	皖	赣	鄂	湘
案件数（单位犯罪案件数/总件数）	135/814	39/211	65/372	33/248	24/242	90/402

西 部 地 区											
省（区、市）	渝	滇	桂	川	贵	藏	陕	甘	蒙	青	宁	新
案件数（单位犯罪案件数/总件数）	8/49	22/144	3/60	92/384	13/100	0/3	38/129	16/63	11/71	7/45	27/90	17/70

东北部地区		
省（区、市）	辽宁	吉林	黑龙江
案件数（单位犯罪案件数/总件数）	54/308	21/144	13/114

5. 年度趋势

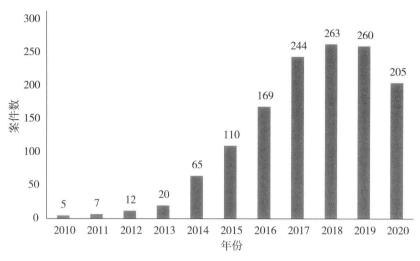

图 5-3　集资诈骗罪（单位犯罪）年度趋势图

（二）集资诈骗罪的犯罪特征

集资诈骗犯罪主要具有以下几点特征。

1. 集资行为的非法性

犯罪行为首先应是非法行为，具备非法集资的行为方式是构成集资诈骗罪的前提条件。集资诈骗罪的主要表现形式为非法的集资行为。现行的法律法规对金融领域集资的主体、对象、数额、方式、用途、审批程序等均作了特别规定。不管是集资活动的哪个方面不符合法律规定，都应视为非法集资。[1]

2. 受害对象的广泛性

集资诈骗犯罪中的集资行为通常是面向社会公众实施的，其涉及的地域范围广泛、人员众多，具有明显的社会性和广泛性。集资诈骗行为人为了尽可能多地非法募集资金，往往采取公开宣传等方式引诱社会公众参与集资，如通过新闻媒体、广告平台等进行虚假信息散布，由于此类信息平台受众广泛，大量的人员上当受骗，且受骗群众常常具有跨行政区域、跨行业、跨年龄段等特征。

3. 诈骗手段的多样性

行为人进行集资诈骗涉及的领域众多，如传统的民间投融资中介行业、房地产行业、养老行业、私募基金等，同时随着互联网的发展，P2P 网络借贷等新兴行业出现，也成为

---

[1]　庄建南：《刑事案例诉辩评审》，中国检察出版社 2014 年版，第 7 页。

行为人实施集资诈骗的重要领域。行为人往往通过利用投资者的趋利心理，以高回报率为诱饵引诱受害人，在此基础上编造虚假经济项目、虚构资金用途、隐瞒资金真实走向，甚至有行为人为了增加其项目的知名度和公众对其的信任度，往往炮制一些虚假的科研成果证书、专利发明证书、获奖证书或者请权威专家为其产品和项目发表专家意见以达到以假乱真骗取受害人信任的目的。① 更有甚者不仅欺骗群众，甚至通过伪造虚假文件欺瞒当地政府，使得政府误将其当作利民项目予以支持与推广，如此行为人打着政府支持的旗号骗取投资者信任，最终造成投资者损失。

4. 危害后果的严重性

集资行为所涉及对象的广泛性，必然导致集资犯罪危害后果的严重性。一旦集资行为人资金链断裂，集资诈骗行为暴露，将造成众多受害人的财产损失，从而容易导致群体性事件发生，给社会经济、秩序带来不稳定因素，因而其危害后果是复杂且严重的。

(三) 集资诈骗罪的犯罪原因

2019 年 4 月 3 日，中国司法大数据研究院发布《金融诈骗司法大数据专题报告》。该报告显示，集资诈骗犯罪风险防控压力增大，贷款诈骗、金融凭证诈骗发案量有所抬头。《北京青年报》记者了解到，排名信用卡诈骗罪之后的集资诈骗罪，连续两年逆势上升，收案量由 2016 年的 1100 余件上升至 2018 年的近 1400 件，增幅达 27%，集资诈骗风险防控压力加大。此外，贷款诈骗罪和金融凭证诈骗罪先降后升，2018 年收案量同比分别增加 9.06% 和 37.84%，变化趋势需引起关注。

1. 立法原因

第一，集资诈骗相关的法律体系还不完善。有很多集资诈骗犯罪案件是由其他活动转化而来的，比如，最常见的是由民间融资转化为集资诈骗，对于民间融资没有统一的法律法规进行规范，相关的规定都是穿插在其他法律、法规之中，缺乏一定的透明度和公开性。另外，在实际中过度注重事后的惩处措施，缺乏事前的监管和预防，基本上都是"事后诸葛亮"。有些规定过于抽象、笼统，实际操作意义不大，直接影响了对非法集资活动的监管和处置。

第二，不同法律法规间缺少衔接。通过对非法集资的立法梳理发现，我国虽然相继出台了一系列的司法解释、办法、方案、通知等文件，显示了国家严厉打击非法集资行为的决心，但是，民法、行政法、经济法等法律法规一直缺乏针对非法集资行为的规范，也未与刑法进行有效的衔接，缺乏体系化的梳理和整体性的把握。

2. 司法行政原因

第一，新型集资诈骗手段对审判实践提出严峻挑战。随着金融领域的繁荣和新型金融模式的兴起，加之相关监管措施的缺失，集资诈骗的犯罪手段逐渐从以高息非法吸收公众存款并据为己有等传统形式，向依托公司、企业和合作社的合法外衣，以利用国家扶持政

---

① 李永升：《金融犯罪研究》，中国检察出版社 2010 年版，第 450 页。

策、生产经营投资、房地产开发、"股债基"销售、医疗养老教育、信托投资、金融租赁、外汇买卖、新能源开发等名目为幌子，广泛使用现代信息网络技术的新型非法集资犯罪活动过渡，对公检法等执法司法机关的应对提出新的挑战。这些新型非法集资犯罪活动更具隐蔽性和欺骗性，案发后很难认定非法占有目的、诈骗方法等构成要件和准确适用法律，致使相关罪名的适用容易发生混乱和争议。

第二，证据标准不统一给审判实践增加诸多困难。现代集资诈骗犯罪活动往往以信息网络技术为媒介，组织化、智能化和集团化程度不断加大，呈现出极强的网络性、蔓延性和关联性，被害人数众多且涉案证据复杂。2014年，最高人民法院、最高人民检察院、公安部联合印发的《关于办理非法集资刑事案件适用法律若干问题的意见》在证据收集方面规定比较简单，司法实践中仍存在公安机关、检察院、法院对犯罪证据标准认识不统一的问题，进而导致案件证据材料收集不全、起诉阶段证据审查不严、审理阶段补充侦查困难，也给审判机关在认定犯罪过程、犯罪手段和犯罪数额上带来诸多困难。

3. 企业自身原因

第一，企业内部管理原因。如企业内部规章制度不健全，相关规范落实不到位，资本交易程序不合理，董事长和总经理职责错位，董事会监督缺失等问题导致了企业家犯罪。

第二，犯罪人受主观动因驱动。经济犯罪中的犯罪人大多具有较常人更高的智商，喜好并敢于从事风险大、利益高的投机行业，具有较强的社会适应性、唯利是图的习性以及强烈的双重道德观等人格特征。[1] 在价值观上，犯罪人普遍信奉"金钱至上""唯金钱论"，追求"暴富"，为了钱甚至甘心冒着受刑罚惩罚的风险。正如《资本论》所言，有50%的利润，他就铤而走险；有100%的利润，他就敢践踏一切人间法律；有300%的利润，他就敢犯任何罪行。[2] 企业的负责人或实际控制人一旦经受不住巨大利润的诱惑，并萌生出犯罪动机，就会穷尽任何手段方法，打破已有的秩序规范，在规则范围之外赚取更多利益来满足自己的贪欲。

第三，企业融资困难诱发企业非法集资。对企业而言，想扩大规模或业务项目从而发展壮大，就需要资金作为支撑，而资金来源一直是很多企业的瓶颈。特别是对中小企业而言，不但融资困难，往往在融资过程中还存在着重重法律风险。一些企业不熟悉相关的金融政策或企图通过打擦边球的方式获得融资，往往会面临受到刑事指控的严重后果。

4. 社会原因

第一，现有投资渠道无法满足日益增长的投资需求。随着经济社会发展，群众的经济水平明显提升，在民间有大量的闲散资金，民众也产生了一定的理财意识，需要有合理的投资渠道，但是我国目前的金融市场还不能满足民间资金的投资需求。如我国长期实施金融抑制政策，对银行利率一直严格控制，使得利率价格严重扭曲，而且又有通货膨胀因素的影响，银行存款利率通常处于负利率水平；而股票市场对于一般投资者来说又存在风险

---

① 刘宪权：《金融犯罪刑法学专论》，北京大学出版社2010年版，第39~40页。
② 《马克思恩格斯选集》第2卷，人民出版社1995年版，第266页。

太大的鸿沟。此时，集资诈骗的集资人往往能提供大大高于银行利率的收益诱惑，很多人掌握的金融投资专业知识有限，更不了解相应的投资和集资法律、法规，在不了解也不知道实际的操作流程的情况下，缺乏自我保护意识，缺乏自我保护能力，也没有相关的财务知识，在高回报面前不能正确地识别风险，也无法抵挡诱惑，很容易受到欺骗，落入犯罪陷阱，这是一直以来集资诈骗犯罪发案的基础性环境原因。

第二，民间融资和高利贷的社会文化也是民众轻信集资诈骗分子高息承诺的一个重要因素。近年来，随着经济发展，人均可支配收入逐渐升高，在民间资本丰厚但缺乏投资渠道、中小企业发展需要大量资金但又面临融资难的背景下，很多人毫不犹豫地选择了把钱借给承诺给予高息的个人或者企业，民间高息借贷的现象愈演愈烈。民间借贷一定程度上促进了我国经济的发展，满足了市场的需求，促进了我国金融体制的改革与创新，但同时也具有一定的负面效应，如一方面，民间借贷导致了大量资金流出银行体系，加之金融活动大多在金融监管之外，因此虽然表面上扩大了资金供给，但其干扰了金融市场的信号，影响了央行的决策；另一方面，民间借贷会引发自发性的负面效应，虽然其手续简单、不拘形式，但这种信任基础较低的活动极易侵害债权人的利益，一旦债务人失信出现逃债行为，债权人将会承受巨大的经济损失。同时，还会导致企业资金的恶性循环，民间借贷利息一般较高，企业经营效益不好的情况下，高利息负债只会雪上加霜。如果企业到期难以支付债务，也许还会通过引进更高利息负债还债，这种拆东墙补西墙的行为将会严重制约企业今后的发展。

三、集资诈骗罪刑法教义学分析

（一）集资诈骗罪构成要件

集资诈骗罪，是指以非法占有为目的，使用诈骗方法非法集资，数额较大的行为。

1. 客体要件

本罪客体为复杂客体，不仅包括公私财产的财产所有权，还包括国家对金融活动的管理秩序。根据我国《刑法》分则的规定，不同的犯罪所侵犯的客体是不同的，有的犯罪侵犯的是单一客体，有的犯罪侵犯的是复杂客体，即一个犯罪行为同时侵犯了两种或两种以上的具体社会关系。就本罪而言，一方面，本罪以非法占有为目的，侵占出资人的财产，侵犯了出资人对于自身财物的所有权，包括公共财产所有权和公民的私有财产所有权；另一方面，根据我国《商业银行法》和有关金融法律法规的规定，吸收公众存款类业务只有经国务院银行业监督管理机构批准设立的商业银行才有权经营，行为人未经相关部门批准，非法进行集资类业务活动的，扰乱了市场秩序，侵犯了国家的金融制度和金融管理秩序。

2. 客观要件

本罪在客观方面表现为使用诈骗方法非法集资，数额较大的行为。本罪是从普通诈骗罪中分离出来的一种特殊诈骗罪。其一，必须使用诈骗方法。本罪中的诈骗方法包括虚构资金用途，以虚假的证明文件和高回报率为诱饵，或者其他骗取集资款的手段。其二，非法集资数额较大。根据 2010 年最高人民检察院、公安部《关于公安机关管辖的刑事案件立案追诉标准规定（二）》的规定：个人集资诈骗，数额在 10 万元以上的，单位集资诈骗，数额在 50 万元以上的，属于数额较大，应当追诉。

关于本罪的客观行为结构，理论上存在单一行为与复合行为的争议。单一行为是指构成某种具体犯罪，法律只要求具备一个行为。复合行为是指构成某种具体犯罪，法律要求必须具备复数行为。就本罪而言，即争论使用诈骗方法的行为和非法集资的行为是否均为本罪的要件行为。综合看来，将本罪的构成要件认定为复合行为更具有科学性，即本罪的行为结构包括使用诈骗方法和非法集资两个行为。第一，使用诈骗方法。根据 1996 年出台的最高人民法院《关于审理诈骗案件具体应用法律的若干问题的解释》（以下简称 1996 年《诈骗解释》）的规定，集资诈骗罪中的使用诈骗方法是指行为人虚构集资用途、使用虚假的证明文件和以高回报率为诱饵。考虑到本罪的立法背景和立法目的，1996 年《诈骗解释》中所列举的三种诈骗方法只是对当时背景下行为人所经常使用的诈骗方法的列举，而非集资诈骗罪中所使用的诈骗方法只限于这三种，事实上，刑法也没有限制集资诈骗罪中"使用诈骗方法"的具体种类。集资诈骗罪是从普通诈骗罪中分离出来的，两者中的"诈骗"含义并无不同；两者之间的区别在于发生领域、所涉对象等不同，前者的诈骗发生在针对社会公众的非法集资过程中，而后者并无此限制。因此，集资诈骗罪中的使用诈骗方法，是指足以使他人陷入认识错误，进而"自愿"向行为人"投资"的一切虚构事实、隐瞒真相的行为。例如，虚构经营业绩，隐瞒财务真相；虚构经营业务和项目；大讲排场以炫耀经济实力；胡乱投资；拉拢新闻媒体，为自己肆意吹捧，蛊惑人心；虚假纳税和赞助社会；以高回报率为诱饵，形成"金字塔"式的诈骗结构；虚构客观上并不存在的公司、企业或者公司、企业计划；伪造金融机构印章，假冒金融机构；利用虚假的证券交易形式；利用虚假的多层次传销方式；等等。[①] 第二，非法集资行为。根据 2010 年《非法集资解释》的规定，构成非法集资必须具备如下条件：①未经有关部门依法批准或者借用合法经营的形式吸收资金；②通过媒体、推介会、传单、手机短信等途径向社会公开宣传；③承诺在一定期限内以资金、实物、股权等方式还本付息或者给付回报；④向社会公众即社会不特定对象吸收资金。其中，未经有关部门批准，包括没有向有权机关申请批准、申请没有被有权机关批准、骗取有权机关批准、通过行贿等手段使有权机关滥用职权批准、因有权机关玩忽职守而批准等各种情形，既包括实体上的违法，也包括程序上的违法。而本罪的犯罪客体决定了集资诈骗罪的犯罪对象必须是社会公众，如果不是针对社会公众，诈骗行为便不足以危害金融管理秩序，不能以集资诈骗罪论处，而可能构成诈骗罪或者合同诈骗罪或者其他诈骗犯罪。关于"社会公众"的界定，最高人民法院、最高人民检察院、公安部《关于办理非法集资刑事案件适用法律若干问题的意见》（以下简称 2014 年《非法集资解释》）第 3 条作了相关规定，下列情形不属于第 1 条第 2 款规定的"针对特定对象吸收资金"行为，应当认定为向社会公众吸收资金：①在向亲友或者单位内部人员吸收资金的过程中，明知亲友或者单位内部人员向不特定对象吸收资金而予以放任的；②以吸收资金为目的，将社会人员吸收为

---

① 古家锦：《金融诈骗罪的若干疑难问题研究》，武汉大学 2014 年博士学位论文，第 78 页。

单位内部人员，并向其吸收资金的。关于本罪是否要求"向社会公开宣传"，2010年《非法集资解释》对此持肯定意见。2014年《非法集资解释》第2条进一步规定了"向社会公开宣传包括以各种途径向社会公众传播吸收资金的信息以及明知吸收资金的信息向社会公众扩散而予以放任等情形"。一般来说，非法集资行为具有公开性，因为唯有如此，行为人才更有希望达到其非法集资的目的，但不能排除有的非法集资行为并没有向社会公开宣传，而只是事实上针对多数人非法集资，该非法集资行为同样危害了金融管理秩序，故不应将公开性即通过媒体、推介会、传单、手机短信等途径向社会公开宣传作为非法集资的必备条件。

3. 主体要件

本罪主体既可以是已满16周岁、具有辨认控制能力的自然人，也可以是单位。根据我国刑法的规定，如果刑法对单位实施的某危害社会行为没有明文规定为单位犯罪的，就不能追究单位的刑事责任。本罪规定了犯罪主体既可以是自然人个人也可以是单位，因此，在认定时应严格区分集资诈骗行为是自然人个人的行为还是单位的行为。所谓由单位构成集资诈骗行为，是指单位为谋取单位利益，经单位负责人或单位决策机构决定，由单位人员具体实施的集资诈骗行为。区别单位集资诈骗行为与个人集资诈骗行为的关键在于为了谁的利益以及基于谁的意志，而不在于行为的名义人是谁，前者是为了单位利益并基于单位意志，后者是为了个人利益并基于个人意志，但两者都可能以单位的名义实施。因此，对那些虽以单位名义实施但实际上是为了谋取个人利益的集资诈骗行为，应认定为个人集资诈骗行为而非单位集资诈骗行为。

关于本罪单位犯罪的认定，最高人民法院、最高人民检察院、公安部《关于办理非法集资刑事案件若干问题的意见》（以下简称2019年《非法集资解释》）专门作了规定。2019年《非法集资解释》第2条规定，"单位实施非法集资犯罪活动，全部或者大部分违法所得归单位所有的，应当认定为单位犯罪。个人为进行非法集资犯罪活动而设立的单位实施犯罪的，或者单位设立后，以实施非法集资犯罪活动为主要活动的，不以单位犯罪论处，对单位中组织、策划、实施非法集资犯罪活动的人员应当以自然人犯罪依法追究刑事责任。判断单位是否以实施非法集资犯罪活动为主要活动，应当根据单位实施非法集资的次数、频度、持续时间、资金规模、资金流向、投入人力物力情况、单位进行正当经营的状况以及犯罪活动的影响、后果等因素综合考虑认定"。此外，2019年《非法集资解释》第3条还规定了关于涉案下属单位的处理问题，"办理非法集资刑事案件中，人民法院、人民检察院、公安机关应当全面查清涉案单位，包括上级单位（总公司、母公司）和下属单位（分公司、子公司）的主体资格、层级、关系、地位、作用、资金流向等，区分情况依法作出处理。上级单位已被认定为单位犯罪，下属单位实施非法集资犯罪活动，且全部或者大部分违法所得归下属单位所有的，对该下属单位也应当认定为单位犯罪。上级单位和下属单位构成共同犯罪的，应当根据犯罪单位的地位、作用，确定犯罪单位的刑事责任。上级单位已被认定为单位犯罪，下属单位实施非法集资犯罪活动，但全部或者大部分违法所得归上级单位所有的，对下属单位不单独认定为单位犯罪。下属单位中涉嫌犯罪的人员，可以作为上级单位的其他直接责任人员依法追究刑事责任。上级单位未被认定为单位犯罪，下属单位被认定为单位犯罪的，对上级单位中组织、策划、实施非法集资犯罪的人员，一般可以与下属单位按照自然人与单位共同犯罪处理。上级单位与下属单位均未被认定为单位犯罪的，一般以上级单位与下属单位中承担组织、领导、管理、协调职责的主管人员和发挥主要作用的人员作为主犯，以其他积极参加非法集资犯罪的人员作为从犯，按照自然人共同犯罪处理"。

4. 主观要件

本罪在主观方面只能是故意，并且具有非法占有出资人财产的目的。根据 2010 年《非法集资解释》的规定，使用诈骗方法非法集资，具有下列情形之一的，可以认定为"以非法占有为目的"：①集资后不用于生产经营活动或者用于生产经营活动与筹集资金规模明显不成比例，致使集资款不能返还的；②肆意挥霍集资款，致使集资款不能返还的；③携带集资款逃匿的；④将集资款用于违法犯罪活动的；⑤抽逃、转移资金、隐匿财产，逃避返还资金的；⑥隐匿、销毁账目，或者搞假破产、假倒闭，逃避返还资金的；⑦拒不交代资金去向，逃避返还资金的；⑧其他可以认定非法占有目的的情形。集资诈骗罪中的非法占有目的，应当区分具体情形进行认定。行为人部分非法集资行为具有非法占有目的的，对该部分非法集资行为所涉集资款以集资诈骗罪定罪处罚；非法集资共同犯罪中部分行为人具有非法占有目的，其他行为人没有非法占有集资款的共同故意和行为的，对具有非法占有目的的行为人以集资诈骗罪定罪处罚。

若行为人没有非法占有目的，只能认定为非法吸收公众存款罪，不能以集资诈骗罪定罪处罚；若行为人没有非法占有集资款的目的，可能是出于合法使用目的集资，但由于某些原因未能实现对出资者承诺的回报，因而发生纠纷的，不以犯罪论处，应认定为普通的民间借贷纠纷。

(二) 集资诈骗罪司法认定问题

1. 罪与非罪的界限

区别罪与非罪的界限应当把握以下两点。第一，数额是否较大。只有数额较大的，才可能构成本罪。对骗取数额较小资金且情节较轻的行为，尽管已构成集资诈骗行为，但不宜认定为犯罪。第二，主观上有无非法占有他人财物的目的。成立本罪要求行为人主观上具有非法占有集资款的目的，否则一般的集资纠纷不以犯罪论处。

2. 此罪与彼罪的界限

（1）本罪与非法吸收公众存款罪的界限

非法吸收公众存款罪也是非法募集资金的行为。两罪的区别主要表现如下。第一，犯罪目的不同。前罪以非法占有为目的；而后罪不具有非法占有的意图，而是具有返还的意图。这是两罪的本质区别。因此，认定行为人是否具有不法占有的目的，是区分本罪与相关犯罪的关键。第二，行为方式不同。前罪的行为人一般是采取诈骗手段，骗取公众信任后非法取得集资款；后罪在主体资格、条件、程序上往往有弄虚作假行为，但在吸收存款的目的上则不需要采取欺骗手段。

（2）本罪与擅自发行股票、公司、企业债券罪的界限两罪的区别主要表现如下。第一，行为方式不尽相同。虽然两罪在一定程度上都使用了欺诈的方法，但是欺诈的具体内容和方式不同。第二，行为发生的具体场合不同。前罪可以发生在任何集资活动过程中，而后罪只能发生在发行股票或者公司、企业债券的特定集资活动过程中。第三，主观目的不同。前罪以非法占有为目的，而后罪的目的在于通过擅自发行股票与公司、企业债券来募集资金以发展生产、经营，不具有非法占有的目的。

3. 集资诈骗罪的刑事责任认定

《刑法》第192条规定：以非法占有为目的，使用诈骗方法非法集资，数额较大的，处三年以上七年以下有期徒刑，并处罚金；数额巨大或者有其他严重情节的，处七年以上有期徒刑或者无期徒刑，并处罚金或者没收财产。单位犯前款罪的，对单位判处罚金，并对其直接负责的主管人员和其他直接责任人员，依照前款的规定处罚。

四、集资诈骗罪典型案例分析

(一) 集资诈骗罪典型案例

2010年9月至2015年6月，被告人曾某某指使被告人姜某甲、姜学某先后在武汉市武昌区注册成立武汉华某博古文化传播有限公司（以下简称武汉华某博古公司）、江西三僚景区开发有限公司武汉分公司（以下简称江西三僚武汉分公司），其中被告人姜某甲、曾某某先后担任法定代表人，被告人姜某乙担任该公司财务总监，负责财务的统一支配、使用，被告人姜某甲负责协助姜某乙管理财务及人员招聘，被告人姜学某负责武汉华某博古公司的装修及人员招聘等筹建工作。被告人曾某某在公司不具备从事银行业金融机构业务活动资格的情况下，多次在《楚天都市报》等媒体刊登面向社会高薪聘请员工的广告吸引公众，通过虚假的方式夸大公司经营实力，用高额的利息为诱饵，以投资书画、阶段性转让江西三僚景区经营权的名义，指使被告人姜学某、徐某某、卢某某、吴某某、洪某某、陈某等人，大肆向社会公众募集资金，共计骗取顾某等128名被害人人民币6544.66万元（币种下同），被告人曾某某、姜某乙将骗取的资金除用于支付本金、利息外，尚有3489.99万元无法归还。①

(二) 集资诈骗罪案例分析

本案符合集资诈骗罪的构成要件。

1. 客体要件。行为人骗取128名被害人人民币6544.66万元，侵犯了被害人的财产所有权以及国家对金融活动的管理秩序。

2. 客观要件。行为人以非法占有为目的，使用诈骗方法非法集资，数额特别巨大。

3. 主体要件。行为主体为一般主体，包括自然人和单位。

4. 主观要件。行为人具有非法集资的故意，且具有非法占有出资人财产的目的。

---

① 湖北省高级人民法院刑事裁定书：(2020) 鄂刑终97号。

五、集资诈骗罪的刑事政策与企业犯罪预防

（一）集资诈骗犯罪的刑事政策

集资诈骗犯罪具有被骗对象的公众性、广泛性以及危害后果的严重性等特征，我国立法和司法针对集资诈骗犯罪一直贯彻严厉打击的态度。2004 年，最高人民法院发布《关于依法严厉打击集资诈骗和非法吸收公众存款犯罪活动的通知》（2004 年 11 月 15 日法〔2004〕240 号），其中针对集资诈骗罪提道："坚决贯彻依法严惩集资诈骗犯罪的方针，加大对集资诈骗犯罪的打击力度。"金融犯罪一直是我国整顿和规范市场经济秩序工作的打击重点，集资诈骗犯罪案件更是金融犯罪刑事审判工作的重中之重。最高人民法院要求各级人民法院积极配合有关部门，开展严厉打击这类犯罪的专项活动，切实维护金融市场秩序和社会政治稳定。

（二）集资诈骗犯罪的企业犯罪预防

1. 刑事立法方面

（1）建立健全金融法制

我国应不断完善金融法律法规，推进金融法制化进程，相关部门应加强管制民间资本纳入金融监管，对于民间融资提出切实可行的管理措施，不断完善金融秩序管理办法，在丰富市场经济主体、推动社会经济发展的同时，引导融资规范化、制度化。

（2）加强部门法之间的衔接

集资诈骗罪等金融犯罪属于行政犯，兼具行政违法与刑事违法的特点。因此，预防和规制此类犯罪不能仅依靠刑法，要加强各部门法之间的衔接。如协调行政罚款与刑事罚金的数额，协调同一违法行为在前置法与刑法中的违法性判断标准等，追求刑事违法与行政违法的一致，避免行政法上具有合法性的行为受到刑罚处罚，并进一步明确何种程度的行政不法应当纳入刑事领域予以制裁。① 除行政法外，还应加强民法、经济法等法律法规对非法集资行为的规范，与刑法进行有效的衔接，以更好地对金融犯罪有体系化的梳理和整体性的把握。

2. 司法行政方面

（1）加强完善政府部门的监管机制

监管机制的建立主要是为了将犯罪消灭在萌芽状态中，铲除可能滋生集资诈骗犯罪的土壤。政府部门应该牵头组织工商、公安机关、综治办、金融办等单位，加强监管预防，进行定期的摸排工作，对一些有潜在非法集资风险的企业单位进行重点核查和追踪，防患于未然。

---

① 卢建平：《完善金融刑法强化金融安全——〈刑法修正案（十一）〉金融犯罪相关规定评述》，载《中国法律评论》2021 年第 1 期。

（2）正确认定"非法占有目的"

非法占有目的在集资诈骗罪的认定以及与非法吸收公众存款罪的区分中发挥着核心作用，在司法实践中，存在出事就定集资诈骗、没出事就定非法吸收公众存款的现象，不利于正确打击相关的金融犯罪。最高人民检察院2018年发布的指导性案例"周某集资诈骗案"中再次强调了对非法占有目的的认定标准，即"应当围绕融资项目真实性、资金去向、归还能力等事实、证据进行综合判断。行为人将所吸收资金大部分未用于生产经营活动，或名义上投入生产经营，但又通过各种方式抽逃转移资金，或供其个人肆意挥霍，归还本息主要通过借新还旧来实现，造成数额巨大的募集资金无法归还的，可以认定具有非法占有的目的"。司法机关在审理案件时应当准确认定非法占有目的，而非以行为人客观未还款的事实取代行为人"不法所有"和"永久占有"的主观目的。

（3）建立风险准备金制度

针对网贷平台，为了防止出现平台卷款潜逃或融资人潜逃后平台无力偿还欠款，从而损害借款人合法利益的情形，金融管理部门可以要求平台在办理业务时根据融资金额抽取一定比例的保证金作为风险准备金，在融资主体出现违约的情况下，可用此准备金弥补受害人损失，将财产损失的风险尽可能地减小。

3. 企业自身

（1）正确选择融资方式

目前，企业融资过程中的风险主要源于两个过程：第一是企业向金融机构贷款的过程；第二是企业向社会民众筹集资金的过程。在向金融机构贷款的过程中，存在金融机构贷款门槛较高的现实困境，但企业应当正确面对困难，严格按照金融机构的要求提供真实的贷款材料，坚决杜绝因急于获取资金而铤而走险，利用虚假方式、伪造证明等手段来骗取贷款。企业在向社会民众融资时，由于企业民间融资的范围主要集中于企业和企业员工及员工亲属等特定对象之间，企业应当严格控制融资范围，要严防融资信息向不特定社会公众流传，坚决禁止采取传单、广告等方式扩散融资信息，避免陷入法律风险。

（2）聘请法律顾问，依法经营

通常企业会在内部配备专门负责处理法律事务的工作人员，负责企业合同文本的制定、修改，收集、分析与本公司业务相关之法律信息并结合公司情况提出专业意见，针对工作中发现的问题及时提出预防措施等。但此类法务工作人员所涉及的多为民事领域的法律问题，而企业在处理上市或者其他融资业务的过程中，还应当聘请专业的刑事方面的法律顾问，刑事方面的法律顾问积累了大量的实务经验，对企业某些融资行为是否会触碰刑事类法律规范更加清楚，可以帮助企业找出业务拓展过程中可能会触犯的一些法律问题，并提出整改方案，规避法律风险。

4. 社会层面

（1）理性投资，识别诈骗

在违背市场经济规律的高额回报诱惑下，被害人为获取利益大多容易上当受骗，此时投资人自身要注意保持头脑冷静，做到理清思路，多方打听，及时充分地了解对方的企业信息的真实性，了解企业的资金状况、信用情况、发展前景、利润分配情况以及能否及时偿还债务等，之后再决定是否投资以及投资金额。投资行为不同于日常生活行为，具有较大的风险性，投资人自身需不断提升自我保护意识以及鉴别能力，在了解相关的法律知识的前提下，做到冷静自持，防止诈骗，理性投资。

（2）加强宣传教育，合理引导投资行为

为了预防金融市场的投资骗局，避免民众陷于集资诈骗的泥潭，社会各界需要加强宣传教育，引导民众理性、规范投资。如金融等有关部门要加强对公众的教育宣传力度，使投资者掌握一定的金融投资知识，如投资风险、投资产品的特点、金融管理法规、投资原则等，引导、培养形成正确的投资观念，选择正规、合法的投资产品。广告经营者要承担一定审查义务，涉及非法集资及其相关活动的商品要禁止广告宣传。负有宣传责任的部门可以联合金融部门、司法部门、公安部门等在各种形式的媒体上揭露最新的非法集资活动的特点、手段，告知民众相关的识别技巧，对典型案例予以深刻剖析，让民众充分了解案情，从而得到警示。金融部门、公安部门还应当对偏远地区、中老年人群进行重点宣传教育，加强全社会对集资诈骗的了解，提高社会警惕，使非法集资行为能够得到有力、有效的预防，让不法分子欺骗无门。

第六章　诈骗犯罪的风险及其防控

一、诈骗犯罪的立法规定

(一) 诈骗犯罪的行政法律法规及规章

我国多部行政性法律、法规及规章规定了诈骗行为，举例如下。

1. 2014 年 3 月 25 日，最高人民法院、最高人民检察院、公安部《关于办理非法集资刑事案件适用法律若干问题的意见》（公通字 [2014] 16 号）

2. 《保安服务管理条例》

第四十七条　保安培训单位未按照保安员培训教学大纲的规定进行培训的，责令限期改正，给予警告；情节严重的，并处 1 万元以上 5 万元以下的罚款；以保安培训为名进行诈骗活动的，依法给予治安管理处罚；构成犯罪的，依法追究刑事责任。

(二) 诈骗犯罪的刑法及司法解释

1. 《刑法》规定

第一百六十七条　国有公司、企业、事业单位直接负责的主管人员，在签订、履行合同过程中，因严重不负责任被诈骗，致使国家利益遭受重大损失的，处三年以下有期徒刑或者拘役；致使国家利益遭受特别重大损失的，处三年以上七年以下有期徒刑。

第一百九十二条　以非法占有为目的，使用诈骗方法非法集资，数额较大的，处三年以上七年以下有期徒刑，并处罚金；数额巨大或者有其他严重情节的，处七年以上有期徒刑或者无期徒刑，并处罚金或者没收财产。

单位犯前款罪的，对单位判处罚金，并对其直接负责的主管人员和其他直接责任人员，依照前款的规定处罚。

第一百九十三条　有下列情形之一，以非法占有为目的，诈骗银行或者其他金融机构的贷款，数额较大的，处五年以下有期徒刑或者拘役，并处二万元以上二十万元以下罚金；数额巨大或者有其他严重情节的，处五年以上十年以下有期徒刑，并处五万元以上五十万元以下罚金；数额特别巨大或者有其他特别严重情节的，处十年以上有期徒刑或者无期徒刑，并处五万元以上五十万元以下罚金或者没收财产：

（一）编造引进资金、项目等虚假理由的；

（二）使用虚假的经济合同的；

（三）使用虚假的证明文件的；

（四）使用虚假的产权证明作担保或者超出抵押物价值重复担保的；

（五）以其他方法诈骗贷款的。

第一百九十四条　有下列情形之一，进行金融票据诈骗活动，数额较大的，处五年以下有期徒刑或者拘役，并处二万元以上二十万元以下罚金；数额巨大或者有其他严重情节的，处五年以上十年以下有期徒刑，并处五万元以上五十万元以下罚金；数额特别巨大或者有其他特别严重情节的，处十年以上有期徒刑或者无期徒刑，并处五万元以上五十万元以下罚金或者没收财产：

（一）明知是伪造、变造的汇票、本票、支票而使用的；

（二）明知是作废的汇票、本票、支票而使用的；

（三）冒用他人的汇票、本票、支票的；

（四）签发空头支票或者与其预留印鉴不符的支票，骗取财物的；

（五）汇票、本票的出票人签发无资金保证的汇票、本票或者在出票时作虚假记载，骗取财物的。

使用伪造、变造的委托收款凭证、汇款凭证、银行存单等其他银行结算凭证的，依照前款的规定处罚。

第一百九十五条　有下列情形之一，进行信用证诈骗活动的，处五年以下有期徒刑或者拘役，并处二万元以上二十万元以下罚金；数额巨大或者有其他严重情节的，处五年以上十年以下有期徒刑，并处五万元以上五十万元以下罚金；数额特别巨大或者有其他特别严重情节的，处十年以上有期徒刑或者无期徒刑，并处五万元以上五十万元以下罚金或者没收财产：

（一）使用伪造、变造的信用证或者附随的单据、文件的；

（二）使用作废的信用证的；

（三）骗取信用证的；

（四）以其他方法进行信用证诈骗活动的。

第一百九十六条　有下列情形之一，进行信用卡诈骗活动，数额较大的，处五年以下有期徒刑或者拘役，并处二万元以上二十万元以下罚金；数额巨大或者有其他严重情节的，处五年以上十年以下有期徒刑，并处五万元以上五十万元以下罚金；数额特别巨大或者有其他特别严重情节的，处十年以上有期徒刑或者无期徒刑，并处五万元以上五十万元以下罚金或者没收财产：

（一）使用伪造的信用卡，或者使用以虚假的身份证明骗领的信用卡的；

（二）使用作废的信用卡的；

（三）冒用他人信用卡的；

（四）恶意透支的。

前款所称恶意透支，是指持卡人以非法占有为目的，超过规定限额或者规定期限透支，并且经发卡银行催收后仍不归还的行为。

盗窃信用卡并使用的，依照本法第二百六十四条的规定定罪处罚。

第一百九十七条　使用伪造、变造的国库券或者国家发行的其他有价证券，进行诈骗活动，数额较大的，处五年以下有期徒刑或者拘役，并处二万元以上二十万元以下罚金；数额巨大或者有其他严重情节的，处五年以上十年以下有期徒刑，并处五万元以上五十万元以下罚金；数额特别巨大或者有其他特别严重情节的，处十年以上有期徒刑或者无期徒刑，并处五万元以上五十万元以下罚金或者没收财产。

第一百九十八条　有下列情形之一，进行保险诈骗活动，数额较大的，处五年以下有期徒刑或者拘役，并处一万元以上十万元以下罚金；数额巨大或者有其他严重情节的，处五年以上十年以下有期徒刑，并处二万元以上二十万元以下罚金；数额特别巨大或者有其他特别严重情节的，处十年以上有期徒刑，并处二万元以上二十万元以下罚金或者没收财产：

（一）投保人故意虚构保险标的，骗取保险金的；

（二）投保人、被保险人或者受益人对发生的保险事故编造虚假的原因或者夸大损失的程度，骗取保险金的；

（三）投保人、被保险人或者受益人编造未曾发生的保险事故，骗取保险金的；

（四）投保人、被保险人故意造成财产损失的保险事故，骗取保险金的；

（五）投保人、受益人故意造成被保险人死亡、伤残或者疾病，骗取保险金的。

有前款第四项、第五项所列行为，同时构成其他犯罪的，依照数罪并罚的规定处罚。

单位犯第一款罪的，对单位判处罚金，并对其直接负责的主管人员和其他直接责任人员，处五年以下有期徒刑或者拘役；数额巨大或者有其他严重情节的，处五年以上十年以下有期徒刑；数额特别巨大或者有其他特别严重情节的，处十年以上有期徒刑。

保险事故的鉴定人、证明人、财产评估人故意提供虚假的证明文件，为他人诈骗提供条件的，以保险诈骗的共犯论处。

2. 司法解释

（1）全国人民代表大会常务委员会关于《刑法》有关信用卡规定的解释（2004 年 12 月 29 日第十届全国人民代表大会常务委员会第十三次会议通过）

《刑法》规定的"信用卡"，是指由商业银行或者其他金融机构发行的具有消费支付、信用贷款、转账结算、存取现金等全部功能或者部分功能的电子支付卡。

（2）最高人民法院、最高人民检察院《关于办理妨害信用卡管理刑事案件具体应用法律若干问题的解释（2018 修正）》（法释〔2018〕19 号）

第五条　使用伪造的信用卡、以虚假的身份证明骗领的信用卡、作废的信用卡或者冒用他人信用卡，进行信用卡诈骗活动，数额在五千元以上不满五万元的，应当认定为《刑法》第一百九十六条规定的"数额较大"；数额在五万元以上不满五十万元的，应当认定为《刑法》第一百九十六条规定的"数额巨大"；数额在五十万元以上的，应当认定为《刑法》第一百九十六条规定的"数额特别巨大"。

（3）最高人民法院、最高人民检察院、公安部《关于依法办理"碰瓷"违法犯罪案件的指导意见》（公通字〔2020〕12号）

实施"碰瓷"，虚构事实、隐瞒真相，骗取赔偿，符合《刑法》第二百六十六条规定的，以诈骗罪定罪处罚；骗取保险金，符合《刑法》第一百九十八条规定的，以保险诈骗罪定罪处罚。

（4）2010年最高人民检察院、公安部《关于公安机关管辖的刑事案件立案追诉标准的规定（二）》（公通字〔2010〕23号）

第四十九条 以非法占有为目的，使用诈骗方法非法集资，涉嫌下列情形之一的，应予立案追诉：

（一）个人集资诈骗，数额在十万元以上的；

（二）单位集资诈骗，数额在五十万元以上的。

第五十条 以非法占有为目的，诈骗银行或者其他金融机构的贷款，数额在二万元以上的，应予立案追诉。

第五十一条 进行金融票据诈骗活动，涉嫌下列情形之一的，应予立案追诉：

（一）个人进行金融票据诈骗，数额在一万元以上的；

（二）单位进行金融票据诈骗，数额在十万元以上的。

第五十二条 使用伪造、变造的委托收款凭证、汇款凭证、银行存单等其他银行结算凭证进行诈骗活动，涉嫌下列情形之一的，应予立案追诉：

（一）个人进行金融凭证诈骗，数额在一万元以上的；

（二）单位进行金融凭证诈骗，数额在十万元以上的。

第五十三条 进行信用证诈骗活动，涉嫌下列情形之一的，应予立案追诉：

（一）使用伪造、变造的信用证或者附随的单据、文件的；

（二）使用作废的信用证的；

（三）骗取信用证的；

（四）以其他方法进行信用证诈骗活动的。

第五十四条 进行信用卡诈骗活动，涉嫌下列情形之一的，应予立案追诉：

（一）使用伪造的信用卡，或者使用以虚假的身份证明骗领的信用卡，或者使用作废的信用卡，或者冒用他人信用卡，进行诈骗活动，数额在五千元以上的；

（二）恶意透支，数额在一万元以上的。

本条规定的"恶意透支"，是指持卡人以非法占有为目的，超过规定限额或者规定期限透支，并且经发卡银行两次催收后超过三个月仍不归还的。

恶意透支，数额在一万元以上不满十万元的，在公安机关立案前已偿还全部透支款息，情节显著轻微的，可以依法不追究刑事责任。

《刑法》第一百九十六条第一款第三项所称"冒用他人信用卡"，包括以下情形：

（一）拾得他人信用卡并使用的；

（二）骗取他人信用卡并使用的；

（三）窃取、收买、骗取或者以其他非法方式获取他人信用卡信息资料，并通过互联网、通讯终端等使用的；

（四）其他冒用他人信用卡的情形。

第五十五条　使用伪造、变造的国库券或者国家发行的其他有价证券进行诈骗活动，数额在一万元以上的，应予立案追诉。

第五十六条　进行保险诈骗活动，涉嫌下列情形之一的，应予立案追诉：

（一）个人进行保险诈骗，数额在一万元以上的；

（二）单位进行保险诈骗，数额在五万元以上的。

（5）2010 年最高人民法院《关于审理非法集资刑事案件具体应用法律若干问题的解释》（法释〔2010〕18 号）

第四条　以非法占有为目的，使用诈骗方法实施本解释第二条规定所列行为的，应当依照《刑法》第一百九十二条的规定，以集资诈骗罪定罪处罚。

使用诈骗方法非法集资，具有下列情形之一的，可以认定为"以非法占有为目的"：

（一）集资后不用于生产经营活动或者用于生产经营活动与筹集资金规模明显不成比例，致使集资款不能返还的；

（二）肆意挥霍集资款，致使集资款不能返还的；

（三）携带集资款逃匿的；

（四）将集资款用于违法犯罪活动的；

（五）抽逃、转移资金、隐匿财产，逃避返还资金的；

（六）隐匿、销毁账目，或者搞假破产、假倒闭，逃避返还资金的；

（七）拒不交代资金去向，逃避返还资金的；

（八）其他可以认定非法占有目的的情形。

集资诈骗罪中的非法占有目的，应当区分具体情形进行认定。行为人部分非法集资行为具有非法占有目的的，对该部分非法集资行为所涉集资款以集资诈骗罪定罪处罚；非法集资共同犯罪中部分行为人具有非法占有目的，其他行为人没有非法占有集资款的共同故意和行为的，对具有非法占有目的的行为人以集资诈骗罪定罪处罚。

第五条　个人进行集资诈骗，数额在 10 万元以上的，应当认定为"数额较大"；数额在 30 万元以上的，应当认定为"数额巨大"；数额在 100 万元以上的，应当认定为"数额特别巨大"。

单位进行集资诈骗，数额在 50 万元以上的，应当认定为"数额较大"；数额在 150 万元以上的，应当认定为"数额巨大"；数额在 500 万元以上的，应当认定为"数额特别巨大"。

　　集资诈骗的数额以行为人实际骗取的数额计算，案发前已归还的数额应予扣除。行为人为实施集资诈骗活动而支付的广告费、中介费、手续费、回扣，或者用于行贿、赠与等费用，不予扣除。行为人为实施集资诈骗活动而支付的利息，除本金未归还可予折抵本金以外，应当计入诈骗数额。

二、诈骗犯罪犯罪学分析

(一) 诈骗犯罪的犯罪现状

2010 年 1 月 1 日—2020 年 12 月 31 日全国诈骗罪案件基本情况分析①：

1. 案件总数：460483；企业（家）犯罪②：5568

2. 法院分布

表 6-1　　　　　　　　　　诈骗罪案件审理法院

审理法院层级	最高人民法院	高级人民法院	中级人民法院	基层人民法院	专门法院
单位犯罪案件数/总件数	0/4	394/4402	2223/87030	2935/368443	16/604

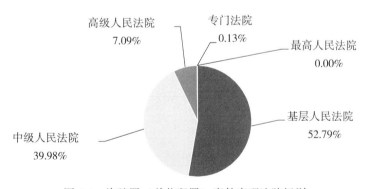

图 6-1　诈骗罪（单位犯罪）案件审理法院级别

① 该数据选取时间为 2010 年 1 月 1 日—2020 年 12 月 31 日，数据来源：威科先行网（http: // 8721add15be1c16f50bd1ba831cbefd9. f2a9b9a2. libvpn. zuel. edu. cn/），最后访问日期：2021 年 3 月 31 日。

② 此处及以下各处企业（家）犯罪是指单位犯罪以及单位法定代表人犯罪。

3. 审级分布

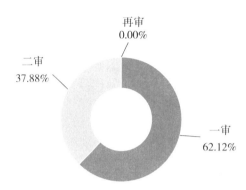

图 6-2　诈骗罪（单位犯罪）案件审级分布

4. 地域分布

除港澳台地区，全国各省（区、市）诈骗罪案件分布如下：

表 6-2　　　　　　　　　　全国各省（区、市）诈骗罪案件分布情况

东部沿海地区									
省（区、市）	京	津	冀	沪	苏	浙	闽	鲁	粤	琼
案件数（单位犯罪案件数/总件数）	171/12903	54/6369	187/18519	308/29431	373/32525	561/41319	115/20189	280/19582	484/32871	10/2171

中 部 地 区					
省（区、市）	豫	晋	皖	赣	鄂	湘
案件数（单位犯罪案件数/总件数）	470/41859	145/13590	343/114946	112/8549	194/13083	264/18228

西 部 地 区											
省（区、市）	渝	滇	桂	川	贵	藏	陕	甘	蒙	青	宁	新
案件数（单位犯罪案件数/总件数）	74/8208	77/7755	48/11092	292/14195	65/6083	0/441	154/9392	67/9297	92/9398	40/2368	44/2176	80/4575

东北部地区		
省（区、市）	辽宁	吉林	黑龙江
案件数（单位犯罪案件数/总件数）	169/16914	194/19910	85/11937

5. 年度趋势

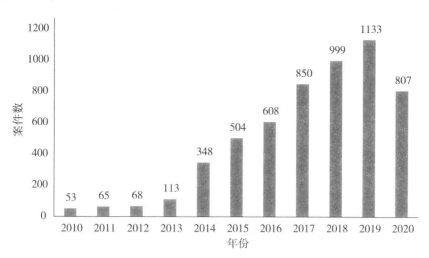

图 6-3 诈骗罪（单位犯罪）年度趋势图

从图 6-3 诈骗罪（单位犯罪）年度趋势图可知，自 2010 年至 2020 年间，企业触犯诈骗罪的频次逐年递增，2010 年至 2012 年较平均，2014 年开始有了较大幅度增加，2019 年的触犯频次最高，为 1133 件。从表 6-2 全国各省（区、市）诈骗罪案件分布情况分析可知，企业触犯诈骗罪的频率最高的为浙江省，为 575 件，较高的有广东省、河南省、江苏省和安徽省，分别为 503 件、482 件、376 件以及 345 件。诈骗罪为多发案件，企业触犯诈骗罪的频次也较高，但占触犯频次的总数比例较小。此外，诈骗罪的审理法院多为高级法院，可以看出诈骗罪一般所涉金额较高，社会危害性大。

在最高人民检察院发布第二届民营经济法治建设峰会检察机关服务民营经济典型案例之一的林某某信用卡诈骗案中，检察院认为，林某某申领信用卡时没有虚构事实、隐瞒真相的行为，透支款项大多用于公司经营，未及时还款系因公司经营困难的客观原因所致，不能认定其主观上具有非法占有的目的，因此不构成信用卡诈骗罪。检察机关认为，在办理信用卡诈骗案件时，要严格区分罪与非罪，切实保护民营企业主的合法人身、财产权益。认定信用卡诈骗犯罪是否具有非法占有的目的，应当综合持卡人信用记录、还款能力和意愿、申领和透支信用卡的状况、透支资金的用途、透支后的表现、未按规定还款的原因等情节作出判断。同时，检察机关认真落实"谁执法，谁普法"的责任，加强法治宣传教育，引导民营企业经营者依法办事、守法经营。①

广东高级人民法院发布的张某集资诈骗案是一起惩治涉互联网金融犯罪的典型案例。2015 年 4 月至 2017 年 5 月期间，张某伙同王某军等同案人以军创公司从事互联网+金融+实体，拥有实体分公司 40 家、联盟商家 2500 家，计划以在全国成立上千家酒店连锁、进

---

① 《第二届民营经济法治建设峰会检察机关服务民营经济典型案例》，中华人民共和国人民检察院网（www.spp.gov.cn），访问日期：2021 年 8 月 5 日。

行主板上市等名义吸引投资者。同时，还以"返了么"公司在互联网上推出的"返了么"投资平台投资有高额回报、推出高收益投资理财产品以及购买军创集团股份为名对外宣传，向社会不特定人员非法集资。军创公司、"返了么"公司获得资金后仅实际投资部分项目，至 2017 年 5 月均出现资金紧张，张某等人无法对集资参与人进行利息分红、返现提现、退还集资款。截至 2019 年 5 月，共有 801 名集资参与人向公安机关报案。经审计，"返了么"公司及军创公司用于收取上述集资款的账户收入共 3.4 亿元，上述集资参与人实际损失金额为 1.3 亿元。法院认为张某伙同他人以非法占有为目的，使用诈骗方法非法集资，数额特别巨大，其行为已构成集资诈骗罪。[①] 本案系将"庞氏骗局"等传统模式与互联网结合起来实施的非法集资典型案例。该类诈骗犯罪隐蔽性强，受骗人数更多，资金吸收速度更快，社会危害亦更严重，是当前金融犯罪打击的重点。

(二) 诈骗犯罪的犯罪特征

1. 犯罪多跨区域、跨行业进行

由于信息化、高科技的发展，诈骗类犯罪的发生一般是跨区域进行，且涉及多个省、市，甚至是跨国进行。此外，诈骗类犯罪案件也大多牵扯多个行业，从网络、银行到媒体等，对于侦查机关而言调查取证难度加大，也难以追赃，因此造成的损失极大，后果严重。

2. 经济发达地区犯罪现象更为严重

通过上文的图表可知，诈骗罪犯罪现象频发，特别是在沿海及经济较为发达的地区，这些地区的经济发展迅速，人们对于金钱的渴望更为强烈，受周遭环境影响较大，容易成为诈骗罪的高发地区。

3. 企业触犯本罪的犯罪金额较高

企业实施诈骗手段谋取经济利益的对象不仅包括私人财产，也包括国家财产，由于国家财产的庞大，相应其犯罪金额也随之增大。在许多诈骗犯罪的背后，也能深挖出贪污受贿案件，此类案件涉及的金额巨大，往往给国家、集体及公民的利益造成巨大的损失。

(三) 诈骗犯罪的犯罪原因

1. 金融体制的不完善

在涉及企业的诈骗案件中，许多都与金融诈骗相关，这反映了目前我国金融体制存在缺陷。在金融行业中，国家掌握了主导权，在对实体经济享有绝对权威的同时，也通过刑事立法等方式对金融诈骗相关类的犯罪进行了否定性的评价。实践中为了满足生产经营的

---

① 《广东高院发布服务保障"六稳""六保"典型案例之一：张某集资诈骗案——惩治涉互联网金融犯罪》，北大法宝网（pkulaw.com），访问日期：2021 年 3 月 31 日。

需要，金融市场以建立一个相对灵活、高效且规范的金融体制为目标，但在国家领导下的金融市场中，以商业银行与证券机构为两大巨头的金融体制有着较高的门槛，这对我国已成为新经济发展主力军的民营企业来说是阻碍。在我国经济迅速发展的今天，单一的投资渠道和融资方式已经不能适应多元化的融资需要，因此为了追求更高的利润以及更为高效的发展，这些企业极易引发违法犯罪问题，触犯金融诈骗等多种诈骗罪。

2. 诈骗犯罪分子不正确利用政策红利和技术更新

大数据时代，互联网的快速发展使得人们之间沟通交流的方式和媒介发生了天翻地覆的变化。其中，技术的创新在一定程度上使人们降低了对于实体线下经济风险的认识，特别是在金融领域，"对大数据征信效用的过分'迷信'，忽略了民间借贷业务模式的局限性（即地域的限制、客户群体的限制、贷款上限的限制），造成了金融风险外溢，且互联网也为金融领域提供了一个更为辐射范围大、成本交互低、侦查取证难度更大的犯罪工具"①。

3. 经济发展低迷，经济下行压力

诈骗相关犯罪侵犯的是受害人的财产，在经济发展低迷的趋势下，各企业为了能在风险社会中生存和发展，在经营中出现不少触及法律红线的现象。为了刺激民间经济的活力，国家相关经济政策也正逐步放松限制，不少平台和机构开始在我国经济市场中发芽，但对这些机构的监管和保护缺失又会导致此类企业经不住违法犯罪带来的高利的诱惑从而实施犯罪；此外，由于资本本身的逐利性，社会主义市场经济中各类企业为了追逐更高的利润，会出现更多种形式的投机行为以应对经济下行的压力。

4. 犯罪人的心理因素

在诈骗类相关的犯罪中，犯罪人常常抱有侥幸心理，企图通过钻国家政策、法律的空子来为自己的违法犯罪行为作合法化的解释，这其中体现的是犯罪人信念的缺失，企业在经营过程中一开始可能并不想违反法律，但随着经营中问题的暴露或为了追逐更高的利益，经营行为就可能逐渐偏离正当的轨道；此外，犯罪人也会具有投机心理，在诈骗类犯罪中，许多领域因发展迅速而处于监管真空的现状，此时企业会以身试法，最终导致犯罪的发生；最后斯德哥尔摩心理也是一个十分重要的因素，"从进化论的角度来看，斯德哥尔摩心理是生物的一种本能表现。强者为尊，弱者需要依附强者以获取更多的生存机会是自然规律。当灾难来临时，一切社会秩序轰然倒塌，这个时候生存下去就成为关键，因为比起生命，一切都显得次要。作为弱势群体的物种，必须依附在强者的生存控制权下，哪怕这种生存地位明显不对等，或者在我们看来明显践踏尊严"②，在这种心理因素的影响下，受害人仍然会期待事情出现转机而选择不及时报案，并希望犯罪方能持续获利从而弥补自己的损失，这种心理在诈骗类犯罪中较为常见，且带来的负面影响较大，会对侦查机

① 单丹：《网络非法集资案件侦查研究》，中国人民公安大学 2018 年博士学位论文，第 49 页。
② 单丹：《网络非法集资案件侦查研究》，中国人民公安大学 2018 年博士学位论文，第 58 页。

关、检察机关以及司法机关的正常工作造成阻碍，甚至受害人会逐渐沦为犯罪人的帮凶。

5. 被害人自身心理因素

根据其心理特征，诈骗罪的被害人可以分为以下三类：一是贪婪型的被害人，这类被害人自身对利益的渴望程度较高，在这种心理状态的支配下会影响行为时的逻辑判断，使得在社会生活中容易受到细小利益的诱导，从而做出不利自己的举动，对自己的财产造成损害；二是孤独型的被害人，此类被害人由于在生活中与他人交流沟通较少或是因心理因素等容易产生孤独、寂寞的情绪，在遇到类似犯罪遭遇时，易激发追求刺激的欲望，使得自身的判断能力下降，成为诈骗罪的受害者；三是贫困型的被害人，此类被害人由于经济状况窘迫或者因突发状况造成经济困顿，内心急于改变现状，对现实情况丧失判断力，因而产生错误的判断，成为受害者。①

三、诈骗罪刑法教义学分析

诈骗罪是指以非法占有为目的，用虚构事实或者隐瞒真相的方法，骗取数额较大的公私财物的行为。诈骗罪与其他诈骗犯罪属于法条竞合的关系，因此本部分对诈骗罪进行分析时，会以某个具体的诈骗罪为主展开。

（一）诈骗罪构成要件

1. 客体要件

诈骗罪被规定在侵犯财产类犯罪中，其侵犯的客体为公私财物所有权。而集资诈骗罪规定在金融诈骗罪中，属于"破坏社会主义市场经济秩序罪"一章。在集资诈骗罪中，行为人会以远高于银行同期利息的回报为诱饵吸引社会不特定公众投资，从而向公众进行集资，而行为人往往不具备相应的集资机构主体资格或者其集资行为也未经过法定程序的批准以及主管部门的审批，在集资的过程中无法对公众财产进行保障，在风险社会中极易引发动荡，造成公众财产的损失。由于集资诈骗罪中客观方面具有诈骗性质的行为特性，会侵犯公众财产所有权，给公众财产所有权带来损害，所以集资诈骗罪侵犯的客体是复杂客体，保护的对象也为双重法益，通说认为集资诈骗罪既侵犯了公私财产所有权，又侵犯了国家金融管理制度。在行为人非法集资的过程中，不论行为人最后是否将集资的财产返还给不特定的社会公众，其对正常的金融秩序都造成了一定程度的破坏，也对公众的财产利益造成了损害，这是构成集资诈骗罪的必备要件。而当行为人的集资行为没有对公众财产利益造成损害，仅是因行为人的集资行为对正常的金融秩序造成了破坏，就不构成集资诈骗罪，而应根据其行为分析是否构成非法吸收公众存款罪或其他集资型犯罪。以下对集资诈骗罪的侵犯客体进行分析。

一方面，集资诈骗罪侵害了国家的金融管理秩序。有观点认为，因金融管理秩序范围

---

① 参见邱刚：《诈骗罪被害人被害分析与预防》，载《刑法论丛》2018 年第 2 期。

较广，包括金融活动、银行业务管理秩序、票据管理秩序、人民币管理秩序、信用卡管理秩序等在内的多个方面，需对金融管理秩序进行更精确的概括，将其认定为"国家融资管理秩序"，即指"国家对于个人或企业向社会不特定多数人从事资金融入行为的管理行为和制度规范，以及在这种管理行为和制度规范约束下的正常状态"。① 国家对融资管理秩序进行大力监督和管控，基于融资管理秩序的自身特征的原因，融资不仅是面对不特定多数人实施的行为，其过程中涉及的资金数额较大，在实践中也存在着巨大的风险。同时为了应对融资领域中存在的以多种手段进行诈骗的行为，国家要对融资机构及融资行为进行大力监管，否则融资管理秩序的混乱会导致金融管理秩序的不稳定，使正常的金融管理秩序出现危机，从而可能引发经济市场的崩溃乃至社会的动荡。

此外，集资诈骗罪因其向不特定多数人的集资行为会使得大量被害人的资金脱离国家监管的范围，不利于国家宏观层面对资金进行管控，而行为人为了吸引更多的不特定多数人将资金投入行为人的机构，其提出的高额利息也破坏了金融市场的规律和稳定，对国家稳定货币、利率等造成极大的影响，从而破坏了国家金融秩序。这里的金融秩序指的是在金融领域中稳定且有序的状态，其金融行业的运行会受到国家和法律制度的有力保护，而集资诈骗罪对国家金融秩序造成破坏，也可能对金融安全造成破坏。"金融安全"一词是针对金融领域是否出现风险而提出的，当金融领域在某一时期内运行稳定，没有出现危机和风险，金融领域就是安全的，金融领域的安全与否也与国家和社会利益息息相关。《刑法》第 192 条规定 "集资诈骗罪是指以非法占有为目的，违反有关金融法律、法规的规定，使用诈骗方法进行非法集资，扰乱国家正常金融秩序，侵犯公私财产所有权，且数额较大的行为"。集资诈骗罪要成立需要满足数额较大这一构成要件，而实践中集资诈骗罪是否同时侵犯了金融安全，要视其犯罪情节涉及的范围和导致的后果大小进行分析。

另一方面，集资诈骗罪侵犯了社会不特定多数人及社会公众的财产所有权，财产所有权的概念来源于《宪法》的规定，我国《宪法》第 13 条规定 "公民的合法的私有财产不受侵犯。国家依照法律规定保护公民的私有财产权和继承权"。而《刑法》将《宪法》对财产权进行保护的规定作进一步的落实，因此在《刑法》中有对财产权犯罪专门进行规定的章节，同时在其他章节中的犯罪规定中也有体现对财产权的保护。作为基本权利之一的财产权，《刑法》通过刑事责任的承担对其进行保护是十分重要且必要的。

"社会公众"含义的确定需从该罪要规制的行为出发，集资诈骗罪中的犯罪对象范围是随着人数的扩大而不断扩大的，集资的资金来源也不是特定的对象，而是社会中的不特定对象。为了更好地对公众的财产法益进行保护，这里的"社会公众"指的是不特定的多数人。因此集资诈骗罪作为诈骗罪的特殊法条，其犯罪客体包括了普通诈骗罪中对财产权的侵犯，只不过在集资诈骗罪中，犯罪的对象是社会公众，可能带来的犯罪影响更大，引发的危机和风险更广泛。

这些社会不特定多数人之所以会成为集资诈骗罪的犯罪对象，成为犯罪客体的所有者，部分原因在于行为人在集资过程中采取的欺诈等违法行为，也因自身对于投资回报及收益的期盼与不合理的预估。作为投资者来说，这些人的投资行为必然是经过严谨的逻辑

---

① 李晓强：《集资型犯罪研究》，山东大学 2012 年博士学位论文，第 34 页。

分析、风险评估后所作出的理性选择，同时投资的过程和投入的资金也会受到法律和金融制度的保障，投资者自身也会为规避金融行业中可能出现的风险采取相应的举措，以最大程度减少风险发生时的损害和资金的损失。但由于集资诈骗罪中行为人的集资行为是不符合相关法律规定的，因此其欺骗行为很容易让投资者丧失理智，从而作出盲目且不够理智的决断，让自己的资金陷入极大的危险，极易造成损失。这对社会公众的财产权构成了威胁，是对其财产权进行侵犯的体现。

综上，集资诈骗罪侵犯的客体包括国家融资管理秩序和公众财产权。而在不同的诈骗相关犯罪中，由于犯罪手段、行为方式以及侵犯的主要领域不同，侵犯的客体中包括的分别是国家对于不同领域的管理秩序，但对公众财产权而言都构成了侵犯。

2. 客观要件

根据我国《刑法》对集资诈骗罪的规定，其客观方面包括"诈骗方法""非法集资"、使被害人陷入对自己财物的错误的认识，并具有"处分意识"以及"数额较大"的认定。

（1）如何认定诈骗方法

集资诈骗等犯罪中行为人要有诈骗行为，这是诈骗罪的基本构造之一。我国对"诈骗"的解释在刑法上习惯采用"行为人虚构事实，隐瞒真相"的表述。"虚构事实"指的是对客观现实中并不存在、没有发生或者不具有发生可能性的事实进行捏造，其中可以对全部事实进行捏造，也可以采用虚实结合的方式对部分事实进行捏造，这种虚实结合的捏造手段更容易使被害人陷入错误的认识中；而"隐瞒真相"指的是，负有告知真相义务的行为人故意将真实的现实情况隐瞒，不告知对方当事人，使对方当事人陷入错误的认识，进而出现错误的处分。张明楷教授认为，在诈骗行为中，不作为同样可以构成诈骗，特别是当行为人负有告知对方当事人真相义务而不告知时，"从现实上考察，不告知真相的不作为，的确能够使他人陷入或继续维持认识错误"[1]。要注意的是，不作为要构成诈骗行为，行为人要负有告知真相的义务，在大多数情况下，对方当事人也已经出现错误的认识，行为人的行为只是加强了这一错误的认识，而行为人的不作为的诈骗行为也需要达到与作为的诈骗行为同等的处罚程度。同时，行为人的不作为也需要与对方当事人的财产损失之间具有因果关系，此时，行为人的不作为的诈骗行为才可构成犯罪。

而如何判断行为人的诈骗行为达到了可罚的程度，存在不同的学说立场，基于上文的分析，我们认为，应当采取客观的判断标准来认定，即行为人的行为使具体的对方当事人陷入或继续陷入错误的认识，对方当事人也因行为人的行为而错误地处分了自己的财产，在此需要采取具体问题具体分析的方法，这在下文中会进一步阐述。在商业领域中，存在对商品进行一定程度夸张的宣传，此时行为人的行为不宜简单认定为诈骗，只有当虚假宣传超过一般社会容忍的范围和商业惯例并以骗得他人财物为目的时，才可能构成诈骗类相关犯罪。但周光权教授指出，"虚假的宣传超越一般商业惯例许可或社会容忍范围，且由

---

① 参见张明楷：《诈骗罪与金融诈骗罪研究》，清华大学出版社 2006 年版，第 75 页。

此骗取他人财物的，则可以称为欺诈"①。

在集资诈骗罪等具体的诈骗罪中，诈骗行为的实施通常是采用特定的方式手段，以此为例，集资诈骗中，行为人会利用被害人的逐利心理，以高回报率为诱饵，采用虚假承诺的方式，使得被害人对自己财产作出处分行为，从而达成行为人非法集资的目的。

（2）如何认定"处分意识"？

在诈骗犯罪中，被害人必须陷入认识错误，并因此对个人财物具有"处分意识"。诈骗罪的对象需要具有"诈骗意识"的限制使得法人或不具有处分能力的自然人不能成为犯罪对象。即使在理论上认为，法人也有自己的意思机关和独立的财产可供处分，但是诈骗罪构造中，诈骗的对象是因行为人的诈骗行为而陷入错误的认识，因此作为被害人，其只能是具有处分能力的自然人。

诈骗罪中的"处分意识"指的是行为人能够意识到将自己占有的财物或财产性利益转移给对方占有，一方面行为人需要意识到自己对财物或财产性利益有具体的占有的权利，另一方面，当行为人转移占有时，只需要行为人认识到占有状态发生改变，并不要求行为人对具体的财物或财产性利益有认识。对于有体物的财物而言，行为人不需要认识到转移占有的具体数量、价值等，对于财产性利益而言，当行为人通过意思表示放弃自己对于财产性利益的占有权利时，即表明其具有处分意识。② 具体来说，作为被害人的行为人来说，其需要在主客观上达成一致，即要求被害人主观上具有处分意识，在客观上实施相应的处分行为。

其中要注意的是，被害人对自己的财产具有占有的意思是处分自己财产的前提，当被害人不具有占有的意思时，也就不存在转移占有即处分意识，因此即便被害人对某财产有实际占有并因行为人的诈骗行为而将占有错误地转移给行为人时，由于其主观上没能意识到自己具有占有的权利，行为人的行为仍然不构成诈骗罪。这里被害人是否具有占有的意思，在实践中是可以推定的而不需要被害人作出特别的占有声明。周光权教授指出："占有意思可以是一种概括的、抽象的意思，而不一定是对财物的个别的、具体的支配意思，对一定空间长期以来有控制权和事实上的支配力，则'推定'其对该范围内的财物都有占有意思。"③

（3）数额如何认定？

诈骗的结果是行为人或第三者取得财产，被害人的财产遭受损失。集资诈骗罪的既遂需要行为人通过实施诈骗手段获得的财产金额达到一定的数额。我国《刑法》中对集资诈骗罪结果的规定是抽象和概括的，"数额较大"即构成犯罪，"其他严重情节"或者"其他特别严重情节"作为与"数额巨大""数额特别巨大"相并列的法定刑升格事由，是集资诈骗罪中的量刑情节。2010年发布的最高人民法院《关于审理非法集资案件具体应用法律若干问题的解释》第5条指出，个人进行集资诈骗，数额在10万元以上的，应当认定为"数额较大"；数额在30万元以上的，应当认定为"数额巨大"；数额在100万

---

① 周光权：《刑法各论》，中国人民大学出版社2008年版，第130页。

② 参见柏浪涛：《论诈骗罪中的"处分意识"》，载《东方法学》2017年第2期。

③ 周光权：《刑法各论》，中国人民大学出版社2016年版，第94页。

元以上的，应当认定为"数额特别巨大"。单位进行集资诈骗，数额在 50 万元以上的，应当认定为"数额较大"；数额在 150 万元以上的，应当认定为"数额巨大"；数额在 500 万元以上的，应当认定为"数额特别巨大"。集资诈骗的数额以行为人实际骗取的数额计算，案发前已归还的数额应予扣除。行为人为实施集资诈骗活动而支付的广告费、中介费、手续费、回扣，或者用于行贿、赠与等费用，不予扣除。行为人为实施集资诈骗活动而支付的利息，除本金未归还可予折抵本金以外，应当计入诈骗数额。

由于集资诈骗罪的犯罪客体中国家融资管理秩序也是抽象和不可估量的，因此用犯罪金额来对犯罪构成和量刑进行认定是具有合理性的。

但实践中，对于"实际骗取的金额"存在不同的认定方式：一是以行为人的实际所得计算。以行为人最后实际获取的金额为犯罪金额，但不含分红或者返息的部分，并扣除了行为人为实现集资诈骗而支出的手续费等犯罪成本。二是以行为人预想所得金额计算，即行为人实施集资诈骗行为预期所获得的金额。三是以行为人犯罪的总数额计算，即诈骗行为直接危害的实际数额。四是以受害人的实际损失数额计算。众多受害人实际损失的数额总和，就是行为人的诈骗数额。五是以受害人对行为人支付的金额计算，被害人基于行为人实施诈骗方法而处分支付的数额。①

第一种方法中，行为人的实际所得扣除的犯罪成本具体包括哪些费用并没有明确。第二种方法中，行为人预想金额只是行为人的心理预期，无法反映客观中的情况，不具有合理性。第三种方法中没有剔除行为人的成本性支出，特别是在以小套大、拆东补西的案件中，这种方法明显不合适。第四种方法较为稳妥，但是也存在问题。我们认为，若以被害人的实际损失数额为认定的标准，也可能产生被害人将故意产生的损失风险转嫁给行为人的不合理现象。最高人民法院《全国法院审理金融犯罪案件工作座谈会纪要》指出，在具体认定金融诈骗犯罪的数额时，应当以行为人实际骗取的数额计算。对于行为人为实施金融诈骗活动而支付的中介费、手续费、回扣等，或者用于行贿、赠与等费用，均应计入金融诈骗的犯罪数额。因此第五种方法中行为人的支付金额也应纳入犯罪金额的考虑范围。

综上所述，诈骗罪的客观要件包括：首先行为人要有诈骗行为；其次被害人要对个人财物具有"处分意识"，并在错误的处境中处分了财产；最后行为人或第三者取得财产，被害人因被欺骗造成财产的损失。

3. 主体要件

一方面，在集资诈骗罪中，自然人与单位都可以构成犯罪主体，这是法律条文明文规定的，其中要对自然人犯罪和单位犯罪作进一步的区分。单位犯罪通常是由集体决定或者由单位的领导人员决定，以单位的名义并由单位内部人员具体实施，在通常情况下，犯罪的目的是为单位谋取非法利益，由单位承担刑事责任。根据最高人民法院《关于审理单位犯罪案件具体应用法律有关问题的解释》第 2 条规定，个人为进行违法犯罪活动而设立的公司、企业、事业单位实施犯罪的，或者公司、企业、事业单位设立后，以实施犯罪

---

① 穆楠：《集资诈骗罪的立法完善》，载《学理论》2018 年第 2 期。

为主要活动的，不以单位犯罪论处。由此可见，以单位名义进行非法集资，但实际上集资款被个人占有的，应当认定为自然人犯罪。

在江苏省南京市人民检察院诉许某甲、许某乙、马某某集资诈骗案中，① 被告人许某甲的辩护人认为本案应为单位犯罪。根据法院的判决书，法院认为，虽然本案被害人确实是与几个涉案公司而非与被告人许某甲、许某乙、马某某签订合同，在名义上涉案行为是以单位名义实施的，但实际上，集资诈骗所得未归单位所有，集资款项最终均被打入许某甲、许某乙、马某某的个人账户，由三被告人占有、支配。在本案中，被告人许某甲为进行非法集资活动而设立北京冠成公司、南京冠成公司，且前述公司设立后以实施集资诈骗为主要活动，本案实际上是利用公司的外壳实施的自然人犯罪，因此不应认定为单位犯罪，本罪仍是自然人犯罪。

因此，在司法认定中，不能仅以实施行为的名义属于单位就简单认定为单位犯罪，要结合公司运营的状况，分析公司的主要行为是生产经营还是向公众募集资金，从而认定其是否属于正常运营的公司。要认定集资诈骗罪的主体为单位，单位需要具有责任能力，且通过募集资金的行为具有为单位牟利的目的，犯罪的收益要属于单位来确认，而不是单位背后操纵的自然人，毕竟单位犯罪的意图和实施行为一般都是通过自然人来表现，"其行为人的行为通常代表单位的意志，属于职务行为"②。因此我们在对单位作为集资诈骗罪中的犯罪主体来判断单位是否具有"以非法占有为目的"的主观故意心态时，可以通过真正实施犯罪行为的行为人来进行推定，并且单位构成犯罪主体应当要具有可罚性。

另一方面，集资诈骗罪中的集资行为与金融机构的集资行为相似，对于金融机构是否构成集资诈骗罪中的主体，一般认为，金融机构包括经过批准拥有吸收存款资格的商业银行、农村信用社等，也包括不具有吸收存款业务经营权的典当行、证券公司、保险公司等。王作富教授认为，对于不具有吸收存款业务经营权的典当行、证券公司、保险公司等，未经中国人民银行批准，从事非法吸收公众存款或集资诈骗行为的，可以成立非法吸收公众存款罪或集资诈骗罪。那么，目前主要争议焦点即在于对于经过批准拥有吸收存款资格的商业银行、农村信用社等，这类金融机构实施集资诈骗行为能否认定构成集资诈骗罪的犯罪主体。有观点认为可以构成犯罪主体，2015 年修订的《商业银行法》第 47 条规定，商业银行不得违反规定提高或者降低利率以及采用其他不正当手段，吸收存款，发放贷款。同法第 74 条规定，对于商业银行具有违反规定提高或者降低利率以及采用其他不正当手段，吸收存款，发放贷款的情形，由国务院银行业监督管理机构责令改正，有违法所得的，没收违法所得，违法所得 50 万元以上的，并处违法所得一倍以上五倍以下罚款；没有违法所得或者违法所得不足 50 万元的，处 50 万元以上 200 万元以下罚款；情节特别严重或者逾期不改正的，可以责令停业整顿或者吊销其经营许可证；构成犯罪的，依法追究刑事责任。因此这表明商业银行及信用社等金融机构以提高利率等手段吸收公众存款的行为，也能构成犯罪，需要对其依法追究刑事责任。

---

① 《江苏省南京市人民检察院诉许官成、许冠卿、马茹梅集资诈骗案》，中华人民共和国最高人民法院公报网（http：//gongbao.court.gov.cn/），访问日期：2021 年 8 月 6 日。
② 参见董玉庭：《论单位实施非单位犯罪问题》，载《环球法律评论》2006 年第 6 期。

有观点认为金融机构单位不能构成集资诈骗罪的犯罪主体。依据 1999 年 2 月 22 日国务院发布的《金融违法行为处罚办法》第 15 条规定，金融机构办理存款业务，当擅自提高利率或者变相提高利率，吸收存款时，应给予警告，没收违法所得，并处违法所得 1 倍以上 3 倍以下的罚款，没有违法所得的，处 5 万元以上 30 万元以下的罚款；对该金融机构直接负责的高级管理人员给予撤职直至开除的纪律处分，对其他直接负责的主管人员和直接责任人员给予降级直至开除的纪律处分；情节严重的，责令该金融机构停业整顿或者吊销经营金融业务许可证。这表明，经过中国人民银行批准的经营存款业务的金融机构擅自提高利率吸收公众存款的行为，不属于刑法调整的范围，不构成犯罪。且"有权吸收公众存款的金融机构吸收公众存款，都是为了进行信贷活动，而金融机构的信贷活动是有章可循的，只要按照国家的有关规定将吸收来的公众资金贷出，就不会使资金受到损失，换言之，有权吸收公众存款的金融机构所吸收的公众存款处于一种安全的状态"①。

综上所述，在理论上，《刑法》中并未将金融机构等单位排除在犯罪主体之外，新修订的《商业银行法》中也规定了金融机构可构成犯罪。但我们认为，当有资格从事吸收公众存款业务的商业银行及信用社等金融机构以提高利率等手段吸收公众存款时，虽然可能对我国金融管理秩序造成危害，但一般不宜认定为集资诈骗罪。

4. 主观方面要件

在诈骗类犯罪中，行为人主观上表现为故意，要以非法占有为目的，而在实务中要对行为人是否具有以非法占有为目的进行证明具有不少的争议和困难。2018 年，最高人民检察院发布的指导性案例"周辉集资诈骗案"（检例第 40 号）中强调，对非法占有目的的认定"应当围绕融资项目真实性、资金去向、归还能力等事实、证据进行综合判断。行为人将所吸收资金大部分未用于生产经营活动，或名义上投入生产经营，但又通过各种方式抽逃转移资金，或供其个人肆意挥霍，归还本息主要通过借新还旧来实现，造成数额巨大的募集资金无法归还的，可以认定具有非法占有的目的"②。但现实中司法机关对于融资方式的认定、资金用途的定性是有区别的，同案不同判的现象也时有发生，刑法学界对于是否用于生产经营活动、是否抽逃转移资金、是否供个人肆意挥霍、是否借新还旧等要素如何证明以及其证明标准也有不少争论。

具体来说，对于集资过程中行为人"非法占有目的"的行为如何认定，许多观点都认为行为人应当在具有"不法占有意图""永久占有意图"的前提下，对违法收集的集资款不予退款占为己有，而当行为人存在还本付息的行为时，根据这样的观点无法进行准确认定，这样的"非法占有理论"存在缺陷，无法区分行为人还本付息的行为是真实地向被害人偿还债务，还是以期通过这样的手法，获取被害人的信任，从而为以后实施进一步的诈骗行为获取更多的不法集资埋下伏笔。同样，是否有将集资款投入生产经营活动也无法判断这是否是行为人"借新还旧"的把戏。

---

① 张晶、顾强：《论非法吸收公众存款罪的若干问题》，载《武汉公安干部学院学报》2009 年第 2 期。

② 浙江省高级人民法院刑事判决书：（2015）浙刑二终字第 104 号。

传统理论难以适应实践的发展，张明楷教授指出，日本刑法学界更多地以行为人是否具有"排除意思"和"利用意思"来分析。① 但同样地，行为人在集资过程中的借款还款行为也很难被认定为具有"排除意思"。德国刑法学则认为需要分析行为人是否具有"剥夺所有"以及"不法获利"的意图。② "利用意思"与"不法获利"都需要行为人对被收集的资金具有追逐牟利的意图。

我国出台了相关司法解释对非法占有目的的认定进行规定，如 2010 年发布的最高人民法院《关于审理非法集资刑事案件具体应用法律若干问题的解释》第 4 条指出，以非法占有为目的，使用诈骗方法实施本解释第 2 条规定所列行为的，应当依照《刑法》第 192 条的规定，以集资诈骗罪定罪处罚。使用诈骗方法非法集资，具有下列情形之一的，可以认定为"以非法占有为目的"：

（1）集资后不用于生产经营活动或者用于生产经营活动与筹集资金规模明显不成比例，致使集资款不能返还的；

（2）肆意挥霍集资款，致使集资款不能返还的；

（3）携带集资款逃匿的；

（4）将集资款用于违法犯罪活动的；

（5）抽逃、转移资金、隐匿财产，逃避返还资金的；

（6）隐匿、销毁账目，或者搞假破产、假倒闭，逃避返还资金的；

（7）拒不交代资金去向，逃避返还资金的；

（8）其他可以认定非法占有目的的情形。

集资诈骗罪中的非法占有目的，应当区分情形进行具体认定。行为人部分非法集资行为具有非法占有目的的，对该部分非法集资行为所涉集资款以集资诈骗罪定罪处罚；非法集资共同犯罪中部分行为人具有非法占有目的，其他行为人没有非法占有集资款的共同故意和行为的，对具有非法占有目的的行为人以集资诈骗罪定罪处罚。

司法解释中可以认定"以非法占有为目的"的条款倾向于考察行为人的还款意愿和能力，根据财产受到损害的程度和结果来推定行为人的主观意图。且实践中集资诈骗罪与非法吸收公众存款罪二者相似，在犯罪构成上都具有"以非法占有为目的"的主观意图，如仅以行为人是否获利来判断行为人是否具有"以非法占有为目的"，是难以将二者区分开来的。因此，为了与司法解释规定相符合，我们赞同可以从财产是否损害、损害程度大小的角度出发分析行为人是否具有"以非法占有为目的"。

此外，"以非法占有为目的"的主观因素也并非是独立的，而应当视作集资诈骗罪"故意"要素中的一部分，要对集资诈骗罪的主观要件进行分析，需要从客观方面出发来推断。

具体来说，在集资诈骗罪中，"其主观上存在希望或放任他人财产受损害的故意，在实践中，行为人的集资行为具有较高的风险，当不特定多数人的债权因风险出现而在未来

---

① 参见张明楷：《刑法学（第五版）》，法律出版社 2016 年版，第 957 页。

② 参见王俊：《非法占有目的的不同意义：基于对盗窃、侵占、诈骗的比较研究》，载《中外法学》2017 年第 5 期。

无法兑现时，这些债权的经济价值就会有所损失，给债权人带来损害，导致财产受损。以此为集资诈骗罪的构成要件可以更好与非法吸收公众存款罪进行区分，二者区别不在于行为方式，而在于结果的不同，在非法吸收公众存款罪中，对于债权是否可以实现确实存在风险，但是偿还的可能性不可被忽略，债权的经济价值始终存在，所以二者区分关键点即在于债权是否可以被偿还以及是否具有经济价值"①。而"集资诈骗故意中的财产损害如何证明，则可通过分析行为人是否具有债务履行的能力和意愿来进一步分析"②。在实践中将"以非法占有为目的"视作故意的主观因素，可以与司法解释相匹配，证明起来也更具操作性和可行性。

综上所述，集资诈骗罪的主观要件是故意，其中应当"以非法占有为目的"，而对是否具有"以非法占有为目的"可以通过行为人是否具有财产损害的故意来判断。

(二) 其他经济诈骗犯罪司法认定问题

1. 贷款诈骗罪与非罪的界限

在实践中，对贷款诈骗罪与贷款纠纷的认定往往比较困难，有人认为到期不还所贷款项，就认定为贷款诈骗，以贷款诈骗罪论处。也有人认为，只要贷款人到期承认贷款，且承诺想办法还款，就不应该认定为贷款诈骗，而应按照贷款纠纷处理。到底该怎么认定，司法实践中各有不同。

依据《刑法》第 193 条的规定，贷款诈骗罪，是指以非法占有为目的，编造引进资金、项目等虚假理由，使用虚假的经济合同，使用虚假的证明文件，使用虚假的产权证明作担保，超出抵押物价值重复担保或者以其他方法，诈骗银行或者其他金融机构的贷款，数额较大的行为。由此可知，构成贷款诈骗罪，行为人不仅在客观上实施了刑法规定的违法行为，而且在主观上还要具备非法占有的目的，这两者缺一不可，必须同时具备。

贷款纠纷是指银行或者其他金融机构与向其贷款的个人或者单位之间，因贷款活动而发生的纠纷。这一纠纷主要是因为贷款人客观上不能归还贷款而产生的一般民事纠纷，属于民事法律关系，应受民法调整。

贷款纠纷的产生主要分为两种情况：第一种是因贷款人意志以外的情势变更原因，如贷款后经营不善、被骗、市场风险等原因客观不能归还贷款，这也是最常见的一种贷款纠纷；第二种就是与贷款诈骗最容易混淆的"贷款欺诈"，是因贷款人在签订、履行贷款合同过程中，采取了一些不正当、不诚信的方法，比如在贷款过程中对一些资料或履约能力等有所隐瞒或虚构，但主观上没有非法占有的目的而产生的经济纠纷或者骗取贷款的犯罪行为。其表现形式与贷款诈骗有许多相似之处，但在认定时，不能被其表象所迷惑而认定

---

① 贾占旭：《集资诈骗罪"非法占有目的"要件的理论修正与司法检视》，载《法学论坛》2021年第 1 期。

② 参见徐凌波：《金融诈骗罪非法占有目的的功能性重构——以最高人民检察院指导案例第 40 号为中心》，载《政治与法律》2018 年第 10 期。

为贷款诈骗罪。如果行为人采取了欺诈的方法获取了贷款并用于合法经营，成功获得了丰厚的回报并如愿偿还了贷款，皆大欢喜，贷款人当然不会获罪。相反，如果失败，贷款人的行为就有可能步入刑法的管辖范围。但是这种"成功"违背诚实信用的基本原则，是贷款人自己将自己置于这样一种危险境地——要么成为"破产者"，要么成为"成功者"。这种行为只是游走于成功或违法的冒险行为，如果失败就认定为贷款诈骗罪，不但不符合刑法的目的，也不利于社会经济发展。因此，正确区分贷款诈骗罪与贷款纠纷十分重要，对落实刑法罪责刑适应原则意义重大。

贷款诈骗罪与贷款纠纷中的第二种情况有着本质的区别，但在表现形式上却存在一定的相似性，两者的根本区别在于，贷款诈骗罪主观上有非法占有的目的，而贷款纠纷中行为人没有这一主观目的。

由于非法占有目的只是行为人内心的主观想法，一般无法为人所得知，这就为确定行为人是否真实具有该目的带来了困难。实践中，主要方法是根据行为人的客观行为表现推定其主观的目的。

最高人民法院于 2000 年 9 月 20 日至 22 日在湖南省长沙市召开了全国法院审理金融犯罪案件工作座谈会，并印发了《全国法院审理金融犯罪案件工作座谈会纪要》。在这次会谈纪要中明确指出，司法实践中，认定主观上是否具有非法占有为目的，应当坚持主客观相一致的原则，既要避免单纯根据损失结果客观归罪，也不能仅凭被告人自己的供述来认定，而应当根据案件具体情况具体分析。根据司法实践，对于行为人通过诈骗的方法非法获取资金，造成数额较大资金不能归还，并具有下列情形之一的，可以认定为具有非法占有的目的：

（1）明知没有归还能力而大量骗取资金的；

（2）非法获取资金后逃跑的；

（3）肆意挥霍骗取资金的；

（4）使用骗取的资金进行违法犯罪活动的；

（5）抽逃、转移资金、隐匿财产，以逃避返还资金的；

（6）隐匿、销毁账目，或者搞假破产、假倒闭，以逃避返还资金的；

（7）其他非法占有资金、拒不返还的行为。

在处理具体案件的时候，对于有证据证明行为人不具有非法占有目的的，不能单纯以财产不能归还就按贷款诈骗罪处罚。这一纪要将非法占有为目的以客观化的形式表现出来，为司法实践中认定非法占有为目的提供了一个具有可操作性的标准。

贷款诈骗罪与贷款纠纷的界限中是否具有非法占有的目的，是区分罪与非罪的重要标准，我们应该从以下几个方面综合考虑：第一，若发生了到期不还的结果，还要看行为人在申请贷款时，履行能力不足的事实是否已经存在，行为人对此是否清楚。如行为人对无法履约这一点并不十分了解，即使到期不还，也不应认定为诈骗贷款罪而应以贷款纠纷处理。第二，要看行为人获得贷款后，是否积极将贷款用于借贷合同所规定的用途。尽管到期后行为人无法偿还，但如果贷款确实被用于所规定的项目，一般也说明行为人主观上没有诈骗贷款的故意，不应以贷款诈骗罪处理。第三，要看行为人于贷款到期后是否积极偿还。如果行为人仅仅口头上承诺还款，而实际上没有积极筹款准备归还的行为，反而不能证明行为人没有诈骗的故意，也就是说不赖账不一定就没有诈骗的故意。综上，区分贷款诈骗和贷款纠纷应将各种因素综合考虑，以此来全面衡量行为人是否具有非法占有的目的，对正确区分贷款诈骗罪和贷款纠纷具有十分重要的意义。

另外，《全国法院审理金融犯罪案件工作座谈会纪要》也着重提到了审理贷款诈骗犯罪案件时要严格区分贷款诈骗与贷款纠纷的界限。对于合法取得贷款后，没有按规定的用途使用贷款，到期没有归还贷款的，不能以贷款诈骗罪定罪处罚；对于确有证据证明行为人不具有非法占有的目的，因不具备贷款的条件而采取了欺骗手段获取贷款，案发时有能力履行还贷义务，或者案发时不能归还贷款是因为意志以外的原因，如因经营不善、被骗、市场风险等，不应以贷款诈骗罪定罪处罚。其目的就是要我们在实践中严肃、认真对待贷款诈骗罪与贷款纠纷，不能为了挽救社会损失而乱用刑法，这也是慎刑的标志。

总之，判断行为人主观上是否有非法占有贷款的目的，必须具备以下客观事实：其一，行为人是通过欺诈手段来取得贷款；其二，行为人到期没有归还贷款；其三，行为人贷款时即明知不具有归还能力或者贷款后实施了某种特定行为，如携款逃跑，肆意挥霍贷款，抽逃、转移资金，隐匿财产以逃避返还贷款等，只有具备上述事实，才能认定贷款诈骗罪。

2. 贷款诈骗罪与骗取贷款罪的区别

（1）目的及用途不同

当骗取贷款是为了用于个人挥霍，或者用于偿还个人债务时，应定贷款诈骗罪；而当骗取贷款是为了用于生产经营，并且全部或者大部分资金也确实用于生产经营时，则不构成贷款诈骗罪，应定骗取贷款罪。

（2）二者的后果不同

如骗取的贷款全部或者大部分已经归还，应定骗取贷款罪；如实际没有归还，则应进一步考察没有归还的原因。《全国法院审理金融犯罪案件工作座谈会纪要》规定"对于有证据证明行为人不具有非法占有目的的，不能单纯以财产不能归还就按金融诈骗处罚。另要求严格区分贷款诈骗与贷款纠纷，对于合法取得贷款后，没有按规定的用途使用贷款，到期没有归还贷款的，不能以贷款诈骗罪定罪处罚；对于确有证据证明行为人不具有非法占有的目的，因不具备贷款的条件采取了欺骗手段获取贷款，案发后有能力履行还贷义务，或者案发时不能归还是因为意志以外的原因，如因经营不善、被骗、市场风险等，不应当以贷款诈骗罪定罪处罚"。因此，如资金全部或者大部分投入了生产经营，只是因为经营失败而造成不能归还，应定骗取贷款罪；如果不是因为经营失败造成不能归还，而纯粹因为个人挥霍等其他原因造成不能归还，应定贷款诈骗罪。

四、诈骗犯罪典型案例分析

（一）诈骗犯罪典型案例

以签订、履行合同失职被骗罪为例。

某实业有限公司系国有独资企业中国五矿集团公司子公司，中国五矿集团公司位于北京市海淀区三里河。被告人孙某某于 2010 年 8 月至 2015 年 12 月担任某实业有限公司总经理，主要负责公司业务决策、经营和审批等工作。

谢某（已判决）、胡某 1（已判决）、薛某（已判决）等三人于 2013 年 9 月至 2015 年 5 月间，以上海某实业有限公司的名义委托某实业有限公司向三合公司等境外木材供应商采购木材，再销售给上海外联发进出口有限公司等境内外贸代理公司。在该项业务中，被告人孙某某作为某实业有限公司直接负责人，在签订、履行业务合同过程中未认真审核上海某实业有限公司的资产状况及履约能力，未调研木材市场，未参与合同谈判等重要环节，未及时有效地处理单证不符等问题，且在上海某实业有限公司未提供任何担保的情况下采用"前对背"高风险的贸易模式并拖延提交信用证的时间。致使谢某、胡某 1、薛某三人通过虚高采购价格、私刻公司印章、伪造合同及信用证副本等手段，欺骗某实业有限公司向境外供应商支付大量货款，并将差额货款转至谢某、胡某 1 实际控制的账户。后胡某 1 等人以单证不符等为由通知外贸代理公司拒绝承兑信用证，造成某实业有限公司共计损失人民币 4.55 亿余元。案发后，某实业有限公司的滞港货物经鉴定价值为人民币 5800 万余元。法院认为，被告人孙某某身为国有公司直接负责的主管人员，在签订、履行合同过程中，因严重不负责任被诈骗，致使国家利益遭受特别重大损失，其行为已构成签订、履行合同失职被骗罪，应予惩处。①

（二）诈骗犯罪案例分析

本案符合签订、履行合同失职被骗罪的构成要件。

1. 客体要件。本罪侵犯的客体是国有公司、企业、事业单位的正常活动秩序和经济利益。行为人的行为造成单位经济损失，损害了公共财产所有权，侵犯了国有公司的经济利益。

2. 客观要件。行为人作为直接负责人员，在签订、履行业务合同过程中未认真审核上海某实业有限公司的资产状况及履约能力，未调研木材市场，未参与合同谈判等重要环节，未及时有效地处理单证不符等问题，且在上海某实业有限公司未提供任何担保的情况下采用"前对背"高风险的贸易模式并拖延提交信用证的时间。致使谢某、胡某 1、薛某三人通过虚高采购价格、私刻公司印章、伪造合同及信用证副本等手段，欺骗某实业有限公司向境外供应商支付大量货款，造成某实业有限公司共计损失人民币 4.55 亿余元。可见，行为人严重不负责任致使被骗，根本不履行或者不正确地履行自己主管、分管合同签订、履行合同的义务，导致国家利益遭受了重大损失。

3. 主体要件。行为人系国有公司主管人员，按《刑法》第 93 条规定，国有公司主管人员属于国家工作人员，本罪行为人具备本罪的主体身份。

4. 主观要件。行为人严重不负责任，在工作中疏忽大意，但并非是与对方当事人恶意串通以获得国家利益，因此应认定其具有重大过失，满足本罪的主观要件。

---

① 北京市海淀区人民法院刑事判决书：（2018）京 0108 刑初 1319 号。

五、诈骗犯罪的刑事政策与企业犯罪预防

(一) 诈骗犯罪的刑事政策

现代经济诈骗的重点领域是金融，而金融是现代经济的核心。随着改革开放的不断深入和社会主义市场经济体制的建立、完善，我国金融体制也发生了重大变革，金融业务大大扩展且日益多元化、国际化，各种现代化的金融手段和信用工具被普遍应用，金融已经广泛深刻地介入我国经济并在其中发挥着越来越重要的作用，成为国民经济的"血液循环系统"，是市场资源配置关系的主要形式和国家宏观调控经济的重要手段。金融的安全、有序、高效、稳健运行，对于经济发展、国家安全以及社会稳定至关重要。如果金融不稳定，势必会危及经济和社会的稳定，影响改革和发展的进程。保持金融的稳定和安全，必须加强金融法治建设，依法强化金融监管，规范金融秩序，依法打击金融领域内的各种违法犯罪活动。

但是，一段时期以来，金融犯罪的情况十分严重，金融犯罪的数量在逐年增加；涉案金额越来越大；金融机构工作人员作案和内外勾结共同作案的现象突出；单位犯罪和跨国（境）、跨区域作案增多；犯罪手段趋向专业化、智能化，新类型犯罪不断出现；犯罪分子作案后大肆挥霍、转移赃款或携款外逃的情况时有发生，危害后果越来越严重。金融犯罪严重破坏社会主义市场经济秩序，扰乱金融管理秩序，危害国家信用制度，侵害公私财产权益，造成国家金融资产大量流失，有的地方还由此引发了局部性的金融风波和群体性事件，直接影响了社会稳定。

最高人民法院《全国法院审理金融犯罪案件工作座谈会纪要》指出："金融犯罪是严重破坏社会主义市场经济秩序的犯罪，审理金融犯罪案件要继续贯彻依法从严惩处严重经济犯罪分子的方针。"

互联网金融快速发展，在发挥积极作用的同时，集聚了风险隐患，干扰了市场秩序。部分机构、业态偏离了正确方向，有些甚至打着"金融创新"的幌子进行非法集资、金融诈骗等违法犯罪活动，严重扰乱了金融管理秩序，侵害了人民群众合法权益。

2016 年国务院办公厅公布了《互联网金融风险专项整治工作实施方案》，提出开展互联网金融风险专项整治，旨在规范各类互联网金融业态，形成良好的市场竞争环境，促进行业健康可持续发展；旨在更好发挥互联网金融在推动普惠金融发展和支持大众创业、万众创新等方面的积极作用；旨在防范化解风险，保护投资者合法权益，维护金融稳定。《互联网金融风险专项整治工作实施方案》要求，按照"打击非法、保护合法，积极稳妥、有序化解，明确分工、强化协作，远近结合、边整边改"的工作原则，区别对待、分类施策，集中力量对 P2P 网络借贷、股权众筹、互联网保险、第三方支付、通过互联网开展资产管理及跨界从事金融业务、互联网金融领域广告等重点领域进行整治。同时，及时总结经验，建立健全互联网金融监管长效机制。

根据国务院规定，2017 年 6 月 2 日，最高人民检察院发布《关于办理涉互联网金融犯罪案件有关问题座谈会纪要》（高检诉［2017］14 号），要求"各地检察机关公诉部门

应当充分认识防范和化解互联网金融风险的重要性、紧迫性和复杂性，立足检察职能，积极参与互联网金融风险专项整治工作，有效预防、依法惩治涉互联网金融犯罪，切实维护人民群众合法权益，维护国家金融安全"。

2017 年，最高人民法院印发《关于进一步加强金融审判工作的若干意见》的通知（法发〔2017〕22 号）提出依法打击资金掮客和资金融通中的违法犯罪行为，有效规范金融秩序。对于民间借贷中涉及商业银行工作人员内外勾结进行高利转贷、利益输送，或者金融机构工作人员违法发放贷款，以及公司、企业在申请贷款过程中虚构事实、隐瞒真相骗取贷款、实施贷款诈骗构成犯罪的，依法追究刑事责任。依法严厉惩治证券犯罪行为，维护资本市场秩序。依法审理欺诈发行股票、债券案件，违规披露、不披露重要信息案件，内幕交易案件，利用未公开信息交易案件和操纵证券、期货市场案件，防范和化解资本市场的系统性风险，促进资本市场的持续健康发展。

（二）诈骗犯罪的企业犯罪预防

1. 加强行业自律

针对目前网络诈骗犯罪愈演愈烈的现象，各类企业特别是网络运营商，应当加强行业自律，比如对网络垃圾邮件、广告邮件等进行拦截，防止不良内容的传播导致网络用户受到诱惑而成为诈骗案件的受害者；特别是网络运营商中金融服务的提供方，如今由于线上支付正成为消费者支付的主要方式，且渗透进了人们生活的方方面面，线上支付中资金的安全显得十分重要，因此网络金融服务的提供方应当要加强对资金流通的监管，在用户使用支付平台时，对用户进行及时的防骗提醒，对支付的金额和用户使用的网络域名进行监控，当发现异常时应当及时对支付流程进行制止；而不论是哪一领域的网络运营商，企业应当在政府的引导下，按照法律法规制定本行业规章制度，弥补现有法律规范的不足；同时可以建立行业自律协会，通过协会的规章制度来对行业内部企业进行监管，此外建立协会还可以起到风险预警的作用，进一步提升行业内部的安全性；对于企业内部而言，也应当制定相应的防范机制，引领行业内部进行安全防范，提高企业全体对于诈骗行为的防范意识，同时也要通过宣传守法意识，降低企业通过实施诈骗等犯罪来谋取利益的可能性。

2. 推进与国家机关的合作

互联网企业应当加强与国家机关的合作，一方面，互联网企业走在行业的前端，各种新型的诈骗手段都是通过互联网来实施的；另一方面，互联网企业为数以亿计的用户提供了使用互联网的平台，但也成为滋生相关诈骗犯罪的沃土，特别是可以作为第三方支付平台的企业，由于通过这些平台转移资金具有较高的隐蔽性，因此需要更高程度的安全防范机制和更为全面的监管体制。此外，这些互联网企业也有义务、责任与国家机关配合起来，提供企业掌握的违法犯罪的线索材料，并利用大数据管理提供力所能及的技术支援以追逃犯罪分子，减少受害者的利润损失，这样的联动机制可以大幅度提高司法机关的办案效率，有力打击猖獗的诈骗现象。

此外，在与金融相关的诈骗犯罪中，金融企业的监管职责存在缺失是一个亟待解决的问题，其中对个人信息和交易安全的保护力度远远不够，金融企业在实务中普遍更重视资金流通的便捷性，而忽视资金流转过程中可能存在的风险。随着资本流动全球化，资本流动的规模和速度都在迅速扩大和上升，金融企业的发展为潜在的犯罪行为人提供了转移资金的便捷方式，因此金融企业应当与国家机关紧密协作，在侦查过程中发挥积极作用，以提高相关诈骗犯罪的调查速度，减少受害者的资金流失，维护金融行业合法运行秩序。

3. 提升行业监管和防范意识

企业避免自己沦为诈骗类犯罪的受害方应当积极履行行业自我监管的职责，无论是线上企业还是实体企业，要提高对行业的监管力度，在行业内部形成遵守法律的良好氛围，避免行业内部出现不法分子；企业要提高诈骗相关犯罪行为的识别能力，注重对诈骗知识的宣传，加强防范意识，在意识到犯罪现象即将发生或者当诈骗行为发生时，应当及时收集证据，积极向有关部门举报，提高企业的维权意识，避免沦为诈骗罪的受害者。

4. 完善相关技术

不论是实体企业还是互联网企业，为了有效减少诈骗罪导致的损失，维护企业的合法权益，在识别犯罪和阻拦犯罪方面都需要进一步更新相关技术，特别是在网络技术手段方面，企业要加大技术研发的投入，保障企业的信息安全和交易安全，从而防止系统崩溃或者病毒侵入等引发的诈骗。对于企业的相关数据也要进行有效的保管和备份，避免当企业内部防火墙一旦失效造成的信息泄露，减少因技术问题带来的风险。

第七章 逃税罪的风险及其防控

一、逃税罪的立法规定

(一) 逃税罪的行政法律法规及规章

1. 《企业所得税法》

第一条 在中华人民共和国境内，企业和其他取得收入的组织（以下统称企业）为企业所得税的纳税人，依照本法的规定缴纳企业所得税。

个人独资企业、合伙企业不适用本法。

第三条 居民企业应当就其来源于中国境内、境外的所得缴纳企业所得税。

非居民企业在中国境内设立机构、场所的，应当就其所设机构、场所取得的来源于中国境内的所得，以及发生在中国境外但与其所设机构、场所有实际联系的所得，缴纳企业所得税。

非居民企业在中国境内未设立机构、场所的，或者虽设立机构、场所但取得的所得与其所设机构、场所没有实际联系的，应当就其来源于中国境内的所得缴纳企业所得税。

2. 《个人所得税法》

第一条 在中国境内有住所，或者无住所而一个纳税年度内在中国境内居住累计满一百八十三天的个人，为居民个人。居民个人从中国境内和境外取得的所得，依照本法规定缴纳个人所得税。

在中国境内无住所又不居住，或者无住所而一个纳税年度内在中国境内居住累计不满一百八十三天的个人，为非居民个人。非居民个人从中国境内取得的所得，依照本法规定缴纳个人所得税。

3. 《税收征收管理法》

第六十三条 纳税人伪造、变造、隐匿、擅自销毁账簿、记账凭证，或者在账簿上多列支出或者不列、少列收入，或者经税务机关通知申报而拒不申报或者进行虚假的纳税申报，不缴或者少缴应纳税款的，是偷税。对纳税人偷税的，由税务机关追缴其不缴或者少缴的税款、滞纳金，并处不缴或者少缴的税款百分之五十以上五倍以下的罚款；构成犯罪的，依法追究刑事责任。

扣缴义务人采取前款所列手段，不缴或者少缴已扣、已收税款，由税务机关追缴其不缴或者少缴的税款、滞纳金，并处不缴或者少缴的税款百分之五十以上五倍以下的罚款；构成犯罪的，依法追究刑事责任。

(二) 逃税罪的刑法及司法解释

1. 《刑法》规定

《刑法》中关于逃税罪的规定共有四条。

第二百零一条　纳税人采取欺骗、隐瞒手段进行虚假纳税申报或者不申报，逃避缴纳税款数额较大并且占应纳税额百分之十以上的，处三年以下有期徒刑或者拘役，并处罚金；数额巨大并且占应纳税额百分之三十以上的，处三年以上七年以下有期徒刑，并处罚金。

扣缴义务人采取前款所列手段，不缴或者少缴已扣、已收税款，数额较大的，依照前款的规定处罚。

对多次实施前两款行为，未经处理的，按照累计数额计算。

有第一款行为，经税务机关依法下达追缴通知后，补缴应纳税款，缴纳滞纳金，已受行政处罚的，不予追究刑事责任；但是，五年内因逃避缴纳税款受过刑事处罚或者被税务机关给予二次以上行政处罚的除外。

第二百零四条　以假报出口或者其他欺骗手段，骗取国家出口退税款，数额较大的，处五年以下有期徒刑或者拘役，并处骗取税款一倍以上五倍以下罚金；数额巨大或者有其他严重情节的，处五年以上十年以下有期徒刑，并处骗取税款一倍以上五倍以下罚金；数额特别巨大或者有其他特别严重情节的，处十年以上有期徒刑或者无期徒刑，并处骗取税款一倍以上五倍以下罚金或者没收财产。

纳税人缴纳税款后，采取前款规定的欺骗方法，骗取所缴纳的税款的，依照本法第二百零一条的规定定罪处罚；骗取税款超过所缴纳的税款部分，依照前款的规定处罚。

第二百一十一条　单位犯本节第二百零一条、第二百零三条、第二百零四条、第二百零七条、第二百零八条、第二百零九条规定之罪的，对单位判处罚金，并对其直接负责的主管人员和其他直接责任人员，依照各该条的规定处罚。

第二百一十二条　犯本节第二百零一条至第二百零五条规定之罪，被判处罚金、没收财产的，在执行前，应当先由税务机关追缴税款和所骗取的出口退税款。

2. 司法解释

(1) 2010年最高人民检察院、公安部《关于公安机关管辖的刑事案件立案追诉标准的规定（二）》（公通字 [2010] 23号）

第五十七条　逃避缴纳税款，涉嫌下列情形之一的，应予立案追诉：

(一) 纳税人采取欺骗、隐瞒手段进行虚假纳税申报或者不申报，逃避缴纳税款，数额在五万元以上并且占各税种应纳税总额百分之十以上，经税务机关依法下达追缴通知后，不补缴应纳税款、不缴纳滞纳金或者不接受行政处罚的；

（二）纳税人五年内因逃避缴纳税款受过刑事处罚或者被税务机关给予二次以上行政处罚，又逃避缴纳税款，数额在五万元以上并且占各税种应纳税总额百分之十以上的；

（三）扣缴义务人采取欺骗、隐瞒手段，不缴或者少缴已扣、已收税款，数额在五万元以上的。

纳税人在公安机关立案后再补缴应纳税款、缴纳滞纳金或者接受行政处罚的，不影响刑事责任的追究。

（2）2002年最高人民法院《关于审理偷税抗税刑事案件具体应用法律若干问题的解释》（法释〔2002〕33号）

第一条 纳税人实施下列行为之一，不缴或者少缴应纳税款，偷税数额占应纳税额的百分之十以上且偷税数额在一万元以上的，依照刑法第二百零一条第一款的规定定罪处罚：

（一）伪造、变造、隐匿、擅自销毁账簿、记账凭证；

（二）在账簿上多列支出或者不列、少列收入；

（三）经税务机关通知申报而拒不申报纳税；

（四）进行虚假纳税申报；

（五）缴纳税款后，以假报出口或者其他欺骗手段，骗取所缴纳的税款。

扣缴义务人实施前款行为之一，不缴或者少缴已扣、已收税款，数额在一万元以上且占应缴税额百分之十以上的，依照刑法第二百零一条第一款的规定定罪处罚。扣缴义务人书面承诺代纳税人支付税款的，应当认定扣缴义务人"已扣、已收税款"。

实施本条第一款、第二款规定的行为，偷税数额在五万元以下，纳税人或者扣缴义务人在公安机关立案侦查以前已经足额补缴应纳税款和滞纳金，犯罪情节轻微，不需要判处刑罚的，可以免予刑事处罚。

第二条 纳税人伪造、变造、隐匿、擅自销毁用于记账的发票等原始凭证的行为，应当认定为刑法第二百零一条第一款规定的伪造、变造、隐匿、擅自销毁记账凭证的行为。

具有下列情形之一的，应当认定为刑法第二百零一条第一款规定的"经税务机关通知申报"：

（一）纳税人、扣缴义务人已经依法办理税务登记或者扣缴税款登记的；

（二）依法不需要办理税务登记的纳税人，经税务机关依法书面通知其申报的；

（三）尚未依法办理税务登记、扣缴税款登记的纳税人、扣缴义务人，经税务机关依法书面通知其申报的。

刑法第二百零一条第一款规定的"虚假的纳税申报"，是指纳税人或者扣缴义务人向税务机关报送虚假的纳税申报表、财务报表、代扣代缴、代收代缴税款报告表或者其他纳税申报资料，如提供虚假申请，编造减税、免税、抵税、先征收后退还税款等虚假资料等。

刑法第二百零一条第三款规定的"未经处理",是指纳税人或者扣缴义务人在五年内多次实施偷税行为,但每次偷税数额均未达到刑法第二百零一条规定的构成犯罪的数额标准,且未受行政处罚的情形。

纳税人、扣缴义务人因同一偷税犯罪行为受到行政处罚,又被移送起诉的,人民法院应当依法受理。依法定罪并判处罚金的,行政罚款折抵罚金。

第三条　偷税数额,是指在确定的纳税期间,不缴或者少缴各税种税款的总额。

偷税数额占应纳税额的百分比,是指一个纳税年度中的各税种偷税总额与该纳税年度应纳税总额的比例。不按纳税年度确定纳税期的其他纳税人,偷税数额占应纳税额的百分比,按照行为人最后一次偷税行为发生之日前一年中各税种偷税总额与该年纳税总额的比例确定。纳税义务存续期间不足一个纳税年度的,偷税数额占应纳税额的百分比,按照各税种偷税总额与实际发生纳税义务期间应当缴纳税款总额的比例确定。

偷税行为跨越若干个纳税年度,只要其中一个纳税年度的偷税数额及百分比达到刑法第二百零一条第一款规定的标准,即构成偷税罪。各纳税年度的偷税数额应当累计计算,偷税百分比应当按照最高的百分比确定。

第四条　两年内因偷税受过二次行政处罚,又偷税且数额在一万元以上的,应当以偷税罪定罪处罚。

二、逃税罪犯罪学分析

(一) 逃税罪的犯罪现状

2010 年 1 月 1 日—2020 年 12 月 31 日全国逃税罪案件基本情况分析[①]:

1. 案件总数:1050;企业(家)犯罪[②]:166

2. 法院分布

表 7-1　　　　　　　　　　　　逃税罪案件审理法院分布

审理法院层级	最高人民法院	高级人民法院	中级人民法院	基层人民法院	专门法院
单位犯罪案件数/总件数	0/0	2/20	56/300	106/729	2/2

[①]　该数据选取时间为 2010 年 1 月 1 日—2020 年 12 月 31 日,数据来源:威科先行网(http://8721add15be1c16f50bd1ba831cbefd9. f2a9b9a2. libvpn. zuel. edu. cn/),访问日期:2021 年 3 月 31 日。

[②]　此处及以下各处企业(家)犯罪是指单位犯罪以及单位法定代表人犯罪。

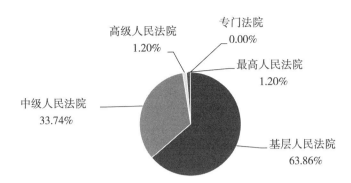

图 7-1　逃税罪（单位犯罪）案件审理法院级别

3. 审级分布

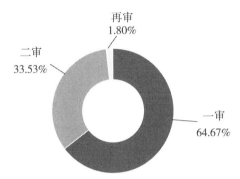

图 7-2　逃税罪（单位犯罪）案件审级分布

4. 地域分布

除港澳台地区，全国各省（区、市）逃税罪案件分布如下：

表 7-2　　　　　　　　全国各省（区、市）逃税罪案件分布情况

东部沿海地区									
省（区、市）	京	津	冀	沪	苏	浙	闽	鲁	粤	琼
案件数（单位犯罪案件数/总件数）	3/14	2/8	6/44	2/9	2/23	11/61	8/32	15/61	25/90	2/19

中 部 地 区					
省（区、市）	豫	晋	皖	赣	鄂	湘
案件数（单位犯罪案件数/总件数）	12/172	1/20	6/52	2/14	6/49	8/63

续表

西 部 地 区											
省（区、市）	渝	滇	桂	川	贵	藏	陕	甘	蒙	青	宁	新
案件数（单位犯罪案件数/总件数）	0/4	5/20	6/18	5/81	3/16	0	1/6	3/25	10/36	0/1	2/6	5/15

东北部地区		
省（区、市）	辽宁	吉林	黑龙江
案件数（单位犯罪案件数/总件数）	1/25	9/28	5/36

5. 年度趋势

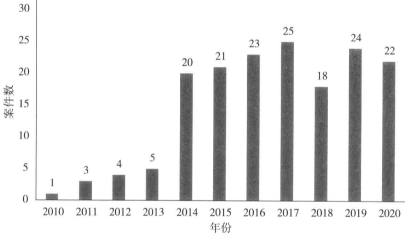

图 7-3　逃税罪（单位犯罪）年度趋势图

（二）逃税罪的犯罪特征

1. 发案范围极其普遍

根据表 7-2 全国各省（区、市）逃税罪案件分布情况分析可知，逃税罪覆盖全国除西藏自治区之外的全部省级行政区（不含港澳台）。全国各地都有企业打税收的主意，想靠偷税漏税发财。

从总体上看，逃税罪的发生与经济发展程度有一定关系，但并不成正比。2010 年至今，河南省逃税罪触犯频率最高，其次是广东省、湖南省，但上海市仅判决 9 件，北京市仅判决 14 件。其中，广东省、山东省、河南省企业逃税罪触犯频率名列前三，上海市仅判决 2 件，北京市仅判决 3 件。这从侧面说明逃税罪案发系多种因素综合作用的结果，而不仅仅与经济发展程度相关。

2. 犯罪数量不断上升

虽然绝大多数省份均有涉逃税罪刑事案件发生，但总体数量偏低，无论从全国还是各个省份来看，逃税罪均不属于常发、多发犯罪类型。尽管如此，从图 7-3 企业犯逃税罪年度趋势图分析仍可知，虽然逃税罪中，企业犯罪频次较少，但总体上呈波动上升趋势。且该罪通常与虚开增值税专用发票罪、骗取出口退税罪并存，案情较为复杂。

3. 犯罪手段较为隐蔽

有的纳税人选择偏远的地方开设地下工厂，隐蔽经营，很难被执法部门发现，更不用说缴税。有的纳税人事先用假身份证注册公司，在某地带租用写字楼，骗取发票收取货款后逃之夭夭，待发现时早已人去楼空，根本找不到该公司现居何处。有的纳税人或是从一个地区转到另一个地区重新登记，或者干脆更换法定代表人或企业名称继续经营，以掩盖违法事实。有的团伙作案分工明确，单线联系，手段可谓五花八门，形成有组织、有计划的骗税团伙，骗取国家税款。

4. 获取证据具有难度

传统的税收征管都离不开对账簿资料的审查，现在查处逃税行为的难度加大主要体现在：一是互联网上企业可以直接进行交易而不必通过中介机构，使传统的代扣代缴税款办法无法有效实施。二是电子计算机的普遍运用，账簿、发票均可在计算机中以电子形式填制，而电子凭证易修改，且不留痕迹，税收审计稽查失去了最直接的纸质凭证，无法追踪。三是关联企业之间的业务往来相当复杂，跨国交易加大了获取征管信息的难度。四是有些权力部门及个别领导干部非正常地保护纳税人造成查处逃税行为的难度加大。

（三）逃税罪的犯罪原因

北京大学法学院教授陈瑞华在《中国律师》2019 年第 7 期上发表的《国有企业的合规管理问题》一文指出，在全面推进合规管理的基础上，要求中央企业突出重点领域、重点环节和重点人员，切实有效地防范合规风险。而合规重点领域中包括财务税收领域，在依法纳税、遵守税收法律方面防范合规风险。[①] 现实生活中，一些单位和个人存在偷税、逃税、骗税等违反税法的现象，针对逃税罪的犯罪原因，我们将分为以下几方面进行探讨。

1. 经济利益强力驱使。片面追求高额利润是逃税税犯罪的内在原因。市场经济就是

---

① 陈瑞华：《企业合规的重点》，《人民法院报》2020 年 5 月 21 日第 5 版。

竞争经济，利润竞争关系着市场个体的生死存亡，优胜劣汰。为了生存，偷、逃税便成了某些市场个体在竞争中获胜的"捷径"。这种"不正当竞争"又使那些守法纳税人处于不利地位，于是一些原本守法纳税人也加入逃税犯罪的行列，形成恶性循环。如在李某、中山市星际数码游乐设备研发有限公司逃税罪①一案中，李某作为中山市星际数码游乐设备研发有限公司法定代表人兼经理，为追求高额利润，采取欺骗、隐瞒手段进行虚假纳税申报，逃避缴纳税款合计 15597538.61 元，数额巨大并且占应纳税额 30% 以上，经税务机关依法下达追缴通知后，仍未补缴，最终因逃税罪被刑事处罚，自食恶果。

2. 税收制度缺陷。一是税收制度建设中理论与实践脱节，改革超越现实国情，形成了逃税违法的客观环境；二是税法中的规定与税制中的措施不完全配套，执行中缺乏具体的操作办法，使得在理论上看似较为完善的税制，在实践中还是存在许多漏洞，给偷税者可乘之机；三是我国税制中存在过多的税收优惠和减免税规定，为不法分子进行逃税活动提供了有利条件。

3. 行政行为不规范。地方政府为保护地方利益过度干预，为逃税提供条件。主要表现在以下几方面：一是包税和变相的包税，此情况在乡镇企业中尤为突出。二是干预行政执法部门对企业违法行为的查处，为企业护短。三是个别地方的领导为求政绩，片面追求 GDP 的增长，为偷税企业当保护神，致使某些招商引资企业逃税行为不断发生。逃税行为也随利润水平的不同而不同：对于高惩罚，只有高利润者逃避；而对于中惩罚，中等利润者逃避的频率更高。此外，税务机关在普遍冲击有利时，对低回报的审计比对中等回报的审计更密集，有时在普遍冲击不利时根本不审计。② 四是以招商引资为借口，随意乱开减免税口子，让企业按政府承诺的税收优惠条件申报纳税。

4. 税收执法不严格。如监督不力、执法不严、有法不依。主要表现为"以补代罚""以罚代刑"，还如执法不公。在现实执法活动中，一些执法者有意或无意中将纳税人分成三六九等，高低有别。对于一些地位特殊的所谓"名人""红人""官人"往往不敢碰硬，使一些名人成为不受税法约束的特殊公民。使税法给人一种"只打苍蝇，不打老虎"的印象。

5. 征税信息不全面。税收征管工作涉及的面很广，需要得到各部门的配合，现阶段有些相关的职能部门及中介机构，评估机构由于缺乏规范的机构行业制度及法规的约束，没有严格按照税法及相关政策办事，在信息共享和相互协作方面没有达成一致，促使逃税现象的发生。

6. 企业税负压力大。公司税收对于政府和经济发展具有非常重要的意义，但税负会给公司带来巨大的经济压力，因而，纳税人会从自身效用最大化角度出发，在避逃税活动产生的成本与收益之间权衡，进行税收决策。

---

① 广东省中山市第二人民法院判决书：（2019）粤 2072 刑初 914 号。

② Bag Parimal K. , Wang Peng：Income tax evasion and audits under common and idiosyncratic shocks，Journal of Economic Behavior & OrganizationVolume，2021，184.

三、逃税罪刑法教义学分析

（一）逃税罪构成要件

1. 客体要件

逃税罪的客体是我国的税收征收管理秩序。

2. 客观要件

本罪的客观方面表现为：纳税人采取欺骗手段、隐瞒手段，进行虚假纳税申报或者不申报，逃避缴纳税款数额较大且占应纳税额百分之十以上；扣缴义务人采取欺骗、隐瞒手段不缴或者少缴已扣、已收税款，数额较大的行为。

（1）逃税数额的确定

本罪原来的罪名是"偷税罪"，之后，司法机关借助《刑法修正案（七）》颁布的时机，将第 201 条的"偷税罪"改为"逃税罪"，从此"偷税"退出历史，由"逃避缴纳税款"取而代之。关于数额，修改后的《刑法》第 201 条在保留过去"比例+定额"成罪的模式下，采用了"数额较大"和"数额巨大"这种分档做法，即用"抽象数额加比例"的立法模式代替了过去一贯使用的"具体数额加比例"模式。

目前，关于数额的概念尚未统一，具有代表性的观点有以下三种：①犯罪数额是指在犯罪中犯罪人实际非法所得财物的金额数量；②犯罪数额是现金及财物折算成现金的一定数目的标志；[1] ③犯罪数额是为犯罪行为直接侵害的并以人民币形式表现出来的经济利益数量。[2]

逃税罪危害的是国家的税收管理秩序，使得国家财政税收遭受损失，而这样的损失是可以通过补缴税款加以弥补的。从这一点来说，逃税罪是典型的结果犯，因而逃税罪的数额指的是犯罪所得数额。刑法设置逃税罪主要是彰显刑罚的补偿功能，国家因受到犯罪的侵害而在物质上受到了不同程度的损失，因而通过对犯罪人适用刑罚，既惩罚犯罪人，也使得国家财政税收的物质损失得到补偿。若采用行为无价值论，用过程数额去衡量逃税的危害程度，那么我们还要花上与犯罪人实施犯罪成本相当的刑罚成本去认定犯罪，这种认定的过程要复杂于只是简单依仗结果数额的认定过程。显而易见的结果数额使得罪刑关系明确化、法定化，这不仅能节约司法成本投入，更能有效地打击犯罪。[3]

（2）犯罪数额与违法数额的区分

广义的违法数额包括一般违法所得的数额与严重违法所得的数额即犯罪数额。狭义的违法数额则指与犯罪数额相对称的一般违法数额，而犯罪数额与一般违法数额的重要区别

---

①　谢宝贵、张穹：《经济犯罪的定罪和量刑》，法律出版社 1988 年版，第 131 页。

②　刘德琴、孔德琴：《论经济犯罪数额的概念》，载《法学评论》1991 年第 1 期。

③　刘晓莉：《逃税罪数额的刑法解释》，载《法治研究》2010 年第 9 期。

就在于该行为是否构成了犯罪，如果该行为构成犯罪，那么因犯罪行为所获得的财产性利益便是犯罪数额。逃税罪中，一旦行为人没有《刑法》第 201 条第 4 款出罪事由，那么行为人因其逃税行为所获得的财产性利益即为犯罪数额。

（3）对多次实施避税行为，未经处理情况下的数额计算

对多次实施逃税行为，未经处理的，按照累计数额计算。

3. 主体要件

本罪的犯罪主体包括纳税人和扣缴义务人。纳税人是指法律、行政法规规定的负有纳税义务的单位或者个人；扣缴义务人是指法律、行政法规规定的负有代扣代缴、代收代缴税款义务的单位或者个人。

对于税务代理人、无证经营者是否可以成为逃税罪的主体目前仍存在争议。一般认为，基于共犯理论，纳税人指使、教唆税务代理人或者税务代理人教唆、帮助纳税人逃税或者纳税人和税务代理人共同谋划逃税的，成立逃税罪共犯；纳税人提供虚假应税事实材料逃税、税务代理人明知仍按照虚假材料申报纳税的，成立逃税罪共犯；纳税人提供真实纳税资料、税务代理人私自逃税，纳税人不知晓时，因为税务代理人取得了纳税人地位，所以，也可追究其刑事责任。特别是在纳税人全权委托税务代理人处理财务与税务事项的情况下，税务代理人与单位的财会人员没有区别，根据委托代理理论，税务代理人的逃税行为应视为委托人（纳税人）的行为，纳税人构成逃税罪，而税务代理人则属于纳税人的直接责任人承担刑事责任。无证经营者情况较为复杂，一种观点认为，无证经营者和非法经营者没有领取营业执照，没有进行税务登记，不是纳税人，不能成为偷税罪的主体。另一种观点认为，即使无证经营者不需要取得经营许可，其也有纳税义务，如果税务机关通知其缴纳税款但却不缴纳的，可以构成逃税罪。

4. 主观要件

本罪的主观方面表现为故意或者过失。进行虚假纳税申报行为是在故意的心理状态下进行的。不进行纳税申报一般也是故意的行为，有时也存在过失的可能，对于确因疏忽而没有纳税申报，属于漏税，依法补缴即可，其行为不构成犯罪。因此，逃税罪的主观要件一般是故意。

（二）逃税罪司法认定问题

1. 逃税与避税的界限

由于税收准则的复杂性与高度技术性，企业税法不可能明确规定企业纳税人在每一纳税环节的具体行为，因此，存在利用税收制度的模糊性与规则漏洞进行避税的可能性，税法的这种不完备性给企业纳税人营造了避税空间。从与税收法规的关系来看，避税行为表现为以下四种情况：①利用选择性条文避税；②利用不清晰的条文避税；③利用伸缩性条文避税；④利用矛盾性、冲突性条文避税。第一种行为并不违法，其他三种行为虽然违反税法精神，但由于这些行为不符合逃税罪的犯罪构成，故一般只能根据税法的有关规定作

补税处理，不能认定为逃税罪。①

2. 此罪与彼罪的区分

（1）逃税罪与抗税罪的区别。抗税是以暴力方式实现不缴纳税款的行为。逃税与抗税的区别：主体要件不同。抗税罪只能由个人和单位的直接责任人员构成；而逃税罪的主体则包括单位和个人，也包括单位的直接主管人员和其他直接责任人员。客观方面不同。抗税罪表现为以暴力、威胁方法拒不缴纳税款的行为；逃税罪则表现为采取伪造、变造、隐匿、擅自销毁账簿、记账凭证，在账簿上多列支出或者不列、少列收入，经税务机关通知申报而拒不申报或者进行虚假纳税申报的手段，不缴或者少缴税款的行为。犯罪标准不同。抗税罪只要行为人实施了以暴力、威胁方法拒不缴纳税的行为就可构成，而逃税罪必须是偷税行为情节严重的才构成犯罪。

（2）逃税罪与走私罪的区别。走私罪是通过特定行为方式逃避缴纳海关关税的行为，逃税罪中逃避应纳税款的行为与走私罪中逃避关税的行为具有某些相似之处，因此，逃税罪和走私罪在某些情况下容易混淆。两罪的主要区别是：逃税罪侵犯的直接客体是国家税收管理制度，而走私罪所侵犯的直接客体则是国家对外贸易管理制度；逃税罪违反的是税收法规，而走私罪违反的则是海关法规；逃税罪的主体是纳税人，包括负有纳税义务的公民个人、负有纳税义务的企业、事业单位以及企业、事业单位中对纳税负有直接责任的主管人员和其他直接责任人员，而走私罪的主体则是达到刑事责任年龄、具有刑事责任能力、实施走私犯罪行为的自然人以及法人。

3. 逃税罪处罚阻却事由的理解适用

根据《刑法》第201条第4款的规定，有第1款行为，经税务机关依法下达追缴通知后，补缴应纳税款，缴纳滞纳金，已受行政处罚的，不予追究刑事责任；但是，五年内因逃避缴纳税款受过刑事处罚或者被税务机关给予二次以上行政处罚的除外。

对逃税案件的办理，税务稽查部门和公安经侦部门在分工合作上遵从的就是前者先行介入、后者等待前者移送的方式。尤其是《刑法修正案（七）》颁布以来，对逃税罪规定了"不予追究刑事责任"的特别条款，表明刑事追诉相对行政查处的后置性。

逃税案在适用程序上一般应遵循行政处罚在前、刑事处罚在后的原则。当纳税人符合5年内因逃避缴纳税款受过刑事处罚或者被税务机关给予2次以上行政处罚又逃税情形，只要达到了立案追诉标准，公安机关才可直接立案。同时，该情形仅系对适用逃税罪处罚阻却事由作出限定，并不能得出对纳税人逃税的数额计算只能从第三次计算，对以前刑事处罚或行政处罚节点前的所有逃税行为及数额不予追究的结论，否则就是将逃税罪处罚阻却事由的限制规定与逃税罪的构成要件相混淆，也与逃税行为的行政、刑事处罚时效规定不符。

对于税务机关的行政处罚是否是逃税罪刑事追诉必要的前置程序，实践中主要有两种观点：一是认为行政处罚不是逃税罪刑事追诉的前置程序。主要理由是公安机关立案的标

---

① 张明楷：《刑法学》（第五版），法律出版社2015年版，第812页。

准之一是认为有犯罪事实需要追究刑事责任，如果公安机关认为纳税人的逃税行为需要追究刑事责任，仍然被动等待税务机关移送，显然是错误的。二是认为行政处罚是逃税罪刑事追诉的前置程序。主要理由是基于《刑法》第 201 条第 4 款的规定，即如果税务机关不能先行处罚，该条款中逃避缴纳税款一定条件下可不予追究刑事责任的规定就无法得到落实。

我国《刑法》规定的处罚阻却事由包括两类情形：第一类是阻却刑罚处罚的情形。亦即，具有这类处罚阻却事由时，依然可能启动刑事诉讼程序，但不得对行为人科处刑罚，此即免予刑罚处罚的事由（我国刑法理论一般将其作为量刑情节对待）。例如，根据《刑法》第 24 条的规定，没有造成损害的犯罪中止，属于阻却刑罚处罚的事由。再如，根据《刑法》第 351 条第 3 款的规定，非法种植毒品原植物在收获前自动铲除的，是可以阻却刑罚处罚的事由；第二类是阻却刑事责任追究的情形。亦即，具有这类处罚阻却事由时，不得启动刑事诉讼程序（不得立案、起诉和审判）。《刑法》第 201 条第 4 款的规定就是如此。逃税罪第 4 款实际是对第 1 款的补充，根据本条第 4 款的规定，纳税人采取欺骗、隐瞒手段进行虚假纳税申报或者不申报，实施了逃避缴纳税款的行为后，如果其补缴了应纳税款、缴纳了滞纳金、已受行政处罚的，就不予追究刑事责任。而纳税人实施逃避缴纳税款的行为后，其是否补缴应纳税款，缴纳滞纳金，接受行政处罚是不能确定的。因此，在行政处罚程序完成之前，是无法确定是否应该启动刑事诉讼程序追究其刑事责任的。另外，根据《刑事诉讼法》第 112 条的规定，有犯罪事实需要追究刑事责任是立案的条件之一。因此，对于不是 5 年内因逃避缴纳税款受过刑事处罚或者被税务机关给予 2 次以上行政处罚的纳税人，在行政处罚程序完成之前，公安机关不能立案。公安机关侦查部门在发现这种案件线索后，应将案件移交税务机关处理。即涉嫌逃税罪案件应由税务机关先行立案，税务机关视不同情形，决定是否将案件移送司法机关。但并不能因此认为，行为人已经受到 2 次行政处罚的，对其逃税的数额计算只能从第 3 次逃税计算，对以前的逃税行为及数额不予追究。

对《刑法》第 201 条第 4 款规定逃税罪处罚阻却事由的理解主要有三点。

第一，逃税罪处罚阻却事由及其限制规定非逃税罪的构成要件。对《刑法》第 201 条逃税罪第 4 款性质的理解，直接影响对行为人的定罪处罚。类似规定还如《刑法》第 390 条关于行贿罪的处罚，行贿人在被追诉前主动交代行贿行为且犯罪较轻，对侦破重大案件起关键作用，或者有重大立功表现的，可以减轻或者免除处罚。刑法逃税罪第 4 款"有第一款情形，经税务机关依法下达追缴通知后，补缴应纳税款，缴纳滞纳金，已受行政处罚的，不予追究刑事责任"的规定，同样属于德日刑法中的客观处罚条件，独立于犯罪构成之外。由《刑法》第 201 条的规定可知，行为只要符合了第 1 款的犯罪构成要件就已经构成逃税罪，但是有第 1 款行为要启动刑事程序还必须有不符合第 4 款规定的"经税务机关依法下达追缴通知后，补缴应纳税款，缴纳滞纳金，并且接受行政处罚的"情形。因此，第 4 款中"经税务机关依法下达追缴通知后，补缴应纳税款，缴纳滞纳金，已受行政处罚"的规定，与犯罪成立无关，但是却可以阻却司法程序的启动，即处罚阻却事由。因此，不能将不具有处罚阻却事由作为逃税罪的构成要件。亦即，经税务机关依法下达追缴通知后，不补缴应纳税款，不缴纳滞纳金，不接受行政处罚，并不是逃税罪的构成要件要素。

第二,《刑法》第 201 条第 4 款的但书对追究刑事责任阻却事由的情形作出了限制规定,即 5 年内因逃避缴纳税款受到刑事处罚或者被税务机关给予 2 次以上行政处罚的除外。如前所述,这同样也不是对逃税罪的构成要件要素方面作出的规定。5 年内因逃避缴纳税款受到刑事处罚或者被税务机关给予 2 次上行政处罚,这一规定本质上只是对处罚阻却事由的否定,而不是构成要件要素的规定。

第三,从条文表述看,逃税罪处罚阻却事由及其限制规定针对的是纳税人而非其行为,即不管是"有第一款行为,经税务机关依法下达追缴通知后,补缴应纳税款,缴纳滞纳金,已受行政处罚的",还是"5 年内因逃避缴纳税款受到刑事处罚或者被税务机关给予 2 次上行政处罚的",其隐含的主语均是纳税人,是否追究刑事责任的对象也是纳税人。5 年内因逃避缴纳税款受到刑事处罚或者被税务机关给予 2 次上行政处罚的,应当追究该纳税人的刑事责任,并不能无限扩大理解为对纳税人 5 年内因逃避缴纳税款受到刑事处罚或者被税务机关给予 2 次上行政处罚的行为,不再追究刑事责任,对其逃税的数额计算只能从第 3 次计算。如果按此理解,税务机关对行为人的行政处罚会经常性地成为行为人逃税的"保护伞"。因为,由于各种原因特别是行为人逃税方式的隐蔽性,税务机关往往不能将行为人的所有逃税数额查清,而是查清部分逃税数额后予以行政处罚。税务机关对从事生产、经营的纳税人某会计年度稽查处理处罚后,可能事后掌握了新的线索和资料,或者对以前纳税期的纳税情况依法进行税务检查时,又发现在同一时期,还存在其他逃避缴纳税款的违法行为未被处理,只要在追溯处罚时效内,税务机关依然可以作出处理和处罚。如果对以前行政处罚没有涉及的逃税事实和数额,仅仅因为税务机关对行为人的部分逃税行为、数额作出了行政处罚而不予追究,显然放纵了犯罪。此外,纳税人可能多次实施逃税行为,有的受到处理,有的未必,依照逃税罪第 3 款的规定,未经处理的,按照累计数额计算。如果对行为人受处理时间节点之前的逃税行为及数额均不予追究,明显违反了这一款的规定。

有关法律对逃税行为的追究有明确的处罚期限。《税收征收管理法》第 86 条规定:"违反税收法律、行政法规应当给予行政处罚的行为,在 5 年内未被发现的,不再给予行政处罚。"该条文表明,税务机关对于某会计年度稽查处理处罚后,可能事后掌握了新的线索和资料,又发现在同一时期,还存在其他逃避缴纳税款的违法行为和数额未被处理,只要在 5 年内发现,税务机关依然可以作出处理和处罚。只不过由于前次稽查时没有被发现,才导致后来的再次处理,客观上纳税人并没有再次实施新的逃税行为,应该合并到前一次处罚中,计算为一次行政处罚。就刑法层面看,根据逃税罪及追诉期限的规定,纳税人逃税数额较大并且占应纳税额 10%以上,应适用 3 年以下有期徒刑或者拘役的法定刑,其追诉时效为 5 年;纳税人逃税数额巨大并且占应纳税额 30%以上,应适用 3 年以上 7 年以下有期徒刑的法定刑,其追诉时效为 10 年。如果对行为人第二次行政处罚以前的漏处罚的行为及数额不予追究,刑法关于追诉期限的规定在逃税罪中也将失去意义。

总之,《刑法》第 201 条第 4 款规定,5 年内因逃避缴纳税款受到刑事处罚或者被税务机关给予 2 次以上行政处罚的除外,仅仅是对适用处罚阻却事由的规定作出限定,并不能由此得出对纳税人逃税的数额只能从第三次计算,对以前刑事处罚或行政处罚节点前的所有逃税行为及数额不予追究的结论。①

四、逃税罪典型案例分析

（一）逃税罪典型案例

2013 年 9 月，被告人王某通过挂靠呼伦贝尔市晟昱置业有限公司并使用该公司的房地产开发资质开始在额尔古纳市开发建设极星佳苑商住综合楼，2014 年 12 月已全部建成并开始对外进行销售。截至目前，极星佳苑商住综合楼大部分已销售完毕。被告人王某在销售楼房后只到税务机关申报、缴纳了部分销售不动产税，未申报、缴纳销售不动产税 1585530.11 元，占应缴税额的 66.31%。经过税务机关多次催缴，均未能全额缴纳。

2014 年 6 月被告人王某通过挂靠蒙万某建筑工程有限公司并使用该公司的建筑安装资质开始在额尔古纳市承建新城家园小区，2015 年 6 月已全部建成。被告人王某在楼房建成后，只到税务机关申报、缴纳了部分建筑业税，未申报、缴纳建筑业税 1414468.98 元，占应缴税额的 67.26%。经过税务机关多次催缴，均未能全额缴纳。被告人王某开发的极星佳苑商住综合楼项目和承建的新城家园项目共计未申报、缴纳不动产税 2999999.09 元，占应缴税额的 66.75%。

截至目前，极星佳苑商住综合楼仍欠缴不动产税 608578.13 元，新城家园小区仍欠缴建筑业税 1414468.98 元。一审法院认定公诉机关指控的罪名成立，被告单位呼伦贝尔市晟昱置业有限公司、被告单位蒙万某建筑工程有限公司、被告人王某的行为均已构成逃税罪。二审法院认为，原审判决定性准确，予以确认。②

（二）逃税罪案例分析

本案各被告人行为符合逃税罪的构成要件。

1. 客体要件。被告单位呼伦贝尔市晟昱置业有限公司、被告单位蒙万某建筑工程有限公司以及被告人王某的逃税行为侵犯了我国的税收征收管理秩序。

2. 客观要件。被告单位呼伦贝尔市晟昱置业有限公司、被告单位蒙万某建筑工程有限公司经税务机关通知申报缴纳税款而拒不申报缴纳，逃避缴纳税款数额巨大并且占应纳税额百分之三十以上；呼伦贝尔市晟昱置业有限公司项目负责人、蒙万某建筑工程有限公司项目负责人王某，经税务机关通知申报缴纳税款而拒不申报缴纳税款，逃避缴纳税款数额巨大并且占应纳税额百分之三十以上。

3. 主体要件。被告单位呼伦贝尔市晟昱置业有限公司、被告单位蒙万某建筑工程有限公司是负有纳税义务的单位，被告人王某是负有纳税义务的个人。

① 《湖南省高级人民法院．邵阳市一品商品混凝土搅拌站等逃税案——逃税罪处罚阻却事由的理解适用》，北大法宝网，http://abd67ba845ea656af7d07b3b9050c65d.f7cdbe24.libvpn.zuel.edu.cn/case/，访问日期：2021 年 4 月 7 日。
② 内蒙古自治区呼伦贝尔市中级人民法院刑事判决书：（2019）内 07 刑终 186 号。

4. 主观要件。各行为人主观上故意不进行纳税申报。被告单位呼伦贝尔市晟昱置业有限公司、蒙万某建筑工程有限公司经税务机关通知仍未按规定申报、补缴税款，主观上具有故意。王某作为极星佳苑商住综合楼和新城家园小区项目的实际开发者，有义务在法律、法规确定的申报期限、申报内容范围内如实办理纳税申报，税务机关对王某作出行政处罚后，王某虽接受处罚但未全额补缴应纳税款，主观上具有故意。

五、逃税罪的刑事政策与企业犯罪预防

(一) 逃税犯罪的刑事政策

1979 年我国《刑法》第 121 条是我国刑法第一次规定偷税罪，即"违反税收法规，偷税、抗税，情节严重的，除按照税收法规补税并且可以罚款外，对直接责任人员，处三年以下有期徒刑或者拘役"。2009 年，《刑法修正案（七）》对偷税罪进行了重大修改，该修改内容主要包括：（1）更改罪名，由偷税罪改为逃税罪；（2）增加了初犯免责条款，即满足一定条件可不予追究刑事责任；（3）将罪状叙述从列举式改为概括式；（4）将逃税罪入罪数额从具体数额改为抽象数额；（5）扩大了法院判处罚金的自由裁量权，取消了罚金的上下限；（6）扣缴义务人入罪取消了比例标准；（7）扣缴义务人不适用初犯免罚条款；（8）取消了"因偷税被税务机关给予二次行政处罚又偷税"的入罪情形。随后，最高人民检察院和公安部联合发文将逃税罪的"数额较大"规定为 5 万元。

1986 年 4 月，国务院发布的《税收征收管理暂行条例》（以下简称《征管条例》）第 37 条对漏税、欠税、偷税、抗税等税收违法行为的含义及法律责任（行政处罚）进行了明确规定。1992 年 9 月，全国人大常委会同时颁布《税收征收管理法》和《关于惩治偷税、抗税犯罪的补充规定》。2001 年全国人大常委会修订了我国《税收征收管理法》，对偷税条款进行了修改。之后，《税收征收管理法修订草案（征求意见稿）》数次对逃税条款进行了不同程度的修改，以实现税法与刑法的协调。

我国《刑法》中逃税罪入罪标准的制定具有明显的历史遗留色彩和立法思维的惯性。逃税属于税法与刑法的交叉领域，大部分税法学者对逃税罪的研究兴趣不足，而刑法学者由于缺乏税法的研究基础而忽视了税收征管制度中的法理基础和技术性规范。税收执法人员法律基础的普遍缺乏以及税收司法人员对税法的普遍陌生，则进一步加剧了对逃税及逃税罪的误解，导致税收执法和司法的实践偏离了立法的初衷，甚至影响了立法的走向。

(二) 逃税犯罪的企业犯罪预防

1. 重视纳税，履行企业社会责任

当前，企业和个人的纳税意识不强，税收制度也不尽完善，所以，社会上存在认为逃税者不缴的是自己辛苦挣得的钱财、逃税理所当然的错误思想和观念。但是税收是国家实现经济发展、维护国防、进行再次社会分配的重要手段，因此，只有从社会责任出发，企业才能树立依法纳税的意识。

2. 积极配合税务机关调查

企业一旦被税务稽查机关稽查或者收到税务机关下发的补缴税款类通知书，企业要积极配合税务机关的工作。一是要立刻制定或启动风险应急预案，由财务部门和业务部门共同参与，必要时聘请专业税务律师协助应对，开展税务问题自查。企业要及时对经手的业务开展内部自查，自我核查所属期间的纳税情况，调查、识别、分析和评估涉税风险点，提出风险防范、化解和应对方案。二是做好申辩准备。企业内部财务部门要积极同税务机关沟通，配合税务机关调查。依据《税收征管法》和《行政处罚法》规定，税务机关在作出行政处罚决定之前，有依法告知当事人作出行政处罚决定的事实、理由及依据的义务，当事人依法享有陈述、申辩的权利。有效开展沟通协调，有利于企业对涉税争议问题进行更加全面的专业分析，有利于企业向税务机关等有关主体口头或书面进行请示、汇报、情况说明等，以达到申辩目的。

3. 如果有异议应提前做计划

一是准确听证。《行政处罚法》规定，税务机关对公民作出 2000 元以上的罚款，或对法人和其他组织作出 1 万元以上的罚款，当事人依法有要求举行听证的权利。企业要在接到《税务行政处罚事项告知书》后 3 日内书面提出申请，逾期没提出的，将被视为放弃听证权利。二是在公安机关立案前缴纳税款或提供纳税担保，并提起行政复议、行政诉讼。根据《税收征管法》，在纳税问题上发生争议时，纳税人必须依照税务机关的纳税决定缴纳或者解缴税款和滞纳金，或者提供相应的担保；在这之后，纳税人可以依法提出行政复议申请，复议程序是税务机关的内部复核程序，对解决涉税争议具有重要作用。提出复议后，纳税人要及时向行政复议机关书面申请停止案件执行。如果复议结果对纳税人不利，纳税人对行政复议结果不服的，可以向人民法院起诉。

第八章　虚开增值税专用发票罪的风险及其防控

一、虚开增值税专用发票罪的立法规定

(一) 虚开增值税专用发票罪的行政法律法规及规章

1. 《中华人民共和国增值税暂行条例》

该条例对增值税的纳税人、增值税税率、应纳税额、销项税额、进项税额、免征增值税项目、增值税纳税义务发生时间、纳税地点、纳税期限等作了详细规定。

2. 《中华人民共和国发票管理办法》

第二十二条　开具发票应当按照规定的时限、顺序、栏目,全部联次一次性如实开具,并加盖发票专用章。

任何单位和个人不得有下列虚开发票行为:

(一) 为他人、为自己开具与实际经营业务情况不符的发票;

(二) 让他人为自己开具与实际经营业务情况不符的发票;

(三) 介绍他人开具与实际经营业务情况不符的发票。

第三十七条　违反本办法第二十二条第二款的规定虚开发票的,由税务机关没收违法所得;虚开金额在 1 万元以下的,可以并处 5 万元以下的罚款;虚开金额超过 1 万元的,并处 5 万元以上 50 万元以下的罚款;构成犯罪的,依法追究刑事责任。

非法代开发票的,依照前款规定处罚。

(二) 虚开增值税专用发票罪的刑法及司法解释

1. 《刑法》规定

第二百零五条　虚开增值税专用发票或者虚开用于骗取出口退税、抵扣税款的其他发票的,处三年以下有期徒刑或者拘役,并处二万元以上二十万元以下罚金;虚开的税款数额较大或者有其他严重情节的,处三年以上十年以下有期徒刑,并处五万元以上五十万元以下罚金;虚开的税款数额巨大或者有其他特别严

重情节的，处十年以上有期徒刑或者无期徒刑，并处五万元以上五十万元以下罚金或者没收财产。

单位犯本条规定之罪的，对单位判处罚金，并对其直接负责的主管人员和其他直接责任人员，处三年以下有期徒刑或者拘役；虚开的税款数额较大或者有其他严重情节的，处三年以上十年以下有期徒刑；虚开的税款数额巨大或者有其他特别严重情节的，处十年以上有期徒刑或者无期徒刑。

虚开增值税专用发票或者虚开用于骗取出口退税、抵扣税款的其他发票，是指有为他人虚开、为自己虚开、让他人为自己虚开、介绍他人虚开行为之一的。

2. 司法解释

（1）最高人民法院《关于对〈审计署关于咨询虚开增值税专用发票罪问题的函〉的复函》（法函〔2001〕66号）

地方税务机关实施"高开低征"或者"开大征小"等违规开具增值税专用发票的行为，不属于刑法第二百零五条规定的虚开增值税专用发票的犯罪行为，造成国家税款重大损失的，对有关主管部门的国家机关工作人员，应当根据刑法有关渎职罪的规定追究刑事责任。

（2）最高人民法院《关于虚开增值税专用发票定罪量刑标准有关问题的通知》（法〔2018〕226号）

在新的司法解释颁行前，对虚开增值税专用发票刑事案件定罪量刑的数额标准，可以参照《最高人民法院关于审理骗取出口退税刑事案件具体应用法律若干问题的解释》（法释〔2002〕30号）第三条的规定执行，即虚开的税款数额在五万元以上的，以虚开增值税专用发票罪处三年以下有期徒刑或者拘役，并处二万元以上二十万元以下罚金；虚开的税款数额在五十万元以上的，认定为刑法第二百零五条规定的"数额较大"；虚开的税款数额在二百五十万元以上的，认定为刑法第二百零五条规定的"数额巨大"。

（3）最高人民检察院《关于充分发挥检察职能服务保障"六稳""六保"的意见》（高检发〔2020〕10号）

第6点　依法维护有利于对外开放的法治化营商环境。充分认识"稳外贸""稳外资""稳投资"对稳定宏观经济、扩大对外开放的重大意义，有效维护相关领域的市场秩序。一是围绕自贸试验区、海南自由贸易港、粤港澳大湾区建设等重大战略，依法惩治侵害外国投资者和外商投资企业合法权益，以及扰乱投资秩序、妨害项目推进的各类犯罪，保障外商投资法顺利施行，营造安全、透明的投资环境。二是聚焦当前对外贸易、外商投资领域的新形势，依法惩治利用外贸合同诈骗、虚开出口退税、抵扣税款发票，骗取出口退税以及对外贸易经营活动中的走私、逃汇骗汇等犯罪，促进稳住外贸基本盘，保障外贸产业链、供应链、资金流畅通运转。三是依法慎重处理企业涉税案件。注意把握一般涉税违法行为与以骗取国家税款为目的的涉税犯罪的界限，对于有实际生产经营活动的企业为虚增业绩、融资、贷款等非骗税目的且没有造成税款损失的虚开增值税专用发票行为，不以虚开增值税专用发票罪定性处理，依法作出不起诉决定的，移送税务机关给予行政处罚。

二、虚开增值税专用发票罪犯罪学分析

（一）虚开增值税专用发票罪的犯罪现状

2010 年 1 月 1 日—2020 年 12 月 31 日全国徐凯增值税专用发票罪案件基本情况分析①：

1. 案件总数：29719；企业（家）犯罪②：3447

2. 法院分布

表 8-1　　　　　　　全国虚开增值税专用发票罪案件审理法院分布

审理法院层级	最高人民法院	高级人民法院	中级人民法院	基层人民法院	专门法院
单位犯罪案件数/总件数	0	124/477	800/4164	2519/25058	4/20

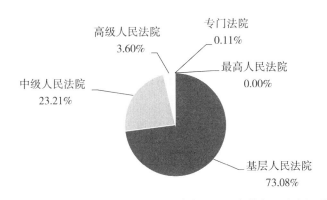

图 8-1　虚开增值税专用发票罪（单位犯罪）案件审理法院级别

---

① 该数据选取时间为 2010 年 1 月 1 日—2020 年 12 月 31 日，数据来源：威科先行网（http：//8721add15be1c16f50bd1ba831cbefd9. f2a9b9a2. libvpn. zuel. edu. cn/），访问日期：2021 年 3 月 31 日。

② 此处及以下各处企业（家）犯罪是指单位犯罪以及单位法定代表人犯罪。

3. 审级分布

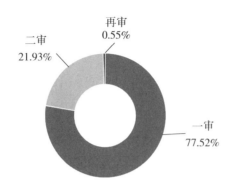

图 8-2　虚开增值税专用发票罪（单位犯罪）审级分布

4. 区域分布

除港澳台地区，全国各省（区、市）虚开增值税专用发票罪案件分布如下：

表 8-2　　　　全国各省（区、市）虚开增值税专用发票罪案件分布情况

东部沿海地区									
省（区、市）	京	津	冀	沪	苏	浙	闽	鲁	粤	琼
案件数（单位犯罪案件数/总件数）	58/337	30/337	70/1122	308/6555	860/6225	367/2851	98/378	283/2086	193/921	2/8

中 部 地 区					
省（区、市）	豫	晋	皖	赣	鄂	湘
案件数（单位犯罪案件数/总件数）	125/1311	42/407	202/1371	85/732	88/747	119/870

西 部 地 区											
省（区、市）	渝	滇	桂	川	贵	藏	陕	甘	蒙	青	宁	新
案件数（单位犯罪案件数/总件数）	18/208	39/210	32/151	127/666	16/156	2/10	47/240	32/198	31/175	12/84	22/77	30/140

东北部地区		
省（区、市）	辽宁	吉林	黑龙江
案件数（单位犯罪案件数/总件数）	44/469	26/238	35/419

5. 年度趋势

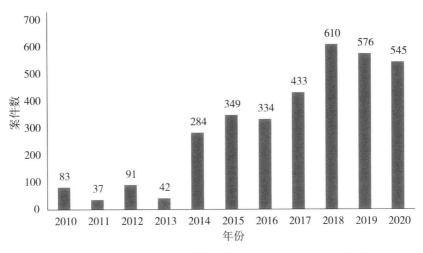

图 8-3　虚开增值税专用发票罪（单位犯罪）案件总数年度趋势

根据以上图表分析，虚开增值税专用发票罪触犯频次非常高，属于企业家涉嫌犯罪率较高的罪名。从 2013 年开始逐渐呈现上升趋势。发票违法犯罪活动的猖獗，不仅会造成国家税款的大量流失，而且会给走私、洗钱、贪污贿赂等犯罪提供"温床"，严重影响经济秩序。

（二）虚开增值税专用发票罪的犯罪特征

目前，社会上公司经营的负责人虚开发票行为非常多。很多企业从外地虚开发票，然后用到自己公司里面。犯罪形式方面，大多为共同犯罪。职业化、团伙化、专业化特征突出。且该罪往往与逃税罪、走私普通货物物品罪等罪结合在一起，作为上述罪名的预备行为或者帮助行为。此外，虚开增值税专用发票罪还具有以下特征。

1. 虚开发票案件数量多，金额大，跨地区范围广。在所有重大税收案件中，触发频率最高的为虚开增值税专用发票罪。如图 8-4 部分截图展示。[①]

2. 空壳企业多，暴力虚开多。如 2021 年 3 月，河北税务与警方合作，快速查处一起虚开电子专票团伙案，成功抓获团伙成员 6 人，查明犯罪嫌疑人通过线上注册空壳公司、申领并对外虚开电子专票违法行为，涉及金额 400 余万元。[②]

3. 犯罪主体复杂，大数据发展下更加隐蔽。且自然人被告人中，大多文化程度低，职业包括农民、无业人员、私营企业主、个体工商户、国有企业法定代表人、公司职员等。

---

① 国家税务总局网（http://www.chinatax.gov.cn/chinatax/c101249/n2020011502/index.html），访问日期：2021 年 4 月 5 日。

② 《"一户式"精准分析锁定 对虚开骗税"露头就打"——国家税务总局曝光首起增值税电子专票虚开案件》，国家税务总局网（http://www.chinatax.gov.cn/chinatax/n810219/n810724/c5161982/content.html），访问日期：2021 年 4 月 20 日。

纳税人名称	所属税务机关名称	案件性质
郑州尚之龙商贸有限公司	国家税务总局郑州市税务局稽查局	虚开普通发票
郑州吴川电子科技有限公司	国家税务总局郑州市税务局稽查局	虚开增值税专用发票或者虚开用于骗取出口退税抵扣税款的其他发票
郑州贵君机械设备有限公司	国家税务总局郑州市税务局稽查局	虚开增值税专用发票或者虚开用于骗取出口退税抵扣税款的其他发票
郑州戈之琪电子科技有限公司	国家税务总局郑州市税务局稽查局	虚开增值税专用发票或者虚开用于骗取出口退税抵扣税款的其他发票
郑州哲之瑞商贸有限公司	国家税务总局郑州市税务局稽查局	虚开增值税专用发票或者虚开用于骗取出口退税抵扣税款的其他发票
郑州优尔贝建材有限公司	国家税务总局郑州市税务局稽查局	虚开增值税专用发票或者虚开用于骗取出口退税抵扣税款的其他发票
河南莱之易实业有限公司	国家税务总局郑州市税务局稽查局	虚开增值税专用发票或者虚开用于骗取出口退税抵扣税款的其他发票
河南映雪商贸有限公司	国家税务总局郑州市税务局稽查局	虚开增值税专用发票或者虚开用于骗取出口退税抵扣税款的其他发票
河南如聚商贸有限公司	国家税务总局郑州市税务局稽查局	虚开增值税专用发票或者虚开用于骗取出口退税抵扣税款的其他发票
许昌县秀丽丝发制品有限公司	国家税务总局郑州市税务局稽查局	骗取出口退税
焦作市高新热力有限责任公司	国家税务总局郑州市税务局稽查局	虚开增值税专用发票或者虚开用于骗取出口退税抵扣税款的其他发票
尉氏县鑫诚纺织厂	国家税务总局郑州市税务局稽查局	虚开增值税专用发票或者虚开用于骗取出口退税抵扣税款的其他发票

图 8-4 2020 年河南省郑州市重大税收违法失信案件部分截图

(三)虚开增值税专用发票罪的犯罪原因

1. 社会因素

(1)企业数量呈井喷式增长,征管力量不足。

相对企业数量增长来说,征管的执法人员数量增长并不明显。大量事前审批程序被取消,导致事中事后监管难度进一步加大。不少不法分子利用这种便利,虚造身份和地址,登记成立各种皮包公司,从事虚开增值税专用发票犯罪。而虚开增值税专用发票犯罪的侦查工作需要各地税务机关、海关、公安等部门通力合作,执法人员需求量大。因此,征管人员数量尚存在较大缺口,这让虚开增值税专用发票犯罪有了可乘之机。

(2)发票管理与交易事实脱节。

税收来源于交易事实,并不是发票本身。以判断物流、发票流、资金流("三流")

是否一致作为辨别是否虚开增值税专用发票的重要依据并不准确。

（3）征管制度不完善致使纳税人认知不清。

虚开增值税发票的行政认定与司法认定存在差异，虚开增值税发票在税收征管中以"三流"一致作为重要判断依据，而司法中认为主观上不具有偷骗税款的目的，客观上亦未实际造成国家税收损失的虚开行为不构成虚开增值税专用发票犯罪；以上征管制度的不完善导致纳税人对虚开发票行为的性质是合理避税还是涉税犯罪认知不清。

2. 个人因素

一些人文化程度低，缺乏足够的劳动与经营技能，在城市生活中获得成功几率较小，但其渴望成功，分享社会物质成果；一部分私有经济从业者缺乏法制意识和纳税观念，在逐利本性的驱使下实施虚开增值税专用发票罪。部分犯罪分子在他人影响、推动下走上了虚开增值税专用发票的犯罪道路。

三、虚开增值税专用发票罪刑法教义学分析

（一）虚开增值税专用发票罪构成要件

1. 客体要件

本罪侵犯的客体是国家对增值税专用发票的管理制度。这是本罪区别于其他破坏社会主义经济秩序罪的本质特征。《中华人民共和国发票管理办法》中规定，开具发票应当按照规定的时限、顺序、栏目、全部联次一次性如实开具，并加盖发票专用章，同时还规定任何单位和个人不得转借、转让发票。

虚开增值税专用发票用于骗取退税、抵扣税款的其他发票的行为就是违反了发票管理制度，同时虚开增值税专用发票或用于骗取出口退税、抵扣税款的其他发票，可以抵扣大量税款，造成国家税款的大量流失，也严重地破坏了社会主义经济秩序。①

增值税发票也是发票的一种，具有增值税一般纳税人资格的企业都可以到主管国税部门申请领购增值税发票，并通过防伪税控系统开具，具有增值税一般纳税人资格的企业可以凭增值税发票抵扣增值税。增值税专用发票和普通发票，最大的区别就在于增值税专用发票可以进行认证抵扣。

2. 客观要件

本罪在客观方面表现为没有货物购销或者没有提供或接受应税劳务而为他人、为自己、让他人为自己、介绍他人开具增值税专用发票或者即使有货物购销或提供或接受了应税劳务但为他人、为自己、让他人为自己、介绍他人开具数量或者金额不实的增值税专用发票或者进行了实际经营活动，但他人为自己代开增值税专用发票的行为。

---

① 汪海宝：《经侦前沿 经济犯罪个案透析》，中国民主法制出版社 2017 年版，第 78 页。

虚开是指行为人违反有关发票开具管理的规定，不按照实际情况如实开具增值税专用发票及其他可用于骗取出口退税、抵扣税款的发票之行为。从广义上讲，一切不如实出具发票的行为都是虚开的行为，包括没有经营活动开具或虽有经营活动但不做真实的开具，如改变客户的名称、商品名称经营项目夸大或缩小产品或经营项目的数量单价及其实际收取或支出的金额，委托代扣，代收代征税种的税及税额。增值税税率及税额，虚写开票人、开票日期等。

狭义的虚开则是指对发票能反映纳税人纳税情况、数额的有关内容做不实填写致使所开发票的税款与实际缴纳不符的一系列行为。如没有销售商品、提供服务等经营活动，却虚构经济活动的项目、数量、单价、收取金额或者有关税率、税额予以填写；或在销售商品提供服务开具发票时，变更经营项目的名称、数量、单价、税率及税额等，从而使发票不能反映出交易双方进行经营活动以及应纳或已纳税款的真实情况。主要体现在票与物或经营项目不符、票面金额与实际收取的金额不一致。显然，本罪的虚开应是狭义上的虚开。

虚开的行为方式由四种：一是为他人虚开增值税发票；二是为自己虚开增值税专用发票；三是让他人为自己虚开增值税专用发票；四是介绍他人虚开增值税专用发票。

数额方面，虚开增值税专用发票或者虚开用于骗取出口退税、抵扣税款的其他发票，虚开的税款数额在一万元以上或者致使国家税款被骗数额在五千元以上的，应予立案追诉。

刑法对本罪未规定任何情节限制，但并非所有的虚开增值税专用发票的行为都构成犯罪。其中，情节显著轻微、危害不大的不认为是犯罪。且根据最高人民法院《关于虚开增值税专用发票定罪量刑标准有关问题的通知》，虚开增值税专用发票虚开税款数额五万元为起点标准。

3. 主体要件

本罪的犯罪主体均为一般主体，即达到刑事责任年龄且具有刑事责任能力的自然人均可构成。另外，单位也可成为本罪的犯罪主体。单位构成本罪的，对单位实行两罚制，对单位判处罚金，并对直接负责的主管人员和其他直接责任人员追究刑事责任。

虚开增值税专用发票罪，初始于1995年10月30日全国人大常委会通过的《关于惩治虚开、伪造和非法出售增值税专用发票犯罪的决定》。1997年修订《刑法》第205条吸收了《关于惩治虚开、伪造和非法出售增值税专用发票犯罪的决定》的基本内容，明确规定了"虚开增值税专用发票罪"，并在该罪第3款中明文规定了单位犯罪。

根据刑法理论和我国刑法之规定，虚开增值税专用发票罪的单位犯罪必须同时满足以下条件：第一，必须是在单位意志支配下由单位内部人员或单位委托的其他人员实施了虚开增值税专用发票的行为。换言之，虚开增值税专用发票的行为必须是经单位领导层集体研究决定或者是由其负责人决定实施的。第二，必须是以单位的名义实施了虚开增值税专用发票的行为。换言之，虚开增值税发票的行为是以单位名义实施的，而不是以个人的名义实施的。"单位"必须是事实上真实存在的，如果行为人以虚构的"单位"或者以已被吊销、注销的"单位"之名义实施虚开增值税专用发票的行为，则应认定为自然人犯罪。

第三，必须是为了单位整体的利益即所实施的虚开增值税专用发票的行为是为了单位集体的利益或者其收益归单位所有。对于集团公司等单位而言，"单位的整体利益"则包括集团公司的整体利益和下属各子公司的整体利益。上述三个条件中，第一项、第二项条件均为充分条件，第三项是实质要件、必要条件。

现今企业经营多数是有限公司，公司登记的股东多是两人，名义上是两人合伙，但是，在我们司法实践中，多数情形是一名股东（股份份额大，公司法定代表人）全权负责经营、管理公司，另一股东除了公司登记上的名分之外，可以说与该公司无任何关系，都是为注册公司而设的（因为《公司法》规定有限公司必须要求两名股东以上才允许注册设立公司），根本不分红利、参与公司生产、经营管理活动。

对于这类公司的负责人虚开增值税发票犯罪，侦查发现都是其个人以单位名义虚开了增值税发票，收取开票费，对这一行为如何处理？对于公司负责人以单位名义虚开增值税发票犯罪行为，关键看其对谋取的利益的处理方法，是否将该"收益"（包括开票费和抵扣税款等）记入公司财务账中，因为只有将该非法"收益"记入公司财务账，该项目才对公司利润产生影响（增加利润），公司才真正得到了好处，视为为单位谋利了。因此，行为人若是将非法利益记入公司财务，用于公司经营业务中，则应认定为单位犯罪；而以单位名义实施的虚开增值税发票为个人谋取利益的行为，只能认定为自然人实施的虚开增值税专用发票罪。但是必须指出的是，这里"为个人谋取利益"仅限于为自然人本人及其他自然人个人谋取私利。

4. 主观要件

本罪在主观方面必须是故意，而且一般具有牟利的目的。

实践中只要有虚开行为就定罪处罚，而不考虑行为人的主观目的，这种做法是错误的。2001年《刑事审判参考》第六辑的"芦才兴虚开抵扣税款发票案"中，最高人民法院表明构成《刑法》第205条的虚开增值税专用发票，应同时满足"主观上故意，客观上具有造成国家税收损失的危险"。此后，最高人民法院在《"湖北汽车商场虚开增值税专用发票案"与"泉州市松苑锦涤实业有限公司等虚开增值税专用发票案"的答复》（〔2001〕刑他字第36号）中明确："经向全国人大常委会法工委和国家税务总局等有关部门征求意见，并召集部分刑法专家进行论证，最高人民法院审判委员会讨论形成一致意见，主观上不具有偷骗税款的目的，客观上亦未实际造成国家税收损失的虚开行为，不构成犯罪。"2018年12月，最高人民法院对《人民法院充分发挥审判职能作用保护产权和企业家合法权益典型案例（第二批）》公布的张某强虚开增值税专用发票案，最高人民法院经复核认为，"被告人张某强以其他单位名义对外签订销售合同，由该单位收取货款、开具增值税专用发票，不具有骗取国家税款的目的，未造成国家税款损失，其行为不构成虚开增值税专用发票罪，某州市人民法院认定张某强构成虚开增值税专用发票罪属适用法律错误。不具有骗取国家税款的目的，未造成国家税款损失，其行为不构成虚开增值税专用发票罪"。

通常来讲，在税收行政法规的层面上，只要是开具票面记载事项与真实交易不相符的增值税专用发票，就可以评价为行政法层面上的虚开违法行为（较低程度的违法性），税务机关可视具体情形予以行政处罚；但是，因为刑事处罚的严厉性，故刑法规定中的虚开增值税专用发票罪，除要求虚开行为构成行政违法之外，还要求行为人主观上具备骗取抵扣税款的目的，客观上造成国家税款损失或至少有造成国家税款损失的具体危险（较高程度的违法性），否则，就不能对虚开行为定罪处刑。

(二) 虚开增值税专用发票罪司法认定问题

1. 罪与非罪的界限

(1) 税务机关代开。《税务机关代开增值税专用发票管理办法（试行）》规定明确了代开主体范围。主管税务机关可以为辖区范围内的增值税纳税人代开专票，其他单位和个人不得代开。

(2) 开票方与销货方之间系挂靠关系。国家税务总局《关于纳税人对外开具增值税专用发票有关问题的公告》（国家税务总局公告 2014 年第 39 号）明确了挂靠方以挂靠形式向受票方实际销售货物，被挂靠方向受票方开具增值税专用发票的，不属于虚开。最高人民法院研究室《关于如何认定以"挂靠"有关公司名义实施经营活动并让有关公司为自己虚开增值税专用发票行为的性质》征求意见的复函（法研〔2015〕58 号）中同样明确了这一认定规则，挂靠方以挂靠形式向受票方实际销售货物，被挂靠方向受票方开具增值税专用发票的，不属于《刑法》第 205 条规定的"虚开增值税专用发票"。见图 8-5。①

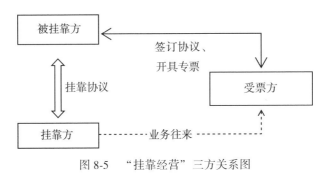

图 8-5 "挂靠经营"三方关系图

2. 此罪与变造增值税专用发票行为的区分

变造增值税专用发票是指在真增值税专用发票的基础上或者以真增值税专用发票为基本材料，通过挖补、剪贴、涂改、揭层、移位、重印等加工处理，使原始增值税专用发票改变数量、形态和面值的行为。有的通过变造以改变数字从而达到偷、漏税的目的，取得和虚开增值税专用发票一样的效果。现行刑法对变造增值税专用发票的行为如何认定处理没有明确规定，因而对变造行为的归属便产生了分歧。主要争议点在于变造增值税专用发票的行为可否认定为虚开增值税专用发票罪。

---

① 马凤：《据实代开不构成虚开增值税专用发票罪》，载《中国集体经济》2020 年第 36 期。

根据最高人民法院 1996 年 10 月 17 日发布的《关于适用的若干问题的解释》（以下简称 1996 年最高院《司法解释》）第 2 条最后一款的规定，变造增值税专用发票的，按照伪造增值税专用发票行为认定处理。但是现行刑法对此行为如何认定处理没有明确规定。由于 1997 年刑法已在"附件二"中明确指出《关于惩治虚开、伪造或非法出售增值税专用发票犯罪的决定》已纳入刑法，该决定涉及刑事责任的条款已经失效，那么理论上言之，以该决定为前提的司法解释就当然应当失效。这就使得理论界与实务部门对"变造增值税专用发票"的行为如何处理产生了不同看法。一种意见认为：变造程度不大，以逃税税赋或出售为目的，获取非法利益较大的，应以虚开增值税专用发票罪论处；变造程度较大的，获取非法利益较大的，以伪造增值税专用发票罪论处；变造程度小，谋取非法利益较小情节轻微的，不以犯罪论处。另有一种观点则仍然坚持了 1996 年最高院《司法解释》的观点，即认为，所有的变造增值税专用发票的行为都应视为伪造增值专用发票的行为。国外刑法中，广义的伪造也包括变造。

我们认为，变造行为与伪造行为不同，无论从社会危害方面还是从情理方面，伪造较变造更为恶劣，应该区别对待。第一种观点太过形式化，在实际过程中，单纯的涂改也可以认为是一种虚开；而其他的变造，在现在这个生活中很难办到。现在都是电子发票，挖补、剪贴很难存在。

四、虚开增值税专用发票罪典型案例分析

（一）虚开增值税专用发票罪典型案例

2016 年 7 月至 2017 年 3 月，被告人刘某某利用他人身份信息先后注册成立 5 家公司。2016 年 9 月至 2017 年 7 月，刘某某在无真实货物交易的情况下，虚构经营业务，以支付开票费、虚假资金支付、资金回流等方式，先后接受北京、西藏等 16 家公司虚开增值税专用发票 1159 份，价税合计金额 5 亿余元，税额 7605 万余元；并以同样手段向区内外 63 家公司虚开增值税专用发票 4449 份，价税合计 5 亿余元，税额 7474 万余元，给国家造成巨额税款流失。其中平罗县永宝工贸有限公司及其分公司等 4 家被告单位的实际控制人肖某琴、肖某玲等在明知没有真实货物交易的情况下，先后从刘某某控制公司取得虚开增值税专用发票共计 1699 份，价税合计近 2 亿元，税额 2875 万余元，均已认证抵扣税款。被告人张某某作为刘某某所控制公司的会计，明知其实施虚开增值税专用发票犯罪，仍帮助其编造虚假账目、伪造购销合同等，并提供自己的个人账户帮助刘某某收取开票款、进行资金回流走账，主动介绍他人和其他公司从刘某某控制的公司开具增值税专用发票从中牟利。其他被告人在明知刘某某实施犯罪的情况下，介绍他人从刘某某公司虚开增值税专用发票，从中赚取好处费。案发后，除被告人刘某某控制的公司补缴税款 23 万余元、平罗县永宝工贸有限公司及其分公司补缴增值税款和滞纳金 1496 万余元、宁夏瑞英联工贸公司用进项留抵税额 13 万余元外，剩余巨额税款至今未退缴。一审法院认定 13 名被告人和 4 家被告单位涉票面金额 10 亿余元，涉税额达 1.5 亿余元，构成虚开增值税专用发票罪。一审宣判后，刘某某等 7 名被告人不服，提出上诉。宁夏高级人民法院经二审审理认为，

原判认定事实清楚，证据确实、充分，定罪准确，量刑适当，审判程序合法，依法作出维持原判的裁定。①

（二）虚开增值税专用发票罪案例分析

本案各被告行为均符合虚开增值税专用发票罪的构成要件。

1. 客体要件。各行为人虚开增值税专用发票的行为损害了国家税收征管和发票管理规定。

2. 客观要件。被告人刘某某无视国家法律，在开票方与受票方没有真实货物交易的情况下，多次让他人为自己、为他人虚开增值税专用发票，利益均归被告人刘某某所有；被告人张某某在担任被告人刘某某控制的 5 家公司会计期间，受被告人刘某某管理指使，与被告人刘某某共同实施虚开增值税专用发票犯罪行为，同时还介绍他人虚开增值税专用发票，二被告人虚开增值税专用发票的税款数额巨大。

被告单位瑞英联公司、天江公司、永宝分公司、永宝公司违反国家税收征收管理规定，在没有实际购销业务的情况下，让他人为自己虚开增值税专用发票，虚开税款数额巨大，其行为构成虚开增值税专用发票罪，情节特别严重。

被告人吴某某、袁某某、肖某玲、肖某琴属单位犯罪中直接负责的主管人员；苏某某作为被告单位永宝分公司的工作人员，属单位犯罪中其他直接责任人员，各被告人均构成虚开增值税专用发票罪。

3. 主体要件。被告单位瑞英联公司、天江公司、永宝分公司、永宝公司、被告人刘某某、张某某、曹某某、齐某某、潘某某、薛某、解某某、王某、吴某某、袁某某、肖某玲、肖某琴、苏某均符合主体要件。

其中，被告人吴某某作为瑞英联公司的实际控制人，属单位犯罪中直接负责的主管人员；被告人袁某某作为天江公司的法定代表人、实际控制人，属单位犯罪中直接负责的主管人员；被告人肖某玲作为永宝分公司的法定代表人、公司的拥有者，属单位犯罪中直接负责的主管人员；被告人肖某琴作为永宝公司的法定代表人、公司的拥有者，属单位犯罪中直接负责的主管人员；被告人苏某某作为被告单位永宝分公司的工作人员，属单位犯罪中其他直接责任人员。刘某某控制的 5 家公司不应列为犯罪主体。根据最高人民法院《关于审理单位犯罪案件具体应用法律有关问题的解释》第 2 条规定，"个人为进行违法犯罪活动而设立的公司、企业、事业单位实施犯罪的，或者公司、企业、事业单位设立后，以实施犯罪为主要活动的，不以单位犯罪论处"，本案中，刘某某控制的 5 家公司在设立后，以实施虚开增值税专用发票犯罪为主要活动，刘某某利用 5 家公司虚构与其他公司的业务往来，实施让他人为自己虚开、为他人虚开增值税专用发票而达到其获取非法利益的目的，应由其个人承担法律责任，以其个人犯罪定罪处罚。

4. 主观要件。本案中各被告人均存在骗取国家税款的主观目的，且均已认证抵扣税款，在虚开行为中获利，造成了国家税收利益流失。

---

① 宁夏回族自治区高级人民法院刑事裁定书：（2019）宁刑终 72 号。

五、虚开增值税专用发票罪的刑事政策与企业犯罪预防

（一）虚开增值税专用发票犯罪的刑事政策

1994 年，我国开始新税制改革，实行"以票控税"的增值税发票抵扣制度。1995 年全国人大常委会通过了《关于惩治虚开、伪造和非法出售增值税专用发票犯罪的决定》，增设虚开增值税专用发票罪。在 1997 年刑法修订时，该罪被纳入"危害税收征管罪"。设立该罪是为了防止以非法抵扣的方式逃避增值税，立法者没有穷尽既有的规范（有关逃税的规定）和理论（共同犯罪或预备犯）的潜力，而是设置独立的罪名并为其配置重刑，其实质理由：一是减轻稽查部门的证明负担。虚开增值税专用发票与增值税的非法抵扣之间有着高度的逻辑关联，但这种关联很难在个案层面得到证明，立法直接为虚开行为设置独立的罪名，以绕开因市场分工和格式化的匿名参与带来的证明难题。二是提高预防力度。虚开增值税专用发票的行为是逃税罪的预备或帮助犯，其刑罚应轻于后者。但在现实中，一个虚开主体往往滋养着大量的逃税主体，是诸多逃税罪的共同源头，涉案数额特别巨大，常造成特别严重的税收损失。为了应对现代社会的犯罪发生方式，实现法益保护的任务，必须从实用主义的角度出发，找到保护法益的"总开关"，让刑法有效地介入。①

1995 年，法定最高刑设为死刑。《刑法修正案（八）》废除本罪的死刑，最高法定刑变为无期徒刑。该罪处罚力度较高，但随着我国法治建设不断完善，开始注重对犯罪人人权的保障，对于最高刑有所降低，且对于该罪量刑幅度更加规范化。

（二）虚开增值税专用发票犯罪的企业犯罪预防

1. 国家及政府健全税收制度

以交易事实为依据，凡是符合交易事实的记载凭证都可确认为发票，使发票的证明功能与会计核算报账功能回归到交易事实上来。随着电子发票与智能合约的普遍使用，税收大数据平台的建立将实现纳税人信息、法人代表信息、办税人信息、发票信息、交易事实信息实时数据比对与追溯，自动全纪录增值税征管所需的交易数据、发票数据，并使数据与时间轴相对应，进一步形成疑点分析与征管决策。推进电子专票持续优化服务。积极推行"一户式"管理机制，税务机关按网格化服务要求，第一时间为首次核定或接收电子专票的纳税人提供"首票服务"、帮助其及时全面掌握政策规定和操作流程；同时，对涉税风险实施精准管理，实现疑点信息系统自动预警并快速分析、快速应对，既最大限度地方便纳税人，又及时有效地防范虚开骗税风险。

---

① 陈金林：《虚开增值税专用发票罪的困境与出路——以法益关联性为切入点》，载《中国刑事法杂志》2020 年第 2 期。

2. 企业（家）

企业和企业家要有社会责任感，履行企业的社会责任，其中包括依法纳税，所以，企业家要有纳税意识，在工作中要养成依法取得、使用发票的意识。另外，要通过企业财务管理制度，准确区分合理避税与涉税犯罪。企业和企业家具体要做到以下几点。

（1）内控制度要健全。企业应当要建立完善的财务管理制度，确保发票、合同、交易凭证准确、完整；涉税工作人员的分工要明确，责任到人，避免出现问题时相互推诿、互不认账；工作人员之间要建立相互制约和监督机制，避免相关人员钻制度漏洞。

（2）涉税业务培训要到位。许多企业内部的涉税工作人员，对如何认定虚开增值税专用发票。虚开增值税专用发票的法律责任认识不足，容易随波逐流，触及虚开的高压线。一是员工严守法律底线，依法办事、守法经营，明确法律红线和法律风险。在经营过程中一定要做到不购买、收受与真实交易不符的增值税专用发票，也不帮他人虚开或者介绍他人虚开增值税专用发票。二要企业了解交易对手。企业在交易前应当对交易对手的经营资质、规模等作必要的调查，如交易对手是否有开票资质，代开发票的机构是否有税务机关授权等。

（3）控制采购与销售两端。销售和采购环节关系到货物流、资金流和发票流的走向。对于企业来说，采购和销售环节是防范虚开增值税专用发票风险的关键点。所以，一要保留交易痕迹。企业在交易过程中应注意保留交易的凭证，如货款的支付凭证、购销的票据及合同、货物的物流凭证、仓储凭证等，确保交易情况与开票情况一致。二要严格审核票据。企业应加强对财务管理人员的教育培训，财务人员对交易票据要严格审核，发现增值税专用发票开具的内容与真实交易不一致，应及时查明原因督促整改。

（4）坚持早发现、早处置。处理虚开增值税专用发票早发现、早处置。一旦发现企业存在虚开发票的行为，可在税务律师的帮助下及时纠正违法行为，减轻法律责任。

第九章　走私普通货物、物品罪的风险及其防控

一、走私普通货物、物品罪的立法规定

(一) 走私普通货物、物品罪的行政法律法规及规章

1. 《海关法》

第八十二条　违反本法及有关法律、行政法规，逃避海关监管，偷逃应纳税款、逃避国家有关进出境的禁止性或者限制性管理，有下列情形之一的，是走私行为：

（一）运输、携带、邮寄国家禁止或者限制进出境货物、物品或应当缴纳税款的货物、物品进出境的；

（二）未经海关许可并且未缴纳应纳税款、交验有关许可证件，擅自将保税货物、特定减免税货物以及其他海关监管货物、物品、进境的境外运输工具，在境内销售的；

（三）有逃避海关监管，构成走私的其他行为的。

有前款所列行为之一，尚不构成犯罪的，由海关没收走私货物、物品及违法所得，可以并处罚款；专门或者多次用于掩护走私的货物、物品，专门或者多次用于走私的运输工具，予以没收，藏匿走私货物、物品的特制设备，责令拆毁或者没收。

有第一款所列行为之一，构成犯罪的，依法追究刑事责任。

第八十三条　有下列行为之一的，按走私行为论处，依照本法第八十二条的规定处罚：

（一）直接向走私人非法收购走私进口的货物、物品的；

（二）在内海、领海、界河、界湖，船舶及所载人员运输、收购、贩卖国家禁止或者限制进出境的货物、物品，或者运输、收购、贩卖依法应当缴纳税款的货物，没有合法证明的。

2. 《中华人民共和国海关行政处罚实施条例》

第八条　有下列行为之一的，按走私行为论处：

（一）明知是走私进口的货物、物品，直接向走私人非法收购的；

（二）在内海、领海、界河、界湖，船舶及所载人员运输、收购、贩卖国家禁止或者限制进出境的货物、物品，或者运输、收购、贩卖依法应当缴纳税款的货物，没有合法证明的。

第九条　有本实施条例第七条、第八条所列行为之一的，依照下列规定处罚：

（一）走私国家禁止进出口的货物的，没收走私货物及违法所得，可以并处100万元以下罚款；走私国家禁止进出境的物品的，没收走私物品及违法所得，可以并处10万元以下罚款；

（二）应当提交许可证件而未提交但未偷逃税款，走私国家限制进出境的货物、物品的，没收走私货物、物品及违法所得，可以并处走私货物、物品等值以下罚款；

（三）偷逃应纳税款但未逃避许可证件管理，走私依法应当缴纳税款的货物、物品的，没收走私货物、物品及违法所得，可以并处偷逃应纳税款3倍以下罚款。

专门用于走私的运输工具或者用于掩护走私的货物、物品，2年内3次以上用于走私的运输工具或者用于掩护走私的货物、物品，应当予以没收。藏匿走私货物、物品的特制设备、夹层、暗格，应当予以没收或者责令拆毁。使用特制设备、夹层、暗格实施走私的，应当从重处罚。

（二）走私普通货物、物品罪的刑法及司法解释

1.《刑法》规定

《刑法》中有关走私普通货物、物品罪的规定共4条。

第一百五十三条　走私本法第一百五十一条、第一百五十二条、第三百四十七条规定以外的货物、物品的，根据情节轻重，分别依照下列规定处罚：

（一）走私货物、物品偷逃应缴税额较大或者一年内曾因走私被给予二次行政处罚后又走私的，处三年以下有期徒刑或者拘役，并处偷逃应缴税额一倍以上五倍以下罚金。

（二）走私货物、物品偷逃应缴税额巨大或者有其他严重情节的，处三年以上十年以下有期徒刑，并处偷逃应缴税额一倍以上五倍以下罚金。

（三）走私货物、物品偷逃应缴税额特别巨大或者有其他特别严重情节的，处十年以上有期徒刑或者无期徒刑，并处偷逃应缴税额一倍以上五倍以下罚金或者没收财产。

单位犯前款罪的，对单位判处罚金，并对其直接负责的主管人员和其他直接责任人员，处三年以下有期徒刑或者拘役；情节严重的，处三年以上十年以下有期徒刑；情节特别严重的，处十年以上有期徒刑。

对多次走私未经处理的，按照累计走私货物、物品的偷逃应缴税额处罚。

第一百五十四条 下列走私行为，根据本节规定构成犯罪的，依照本法第一百五十三条的规定定罪处罚：

（一）未经海关许可并且未补缴应缴税额，擅自将批准进口的来料加工、来件装配、补偿贸易的原材料、零件、制成品、设备等保税货物，在境内销售牟利的；

（二）未经海关许可并且未补缴应缴税额，擅自将特定减税、免税进口的货物、物品，在境内销售牟利的。①

第一百五十五条 下列行为，以走私罪论处，依照本节的有关规定处罚：

（一）直接向走私人非法收购国家禁止进口物品的，或者直接向走私人非法收购走私进口的其他货物、物品，数额较大的；

（二）在内海、领海、界河、界湖运输、收购、贩卖国家禁止进出口物品的，或者运输、收购、贩卖国家限制进出口货物、物品，数额较大，没有合法证明的。

第一百五十六条 与走私罪犯通谋，为其提供贷款、资金、账号、发票、证明，或者为其提供运输、保管、邮寄或者其他方便的，以走私罪的共犯论处。

2. 司法解释

（1）最高人民法院、最高人民检察院《关于办理走私刑事案件适用法律若干问题的解释》（法释〔2014〕10号）

第十六条 走私普通货物、物品，偷逃应缴税额在十万元以上不满五十万元的，应当认定为刑法第一百五十三条第一款规定的"偷逃应缴税额较大"；偷逃应缴税额在五十万元以上不满二百五十万元的，应当认定为"偷逃应缴税额巨大"；偷逃应缴税额在二百五十万元以上的，应当认定为"偷逃应缴税额特别巨大"。

走私普通货物、物品，具有下列情形之一，偷逃应缴税额在三十万元以上不满五十万元的，应当认定为刑法第一百五十三条第一款规定的"其他严重情节"；偷逃应缴税额在一百五十万元以上不满二百五十万元的，应当认定为"其他特别严重情节"：

（一）犯罪集团的首要分子；

（二）使用特种车辆从事走私活动的；

---

① 最高人民检察院《关于擅自销售进料加工保税货物的行为法律适用问题的解释》（2000年9月29日由最高人民检察院第九届检察委员会第七十次会议通过）。

保税货物是指经海关批准未办理纳税手续进境，在境内储存、加工、装配后复运出境的货物。经海关批准进口的进料加工的货物属于保税货物。未经海关许可并且未补缴应缴税额，擅自将批准进口的进料加工的原材料、零件、制成品、设备等保税货物，在境内销售牟利，偷逃应缴税额在五万元以上的，依照《刑法》第一百五十四条、第一百五十三条的规定，以走私普通货物、物品罪追究刑事责任。

（三）为实施走私犯罪，向国家机关工作人员行贿的；

（四）教唆、利用未成年人、孕妇等特殊人群走私的；

（五）聚众阻挠缉私的。

第十七条　刑法第一百五十三条第一款规定的"一年内曾因走私被给予二次行政处罚后又走私"中的"一年内"，以因走私第一次受到行政处罚的生效之日与"又走私"行为实施之日的时间间隔计算确定；"被给予二次行政处罚"的走私行为，包括走私普通货物、物品以及其他货物、物品；"又走私"行为仅指走私普通货物、物品。

（2）最高人民法院研究室《关于如何理解"直接负责的主管人员"和"直接责任人员"问题的复函》（1994 年 1 月 27 日）

所谓"直接负责的主管人员"，是指在企业事业单位、机关、团体中，对本单位实施走私犯罪起决定作用的、负有组织、决策、指挥责任的领导人员。单位的领导人如果没有参与单位走私的组织、决策、指挥，或者仅是一般参与，并不起决定作用的，则不应对单位的走私罪负刑事责任。

所谓"直接负责人员"，是指直接实施本单位走私犯罪行为或者虽对单位走私犯罪负有部分组织责任，但对本单位走私犯罪行为不起决定作用，只是具体执行、积极参与的该单位的部门负责人或者一般工作人员。

二、走私普通货物、物品罪犯罪学分析

（一）走私普通货物、物品罪的犯罪现状

2010 年 1 月 1 日—2020 年 12 月 31 日全国走私普通货物、物品罪案件基本情况分析①：

1. 案件总数：6147；企业（家）犯罪②：1044

2. 法院分布

表 9-1　　　　　**全国走私普通货物、物品罪案件审理法院**

审理法院层级	最高人民法院	高级人民法院	中级人民法院	基层人民法院	专门法院
单位犯罪案件数/总件数	0/0	269/1266	775/4823	0/58	0/0

---

①　该数据选取时间为 2010 年 1 月 1 日—2020 年 12 月 31 日，数据来源：威科先行网（http：//8721add15be1c16f50bd1ba831cbefd9.f2a9b9a2.libvpn.zuel.edu.cn/），访问日期：2021 年 3 月 31 日。

②　此处及以下各处企业（家）犯罪是指单位犯罪以及单位法定代表人犯罪。

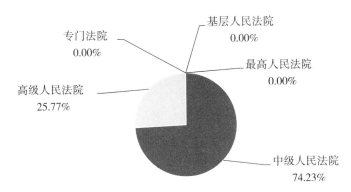

图 9-1　走私普通货物、物品罪（单位犯罪）案件审理法院级别

3. 审级分布

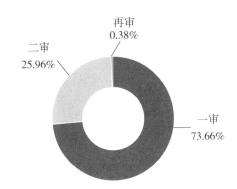

图 9-2　走私普通货物、物品罪（单位犯罪）审级分布

4. 区域分布

除港澳台地区，全国各省（区、市）走私普通货物、物品罪案件分布如下：

表 9-2　　　　　**全国各省（区、市）走私普通货物、物品罪案件分布情况**

东部沿海地区									
省（区、市）	京	津	冀	沪	苏	浙	闽	鲁	粤	琼
案件数（单位犯罪案件数/总件数）	42/102	52/145	1/8	147/608	59/263	70/524	57/352	54/214	442/3090	6/44

中 部 地 区					
省（区、市）	豫	晋	皖	赣	鄂	湘
案件数（单位犯罪案件数/总件数）	7/20	1/4	4/15	5/14	8/20	13/28

续表

西 部 地 区											
省（区、市）	渝	滇	桂	川	贵	藏	陕	甘	蒙	青	宁	新
案件数（单位犯罪案件数/总件数）	7/25	9/174	15/228	12/36	0/30	0	4/11	0	3/42	0	0/6	0/22

东 北 部 地 区		
省（区、市）	辽宁	吉林	黑龙江
案件数（单位犯罪案件数/总件数）	22/68	1/22	3/32

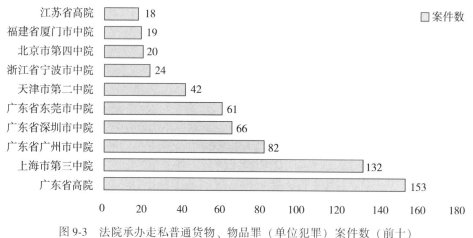

图 9-3 法院承办走私普通货物、物品罪（单位犯罪）案件数（前十）

5. 年度趋势

根据表 9-1 和表 9-2 分析可知，走私普通货物、物品罪（单位犯罪）中级法院办理案件居多，其中，上海触犯频率最高，广东、福建位居第二、第三。

从图 9-4 搜集到的数据看，走私普通货物、物品罪（单位）数量 2013—2014 年猛增，2017 年达到峰值，近年呈现下降趋势。

走私普通货物、物品罪属于企业尤其是外贸企业高发犯罪，涉案金额较大，需要高度重视并进行相应的犯罪预防。

（二）走私普通货物、物品罪的犯罪特征

（1）区域性明显。此罪具有明显的区域特点，主要发生在沿海省份。且形成了省份集中化，城市集中化的基本格局。

（2）犯罪主体方面，本罪的主体大多是文化程度普遍不高，没有固定职业，30 岁以

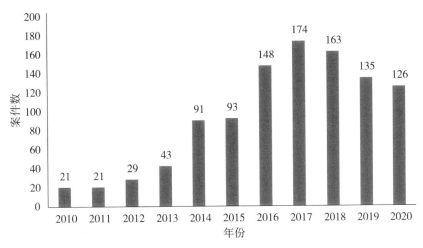

图 9-4 走私普通货物、物品罪（单位犯罪）年度趋势

上的男性。

（3）认定自首、从犯案件多，量刑较低。在 2010—2020 年走私普通货物、物品罪（单位犯罪）187 例中，有 56 例自首案件，单位自首比例较高，且自首案件处罚较为轻缓。在一些重大犯罪自首案件中，还存在减轻处罚与缓刑叠加适用的情况。

（4）对自然人犯罪的刑罚明显要重于单位犯罪。

（5）走私普通货物、物品罪犯罪涉及面越来越广。首先，涉及单位、人员越来越广，共同犯罪呈现上升趋势。其次，涉及地域越来越广。最后，物品种类越来越广泛。

(三) 走私普通货物、物品罪的犯罪原因

1. 立法原因

近年来，高价值货物的进口增长非常明显，以上走私普通货物单位犯罪 20 万元的入刑门槛非常容易"达成"。且宽松的量刑以及过多的适用缓刑使刑罚震慑作用无法充分、有效地发挥。

2. 经济原因

"内外有市场，商品有差价。"经济发展迅速，个别企业欲通过此"捷径"谋取暴利，如轰动一时的"厦门远华走私案"。能攫取高额非法利润是走私存在的最根本原因，有的走私分子甚至说"走私比抢银行来钱还快"。马克思在《资本论》中对这种心态有过精辟的论述："有 50% 的利润，它就铤而走险；为了 100% 的利润，它就敢践踏一切人间法律；有 300% 的利润，它就敢犯任何罪行，甚至冒绞首的危险，走私……就是证明。"

3. 管理原因

我国有 18000 余公里的海岸线，22000 余公里的陆路边境，海关监管的难度较大。西

南又处于毗连盛产毒品的"金三角"地区这一特殊的地理位置，导致境外毒品渗透日益严重。同时，海关监管的技术力量相对落后，也激发了走私分子的冒险性、活跃性。

4. 消费者需求

消费者在市场上购买东西时，在价格上会作出自己最合理的选择，走私品正好满足了消费者的需求。消费者的选择性消费为走私商品提供了存在的原因，在市场上为消费者提供物美价廉的商品，也是走私分子进行走私行为的一个借口。

5. 企业自身原因

（1）对进出口报关重要性认识不足。大型企业往往认为进出口就是物流的一个环节，虽然是跨境贸易，但无非还是将货物通过船舶或空运送达到另一个国家的一项运输工作。另外，某些跨国公司派遣来华，对于中国进出口法律制度不了解。

（2）企业部门设置繁杂，但权责不明。大型公司看起来设置的机构很多，在人事系统中招聘人员时也对每一个岗位作出详细的描述和权责划分。但实际上，很多大型跨国公司没有专门设置关务部，有的甚至全权外包，由公司内部完全无关的部门配备人员负责报关公司。

（3）缺乏内部监督机制和预防措施。一些大型企业认为，自身设立了法务部就是对所有法律风险的一种把控和监督。而实际上，无论是法务人员还是决策者，其本身对于进口法律知识了解甚少，期待他们能够制定完善的监督机制和预防措施不太可能。

（4）企业操办人员专业性不强，无法准确判断风险。

三、走私普通货物、物品罪刑法教义学分析

（一）走私普通货物、物品罪构成要件

1. 客体要件

本罪侵犯的客体是国家对外贸易管制。本罪的行为对象是除武器、弹药、伪造的货币，国家禁止出口的文物、黄金、白银和其他贵重金属，国家禁止进出口的珍贵动物及其制品、珍稀植物及其制品、淫秽物品、毒品、固体废物以外的一切货物与物品。

区分物品、货物具有重要意义。在普通走私犯罪中，由于1997年《刑法》《刑法修正案（十一）》及"两高"《关于办理走私刑事案件适用法律若干问题的解释》（2014年9月10日起施行）均一直未确立对走私"货物""物品"两种不同标的物的数额标准进行差异化的界定并在定罪量刑上形成差异化处断。司法实践中，对于以携带型方式进行的普通走私行为任意选择罪名尽管表面上不会在法律适用中出现选择不同的罪名而导致不同的结果，但现实中毕竟"货物"与"物品"的税率不同，如果随意选择罪名则可能会导致所计算出的逃避应缴关税税额数量出现差异，这不仅会导致涉案被告人自由刑出现波动

性误判，也会导致被告人罚金刑出现数额性差错。[①]

《中华人民共和国进出口关税条例》（2017 年修订）第 57 条规定，海关总署规定数额以内的个人自用进境物品，免征进口税。超过海关总署规定数额但仍在合理数量以内的个人自用进境物品，由进境物品的纳税义务人在进境物品放行前按照规定缴纳进口税。超过合理、自用数量的进境物品应当按照进口货物依法办理相关手续。国务院关税税则委员会规定按货物征税的进境物品，按照本条例第 2 章至第 4 章的规定征收关税。

根据以上条款可以看出，对于携带性走私普通货物、物品罪，认定走私物为个人物品与认定为货物存在不同的关税标准。根据《中华人民共和国海关法》《中华人民共和国海关行政处罚实施条例》的规定，个人携带进出境的行李物品，应当以自用、合理数量为限，超出自用、合理数量的，视为货物。《海关行政处罚实施条例》第 64 条规定，"物品"，指个人以运输、携带等方式进出境的行李物品、邮寄进出境的物品，包括货币、金银等。超出自用、合理数量的，视为货物。"自用"指旅客或者收件人本人自用、馈赠亲友而非为出售或者出租。"合理数量"指海关根据旅客或者收件人的情况、旅行目的和居留时间所确定的正常数量。对"明显超出了自用、合理数量的标准，就可推定为货物"，我们认为，如此实践操作规定太过绝对，尚不够规范妥当，也不完全符合现实情况。现实社会中，对物品、货物概念的适用和实际处置在日常生活中不能一概而论，而应遵从当事人意思自治原则，只要在不违反法律强制性规定的前提下，如果符合社会公众常态的认知标准，有合情、合理乃至合法的解释都应予以认定为物品而非货物。

2. 客观要件

本罪在客观上表现为违反海关法规，逃避海关监管，走私枪弹等违禁品以外的其他货物、物品进出境，情节严重的行为。

走私犯罪的行为方式有如下几种：（1）通关方式，即通过海关进出境，但同时采用假报、瞒报、伪装等欺骗手段，瞒过海关的监督检查，偷运、偷带、邮寄普通货物、物品进出境；（2）绕关方式，不通过海关或边境哨卡、检查站而携带、运输普通货物、物品进出境；（3）准走私，即无须通关或者绕关，但视为走私的两种情形，一是未经海关许可并且未补缴应缴税额，擅自将批准进口的来料加工、来件装配、补偿贸易的原材料、零件、制成品、设备等保税货物在境内销售牟利或者未经海关许可并且未补缴应缴税额，擅自将特定减税、免税进口的货物、物品，在境内销售牟利的；二是直接向走私人非法收购走私进口的应税货物、物品，或在内海、领海、界河、界湖运输、收购、贩卖国家限制进出口的货物、物品，没有合法证明的。

走私的情节，一方面表现为走私货物、物品的数额；另一方面是行为方式。走私普通货物、物品，逃税应缴税额在十万元以上不满五十万元的，应当认定为《刑法》第 153 条第 1 款规定的"逃税应缴税额较大"；逃税应缴税额在五十万元以上不满二百五十万元的，应当认定为"逃税应缴税额巨大"；逃税应缴税额在二百五十万元以上的，应当认定

---

① 薛培、周宏亮：《走私普通货物、物品犯罪法律适用问题研究》，载《社科纵横》2016 年第 8 期。

为"逃税应缴税额特别巨大"。走私普通货物、物品，具有下列情形之一，逃税应缴税额在三十万元以上不满五十万元的，应当认定为《刑法》第 153 条第 1 款规定的"其他严重情节"；逃税应缴税额在一百五十万元以上不满二百五十万元的，应当认定为"其他特别严重情节"：（1）犯罪集团的首要分子；（2）使用特种车辆从事走私活动的；（3）为实施走私犯罪，向国家机关工作人员行贿的；（4）教唆、利用未成年人、孕妇等特殊人群走私的；（5）聚众阻挠缉私的。

单位犯走私普通货物、物品罪，逃税应缴税额在二十万元以上不满一百万元的，应当依照《刑法》第 153 条第 2 款的规定，对单位判处罚金，并对其直接负责的主管人员和其他直接责任人员，处三年以下有期徒刑或者拘役；逃税应缴税额在一百万元以上不满五百万元的，应当认定为"情节严重"；逃税应缴税额在五百万元以上的，应当认定为"情节特别严重"。①

最高人民法院审判委员会发布的最高人民法院《关于审理走私刑事案件具体应用法律若干问题的解释》第 6 条②，最高人民法院、最高人民检察院《关于办理走私刑事案件适用法律若干问题的解释》第 18 条③，《海关计核涉嫌走私的货物、物品偷税款暂行办法》第 28 条④均规定了如何计算逃税应缴税额。但以上三个规定对于"逃税应缴税额的具体时间"的规定并非完全一致，在司法实践中应当以哪个为准，适用哪个规定，目前大概有下列四种观点：①"走私行为发生之日"是走私行为人向海关申报之日；②"走私行为发生之日"为走私行为人的走私货物，物品的运输工具实际进出境之日；③"走私行为案发时"是犯罪行为人的走私行为已经结束，海关对其申报的货物、物品决定放行的日期；④走私行为案发时即是走私行为被海关发现之日，在实务中就是犯罪行为人的犯罪行为被立案查获之日。

我们认为，对于走私行为时间点的确定，如果按照单一方式进行，可能会导致罪责刑不相适应，最好的方法应该是采用最高人民法院的解释，并结合海关的部门规章综合判

---

①　参见最高人民法院、最高人民检察院《关于办理走私刑事案件适用法律若干问题的解释》第 16 条、第 24 条。

②　最高人民法院《关于审理走私刑事案件具体应用法律若干问题的解释》第 6 条："走私货物、物品所逃税的应缴税额，应当以走私行为案发时所适用的税则、税率、汇率和海关审定的完税价格计算，并以海关出具的证明为准。"

③　最高人民法院、最高人民检察院《关于办理走私刑事案件适用法律若干问题的解释》第 18 条："刑法第一百五十三条规定的'应缴税额'，包括进出口货物、物品应当缴纳的进出口关税和进口环节海关代征税的税款。应缴税额以走私行为实施时的税则、税率、汇率和完税价格计算；多次走私的，以每次走私行为实施时的税则、税率、汇率和完税价格计算；走私行为实施时间不能确定的，以案发时的税则、税率、汇率和完税价格计算。"

④　《海关计核涉嫌走私的货物物品偷逃税款暂行办法》第 28 条："在计核涉嫌走私的货物或者物品逃税税款时，应当以走私行为案发时所适用的税则、税率、汇率和按照本办法第十六条至第二十五条的规定审定的计税价格计算，具体计算办法如下：（一）有证据证明走私行为发生时间的，以走私行为发生之日计算；（二）走私行为的发生呈连续状态的，以连续走私行为的最后终结之日计算；（三）证据无法证明走私行为发生之日或者连续走私行为终结之日的，以走私案件的受案之日（包括刑事和行政受案之日）计算；同一案件因办案部门转换出现不同受案日期的，以最先受案的部门受案之日为准。"

断，单一的采用任何一个时间都是不够全面的。

3. 主体要件

主体为自然人（一般主体）或单位。自然人这类主体在走私普通货物、物品罪犯罪主体的研究中是相对明确的。另一个犯罪主体就是单位。单位作为走私普通货物、物品罪的犯罪主体存在许多有研究价值的问题。在刑事处罚上，对自然人触犯本罪处罚相对较重，对单位触犯本罪处罚较轻。因此，自然人因走私普通货物、物品被抓获时，往往辩称自己在执行单位分配任务。

4. 主观要件

本罪在主观方面表现为故意。即明知走私普通货物、物品而违反法律规定。一般而言，行为人明知自己的行为违反国家法律法规，逃避海关监管，偷逃进出境货物、物品的应缴税额，或者逃避国家有关进出境的禁止性管理，并且希望或者放任危害结果发生的，应认定为具有走私的主观故意。实践中要根据行为人的客观行为表现推定其主观意图，走私主观故意中的"明知"是指行为人知道或者应当知道所从事的行为是走私行为。具有下列情形之一的，可以认定为"明知"，但有证据证明确属被蒙骗的除外：（1）逃避海关监管，运输、携带、邮寄国家禁止进出境的货物、物品的；（2）用特制的设备或者运输工具走私货物、物品的；（3）未经海关同意，在非设关的码头、海（河）岸、陆路边境等地点，运输（驳载）、收购或者贩卖非法进出境货物、物品的；（4）提供虚假的合同、发票、证明等商业单证委托他人办理通关手续的；（5）以明显低于货物正常进（出）口的应缴税额委托他人代理进（出）口业务的；（6）曾因同一种走私行为受过刑事处罚或者行政处罚的；（7）其他有证据证明的情形。

（二）走私普通货物、物品罪司法认定问题

1. 罪与非罪的界限

一般来说，走私行为因侵害或危害的程度不同，分为走私违规行为、走私违法行为和走私犯罪行为。这三类行为又可以划分为两个层次，分别是一般违规行为和走私行为。一般违规行为是指行为人在正常过关时对海关法规所规定的程序性事项的违反。走私行为则又可分为走私违法行为和走私犯罪行为，二者明显的区别在于我国海关行政法规对本罪数额的规定。

违规行为是走私行为的必然前置性条件，某一行为如果构成走私行为，则必然先构成违反海关法规的行为。而走私行为则对我国的关税制度和海关管理制度同时产生危害，其破坏性和影响力都是违规行为不能比的。

2. 走私上游行为与走私实行行为的界限

走私犯罪是破坏社会主义市场经济秩序类犯罪，因此，走私犯罪需要一定的经济背景作为条件，并通过多个经济活动紧密配合才能完成，如完备的物流运输条件、货币支付服

务条件、文件传输服务条件、基本的采购条件和销售条件等。走私普通货物犯罪上游行为（以下简称"走私上游行为"），就是上述经济活动的一种。走私上游行为与走私实行行为具有明确的界限，主要以上游行为交付义务的履行（交付货物、提单等）作为两者区分的标志。① 走私上游行为在行政规范、刑事规范中并无直接的法律渊源使其独立入罪，司法机关一般需要通过共犯理论评价其在走私犯罪中的帮助作用，从而进行出入罪的判断。同时，在我国目前的司法实践中，司法机关对走私上游行为的出入罪要件及逻辑尚未明确，存在强调主观要件而忽视客观行为本身的情况。我国认定共同犯罪的传统方法，存在不区分不法与责任、不区分正犯与狭义的共犯、不分别考察参与人行为与正犯结果之间的因果性等三个特点。

走私普通货物犯罪上游行为，实际上是走私犯罪中的一种帮助行为，对该行为的评价涉及共犯问题研究。我国刑法上有关共犯的立法相对缺乏，因此给司法实践也带来了较大的困难。

3. 走私普通货物、物品罪与骗取出口退税罪的区别

出口退税是指国家对出口货物予以退还或者免征国内生产、流通环节的增值税和消费税的制度。其中之一是企业在商品报关出口时，退还在生产该商品时已缴纳的税金。行为人采取的行为目的即骗取国家退还税金。《刑法》第 204 条规定骗取出口退税行为是假报出口或其他欺骗手段来骗取国家出口退税款，数额较大的行为。② 在实践中，行为人在走私普通货物和骗取出口退税中的主要目的均为逃税的行为，其导致的行为结果为国家较大额度的税收与国家财产损失。但是，两种罪名认定之间存在着一些区别。走私普通货物行为不交或者少交税款达到一定数额就构成走私普通货物罪，而采取欺骗手段骗取国家出口退税的行为则构成骗取出口退税罪，因此不交税或者少交税是走私普通货物偷逃税款的目的。

走私普通货物物品罪与骗取出口退税罪的区别在：前者侵害的客体是国家对普通货物、物品进出口监管，征收关税的制度，后者侵害的是国家出口退税的管理制度。在客观方面，前者表现为违反海关法律法规，逃避海关监管，运输、携带、邮寄普通货物物品进出国边境，偷逃应缴关税税额较大或者一年内曾因走私被给予二次行政处罚后又走私的行为。后者表现为违反国家退税款，数额较大的行为。

---

① 孟涛、朱紫薇、彭勇：《走私普通货物犯罪上游行为的刑事可罚性研究》，载《海关与经贸研究》2020 年第 4 期。

② 最高人民法院《关于审理骗取出口退税刑事案件具体应用法律若干问题的解释》中对"假报出口"和"其他欺骗手段"的情形进行认定。假报出口即以虚构已税货物出口事实为目的而采取的：（一）伪造或者签订虚假的买卖合同；（二）以伪造、变造或者其他非法手段取得出口货物报关单、出口收汇核销单、出口货物专用缴款书等有关出口退税单据、凭证；（三）虚开、伪造、非法购买增值税专用发票或其他可以用于出口退税的发票。其他欺骗手段则包括：（一）骗取出口退税资格的；（二）将未纳税或者免税的货物作为已税货物出口的；（三）虽有货物出口，但虚构该进出口货物品名、数量、单价等要素，骗取未实际纳税部分出口退税款的。

四、走私普通货物、物品罪典型案例分析

（一）走私普通货物、物品罪典型案例

2013年11月、2014年3月被告单位平果亚洲铝业有限公司在龙邦海关分别办理了C72113450002、C72114450001两本加工贸易手册，以"进料加工"的方式保税进口铝锭（其中，C72113450002号手册结束有效期是2015年5月20日，C72114450001号手册结束有效期是2015年3月17日）。之后，平果亚洲铝业有限公司将上述两本加工贸易手册交由被告人刘某某实际控制的佛山市南海区绍祥铝业有限公司具体负责铝锭进口报关及铝型材出口报关事宜。

2013年11月22日至2014年4月23日，佛山市南海区绍祥铝业有限公司从广东黄埔开发区、黄埔新港、南海三山、蛇口海关等口岸分批次保税进口铝锭，其中持C72113450002号加工贸易手册共进口7969.859吨铝锭，持C72114450001号加工贸易手册共进口1994.42吨铝锭。2013年底，平果亚洲铝业有限公司因资金紧缺又急需偿还银行到期贷款，刘某某决定将平果亚洲铝业有限公司从国外进口的部分保税铝锭在国内销售，所得货款用于偿还银行贷款。之后，刘某某安排其实际控制的佛山市南海区绍祥金属贸易有限公司职员林某、黎某等人将保税进口的部分铝锭在佛山市进行销售。

2013年12月至2014年4月期间，林某、黎某以佛山市南海区绍祥金属贸易有限公司为卖方，先后将平果亚洲铝业有限公司的保税进口铝锭销售给佛山市三水凤铝铝业有限公司904.517吨，佛山市银正铝业有限公司1472.2565吨，佛山市承昌宇贸易有限公司经理梁某1362.9654吨、利某61.106吨，上述铝锭共计2800.8449吨，应缴税额为人民币5861713.32元。

一审法院认为，被告单位平果亚洲铝业有限公司未经海关许可并且未补缴应缴税额，擅自将海关批准进口的来料加工的保税货物铝锭在境内进行销售，共计逃税税款5861713.32元，情节特别严重，其行为已构成了走私普通货物罪。被告人刘某某作为平果亚洲铝业有限公司的法定代表人、董事长，负责公司的经营管理，决定并授意将公司进口的来料加工的货物铝锭在境内进行销售，逃税税款共计5861713.32元，情节特别严重，其行为已构成了走私普通货物罪。被告单位平果亚洲铝业有限公司、被告人刘某某不服，提出上诉。二审法院认为，原判认定不当，平果亚洲铝业有限公司、刘某某不构成走私普通货物罪。[①]

（二）走私普通货物、物品罪案例分析

本案二被告人的行为不构成走私普通货物罪。

1. 客体方面。平果亚洲铝业有限公司、刘某某行为未实际侵犯我国海关对本罪犯罪对象的监管制度以及关税征收制度。

---

① 广西壮族自治区高级人民法院刑事判决书：（2018）桂刑终146号。

2. 客观方面。刘某某为绍祥公司的法定代表人、股东或老板，刘某某指使安排黎某等人销售进口铝锭。被告单位平果亚洲铝业有限公司未经海关许可，擅自内销保税铝锭2800.8449吨的事实存在。

但平果亚洲铝业有限公司没有以假出口、假结转或者利用虚假单证等方式骗取海关核销的行为。平果亚洲铝业有限公司对内销的上述保税铝锭在被查获的平果亚洲铝业有限公司的账本上真实记录，该公司的出仓单也明确上述保税铝锭是发到了买方，平果亚洲铝业有限公司没有采取在国内购买材料冲抵、制作假账、假单证伪报、瞒报等手段，骗取海关对该保税进口料件加工贸易手册的核销的行为。

公司于2015年5月25日即在核销期限内向海关书面申请内销并补缴税款，而海关未予答复。平果亚洲铝业有限公司目前虽未补缴税款，但无证据证明平果亚洲铝业有限公司在申请补缴税款时或加工贸易手册最后核销期限前已经没有能力或拒不补缴涉案税款。

3. 主体方面。平果亚洲铝业有限公司具备主体身份，刘某某系该公司法人代表、董事长，具备主体身份。

4. 主观方面。本案被发现时，还未到加工贸易手册的最后期限，在加工贸易手册核销期限内，平果亚洲铝业有限公司有书面向主管海关申请补缴税款的行为，证实平果亚洲铝业有限公司主观上有逃税税款的故意的证据不足。

综上，不能认定平果亚洲铝业有限公司、刘某某构成走私普通货物罪。

五、走私普通货物、物品罪的刑事政策与企业犯罪预防

（一）走私普通货物、物品犯罪的刑事政策

最高人民法院、最高人民检察院2014年9月10日颁布实施的《关于办理走私刑事案件适用法律若干问题的解释》明确规定，对于走私犯罪应"依法惩治"。

（二）走私普通货物、物品犯罪的企业犯罪预防

企业依法经营是底线，但是随着经营模式创新，一些经营者盲目跟随"行业惯例"，往往深陷风险。跨境电商零售进口行业从业者应特别重视行业性法律风险。我国自贸区创新监管措施增加了走私犯罪风险。据海关初步统计，2020年我国跨境电商进出口1.69万亿元，增长了31.1%，其中出口1.12万亿元，增速较快，增长了40.1%；进口0.57万亿元，增长16.5%；通过海关跨境电子商务管理平台验放进出口清单达24.5亿票，同比增加63.3%。与此同时，走私犯罪也以跨境电商零售的形式出现。我国第一例跨境电商零售进口走私犯罪判例发生在广东省，是由广州市中级人民法院审理的"广州志都供应链管理有限公司、冯某某走私普通货物、物品案"。① 2020年至今，跨境电商行业热度空前，但随着控制疫情、恢复经济各项举措取得成效，跨境电商行业合规风险不断显现，走私犯罪案件数量明显增加。

---

① 广州市中级人民法院刑事判决书：（2016）粤01刑初452号。

第十章　职务侵占罪的风险及其防控

一、职务侵占罪的立法规定

(一) 职务侵占罪的行政法律法规及规章

1. 《会计法》

第四十条　因有提供虚假财务会计报告，做假账，隐匿或者故意销毁会计凭证、会计账簿、财务会计报告，贪污，挪用公款，职务侵占等与会计职务有关的违法行为被依法追究刑事责任的人员，不得再从事会计工作。

2. 《保险公司中介业务违法行为处罚办法》

第二十四条　中国保监会在查处保险公司中介业务违法行为过程中，发现国有保险公司工作人员贪污贿赂、挪用公款等违纪、犯罪线索的，应当根据案件的性质，依法及时向监察机关或者司法机关移送。

中国保监会在查处保险公司中介业务违法行为过程中，发现非国有保险公司及其工作人员的违法行为，涉嫌构成职务侵占罪、非国家工作人员受贿罪、对非国家工作人员行贿罪、偷税罪等，需要追究刑事责任的，应当依法及时向司法机关移送。

3. 《公司法》

第一百四十七条　董事、监事、高级管理人员应当遵守法律、行政法规和公司章程，对公司负有忠实义务和勤勉义务。

董事、监事、高级管理人员不得利用职权收受贿赂或者其他非法收入，不得侵占公司的财产。

(二) 职务侵占罪的刑法及司法解释

1. 《刑法》规定

《刑法》中对于职务侵占罪的规定共有 2 条。

第二百七十一条　公司、企业或者其他单位的工作人员，利用职务上的便利，将本单位财物非法占为己有，数额较大的，处三年以下有期徒刑或者拘役，并处罚金；数额巨大的，处三年以上十年以下有期徒刑，并处罚金；数额特别巨大的，处十年以上有期徒刑或者无期徒刑，并处罚金。

第一百八十三条　保险公司的工作人员利用职务上的便利，故意编造未曾发生的保险事故进行虚假理赔，骗取保险金归自己所有的，依照本法第二百七十一条的规定定罪处罚。

国有保险公司工作人员和国有保险公司委派到非国有保险公司从事公务的人员有前款行为的，依照本法第三百八十二条、第三百八十三条的规定定罪处罚。

2. 司法解释

(1) 最高人民法院《关于村民小组组长利用职务便利非法占有公共财物行为如何定性问题的批复》(法释〔1999〕12 号)

对村民小组组长利用职务上的便利，将村民小组集体财产非法占为己有，数额较大的行为，应当依照《刑法》第二百七十一条第一款的规定，以职务侵占罪定罪处罚。

(2) 最高人民法院《关于在国有资本控股、参股的股份有限公司中从事管理工作的人员利用职务便利非法占有本公司财物如何定罪问题的批复》(法释〔2001〕17 号)

在国有资本控股、参股的股份有限公司中从事管理工作的人员，除受国家机关、国有公司、企业、事业单位委派从事公务的以外，不属于国家工作人员。对其利用职务上的便利，将本单位财物非法占为己有，数额较大的，应当依照《刑法》第二百七十一条第一款的规定，以职务侵占罪定罪处罚。

(3) 最高人民法院《关于审理贪污、职务侵占案件如何认定共同犯罪几个问题的解释》(法释〔2000〕15 号)

第一条　行为人与国家工作人员勾结，利用国家工作人员的职务便利，共同侵吞、窃取、骗取或者以其他手段非法占有公共财物的，以贪污罪共犯论处。

第二条　行为人与公司、企业或者其他单位的人员勾结，利用公司、企业或者其他单位人员的职务便利，共同将该单位财物非法占为己有，数额较大的，以职务侵占罪共犯论处。

第三条　公司、企业或者其他单位中，不具有国家工作人员身份的人与国家工作人员勾结，分别利用各自的职务便利，共同将本单位财物非法占为己有的，按照主犯的犯罪性质定罪。

(4) 全国人民代表大会常务委员会法制工作委员会《对关于公司人员利用职务上的便利采取欺骗等手段非法占有股东股权的行为如何定性处理的批复的意见》(法工委发函〔2005〕105 号)

据《刑法》第九十二条的规定，股份属于财产。采用各种非法手段侵吞、占有他人依法享有的股份，构成犯罪的，适用刑法有关非法侵犯他人财产的犯罪规定。

(5) 最高人民检察院、公安部《关于公安机关管辖的刑事案件立案追诉标准的规定

（二）》（公通字［2010］23 号）

  第八十四条 ［职务侵占案（刑法第二百七十一条第一款）］公司、企业或者其他单位的人员，利用职务上的便利，将本单位财物非法占为己有，数额在五千元至一万元以上的，应予立案追诉。

（6）最高人民法院、最高人民检察院《关于办理国家出资企业中职务犯罪案件具体应用法律若干问题的意见》（法发［2010］49 号）

  一、关于国家出资企业工作人员在改制过程中隐匿公司、企业财产归个人持股的改制后公司、企业所有的行为的处理

  国家工作人员或者受国家机关、国有公司、企业、事业单位、人民团体委托管理、经营国有财产的人员利用职务上的便利，在国家出资企业改制过程中故意通过低估资产、隐瞒债权、虚设债务、虚构产权交易等方式隐匿公司、企业财产，转为本人持有股份的改制后公司、企业所有，应当依法追究刑事责任的，依照《刑法》第三百八十二条、第三百八十三条的规定，以贪污罪定罪处罚。贪污数额一般应当以所隐匿财产全额计算；改制后公司、企业仍有国有股份的，按股份比例扣除归于国有的部分。

  所隐匿财产在改制过程中已为行为人实际控制，或者国家出资企业改制已经完成的，以犯罪既遂处理。

  第一款规定以外的人员实施该款行为的，依照《刑法》第二百七十一条的规定，以职务侵占罪定罪处罚；第一款规定以外的人员与第一款规定的人员共同实施该款行为的，以贪污罪的共犯论处。

二、职务侵占罪犯罪学分析

（一）职务侵占罪的犯罪现状

2010 年 1 月 1 日—2020 年 12 月 31 日全国职务侵占罪案件基本情况分析[①]：

1. 案件总数：38868

2. 法院分布

表 10-1   全国职务侵占罪案件审理法院

审理法院层级	最高人民法院	高级人民法院	中级人民法院	基层人民法院	专门法院
总件数	1	143	7366	31247	111

---

  ① 该数据选取时间为 2010 年 1 月 1 日—2020 年 12 月 31 日，数据来源：威科先行网（http://8721add15be1c16f50bd1ba831cbefd9. f2a9b9a2. libvpn. zuel. edu. cn/），访问日期：2021 年 3 月 31 日。

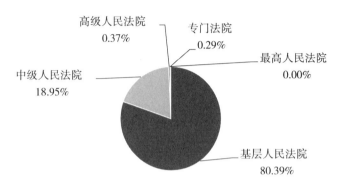

图 10-1 职务侵占罪案件审理法院级别

3. 审级分布

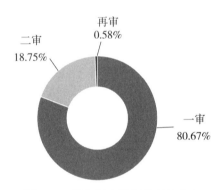

图 10-2 职务侵占罪案件审级分布

4. 区域分布

除港澳台地区,全国各省(区、市)职务侵占罪案件分布如下:

表 10-2　　　　　　　　**全国各省(区、市)职务侵占罪案件分布情况**

					东部沿海地区					
省(区、市)	京	津	冀	沪	苏	浙	闽	鲁	粤	琼
案件数	1463	589	1526	3626	2444	3102	1395	2303	5258	246

			中 部 地 区			
省(区、市)	豫	晋	皖	赣	鄂	湘
案件数	2416	1075	1143	594	1057	1275

西 部 地 区												
省（区、市）	渝	滇	桂	川	贵	藏	陕	甘	蒙	青	宁	新
案件数	485	823	659	1203	589	47	1020	551	567	194	134	425

东北部地区		
省（区、市）	辽宁	吉林	黑龙江
案件数	1076	852	617

5. 年度趋势

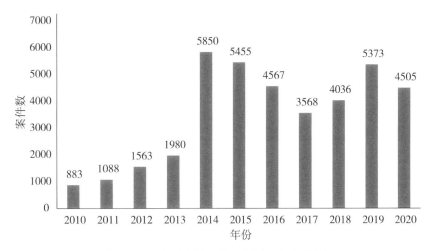

图 10-3　职务侵占罪（单位犯罪）年度趋势图

根据表 10-1 和表 10-2 分析可知，职务侵占罪由基层法院办理居多，其中，广东省触犯频率最高，江苏、浙江位居第二、第三。

从图 10-3 搜集到的数据来看，2013—2014 年职务侵占罪数量猛增，2016 年达到峰值，近年来呈现不稳定的案发态势。2013—2014 年猛增的主要原因在于企业数量大幅度增加，2014 年之后企业增长速度放缓，但仍然呈现上升状态。

（二）职务侵占罪的犯罪特征

职务侵占罪案件具有以下特征：

1. 犯罪人大多是从事与涉案财物有密切关联的基层业务人员和基层管理人员。如韦某案①、刘某案②中，韦某、刘某均为公司销售员；在李某案③中，李某为公司出纳；在

① 广东省佛山市高明区人民法院刑事判决书：（2021）粤 0608 刑初 15 号。
② 广东省汕头市澄海区人民法院刑事判决书：（2020）粤 0515 刑初 772 号。
③ 广东省普宁市人民法院刑事判决书：（2020）粤 5281 刑初 1081 号。

钟某案①中，钟某为公司顾问。

2. 从犯罪手段上看，主要存在四种侵占方法：一是变卖公司经营财物；二是虚报申购公司物资或款项；三是冒用公司名义收受款项；四是利用保管财物之便，直接或者间接侵占或者盗窃。

3. 案发方式上看，职务侵占类犯罪发现的主要方式是依靠被害企业自己发现；自首、深挖余案发现和公安机关在日常巡查工作中发现，则是在极少数的情况下发生的。

4. 犯罪人员知识水平有限。相比其他犯罪，在广东省发现的职务侵占案件中，犯罪人大多为高中、大专文凭，属于中等文化水平，比暴力犯罪主体的文化程度高，具备一定的知识水平。

5. 主要发生于中小微企业内部。主要涉及的商业领域包括零售、建材制造、废料处理、加工等行业，这些行业公司发展规模较小，财务制度不完善。大型企业往往由于具备完善的财务制度与工作程序，发生职务侵占的风险较小。

(三) 职务侵占罪的犯罪原因

根据组织体崩溃理论，单位犯罪事件的发生要求有犯罪人错误的主观认知、被害人盲目介入和制度环境污染等三个要素。因此，犯罪原因主要从以下三个方面展开。

1. 部分基层工作人员认知错误

职务侵占案件有着清晰的犯罪对象与犯罪动机——公司财产与获取金钱利益。这也解释了在众多的职务侵占案件中，犯罪人处理侵占的公司财物大多以变卖收场。职务侵占案件的犯罪主体大多是基层的业务人员与基层管理人员，这一部分人员对金钱有着更为热烈的渴望。改革开放以来，我国大力加强市场经济的引导与发展，消费主义观念逐渐在社会中流行开来。在这种情况下，隐藏在消费中的金钱需求亦逐渐膨胀、蔓延，由此诱发拜金主义的价值观。② 当今社会的消费主义势头疯长，人们对金钱的欲望正迅速膨胀，价值观也随之发生变化。社会中对于金钱的肯定、服务行业中对于有钱人的优待，都对犯罪者的个人观念有负面的影响，甚至可能形成金钱万能的观念。在通过工作无法获得期望的酬劳时，追求高薪的挫败使犯罪人对未来感到压力重重，进而开始寻求其他获得金钱的途径，行为人极易为了一己私利或是满足自己不正当的目的，利用自己职务上的便利，将不属于自己所有的公司财物占为己有，这些行为人的犯罪动机显而易见，且由于在工作中，犯罪实施较为便捷，因此促进了职务侵占罪的现象多发、频发，给公司带来了极大的损失。

2. 受害对象风险防控意识不强，给犯罪留有空间

经济的高速发展使得一些人的物质欲望膨胀，一旦思想意识层面的提升无法与经济物质发展的速度同步，人们的价值观念就会发生变化，甚至与旧有的道德认识产生冲突，进而产生犯罪动机。并且，伴随着市场经济体制改革的不断深入，企业的经营方式也在不断

---

① 广东省广州市海珠区人民法院刑事判决书：（2020）粤 0105 刑初 1474 号。

② 于海生：《职务侵占类犯罪生成机制及其情境预防》，载《犯罪研究》2020 年第 1 期。

地发生变化。绝大部分企业的实际拥有者，并没有直接参与到企业的管理当中，而是实行聘用制对企业进行管理，导致企业资产的所有权与实际经营的管理权相分离。这种情况使得那些具有犯罪动机的人有了利用职务便利的可能性，也导致了企业财产暴露在一个易受侵害的环境下，使得发生职务侵占犯罪的可能性提高。

3. 缺少完善的外部监管

犯罪人的职务身份与不完善的公司制度刺激了犯罪的产生。随着我国社会主义市场经济体制的不断发展，为了适应现代化社会的高速运转，不少公司的运营方式和管理制度正在发生变化。在实际的公司运作过程中，许多公司的实际所有人并不直接参与到公司的运营之中，其对财物的所有权也并未掌握在自己手中，管理权等也逐渐下沉至下属部门。对于犯罪人来说，这样的权限失衡给可能的犯罪人可乘之机，使他们实施侵占公司财物的行为具有更多职务上的便利，加之企业缺乏现代化的管理水平、人员机构设置不合理、对相关财物保管制度的不完全履行、企业对于员工的监管等不完善的企业制度也使得职务侵占案件"缺乏有力监管者"，这些管理上的漏洞成为公司极易沦为受害方的主要缘由。并且，在职务侵占犯罪的成因中，社会群体因素对犯罪意志的产生具有重要的作用，犯罪机会的具备也同时强化了犯罪者的犯罪信念，促使犯罪行为的产生。

法律规范不够完善也是构成外部环境的诱因。在立法上，职务侵占罪的刑罚中规定，数额较大的，处 3 年以下有期徒刑或者拘役；数额巨大的，处 3 年以上 10 年以下有期徒刑，可以并处没收财产。可以看出，职务侵占罪的犯罪成本不高，在司法实务中，对犯罪情节轻微、依法不需要判处刑罚的犯罪嫌疑人，也会依法决定不起诉，认定其无罪。在构成职务侵占罪的案例当中，对被告人的刑罚力度不大，存在部分被判处缓刑和罚金的现象。轻刑化的趋势一方面适应了我国经济犯罪司法裁判的趋势；另一方面，轻刑化的判决也导致行为人因犯罪获得的收益远远高于被判处刑罚带来的损失，因此对于行为人的打击力度不够，不能很好地保障公司的合法权益。此外，相关的法律服务尚不完善，对于中小微企业提供法律咨询、为其解决矛盾的服务远落后于现实的需要，因此无法保障企业的管理规范化，也不利于促使企业之间竞争公平化发展，易导致职务侵占罪的发生，不利于在损失发生后及时止损。

三、职务侵占罪刑法教义学分析

(一) 职务侵占罪构成要件

职务侵占罪，是指公司、企业或者其他单位的人员利用职务上的便利，将本单位财物占为己有，数额较大的行为。本罪的构成特征如下。

1. 客体要件

职务侵占罪规定在财产犯罪一章中，犯罪客体是公司、企业或者其他单位的财产所有权。但对于职务侵占罪保护的法益，学界存在"单一法益论"和"双重法益论"之争。

"单一法益论"认为，职务侵占罪仅保护公司、企业或其他单位的财产所有权。① 这种观点将职务侵占罪的客体普遍认作是一种财产性权利，因此属于"单一客体"。② 但职务侵占罪与刑法中规定的其他侵犯财产权利的犯罪相比，职务侵占罪从犯罪构成要件上如犯罪主体、犯罪客观方面和立法目的上来说，都有其特殊性，如果仅认为职务侵占罪的客体是单一客体，实务中则无法正确认定职务侵占罪的成立。"双重法益论"认为，职务侵占罪除保护财产所有权之外，还保护单位的公权力或者说是单位管理制度。③

为了说明认为职务侵占罪的客体为"单一客体"这一观点的局限性和缺陷，这里将职务侵占罪与侵占罪作比较，职务侵占罪是从侵占罪发展而来的，"侵占"一词顾名思义，指的是非法占有别人的财产，我国《宪法》第 12 条"为保护国家、集体的财产权利"，第 13 条"为保护公民的合法的私有财产"奠定了法律基础。而刑法中对侵占罪的规定为"侵占罪，指以非法占有为目的，将代为保管的他人财物、遗忘物或者埋藏物非法占为己有，数额较大，拒不交还的行为"。因此侵占罪的客体是他人财物的所有权，是"单一客体"，然而职务侵占罪的"职务"如何体现，从"单一客体"角度来看，职务侵占罪的客体指的是财产权利，那么"职务"的因素只能通过犯罪构成要件中的客观方面或者是主体来体现，实践中更多的是通过认定"利用职务上的便利"来认定"职务"因素的存在。这样的逻辑在实务中是难以立足的，在实际的案例中，法院根据这种"单一客体"会作出错误的判断。

比如利用职务上的便利，指"职权及与职务有关的便利条件"，"利用主管、经手、管理"单位财物时的便利条件，但实践中，有的行为人在侵占他人或集体财产时并不具有"主观、经手或管理"的职权，因此法官会将行为人的行为认定是普通的窃取，从而判定行为人构成盗窃罪或其他罪行，作出错误的判决，排除对职务侵占罪的认定。事实上，行为人在侵占他人或集体财产前也利用了其职务上的便利，因此并不能单单认为行为人侵害了财产权利而没有利用职务便利，法官的判决在此体现的是"单一客体"的局限所在。

另外，如抢劫罪在侵犯他人财产权利以外，还侵犯了他人的人身权利；破坏生产经营罪不仅侵犯他人的财产权利，也侵犯了他人生产经营的正常活动，表明这些侵犯财产类犯罪的客体都是双重客体甚至是多重客体，那么针对这些并非单一客体的犯罪来说，立法目的能够在多重客体中得以体现，这些罪名的归类也能看出立法者立法的侧重点。与这些侵犯财产权利的犯罪一致，职务侵占罪虽被归于在侵犯财产罪的范围之内，但也不可因此认定职务侵占罪的客体就仅是财产权利。我们得知，职务侵占罪中"职务"这一要素的重要性，不仅是"侵占了财产"，也是"利用了自己的职务"，在上文的例子中，要体现"职务"中的"利用自己的职务"要素只能通过职务侵占罪的客观方面来体现，按"单一客体"论之，"利用自己的职务"无法表现出公共权力或是职务廉洁性的重要性和效力，

① 王作富：《刑法分则实务研究（中）》，中国方正出版社 2013 年版，第 1002 页。
② 夏勇、刘伟琦：《职务侵占罪双重犯罪客体之提倡》，载《人民检察》2014 年第 15 期。
③ 刘伟琦：《"利用职务上的便利"的司法误区与规范性解读——基于职务侵占罪双重法益的立场》，载《政治与法律》2015 年第 1 期。

因此"利用自己的职务"这一要素便与职务侵占罪的犯罪客体相脱离,在实践中缺乏对于公共权力或是职务廉洁性法益的保护,相应地也缺少了对该法益的引导和制约。

总之,职务侵占罪的犯罪客体应当包括两个方面,一是侵犯了财产权利,一是侵犯了公共权力。"单一客体"不能解释对于公共权力的侵犯和公共法益的保护,也割裂了职务侵占罪中犯罪客体与犯罪行为之间的联系,在实践中会因客体认定不准确而导致法官误判现象的发生。因此,由于犯罪客体与犯罪行为之间的联系紧密,也相互对应,认定犯罪客体是双重客体对于正确分析职务侵占罪的客观方面也具有重要的意义,这在下文中会有详细的叙述。其中与"利用职务上的便利"相联系的是公共权力而不是财产权利,这也只有通过将职务侵占罪的客体认定为双重客体才能得以展现。虽然职务侵占罪被归于侵犯财产罪的范畴,但立法者的立法意图不局限于保护财产和财产权利,也在于防止公共权力受到侵犯,这也是职务侵占罪与侵占罪在法理上能够区分的原因。

2. 客观要件

职务侵占罪的客观要件表现为,行为人利用职务上的便利非法侵占本单位财物数额较大的行为。具体而言,主要包括以下几个方面:

(1) 利用职务上的便利

对于职务侵占罪中"职务"的内容是否同时包含事务管理以及劳务,一直有争议:①占有控制说。占有控制说认为,职务侵占罪需要具备"利用职务便利"的条件,这就要求行为人具有"占有、处分单位财物的权限"。如仅是在短时间内单纯持有单位财物,并不符合"占有、处分单位财物的权限"的实质含义,完全等同于仅仅是由于工作关系而能够接近单位财物而构成的盗窃罪。该论点的逻辑思路可概括为:行为人在短时间内单纯持有单位财物,往往不可具有"占有、控制单位财物的权限",从而难以利用职务便利,因此不可能是实行职务侵占行为,其占有单位财务的行为只能构成盗窃、诈骗等犯罪。②部分劳务便利肯定说。部分劳务便利肯定说认为,"利用职务便利"是指利用具有管理性的公务性劳务行为。该论点的逻辑思路可概括为,行为人只要被公司雇佣为员工,就被赋予了从事一定管理性业务活动的权限,行为人就可能具有加以利用并实现"利用职务便利"的时机,因此不排除其行为构成职务侵占罪。

职务侵占行为的行为方式,理论上有"侵占单一手段说"和"综合手段说"之分。"侵占单一手段说"认为,只有侵占行为才能构成职务侵占罪的行为方式;① "综合手段说"认为,职务侵占罪的行为方式除了侵占,还有窃取、骗取等其他方法。我们认为,两种观点并不冲突,其中,职务侵占是法定事实,而窃取、骗取是客观事实,或者说是实现职务侵占的常见手段。

(2) 侵占本单位的财物

职务侵占罪的对象是本单位的财物,此处的财物必须是本单位所有或者经手的客观财产性权利,并不包括不确定的预期利益。本罪侵犯的客体是公私财产的所有权。侵犯的对

---

① 周啸天:《职务侵占罪中"利用职务上的便利"要件之再解读》,载《政治与法律》2016年第7期。

象必须是行为人所在单位的合法财物。行为人所在单位依法负有保管、运输等义务以及享有使用、占有等权利的非本单位的财物，应以本单位财物论。① 本罪的财产包括股权。股份属于财产。采用各种非法手段侵吞、占有他人依法享有的股份，构成犯罪的，适用刑法有关非法侵犯他人财产的犯罪规定。②

对于公司股东之间或者被委托人利用职务便利，非法占有公司股东股权的行为，如果能够认定行为人主观上具有非法占有他人财物的目的，则可对其利用职务便利，非法占有公司管理中的股东股权的行为以职务侵占罪论处。③

3. 主体要件

本罪主体为特殊主体，包括公司、企业或者其他单位的人员，具体是指三种不同身份的自然人。一是股份有限公司、有限责任公司的董事、监事，这些董事、监事必须不具有国家工作人员身份。他们是公司的实际领导者，具有一定的职权，当然可以成为本罪的主体。二是上述公司的人员，是指除公司董事、监事之外的经理、部门负责人和其他一般职员和工人。这些经理、部门负责人以及职员也必须不具有国家工作人员身份，他们或有特定的职权，或因从事一定的工作，可以利用职权或工作之便侵占公司的财物而成为本罪的主体。三是上述公司以外企业或者其他单位的人员，是指集体性质企业、私营企业、外商独资企业的职工，国有企业、公司、中外合资、中外合作企业等中不具有国家工作人员身份的所有职工。关于本罪犯罪主体的争议要点在于：

（1）不是公司、企业内部正式职工，不在公司、企业职工名册上的人员能否成为职务侵占罪的主体？

"公司实际控制人"可以成为职务侵占罪的主体。公司实际控制人，是指虽不是公司的股东，但通过投资关系、协议或者其他安排，能够实际支配公司行为的人。在张某某职务侵占案④中，四川省凉山州中级人民法院认定被告人张某某以非法占有为目的，利用其担任西昌电力实际控制人的职务之便，采取循环倒账、做假账的手段，将西昌电力巨额资金转入张某某所控制的公司四川立信，其行为构成职务侵占等罪，四川省高级人民法院二审维持原判。一、二审法院均认定，其虽非西昌电力公司的管理人员，不在该公司任职，但其属于该公司的实际控制人。对虽从事管理活动，但不在公司、企业职工名册上的人员能否成为本罪主体，实践中的理解不一。我们认为，行为虽然人并不在公司、企业职工名册上，但因为实际承担公司、企业管理职责的人，具有作为单位管理人员的管理职能，也应视为本罪主体。⑤

---

① 周道鸾、张军：《刑法罪名精释（下）》，人民法院出版社2013年版，第660页。
② 参见2005年全国人民代表大会常务委员会法制工作委员会《关于公司人员利用职务上的便利采取欺骗等手段非法占有股东股权的行为如何定性处理的批复的意见》。
③ 参见2005年公安部经侦局《关于对非法占有他人股权是否构成职务侵占罪问题的工作意见》。
④ 四川省凉山州中级人民法院刑事判决书：（2007）川凉中刑初字第102号。
⑤ 周光权：《职务侵占罪客观要件争议问题研究》，载《政治与法律》2018年第7期。

（2）合伙事务执行人侵占合伙企业财物是否构成职务侵占罪的犯罪主体？

不具有法人资格的合伙企业是否属于职务侵占罪中的"企业或者其他单位"？否定观点认为，除质疑合伙企业是否属于本罪中的"企业或者其他单位"外，还认为普通合伙人对合伙企业债务承担无限责任，这意味着两者资产本质上并非相互独立，将资产从合伙企业转至普通合伙人手中，相当于从左口袋转到右口袋，对合伙企业及债权人没有实质性影响和损失；肯定说观点多从保护产权的角度出发，尤其是针对那些有限合伙人人数众多、侵占资金规模过大、易引发社会群体性事件的侵占事件。如刘宪权教授在论述互联网金融众筹刑事法律风险时提出，普通合伙人利用职务便利侵占合伙企业财产，情节严重时，完全可以职务侵占罪定罪处罚。①

那么司法实践中的做法是怎么样的呢？我们根据中国裁判文书网数据分析，2010年至今，涉及合伙企业职务侵占的案例共21例。② 我们随机选取7例进行总结：

表 10-3 　　　　　　　　　　合伙企业职务侵占案例

案名	合伙事务执行人	行 为 方 式	法 院 认 定
（2020）鄂10刑终248号	政辉公司（法定代表人吴某某）	吴某某以公司名义与刘某签订合伙协议，伪造数据侵占刘某利益。	吴某某所在公司与刘某虽签订了合伙协议书，但该"合伙体"未经工商行政管理机关登记注册，不属于非法人合伙企业。吴某某不具备《刑法》第271条规定的职务侵占罪的主体要件，对其行为不亦以职务侵占罪定罪处罚。
（2020）粤12刑终89号	王某某	直接侵占20万元合伙企业借款。	本案之中，收取货款是王某某的职权行为，而合伙企业的投资总成本、应获利数额等均没有证据证实，王某某是否侵占了合伙企业的财产，不能得出排他性的结论，因此，指控王某某构成职务侵占罪的证据不足。
（2019）鄂28刑终260号	吕某某	直接侵占合伙企业财产。	吕某某系合伙企业巴东县农兴机动车驾驶培训中心的工作人员，其利用职务之便，将属于本单位所有的钱财100.394万元非法占为己有，其行为构成职务侵占罪。
（2017）粤17刑终114号	刘某某	篡改过磅单形式，侵吞双黄坑场合下场货款和虚报退货方式侵吞货款。	上诉人及其辩护人称，上诉人的行为不构成职务侵占罪，我国的立法对于合伙企业的合伙人发生了侵占合伙企业财产不予追究刑事责任的上诉意见和辩护意见证据不足，不予采纳。上诉人的行为已构成职务侵占罪。

① 刘宪权：《互联网金融股权众筹行为刑法规制论》，载《法商研究》2015年第6期。
② 中国裁判文书网（https://wenshu.court.gov.cn/website/wenshu/181029CR4M5A62CH/index.html），访问日期：2021年2月6日。

续表

案名	合伙事务执行人	行为方式	法院认定
（2015）锡刑二终字第15号	杨某某（天津富润投资基金有限合伙企业执行事务合伙人）	伪造《合伙人决议》，另行刻制天津富润股权投资基金合伙企业印章等手段，将该企业股权转至李某某名下。	构成职务侵占罪。
（2019）桂0821刑初564号	梁某某（销售业务主管，非合伙人）	利用职务上的便利侵占该厂的资金150万元。	构成职务侵占罪。
（2019）冀0209刑初51号	唐山市曹妃甸工业区蓝森商贸有限公司（法定代表人魏某某）	将合伙企业中被害人投资的机床等设备拉走，并非法占有。	被告人魏某某利用担任唐山市曹妃甸工业区蓝森商贸有限公司法定代表人职务之便，将被害人投资合伙企业的财物非法占为己有，价值人民币8.8万元，数额较大，其行为已构成职务侵占罪。
（2018）浙0327刑初1094号	李某某（苍南县双坑口村水电站法定代表人，该电站系普通合伙企业）	利用职务便利，给合伙人之外的人发放工资、福利。	利用自己系合伙企业事务执行人的职务便利，在其妻子刘某未实际向水电站提供劳务的情况下，未经企业其他合伙人的同意，擅自以给刘某发放工资、奖金的名义，侵占水电站资金人民币182300元，构成职务侵占罪。

由此可见：

第一，司法实践已普遍将合伙企业纳入本罪被害单位范畴。刑法意义上的"单位"有两种类型：一是作为犯罪主体的单位（《刑法》第30条）；二是作为特定犯罪被害人的单位，如职务侵占罪、挪用资金罪等。这两类单位的内涵、外延是否一致，理论界目前仍无定论。[①] 我们倾向于认为两者不可同一而论，"单位犯罪"属于严格界定的刑法概念，其中的"单位"必须具有单独的可责难性，外延应相对较窄；而"被害单位"并非严格的刑法概念，若过多限制其外延，不利于充分、平等地保护市场主体的财产权益。根据公安部《关于村民委员会可否构成单位犯罪主体问题的批复》，村民委员会不属于单位犯罪的主体；而根据最高人民法院《全国法院维护农村稳定刑事审判工作座谈会纪要》，村委会成员利用职务便利侵吞村民小组集团财产的，以职务侵占罪定罪处罚，即村民委员会不属于单位犯罪主体，但属于职务侵占罪的被害对象。据此，我们认为，被害单位的主体不应局限于单位犯罪的主体。虽然，实践中主流观点认为合伙企业并非单位犯罪的主体，但不能据此直接得出合伙企业不能成为被害单位的结论。目前，广东、浙江、湖北、广西等地法院裁判文书已将合伙企业视为本罪被害人，中国裁判文书网共收录21例合伙企业员

[①]　刘俊海：《合伙企业不是单位犯罪主体的法律逻辑》，载《法律适用》2019年第23期。

工职务侵占案例。其中，仅有 1 位辩护人对合伙企业是否属于本罪中的"公司、企业或者其他单位"提出异议，但法院并未支持。

第二，受合伙企业架构设计的影响，实践中普通合伙人和执行事务合伙人以法人为主，而本罪的主体只能是自然人。对于法人的法定代表人是否构成职务侵占罪尚存在争议。

第三，实践中很难认定执行事务合伙人具有非法占有故意，证据收集困难。执行事务合伙人具有投资决策权，其对于转移资产行为可以正常投资进行抗辩。加之执行事务合伙人与合伙企业之间存在大量资金往来，难以厘清涉案财物究竟是被用于借、还款还是被执行事务合伙人非法占有。

（3）宗教活动场所的工作人员能否构成职务侵占或挪用资金犯罪主体？

宗教活动场所属于《刑法》第 271 条和第 272 条所规定的"其他单位"范围。此外，根据 2004 年公安部经济犯罪侦查局《关于宗教活动场所工作人员能否构成职务侵占或挪用资金犯罪主体的批复》规定，宗教活动场所的财产属于公共财产或信教公民共有财产，受法律保护，任何组织和个人不得侵占、哄抢、私分和非法处分宗教团体、宗教活动场所的合法财产。宗教活动场所的管理人员利用职务之便，侵占或挪用宗教活动场所公共财产的，可以构成职务侵占罪或挪用资金罪。

4. 主观要件

职务侵占罪在主观方面表现为直接故意，且具有非法占有公司、企业或其他单位财物的目的。动机如何不影响本罪成立。

（二）职务侵占罪司法认定问题

1. 非法占有他人股权、伪造收购公司协议是否构成职务侵占罪？

2005 年公安部经济犯罪侦查局《关于对非法占有他人股权是否构成职务侵占罪问题的工作意见》规定，对于公司股东之间或者被委托人利用职务便利，非法占有公司股东股权的行为，如果能够认定行为人主观上具有非法占有他人财物的目的，则可对其利用职务便利，非法占有公司管理中的股东股权的行为以职务侵占罪论处。

2005 年全国人大常委会法制工作委员会《关于公司人员利用职务上的便利采取欺骗等手段非法占有股东股权的行为如何定性处理的批复意见》（以下简称 2005 年全国人大法工委《批复意见》）规定，采用各种非法手段侵吞、占有他人依法享有的股份，构成犯罪的，适用刑法有关侵犯他人财产的犯罪规定。

2003 年全国人大法工委刑法室、最高院研究室、刑二庭、最高检研究室、侦监厅、公诉厅、中国检察理论研究所、人大法学院联合举办的研讨会上发布的《对妨害公司、企业管理秩序犯罪法律适用问题研讨会会议纪要》（以下简称 2003 年《会议纪要》）表明，将本单位的股份（权）私自变更到个人名下可以构成职务侵占罪，但在本单位内侵占了其他股东股份（权）的，不构成职务侵占罪。

以上文件的指导思想有所不同。2005 年全国人大法工委《批复意见》认为非法占有公司股东股权的行为可以被认定为非法占有公司财产。而 2003 年《会议纪要》认为，将本单位的股份私自变更到个人名下才是侵占公司财产，构成职务侵占罪。而在本单位内侵占了其他股东股份的，不构成职务侵占罪。接下来，我们将通过两个案例进行说明。

（1）成立职务侵占罪的案例

邱县安某公交客运有限责任公司（以下简称"邱县安某公司"）成立于 2008 年 11 月，法人代表为王某 3，股东为王某 3、刘某某。2013 年 1 月 6 日邱县安某公司与万某团股份有限公司（以下简称"万某团公司"）签订转让协议，万某团公司出资 170 万元收购邱县安某公司 100% 股权、客运路线经营权、营运手续、班线经营许可决定书及所属车辆。并于 2013 年 4 月进行变更登记，邱县安某公司法人代表由王某 3 变更为万某团公司副总裁曹某 1，股东也由王某 3、刘某某变更为曹某 1，同时王某 3、刘某某等 8 名原邱县安某公司职工被万某团公司收编，并签订了劳动合同，邱县安某公司日常工作由王某 3 负责。2015 年 11 月，被告人王某 3 在万某团公司和曹某 1 不知情的情况下，将邱县安某公司法人代表和股东由曹某 1 变更为王某 3。①

在王某 3 职务侵占一审刑事判决书中，法院认为，被告人王某 3 利用负责邱县安某客运公交有限公司日常工作管理的职务便利，伪造相关材料，擅自将邱县安某公交客运有限公司法人代表、股东由曹某 1 变更为其本人名下，该股份时值数额较大，事实清楚，证据确实充分，其行为已构成职务侵占罪。邱县人民检察院指控的罪名成立，予以支持。

（2）不成立职务侵占罪的案例

周某以 2500 万元谈成了元宝公司 80% 的股份收购。当时市场上均看好元宝公司矿的潜力，并有人为得到此矿股权愿意出 2000 万元中介费给周某。本案被告人马某也看好了这矿，愿意合作，并默认保证周某的 3000 万元中介费。在此背景下，马某与其他投资人商议，制作了 6000 万元（将 2500 万元改成 6000 万元）虚假的收购协议，并找到愿意一起投资的人，给他们看了这个假协议来融资。根据投资人出资数额，确定其在 6000 万元中的占比数额。马某与其他投资人签订投资 6000 万的股权协议，但各投资人不在元宝公司工商登记显示股东名字，签订该投资协议时马某也不是该公司股东。后部分投资人知道实际收购价格是 2500 万元后，要求按实际出资比例确定股份并分红，投资人均同意，且都实际取得了分红。后有投资人认为马某提供 6000 万元的虚假协议来融资，是侵占了投资人在元宝公司的股权利益的犯罪行为，故报案。

一审法院认为，马某具有非法占有他人财物的目的，利用其职务上的便利，非法占有公司管理中股东股权的行为，数额巨大，构成职务侵占罪，判处有期徒刑五年六个月。

二审法院听取了辩护律师意见，认为原判决认定事实不清，发回重审。

2. 冒用公司名义借款拒不归还行为不构成职务侵占罪

首先，此种情形是否属于表见代理？刑事看行为，民事看关系。刑法是对行为的实质合法性的考察。有效、无效是对合同当事人之间权利义务关系的私法评判，而合法、违法是对当事人行为的公法评价。行为有效不代表行为合法。无效行为也不等同于行为违法。

---

① 河北省邱县人民法院刑事判决书：（2018）冀 0430 刑初 144 号。

换言之，表见代理民法有效性不能成为行为人占有资金行为的合法性依据。

其次，表见代理调整结果能否作为认定资金归属的依据？表见代理属于民事法律规范的调整规则，分配的民事责任也就是财产损失的分担问题，重在修复和弥补民事法律关系。而职务侵占罪中的单位财物则要求在实施侵占行为时，即已直接地、明确地归单位所有。冒用单位名义借款行为中的资金并不符合公司所有的要件，不能认定为职务侵占罪中的单位资金。故而表见代理调整结果不能作为涉案资金归属的依据。

再次，职务侵占罪是以不转移占有的方式侵占处于行为人自己管理或控制的财物，当行为对象是第三人资金而非公司资金时，行为人的行为就不符合职务侵占罪的构成要件；但是，如果行为人结款后将借款形成的个人债务转嫁为公司债务时，也有成立职务侵占罪的可能。

3. 职务侵占罪与贪污罪的界限

第一，主体要件不同。本罪的主体是公司、企业或者其他单位的人员。无论是股份有限公司、有限责任公司，还是国有公司、企业、中外合资、中外合作、集体性质企业、外商独资企业、私营企业等中不具有国家工作人员身份的一切职工都可成为本罪的主体。贪污罪的主体则只限于国家工作人员，其中包括在国有公司、企业或者其他公司、企业中行使管理职权，并具有国家工作人员身份的人员，也包括受国有公司、国有企业委派或者聘请，作为国有公司、国有企业代表在中外合资，合作、股份制公司、企业等非国有单位中，行使管理职权，并具有国家工作人员身份的人员。

第二，犯罪行为不同。本罪是利用职务的便利，侵占本单位财物的行为；而贪污罪是指利用职务上的便利侵占、盗窃、骗取公共财物的行为。

第三，犯罪对象不同。本罪的对象必须是自己职权范围内或者是工作范围内经营的本单位的财物，它既可能是公共财物，也可能是私有财物；而贪污罪则只能是公共财物。

第四，情节要件的要求不同。本罪的构成必须是侵占公司、企业财物数额较大的行为，数额较小的不构成犯罪。但法律对贪污罪没有规定数额的限制。当然如果犯罪数额较小，情节显著轻微，危害不大的贪污行为不应认为是犯罪。

第五，法定刑上有所不同。本罪的最高法定刑只有15年有期徒刑，而贪污罪的最高法定刑为死刑。

4. 职务侵占罪与盗窃罪的区分

盗窃罪和职务侵占罪的区别在于行为人实施犯罪时是否利用了职务上的便利。利用职务上的便利窃取本单位财物的，不应以盗窃罪论处，而应以职务侵占罪定罪处罚。

结合在实践中争议很大的"杨某被控盗窃宣告无罪案"进行分析，在认定职务侵占中利用职务便利的管理、经手时，要将其实质限定在对单位的财物有占有、处分权限上。在"握有"单位财物，或者单位财物仅仅从行为人手中"过一下"时窃取单位财物的，不是利用职务便利，而是单纯利用工作机会窃取他人占有的财物，其实质与那些仅因工作关系形成接近单位财物等方便所构成的盗窃罪完全相同，不应当成立职务侵占罪。

5. 职务侵占罪与合同诈骗罪的区分

区分诈骗类犯罪与职务侵占罪的关键点有两点：一是考察行为人最终占有财物的手段，主要是利用其职务便利，还是利用通常意义上的诈骗手段；二是考察财物归属，被告人最终占有的财物究竟是归属于本单位还是合同相对方。① 如果行为人最终占有财物主要基于其职务便利，且涉案财物本质上归属于其单位，那么行为人涉嫌职务侵占罪。如果行为人最终占有财物主要基于诈骗手段，且涉案财物归属于合同相对方，那么行为人涉嫌诈骗类犯罪。

四、职务侵占罪典型案例分析

（一）职务侵占罪典型案例

伟海控股集团有限公司（以下简称伟海集团）成立于 2000 年 12 月 5 日，原始股东为陶某 1、金某 1，2005 年 7 月 15 日变更为陶某 1 及其妻子陶某 2，2009 年 4 月 22 日股东再次变更为陶某 1 及其儿子陶某 3 至今。2004 年 3 月，伟海集团出资 80%，陶某 2 出资 20% 设立了新厦公司。同年 5 月，伟海集团出资 70%、香港伟海国际贸易公司出资 30%（股东陶某 1、陶某 2）设立了伟海公司。2008 年 1 月之前，伟海集团未进行过财务分红，三人未从公司领取工资。2014 年 4 月，因伟海集团及其关联企业出现偿付困难的风险，伟海集团（并全体关联企业）与浙江省浙商资产管理有限公司签订托管经营协议，由浙江省浙商资产管理有限公司对上述企业行使经营管理权。

2004 年以来，浙江伟海拉链有限公司（以下简称伟海公司）董事长即被告人陶某 1 利用其经营管理公司的职务便利，与妻子陶某 2、儿子即被告人陶某 3，侵占公司资金用于购买银河湾日苑 30 幢 A、B 两幢别墅，并将产权登记在陶某 2 及陶某 3 名下。其中陶某 1 及陶某 2 侵占公司资金 661 万余元，陶某 3 侵占公司资金 113 万余元。2010 年，陶某 1、陶某 3 及陶某 2 等人买得别墅后，共同侵占伟海公司和浙江新厦房地产开发有限公司（以下简称新厦公司）293 余万元资金用于装修别墅。2011 年 7 月，陶某 2 利用管理伟海公司经营部的职务便利，侵占 24 万余元的公司资金用于装修别墅。

2006 年 11 月份，陶某 1 利用担任伟海公司董事长的职务便利，在金某 2 夫妻没有实际支付购房款的情况下，擅自将公司所有的现代名人花园 1 幢 6 单元 1601 室（价值 195 万元）登记在金某 2 夫妻名下，将该房产占为己有并供儿子陶某 3 装潢后居住。陶某 1 在重大资产申报时，将该处房产予以隐瞒。

2013 年 12 月，被告人陶某 3 为借钱给亲戚朱某 3 个人用于买房子，向被告人陶某 1 借钱。被告人陶某 1 同意后，在未经公司董事会、股东会书面决议的情况下，擅自将原放在被告人陶某 3 股票账户中用于炒股的伟海公司资金 457 万元出借给被告人陶某 3。截至

---

① 杨日洪：《虞某合同诈骗、职务侵占案——合同诈骗抑或职务侵占之考察》，载《人民司法·案例》2008 年第 4 期。

案发，该笔资金仍未归还公司。被告人陶某 3 在没有偿还能力的情况下，将该笔 457 万元占为己有，并出借给朱某 3 用于购买欧景名城的套间。

2014 年 1 月，被告人陶某 1 利用其担任新厦公司法定代表人负责管理公司的职务之便，擅自将公司名下价值 55 万元的奔驰轿车，以新车牌变更登记到公司副总金某 3 名下，以金某 3 的名义将该奔驰轿车占为己有。后陶某 1 将该车借给他人使用，并在重大资产申报时予以隐瞒。法院认定，被告人陶某 1 利用职务上的便利，将公司财物非法占为己有，数额较大，其行为已构成职务侵占罪；被告人陶某 1、陶某 3 利用职务上的便利，挪用资金借贷给他人，数额巨大且超过三个月未归还，其行为均已构成挪用资金罪。①

(二) 职务侵占罪案例分析

两被告人的行为均不构成职务侵占罪，主要基于以下理由：

1. 客体方面。刑法设置职务侵占罪，首要目的是通过保护公司财产来维护股东的权益。由于本案两被告人就是涉案公司的全部股东，故从内部关系来看，两被告人的行为不可能侵害到公司股东的利益。尽管会侵犯公司外部债权人的权益，但完全可以通过适用公司法中的公司法人人格否认制度来予以救济，没必要诉诸刑法。

2. 客观方面。在经营过程中，被告人个人财产和公司财产严重混同：伟海拉链公司从 1995 年创办至今一直未进行过财务分红，两被告人在 2008 年之前均未从公司领取工资，名下的诸多个人资产均被用于伟海公司贷款抵押。对于这种股东财产和公司财产混同的情况，公司法有人格否认制度，可以通过民商事审判的方式，以股东的财产用于清偿公司债务，而不必诉诸刑法。两被告人是伟海公司及其涉案的关联企业的实际出资人、控制人，也是最终受益人，其将公司财产当作个人财产支配、处置的行为，虽有违财务制度，但最终涉及的是被告人的自身利益，不具有刑法意义上的社会危害性，不构成犯罪。

3. 主观方面。职务侵占罪是指公司企业或其他单位的工作人员，以非法占有为目的，利用职务上的便利将本单位的财物非法占为己有，数额较大的行为。可见，构成职务侵占罪要求行为人具有非法占有的故意。本案中，伟海公司自 2000 年成立以来尽管几经变更，但实际股东仅陶某 1、陶某 2、陶某 3 三人，伟海公司实际上就是陶某 1 的家庭企业，两被告人也是以厂为家，一家人居住在厂里。被告人的家庭财产与公司财产混同严重，其尽管将公司财产用于家庭生活，但同样也存在将更多的家庭财产用于公司经营的情形，故难以认定其具有非法占有公司财产的主观故意，而且对此类案件不以犯罪论处也更符合公众的一般判断。

五、职务侵占罪的刑事政策与企业犯罪预防

(一) 职务侵占犯罪的刑事政策

习近平总书记强调："公有制经济和非公有制经济都是社会主义市场经济的重要组成

---

① 浙江省义乌市人民法院：（2015）金义刑初字第 1281 号。

部分，都是我国经济社会发展的重要基础；国家保护各种所有制经济产权和合法利益，坚持权利平等、机会平等、规则平等，激发非公有制经济活力和创造力。要健全以公平为核心原则的产权保护制度，加强对各种所有制经济组织和自然人财产权的保护。"非公有制经济的发展，使得对于非公有制企业财产权的保护也显得愈发重要，虽然《民法典》中始终强调民事主体的地位平等，但我国刑法立法中离不开"重公轻私"思想的影响，比如《刑法》第396条规定的私分国有资产罪，其规范的是集体私分国有财产的行为，而当被集体私分的是非国有财产时，则不构成刑事上的违法。本节讨论的职务侵占罪，也是随着市场经济发展，现实中相对应犯罪现象增多而新增的犯罪，职务侵占罪对应的是对国有财产进行保护的贪污罪，这体现了立法者对于非公有制企业财产保护的目的，但在刑罚规制上，量刑标准也有很大的不同，贪污罪的刑罚远高于职务侵占罪的刑罚。贪污罪中惩罚的要点在于彰显国家机关工作人员的廉洁性，因此刑罚的力度更大具有一定的合理性，但在刑罚确立的量刑标准上却简单以涉案金额相区分，这似乎不能体现对廉洁性的重塑和保护，因此对非公有制企业财产的保护不平等，会严重损害企业的合法权益，挫伤其发展的积极性。

为了进一步加大对非公有制企业财产保护的力度，向平等保护原则靠拢，2014年10月23日通过的中共中央《关于全面推进依法治国若干重大问题的决定》明确提出，"健全以公平为核心原则的产权保护制度，加强对各种所有制经济组织和自然人财产权的保护，清理有违公平的法律法规条款。创新适应公有制多种实现形式的产权保护制度，加强对国有、集体资产所有权、经营权和各类企业法人财产权的保护"；2016年11月4日中共中央、国务院发布的《关于完善产权保护制度依法保护产权的意见》也着重强调"坚持平等保护。健全以公平为核心原则的产权保护制度，毫不动摇巩固和发展公有制经济，毫不动摇鼓励、支持、引导非公有制经济发展，公有制经济财产权不可侵犯，非公有制经济财产权同样不可侵犯"。这些意见的提出，可以看出我国对于非公有制企业财产进行平等保护的决心和行动的方向。

与刑法立法上存在的不平等现象相对应的是我国刑事司法中对于企业触犯经济犯罪的"过罪化"。一方面，上文提到我国对于非公有制企业保护力度不够，另一方面是在司法实践中混淆了经济纠纷和经济犯罪的界限。刑法作为保护的最后手段，在适用上应慎重为之，多数情形下，运用民法或行政法等相关法律能够对企业的违规行为进行评价，此时如不适当运用刑法进行规制，会导致入罪的泛化，表面上严苛地打击了企业的相关行为，实则是对企业财产权益的侵害。而一旦企业的职务侵占行为进入刑事制裁的路径，则很难能够得到无罪的判处，司法机关工作人员往往抱着从严处置的心态，对企业进行过苛的刑事制裁。

2016年7月7日最高人民检察院《关于充分发挥检察职能依法保障和促进科技创新的意见》第7条指出，"坚持罪刑法定原则和刑法谦抑性原则，禁止以刑事手段插手民事经济纠纷。对于法律和司法解释规定不明确、法律政策界限不明、罪与非罪界限不清的，不作为犯罪处理"。因此，在对企业相关行为进行评价时，罪刑法定的形式原则要严格遵循，同时不忘实质上对企业行为进行规范评价。立法上要摒弃"不作为"的行为，司法上也要克制"过度作为"的行为，我国对企业相关经济行为应当确立平等化的刑事政策，在立法上对触犯职务侵占罪的行为进行平等规定，在量刑上实现公有制企业犯罪与非公有制企业犯罪的均衡化。且司法上也要克制不适量的入罪，实质考察企业行为是否符合犯罪构成要件，正确理解"宽严相济"的政策理念。当企业行为符合《刑法》上"但书"的规定时，应依法予以免刑。通过这些手段，体现与时俱进的刑事政策的引导力量，实现对非公有制企业财产权的平等保护，达到实质上的公平公正。

（二）职务侵占犯罪的企业犯罪预防

1. 做好企业管理者的选拔和教育

一是严格选人关。在用人上，除了考虑业务能力外，还必须考虑管理人员的思想品德，特别是经手财务的管理人员，在上岗前进行严格的业务、法律、职业道德素质的培训。上岗后，再实行监督、考察、回访，并建立起人事管理档案。二是强化育人关。把管理者的素质教育当成一门工作、一项任务来抓。针对社会上的各种不良风气，经常性地对管理者进行世界观、人生观和法治观等方面的教育，培养其良好的执业道德观念，全面加强管理者的法治意识建设。

2. 进行正确价值观引导，建立良好的企业文化氛围

价值观对人的引导是潜移默化的，由此影响着人们的行为。消费主义、拜金主义的盛行在社会中带来了很多负面影响。由此，社会媒体、政府都有义务纠正社会中流行的不良观点，引导人们树立正确的价值观。但应注意的是，在价值观的形成中，社会因素的影响是潜移默化的，对于价值观的选择也有个人意志的掺杂。近些年来，人工智能、大数据发展，个人接收的信息也越来越个体化。经过人工智能的筛选，人们获取的信息往往是符合个人兴趣的，这就可能带来价值引导上的盲区，使价值观的形成具有强烈的个人主观倾向性。对于个人倾向性问题，宏观上的价值引导是很难照顾到个体特殊性的。对此，与个体联系更紧密的企业应当注意这一方面的引导。比如，建立完善的晋升制度与红利制度，给员工的努力付出支付应得的酬劳，同时引导员工树立"靠自己的努力工作争取理想生活"的信念。除了应有的制度保障，企业文化的树立也十分重要，这是提高企业凝聚力、增强企业员工归属感的有效措施。但企业文化的形成需要时间，同样也需要树立正确的价值观。企业文化并非意味着扼杀个性，而是能够引导员工内部形成积极向上、努力奋斗的氛围。比如，通过图书角的设立，引导员工不断加强学习，追求更高层次的知识水平。

3. 公司建立完善的财务管理制度

在企业职务侵占类现象多发的原因中，犯罪成本较为低廉，低于行为人侵占企业财物能够获得的收益，这成为一个不容忽视的事实。企业的财务制度不够健全，激发了行为人的侥幸心理，也为行为人实施犯罪提供了方便。当企业的财务制度不够完善，缺乏应有的管理和监督时，在实践中，特别是对企业的财务制度具有职务上便利的行为人，其通常对财务系统具备较高的熟悉程度，因此对其中存在的缺陷也相对熟知，利用财务管理和监督上的遗漏，侵占公司财物，甚至是将公司财物和个人财物混为一谈，不加区别，增加了触

犯职务侵占罪的风险。另外，一些企业受限于经营者的认知水平，对公司财产和个人财产不加区分，极易给企业员工造成"公司财产可以随意使用"的错觉，而申购物资、申领款项时履行程序的不完整更增加了犯罪的风险。因此，企业应当建立完善的财务制度，并在企业上下对财务制度的规定进行宣传，以现代化、数据化的财务制度跟上时代的步伐，减少职务侵占犯罪的触发频率，同时也可以应对外界多变的商业环境以及内部工作人员可能出现的违法违规行为。

完善公司、企业的财务管理制度。一是构建资产管理制度。企业资产管理制度涵盖货币资金、实物资产、无形资产等方面的管理。其中，在对货币资金进行管理时，企业应设立专门的出纳职位，遵循程序流程，管理财务印章；在对实物资产进行管理时，企业应注意资产配置、使用、保存、处置和租借等环节，设立实物资产管理台账；在对无形资产进行管理时，企业应做好软件、知识产权等的登记、更新工作。同时，要加强财务风险防范意识，对资产的各项风险指标，提前做好防范举措，全方位降低公司的财务风险。二是堵塞制度漏洞，建立严格的监督制约机制。公司、企业要紧紧围绕财务管理、货物流转、合同签订等重要环节制定完善的规章制度，确保财务流通的各个环节有章可循，杜绝以现金方式结算大笔款项，注意票款流向的一致性，及时核查应收应付款，堵塞诱发犯罪的漏洞，使一些心怀不轨之徒知难而退，造成"伸手必被捉"的心理压力，从而不敢轻举妄动。三是公司、企业财务管理要有章可依，有规可循，真正做到以制度管人，杜绝个别领导以言代策的现象。让公司管理者和普通员工参与监督，让公司、企业的管理人员在无形中受到束缚，增强其遵纪守法的自觉程度，防患于未然。①

4. 加大对人员和财物的监管力度

职务侵占犯罪的产生与企业管理是否规范具有密切联系。企业只有加强自身内部管理，采取严格措施，才能有效防范该类犯罪的发生。首先，要严把用人关。尤其是财务、销售部门，在人员配备上，既要有必备的业务能力要求，更要有良好的思想品德要求。必要时可以考虑对该类应聘人员的既往在校表现和工作经历做一番调查。并且，必须进行岗前业务培训，进行严格的法律、职业道德素质培训，对于关键部门，实行轮岗制度，加强内部人员的定期流动。其次，企业应建立健全监督检查制度。企业应当自设或聘任专门的财务顾问对企业财务状况进行定期检查和不定期抽查，年终应进行财务审计，以时时监督、防微杜渐。再次，应加强对职工的法制宣传和道德教育，教育、警示员工遵纪守法，从思想上纠正员工对此类行为危害性的漠视，从法律上警示此类行为须承担的严格法律责任。②

5. 健全企业的规范化运行机制

通过对案例的分析和对企业发展的思考，企业的合规经营并未受到足够的重视，因此企业从成立到生产经营再到破产清算等各个阶段中，企业财务的管理流于形式，犯罪的风

---

① 初明亮：《财务内部控制的构建及其核心作用探讨》，载《中国市场》2020 年第 23 期。
② 刘行星：《论职务侵占犯罪及预防》，载《黑龙江社会科学》2012 年第 2 期。

险也难以避免。企业对于可能出现的不合规的行为较难识别和规避，也就难以制定出合理的应对政策。当职务侵占行为发生时，由于法律意识缺失，应对风险能力不足，企业较难对财务进行及时的管制，也无法将企业损失降到最低。

因此，健全企业规范化运行机制势在必行。一方面企业的经营必须受到合规化的限制。随着我国社会主义市场经济的不断发展，对企业的监管也在不断完善，企业的不合规经营行为能够运行的空间被不断压缩，这些行为也极易引发法律上的风险，即便是企业经营过程中，实施不合规经营行为具有一定的隐蔽性，增大了国家机关制裁企业的难度，但由于法律监管逐渐完善，一旦企业触犯了相关的刑事法律，将会对企业带来巨大的财产损失和人才的流失，这对企业打击十分明显。另一方面，企业应当建立先进而又科学的决策机制，在决策方式上，要坚决杜绝"独裁"的现象，要将共同协商、投票表决的决策机制落到实处，对于企业发展来说，流于形式的决策机制毫无意义，也会带来一定的违法风险。此外，也要赋予企业员工出谋划策、提供建议的权利，这体现了现代企业应当具有的民主与科学，也一定程度降低了企业独裁的风险，对企业决策及经营乃至权力的运用能够进行有效的监督。

6. 运用法律武器保护公司利益

公司、企业等单位的决策者，要充分认识法律对自己企业利益的保护、保障作用，事前用法律论证可行性，事中用制度规范行为，事后用法律保障权利。应加强学法、懂法、用法，增强防范和保护自身利益的意识、能力。一旦发现员工有职务侵占的行为，绝不能姑息迁就，要区分不同情况给予严肃的查处。对情节轻微的要根据公司、企业的规章制度给予处罚；对情节严重，可能构成犯罪的要及时向公安机关报案，为公安机关侦查破案提供有利时机，并积极配合公安机关坚决予以查处，防止其不法行为在公司内部蔓延，有效维护公司、企业自身的合法权益。

第十一章　挪用资金罪的风险及其防控

一、挪用资金罪的立法规定

(一) 挪用资金罪的刑法规定

第二百七十二条　公司、企业或者其他单位的工作人员，利用职务上的便利，挪用本单位资金归个人使用或者借贷给他人，数额较大、超过三个月未还的，或者虽未超过三个月，但数额较大、进行营利活动的，或者进行非法活动的，处三年以下有期徒刑或者拘役；挪用本单位资金数额巨大的，处三年以上七年以下有期徒刑；数额特别巨大的，处七年以上有期徒刑。

(二) 挪用资金罪的司法解释

1. 全国人民代表大会常务委员会法制工作委员会刑法室《关于挪用资金罪有关问题的答复》（法工委刑发 [2004] 第 28 号）

刑法第二百七十二条规定的挪用资金罪中的"归个人使用"与刑法第三百八十四条规定的挪用公款罪中的"归个人使用"的含义基本相同。1997 年修改刑法时，针对当时挪用资金中比较突出的情况，在规定"归个人使用时"的同时，进一步明确了"借贷给他人"属于挪用资金罪的一种表现形式。

2. 最高人民检察院《关于挪用尚未注册成立公司资金的行为适用法律问题的批复》（高检发研字 [2000] 19 号）

筹建公司的工作人员在公司登记注册前，利用职务上的便利，挪用准备设立的公司在银行开设的临时账户上的资金，归个人使用或者借贷给他人，数额较大、超过三个月未还的，或者虽未超过三个月，但数额较大、进行营利活动的，或者进行非法活动的，应当根据刑法第二百七十二条的规定，追究刑事责任。

3. 公安部经济犯罪侦查局《关于对挪用资金罪有关问题请示的答复》（公经 [2002] 1604 号）

对于在经济往来中所涉及的暂收、预收、暂存其他单位或个人的款项、物品，或者对方支付的货款、交付的货物等，如接收人已以单位名义履行接收手续的，所接收的财、物应视为该单位资产。

4. 公安部经济犯罪侦查局《关于宗教活动场所工作人员能否构成职务侵占或挪用资金犯罪主体的批复》（2004年4月30日 公经［2004］643号）

根据《宗教活动场所管理条例》（国务院令第145号令）等有关规定，宗教活动场所属于《刑法》第271条和第272条所规定的"其他单位"的范围。宗教活动场所的财产属于公共财产或信教公民共有财产，受法律保护，任何组织和个人不得侵占、哄抢、私分和非法处分宗教团体、宗教活动场所的合法财产。宗教活动场所的管理人员利用职务之便，侵占或挪用宗教活动场所公共财产的，可以构成职务侵占罪或挪用资金罪。

5. 最高人民检察院、公安部《关于公安机关管辖的刑事案件立案追诉标准的规定（二）》（公通字［2010］23号）

第八十五条 ［挪用资金案（刑法第二百七十二条第一款）］公司、企业或者其他单位的工作人员，利用职务上的便利，挪用本单位资金归个人使用或者借贷给他人，涉嫌下列情形之一的，应予立案追诉：

（一）挪用本单位资金数额在一万元至三万元以上，超过三个月未还的；

（二）挪用本单位资金数额在一万元至三万元以上，进行营利活动的；

（三）挪用本单位资金数额在五千元至二万元以上，进行非法活动的。

具有下列情形之一的，属于本条规定的"归个人使用"：

（一）将本单位资金供本人、亲友或者其他自然人使用的；

（二）以个人名义将本单位资金供其他单位使用的；

（三）个人决定以单位名义将本单位资金供其他单位使用，谋取个人利益的。

二、挪用资金罪犯罪学分析

（一）挪用资金罪的犯罪现状

2010年1月1日—2020年12月31日全国挪用资金罪案件基本情况分析①：

1. 案件总数：15236

2. 法院分布

表11-1　　　　　挪用资金罪案件审理法院

审理法院层级	最高人民法院	高级人民法院	中级人民法院	基层人民法院	专门法院
总件数	2	92	2728	12396	18

① 该数据选取时间为2010年1月1日—2020年12月31日，数据来源：威科先行网（http：//8721add15be1c16f50bd1ba831cbefd9.f2a9b9a2.libvpn.zuel.edu.cn/），访问日期：2021年3月31日。

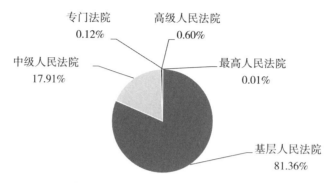

图 11-1　挪用资金罪案件审理法院级别

3. 审级分布

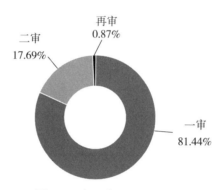

图 11-2　挪用资金罪审级分布

4. 区域分布

除港澳台地区，全国各省（区、市）挪用资金罪案件分布如下：

表 11-2　　　　　　　**全国各省（区、市）挪用资金罪案件分布情况**

东部沿海地区									
省（区、市）	京	津	冀	沪	苏	浙	闽	鲁	粤	琼
案件数	189	106	416	856	1194	1526	452	1228	884	85

中 部 地 区					
省（区、市）	豫	晋	皖	赣	鄂	湘
案件数	1221	340	695	382	695	941

					西 部 地 区							
省（区、市）	渝	滇	桂	川	贵	藏	陕	甘	蒙	青	宁	新
案件数	196	357	367	548	207	22	384	142	237	38	49	132

	东北部地区		
省（区、市）	辽宁	吉林	黑龙江
案件数	345	725	256

5. 年度趋势

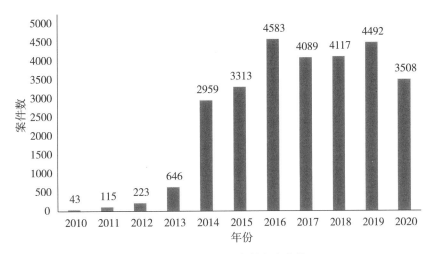

图 11-3　挪用资金罪案件年度趋势

根据表 11-1 和表 11-2 分析可知，挪用资金罪基层法院办理案件居多，其中，浙江省触犯频率最高，山东、江苏位居第二、第三。

从图 11-3 搜集到的数据来看，职务侵占罪数量于 2013—2014 年猛增，2016 年达到峰值，近年来呈现不稳定的案发态势，波动运行。

(二) 挪用资金罪的犯罪特征

我们随机选取 30 例（表 11-3 中整理 10 例）浙江省挪用资金罪案件，研究其共性，得出以下特征：

第一，主要发生于中小微企业内部。从抽取的 30 例案件看，涉及商业领域包括零售、建材制造、废料处理、加工等行业，公司发展规模较小，财务制度不完善。大型企业往往由于具备完善的财务制度与工作程序，发生挪用资金的风险较小。

第二，挪用资金罪的被告人大多是从事与涉案财物有密切关联的人员。且这些人员中很大一部分在公司、企业中担任一定职务，属于管理人员。如表 11-3 中案例 1、2、4、5、7、10。年龄大多为 30～50 岁，属于青壮年。犯罪人员知识水平较高。相比其他犯罪，在浙江省发现的挪用资金案件中，犯罪人大多具有高中、大专甚至大学文凭，属于中高等文化水平，较暴力犯罪主体的文化程度高，具备一定的知识水平。

第三，从犯罪手段上看，主要表现为挪用单位资金归个人使用，一般涉案金额较大，且被告人主动归还。挪用资金用于的非法活动主要是赌博。从案发方式上看，挪用资金类犯罪发现的主要方式依靠被害企业自己发现，自首、深挖余案发现和公安机关在日常巡逻工作中发现则是在极少数的情况下发生。

表 11-3　　　　　　　　　　　　浙江省挪用资金罪案件分析

案名	犯罪手段	损失数额	犯罪人职务	刑罚	案发原因	文化水平	犯罪人年龄
（2021）浙 0282 刑初 44 号	挪用本单位的资金归个人使用，数额较大，超过三个月未归还。	17 万余元	物业主任	有期徒刑七个月	公司发现	小学	60 岁
（2021）浙 0702 刑初 3 号	挪用超市资金进行营利活动	584226 元	收银课长	有期徒刑一年三个月	公司发现	初中	51 岁
（2020）浙 0282 刑初 1541 号	挪用公司资金归个人使用，数额较大，超过三个月未归还	46.2 万元（案发后全部归还）	业务员	有期徒刑八个月，缓刑一年二个月	公司发现	初中	31 岁
（2020）浙 0324 刑初 694 号	挪用本单位资金归个人使用，数额较大，超过三个月未还	727530 元	嘉特教育股东、负责公司管理	有期徒刑十个月	主动投案	大专	32
（2020）浙 0108 刑初 291 号	利用职务上的便利，挪用本单位资金进行非法活动（网络赌博）	744536 元	杭州优工品科技有限公司战略投资总监	拘役三个月，缓刑六个月	公司发现	大学文化	38 岁
（2020）浙 0105 刑初 449 号	挪用本单位资金归个人使用（网络赌博），数额较大，超过三个月未还	444420.7 元	未知	有期徒刑十个月，缓刑一年	主动向公司交代	大专	24 岁
（2019）浙 0783 刑初 969 号	利用职务上的便利，挪用本单位资金进行营利活动，数额巨大	4293 万余元	东阳某安徽分公司经理	有期徒刑七年	公司发现（有自首情节）	初中	51 岁
（2020）浙 1003 刑初 607 号	挪用本单位资金归个人使用，数额较大，超过三个月未归还	41 万余元	管理该公司货款资金	有期徒刑七个月	主动投案	高中	43 岁

续表

案名	犯罪手段	损失数额	犯罪人职务	刑罚	案发原因	文化水平	犯罪人年龄
（2020）浙 1123 刑初 159 号	挪用单位资金 5492921.87 元归个人使用，超过三个月未还，数额巨大	5492921.87 元	采购业务员	有期徒刑三年，缓刑五年	公司发现	专科	39 岁
（2020）浙 0603 刑初 644 号	挪用单位资金进行非法活动（赌博），数额较大，超过三个月未还	695965.40 元	绍兴三匠汽车销售有限公司销售总监	有期徒刑十一个月，缓刑一年六个月	公司发现	大学	34 岁

（三）挪用资金罪的犯罪原因

一方面，有关公司、企业管理的法律法规不完善。另一方面，在公司、企业管理方面虽然颁布了《合伙企业法》《公司法》等，但这些法律还需要企业依法执行。有的公司、企业执行法律法规不到位，表现在以下方面：

1. 部分公司、企业负责人、员工的法治观念淡薄。有的根本不懂法，什么是挪用资金犯罪也搞不清，总认为挪用资金无非是借用一下，到时发现了归还就可以了，有的为了偿还赌债或其他债务，不惜冒违法犯罪之险，走上犯罪之路；有的受社会上各种消极思想的影响，唯利是图，拜金主义、享乐主义思想日趋膨胀，不愿用艰苦的工作为自己创造良好的经济条件，面对成万、成十万的企业财物流经自己的手时，不惜以身试法；更有甚者，认为企业、单位领导任人唯亲，安排不公，员工间收入差距较大，心理不平衡，从而产生"靠人不如靠己"的错误观点，将罪恶之手伸向企业，最终走上违法犯罪的道路。

2. 企业财务管理混乱。一是公司、企业和单位内部在人员的录用、职务安排上随意性较大。二是公司、企业对业务员在外的经营活动失控，为犯罪行为的实施创造了客观条件。具体表现为，给业务员的权力太大，疏于管理，在外既能随意处置货物，又能收取货款，致使单位与客户的往来理不清，弄不明，仅听凭业务员的一面之词。这些都使得犯罪嫌疑人有了相对宽松的犯罪环境，极易得手，从而给企业带来较大的经济损失。三是以现金方式结算货款，给犯罪分子提供了直接的便利条件。四是一些公司、企业的财务管理制度不健全，不严格，防范意识薄弱。

3. 对企业职工防控措施不力。一些员工生活压力剧增，个人私欲膨胀，而公司、企业微薄的工资远远无法满足生活的需要。对此，企业既没有选取合理措施，也没有加强防范。

三、挪用资金罪刑法教义学分析

(一) 挪用资金罪构成要件

1. 客体要件

本罪所侵害的客体是公司、企业或者其他单位资金的使用收益权,对象则是本单位的资金。所谓本单位的资金,是指由单位所有或实际控制使用的一切以货币形式表现出来的财产。

2. 客观要件

本罪客观上有三种情形:一是公司、企业或者其他单位的工作人员,利用职务上的便利,挪用本单位资金归个人使用或者借贷给他人,数额较大、超过三个月未还的;二是公司、企业或者其他单位的工作人员,利用职务上的便利,虽未超过三个月,但数额较大、进行营利活动的;三是公司、企业或者其他单位的工作人员,利用职务上的便利,进行非法活动的。

(1) 何为挪用资金"归个人使用"?

根据全国人大常委会《关于〈中华人民共和国刑法〉第 384 条第一款的解释》对挪用公款罪"归个人使用"作出的规定,挪用资金罪的"归个人使用"是指,将资金供本人、亲友或者其他自然人使用,或者以个人名义将资金供其他单位使用,或者个人决定以单位名义将资金供其他单位使用,谋取个人利益的。

2010 年《立案追诉标准规定 (二) 》对挪用资金罪中的"归个人使用"要件作出了规定。其中第 85 条第 2 款规定:"具有下列情形之一的,属于本条规定的'归个人使用':(一) 将本单位资金供本人、亲友或者其他自然人使用的;(二) 以个人名义将本单位资金供其他单位使用的;(三) 个人决定以单位名义将本单位资金供其他单位使用,谋取个人利益的。"

最高人民检察院和公安部将挪用资金罪的"归个人使用"完全等同于挪用公款罪的"归个人使用",并且完全按照《立法解释》制定了 2010 年《立案追诉标准规定 (二) 》。同时,我国学界通说也采取了与最高人民检察院、公安部相同的立场。[1]

(2) 单位之间的拆借行为是否属于"挪用本单位资金归个人使用或者借贷给他人"?

在司法实践中,存在单位与单位之间的资金拆借,所以,一些挪用资金案件的当事人往往辩称,行为人挪用的资金属于单位与单位之间的拆借,不属于挪用资金归个人使用。这一主张也可能得到法院的支持。对此,应当依据公司章程确定拆借的权限。如果行为人的资金拆借在权限范围内,属于公司允许的,并不违反公司财务管理制度,不宜认定为职

---

[1]　高铭暄、马克昌:《刑法学》,北京大学出版社、高等教育出版社 2016 年版,第 514 页;张明楷:《刑法学》,法律出版社 2016 年版,第 1024 页。

务侵占罪，但是，如果行为人的行为超越了公司章程，没有经过公司规定的财务管理流程，借资行为究竟是为了公司利益还是为了个人利益，无法判断，就存在侵犯公司利益的风险，则可以认定为挪用资金罪。

3. 主体要件

本罪主体为特殊主体，包括公司、企业或者其他单位的人员。一般而言，这些人员不是普通员工，应该具有一定的管理权限。

对于私营企业业主或投资者挪用本企业资金能否成立挪用资金罪，理论上存在不同的观点。肯定观点认为，首先，私营企业的业主或投资者直接参与企业经营管理活动的，应认为其也属于企业的工作人员，自然可以成为本罪主体。其次，业主或投资者的资金一旦注册成为企业的资本，就不再是业主或投资者的个人资金而是企业的资金了。私营企业业主或私营公司股东挪用本企业或公司资金的，就侵犯了企业或公司的财产权，可构成挪用资金罪。否定观点则认为，挪用资金罪属于侵犯财产权的犯罪。私营企业的资金属业主所有，业主挪用本企业资金，不过是所有者对其所有资金的一种支配或处分行为，不存在侵犯财产权的问题，自然就不构成犯罪。①

我们认为要根据私营企业的性质进行判断。在我国，私营企业包括两类：一类是依法取得法人资格的私营企业（主要是公司）。在这类企业中，投资者对企业的投资已成为企业的资产，企业的资金支配必须以法人的名义进行，投资者的个人财产与企业资产是相分离的，如果未经批准挪用企业资金，自然可构成挪用资金罪。另一类是没有取得法人资格的私营企业，具体又可以分为两类：个人独资企业与非独资企业。就个人独资企业而言，依照我国个人独资企业法的规定，业主对企业的全部资产享有直接的所有权。因此，业主挪用企业资金并不涉及侵犯财产所有权的问题，因而不应构成挪用资金罪。在非个人独资企业中，因为企业资产由多个投资人共同形成，如果挪用资金可能侵害其他投资者利益，所以，未经许可或者批准的挪用行为可构成挪用资金罪。

4. 主观要件

本罪在主观方面只能出于故意，即行为人明知自己在挪用或借贷本单位资金，并且利用了职务上的便利，而仍故意为之。挪用本单位资金的行为，有一般的挪用本单位资金的违法违纪行为和挪用本单位资金的犯罪行为之分，应该准确区分二者之间的界限。

(二) 挪用资金罪司法认定问题

1. 罪与非罪的界限

区分是否构成挪用资金罪主要根据以下三个方面：

其一，挪用资金的数额。这是衡量挪用本单位资金的行为的社会危害性的一个重要方面，对于挪用单位资金罪中"数额较大，超过 3 个月未还的"、"虽未超过 3 个月，但数

---

① 凌莉、徐军：《挪用资金罪的几个新问题》，载《人民司法》2006 年第 1 期。

额较大、进行营利活动的"这两种情形来说，"数额较大"是构成犯罪的必备要件。因此，在这种情况下，是否达到"数额较大"，就成为区分一般的挪用本单位资金的违法违纪行为和挪用单位资金罪的重要标准之一。对于挪用单位资金罪中"进行非法活动的"这种情况，虽然本法并未规定数额上的要求，但是，从有关的司法解释的精神看，挪用数额很小，社会危害性不大的，并不作为犯罪，而只是作为一般的违法违纪行为处理。

其二，挪用资金的时间。这是衡量挪用本单位资金的行为的社会危害性的另一个重要方面。对于本罪中"数额较大、超过 3 个月未还的"这种情况而言，"超过 3 个月未还"就是构成挪用资金罪的必备要件。在这种情况下，挪用本单位资金是否超过 3 个月未还就成为区分一般的挪用本单位资金的违法违纪行为和挪用资金罪的界限的重要标准之一。对于挪用资金罪中"虽未超过 3 个月，但数额较大、进行营利活动的"、"进行非法活动的"这两种情况，虽然本法中并无时间长短的要求，但是，如果挪用的时间很短，造成的社会危害性不大，可以作为本法第 13 条规定的"情节显著轻微危害不大"的情况，不认为是犯罪，作为一般的挪用本单位资金的违法违纪行为处理。

其三，挪用资金的用途。挪用资金从事违法活动，无论时间久远、数额大小都可能构成挪用资金罪。挪用资金从事营利活动，无论时间久远，只要数额较大就可以构成犯罪。

2. 挪用资金罪与挪用公款罪的区别

两罪的行为方式相同，区别主要在于：（1）侵犯的客体和犯罪对象不同。挪用资金罪侵犯的客体是公司、企业或者其他单位的资金的使用权，对象是公司、企业或者其他单位的资金，其中，既包括国有或者集体所有的资金，也包括公民个人所有、外商所有的资金。挪用公款罪侵犯的客体是公款的使用权和国家机关的威信、国家机关的正常活动等，既有侵犯财产的性质，又有严重的渎职性质。挪用公款罪和挪用资金罪侵犯的对象不同、客体不同、社会危害性程度也有较大的差别。《刑法》第 384 条规定的挪用公款罪在客观上的三种不同情形的排列顺序，与本条第 1 款规定的挪用资金罪在客观上的三种不同情形的排列顺序不同，也说明立法者对这两种犯罪打击的重点不同。在处罚上挪用公款罪也比挪用资金罪严厉得多。（2）犯罪主体不同。挪用资金罪的主体是公司、企业或者其他单位的工作人员，但国家工作人员除外。挪用公款罪的主体是国家工作人员，包括国家机关中从事公务的人员，国有公司、企业事业单位、人民团体中从事公务的人员，国家机关、国有公司、企业事业单位委派到非国有公司、企业、事业单位、社会团体从事公务的人员，以及其他依照法律从事公务的人员。

由于客体和主体立法规定的差异，就产生如下问题，即受委托管理、经营国有财产人员挪用国有资金行为如何定罪？司法实践部门对此有不同的意见：

第一，挪用公款罪说。对于受国家机关、国有公司、企业、事业单位、人民团体委托、经营国有财产的人员挪用国有资金构成犯罪的行为，应当以挪用公款罪定罪处罚。理由是，《刑法》第 382 条第 2 款的规定充分体现了强化保护国有财产的立法意图，这一立法意图透过《刑法》关于贪污罪主体的特殊规定可见一斑，即受国家机关、国有公司、企业事业单位、人民团体委托管理、经营国有财产的人员，利用职务上的便利，侵吞、窃取、骗取或者以其他手段非法占有国有财物的，以"贪污论"。也就是说，根据《刑法》

的规定，为了保护国有财产的安全，即使受委托管理、经营国有财产的人员不是国家工作人员也可以构成贪污罪。就挪用公款罪的社会危害而言，对国有财产的危害虽然小于贪污罪，但是毕竟侵犯了国有财产的使用权，也可能会造成十分严重的经济损失。因此，根据严格保护国有财产的需要，将《刑法》关于贪污罪犯罪主体的特殊规定理解为同样适用于挪用公款罪。反之，如果将受委托管理、经营国有财产的人员挪用公款的行为不认定为挪用公款罪，而定性为挪用资金罪，则不能充分体现对国有财产的保护，在司法实践中也容易引起混乱。例如，受委托管理、经营国有财产的人员既有贪污公款的行为又有挪用资金的行为，如果对同一行为人依不同身份分别定贪污罪和挪用资金罪明显不合适。

第二，挪用资金罪说。即对于受国家机关、国有公司、企业、事业单位、人民团体委托、经营国有财产的人员挪用国有资金构成犯罪的行为，应当以挪用资金罪定罪处罚。理由是，《刑法》第 384 条规定的挪用公款罪的主体仅限于国家工作人员，根据《刑法》有关国家工作人员的规定，受国家机关，国有公司、企业、事业单位，人民团体委托管理、经营财产的人员，不属于国家工作人员。因此，根据罪刑法定原则的基本要求，对于其利用职务上的便利，挪用公款归个人使用构成犯罪的行为，应当依照《刑法》第 272 条第 1款的规定以挪用资金罪定罪处罚，不构成挪用公款罪。①

司法机关采纳了第二种意见，如最高人民法院《关于对受委托管理、经营国有财产人员挪用国有资金行为如何定罪问题的批复》，认为对于受国家机关、国有公司、企业、事业单位、人民团体委托，管理、经营国有财产的非国家工作人员，利用职务上的便利，挪用国有资金归个人使用构成犯罪的，应当依照《刑法》第 272 条第 1 款的规定定罪处罚。我们认为，在一般情况下，受国家机关、国有公司、企业、事业单位、人民团体委托、管理、经营国有财产的主体是非国有公司、企业或者其他单位，这些单位有自己的财务管理制度，如果非国家工作人员所在单位依照本单位的财物管理制度受委托进行管理，非国家工作人员违反单位财务管理规定，挪用单位受委托的资金，其行为应当视为挪用资金罪。但是，如果受委托单位在受委托管理、经营国有财产时，委托单位提出了明确的财务管理制度和要求的，非国家工作人员违法相关管理规定，如果侵害了国有财产的管理规定，也可以认定为挪用公款罪。

3. 挪用资金罪与职务侵占罪的界限

两种犯罪具有较大差异。（1）侵犯的客体和对象不同。挪用资金罪侵犯的客体是公司、企业或者其他单位的资金的使用权，对象是公司、企业或者其他单位的资金；职务侵占罪侵犯的客体是公司、企业或者其他单位的资金的所有权，对象是公司、企业或者其他单位的财物，既包货币形态的资金和有价证券等，也包括实物形态的公司财产，如物资、设备等。（2）客观表现不同。挪用资金罪的行为方式是挪用，即未经合法批准或许可而擅自挪归自己使用或者借贷给他人；职务侵占罪的行为方式是侵占，即行为人利用职务上的便利，侵吞、窃取、骗取或者以其他手段非法占有本单位财物。挪用本单位资金进行非法活动的，并不要求"数额较大"即可构成犯罪；职务侵占罪只有侵占本单位财物数额

---

① 赵西璞：《论我国刑法中的挪用公款罪》，河南大学 2010 年硕士学位论文，第 19 页。

较大的，才能构成。（3）主观上不同。挪用资金罪行为人的目的在于非法取得本单位资金的使用权，但并不企图永久非法占有，而是准备用后归还；职务侵占罪的行为人的目的在于非法取得本单位财物的所有权，而并非暂时使用。

4. 挪用资金罪与挪用特定款物罪的界限

两罪的差异也很明显：（1）犯罪对象不完全相同。本罪的犯罪对象必须是本单位的资金；挪用特定款物罪的犯罪对象必须是用于救灾、抢险、防汛、优抚、扶贫、移民、救济的款物。（2）挪用的用途不同。本罪是将挪用的资金归个人使用或者借贷给他人使用；挪用特定款物罪是将所挪用的特定款物改变原特定用途，但仍是为公用。（3）客观方面的条件不完全相同。对本罪，法律并未明确规定要求的结果；而对挪用特定款物罪，法律则明确规定只有情节严重，致使国家和人民群众利益遭受重大损害的，才构成犯罪。（4）犯罪主体不同。本罪的主体是公司、企业或者其他单位不具有国家工作人员身份的工作人员；而挪用特定款物罪的主体则是掌管、经手救灾、抢险、防汛、优抚、扶贫、移民、救济款物的直接责任人员。

四、挪用资金罪典型案例分析

（一）挪用资金罪典型案例

2003年，原审被告人顾某2为收购扬州亚星客车股份有限公司（以下简称扬州亚星客车）的股权，决定在江苏省扬州市申请设立以顾某1、顾某2父子为股东的扬州格林柯尔创业投资有限公司（以下简称扬州格林柯尔），注册资本10亿元。其中，货币出资8亿元，无形资产出资2亿元。

同年6月18日，为筹集8亿元货币注册资本，时任广东科龙电器股份有限公司（以下简称科龙电器）董事长的原审被告人顾某2在未经科龙电器和江西科龙实业发展有限公司（以下简称江西科龙）董事会同意，且在没有真实贸易背景的情况下，指示有关人员从科龙电器调动资金2.5亿元划入江西科龙的银行账户，指使时任江西科龙董事长兼总裁的原审被告人张某从江西科龙筹集资金4000万元，由张某具体负责，将该2.9亿元资金在江西科龙、江西格林柯尔实业发展有限公司（以下简称江西格林柯尔）和格林柯尔制冷剂（中国）有限公司（以下简称天津格林柯尔）三家公司的临时银行账户间连续划转，并于当日转入天津格林柯尔在中国银行扬州分行开设的2589760809×××× 账户（简称608账户）。同年6月18日至20日，顾某2又指使张某以江西格林柯尔的名义贷款约4亿元，连同从格林柯尔系其他公司调拨的1亿余元，采用相同的操作手法转入天津格林柯尔608账户。

同年6月20日，608账户内共有资金8.03亿元，原审被告人顾某2指使原审被告人张某等人将其中8亿元分两笔为各4亿元划转至扬州格林柯尔验资账户。经验资后，扬州格林柯尔成立，其中顾某2货币出资7亿元、无形资产出资2亿元，占90%股权；顾某1货币出资1亿元，占10%股权。同年6月23日、24日，顾某2指示张某等人将挪用科龙电器的 2.5 亿元和江西科龙的 4000 万元归还。

2005 年 3 月至 4 月间,被告人顾某 2 指使被告人姜某某向扬州机电资产经营管理有限责任公司(以下简称扬州机电)借款,被扬州机电法定代表人王某某拒绝。其后,顾某 2、姜某某未经扬州亚星客车董事会同意,以扬州亚星客车的名义起草付款通知书交给王某某,要求扬州机电将本应付给扬州亚星客车的股权转让款及部分投资分红款共 6300 万元支付给扬州格林柯尔。同年 4 月 25 日,扬州机电将 6300 万元划入扬州格林柯尔银行账户。

2005 年 7 月,柯林格尔系创始人顾某 2 因涉嫌虚假出资、虚假财务报表、挪用资产和职务侵占等罪名被警方拘捕。2008 年 1 月 30 日,广东佛山市中级人民法院对格林柯尔系掌门人顾某 2 案作出一审判决,顾某 2 因虚报注册资本罪、违规披露和不披露重要信息罪、挪用资金罪,决定执行有期徒刑 10 年,并处罚金人民币 680 万元。宣判后,顾某 2 提出上诉。2009 年 3 月 25 日,广东省高级人民法院作出刑事裁定:驳回上诉,维持原判。顾某 2 刑满释放后,向最高人民法院提出申诉。2017 年 12 月 28 日,最高人民法院公布人民法院依法再审三起重大涉产权案件,顾某 2 案将由最高人民法院第一巡回法庭提审。2018 年 6 月 13 日,最高人民法院第一巡回法庭公开开庭审理原审被告人顾某 2 等虚报注册资本,违规披露、不披露重要信息,挪用资金再审一案。2019 年 4 月 10 日,最高人民法院终审判决:撤销顾某 2 原判部分量刑,改判有期徒刑五年。

最高人民法院经再审认为,原审认定顾某 2、刘某某、姜某某、张某某在申请顺德格林柯尔企业发展有限公司(后更名为广东格林柯尔企业发展有限公司,简称顺德格林柯尔)变更登记过程中,使用虚假证明文件以 6.6 亿元不实货币置换无形资产出资的事实存在,但该行为系当地政府支持顺德格林柯尔违规设立登记事项的延续,未造成严重后果,且相关法律在原审时已进行修改,使本案以不实货币置换的超出法定上限的无形资产所占比例由原来的 55% 降低至 5%,故顾某 2 等人的行为情节显著轻微,危害不大,不认为是犯罪;原审认定科龙电器在 2002 年至 2004 年间将虚增利润编入财会报告予以披露的事实存在,对其违法行为可依法予以行政处罚,但由于在案证据不足以证实科龙电器提供虚假财会报告的行为已造成《刑法》规定的"严重损害股东或者其他人利益"后果,不应追究相关人员的刑事责任;原审认定顾某 2、姜某某挪用扬州亚星客车 6300 万元给扬州格林柯尔的事实不清,证据不足,且适用法律错误,不应按犯罪处理,但原审认定顾某 2、张某挪用科龙电器 2.5 亿元和江西科龙 4000 万元归个人使用,进行营利活动的事实清楚,证据确实、充分,顾某 2 及其辩护人提出的科龙集团欠格林柯尔系公司巨额资金的意见,与事实不符,不能成立。顾某 2、张某的行为均已构成挪用资金罪,且挪用数额巨大。鉴于挪用资金时间较短,且未给单位造成重大经济损失,依法可对顾某 2、张某从宽处罚。[①]

(二) 挪用资金罪案例分析

涉及科龙电器的 2.5 亿元和江西科龙的 4000 万元,符合挪用资金罪的构成要件。

---

① 最高人民法院刑事判决书:(2018)最高法刑再 4 号。

1. 客体方面

顾某 2 等人随意挪用上市公司资金的行为，侵犯了单位财经管理制度，具有严重的社会危害性。

2. 客观方面

（1）原审被告人顾某 2 指使原审被告人张某挪用科龙电器 2.5 亿元和江西科龙 4000 万元，符合《刑法》规定的"利用职务上的便利，挪用本单位资金"的情形。

在案的用款申请单、借款合同等书证，证人施某、刘某某等人的证言及原审被告人姜某某、张某等人的供述证实，科龙电器的 2.5 亿元系原审被告人顾某 2 指使从科龙电器申请用款，通过广东科龙冰箱账户转至江西科龙后再转出使用，还款时，江西科龙也是将该 2.5 亿元直接归还科龙电器；江西科龙的 4000 万元则是由张某以江西科龙的名义向银行所贷款项。顾某 2 作为科龙电器董事长，指使下属违规挪用科龙电器和江西科龙的巨额资金；张某作为江西科龙董事长兼总裁，接受顾某 2 指使，违规将涉案 2.9 亿元从江西科龙转至格林柯尔系公司，二人均利用了职务上的便利，并实施了挪用本单位资金的行为。

（2）涉案 2.9 亿元被原审被告人顾某 2 用于注册成立扬州格林柯尔的个人出资，属于《刑法》规定的"挪用本单位资金归个人使用"。

在案的银行进账单、收款凭证、验资报告等书证证实，涉案 2.9 亿元从广东科龙冰箱和江西科龙转出后，在原审被告人顾某 2、张某专门开设的江西科龙、江西格林柯尔、天津格林柯尔的临时银行账户间连续划转，资金流向清晰，且未混入其他往来资金，最终被转入扬州格林柯尔的验资账户，作为顾某 2 的个人出资用于注册成立扬州格林柯尔。涉案资金的实际使用人是顾某 2 个人，符合《刑法》关于"挪用本单位资金归个人使用"的规定。

（3）原审被告人顾某 2 指使原审被告人张某挪用 2.9 亿元用于公司注册资本的验资，属于《刑法》规定的挪用资金"进行营利活动"。

在案的公司设立核定情况表等书证，证人林某、周某等人的证言及原审被告人顾某 2、张某等人的供述证实，2003 年，顾某 2 为了收购扬州亚星客车的股权，决定设立扬州格林柯尔，并挪用涉案 2.9 亿元作为顾某 2 的个人出资用于注册成立扬州格林柯尔。顾某 2 指使张某挪用 2.9 亿元资金归个人用于公司注册，是为进行生产经营活动作准备，属于挪用资金进行营利活动，符合《刑法》关于挪用资金"虽未超过三个月，但数额较大、进行营利活动"的规定，且挪用数额巨大。

3. 主体要件

行为人顾某 2 系科龙电器董事长、顺德格林柯尔法定代表人、天津格林柯尔法定代表人、江西格林柯尔实业发展有限公司（简称江西格林柯尔）董事长和法定代表人、扬州格林柯尔法定代表人、扬州亚星客车法定代表人。

4. 主观要件

行为人主观上有故意，但无非法占有的目的。2003 年 6 月 23 日、24 日，顾某 2 指示张某等人将挪用科龙电器的 2.5 亿元和江西科龙的 4000 万元归还。另外，涉及扬州亚星客车的 6300 万元，原审被告人顾某 2、姜某某等人挪用基本事实清楚，但原审直接适用 1998 年的司法解释，而未适用 2002 年的司法解释，属适用法律错误，且在案证据不能证实顾某 2 等人挪用资金归个人使用，该笔挪用行为不应按犯罪处理。

五、挪用资金罪的刑事政策与企业犯罪预防

（一）挪用资金犯罪的刑事政策

与合同诈骗罪设立背景类似，20 世纪 80 年代初，随着改革开放的不断深入，诈骗手段不断更新，给市场秩序带来巨大的危害。合同诈骗罪在时代的强烈呼唤下应运而生。设立此罪的主要目的在于维护市场经济秩序。

（二）挪用资金犯罪的企业犯罪预防

相比职务侵占罪，挪用资金罪案件数量较少，且由于不具有非法占有的目的，犯罪手段也相对较简单。因此，对于此类犯罪，各企业可以从事前、事中、事后加强预防措施，将此类犯罪扼杀在摇篮中。

1. 事前建章立制

（1）建立合法有效且切合实际的企业规章制度，完善企业风险防范体系。

民营企业应建立起行之有效、避免企业承担经济损失且预防员工职务犯罪的一系列规章制度，并不断对各项规章制度进行完善，对全体员工的职务行为加以指引、规范和约束，尽量把企业的经济活动更多地纳入法制化、规范化的轨道。

（2）建立培训机制，加强宣传和教育，强化员工的法律风险意识。

对于企业新入职的员工，进行严格的岗前培训，并加大职业犯罪惩处的宣传力度；强化民营企业及员工的法律风险意识，进而能够及时识别风险、防范风险。

2. 事中监督检查预防

（1）定期、不定期检查。企业应建立检查制度，展开定期、不定期检查，一方面给员工以威慑，另一方面能够及时排查犯罪行为。

（2）部门监督企业可以成立专门的监督部门，对公司各部门尤其是财务部门进行实时监督。在企业内部制定并运行舆论监督制度，如发现同事有职务犯罪行为，可向监督部门实名或者匿名举报。实名举报的，如果查证属实，给予奖励。培养民营企业员工监督职务犯罪的意识和责任感，进而达到民营企业全员监督职务犯罪的效果。

3. 事后及时查处

（1）及时报案。员工挪用资金行为一经发现，马上报案，并对员工进行处分，决不姑息。

（2）反思补足。在出现挪用资金罪案件后，企业应及时进行总结，寻找制度的漏洞，进行弥补，完善相关规章制度。

第十二章　合同诈骗罪的风险及其防控

一、合同诈骗罪的立法规定

(一) 合同诈骗罪的刑法规定

第二百二十四条　有下列情形之一，以非法占有为目的，在签订、履行合同过程中，骗取对方当事人财物，数额较大的，处三年以下有期徒刑或者拘役，并处或者单处罚金；数额巨大或者有其他严重情节的，处三年以上十年以下有期徒刑，并处罚金；数额特别巨大或者有其他特别严重情节的，处十年以上有期徒刑或者无期徒刑，并处罚金或者没收财产：

（一）以虚构的单位或者冒用他人名义签订合同的；

（二）以伪造、变造、作废的票据或者其他虚假的产权证明作担保的；

（三）没有实际履行能力，以先履行小额合同或者部分履行合同的方法，诱骗对方当事人继续签订和履行合同的；

（四）收受对方当事人给付的货物、货款、预付款或者担保财产后逃匿的；

（五）以其他方法骗取对方当事人财物的。

(二) 合同诈骗罪的司法解释及部门规范性文件

1. 最高人民检察院办公厅《关于对合同诈骗、侵犯知识产权等经济犯罪案件依法正确适用逮捕措施的通知》

第二条　各级检察机关在审查批捕工作中，要严格区分经济犯罪与经济纠纷的界限，尤其要注意区分合同诈骗罪与合同违约、债务纠纷的界限，以及商业秘密与进入公知领域的技术信息、经营信息的界限，做到慎重稳妥，不枉不纵，依法打击犯罪者，保护无辜者，实现法律效果和社会效果的统一。不能把履行合同中发生的经济纠纷作为犯罪处理；对于造成本地企业利益受到损害的行为，要具体分析，不能一概作为犯罪处理，防止滥用逮捕权。对于合同和知识产权纠纷中，当事双方主体真实有效，行为客观存在，罪与非罪难以辨别，当事人可以行使民事诉讼权利的，更要慎用逮捕权。

2. 最高人民检察院《关于印发部分罪案〈审查逮捕证据参考标准（试行）〉的通知》（高检侦监发〔2003〕107号）

第八条 合同诈骗罪案审查逮捕证据参考标准

合同诈骗罪，是指触犯（刑法）第224条的规定，以非法占有为目的，在签订合同、履行合同过程中，骗取对方当事人财物，数额较大的行为。

对提请批捕的合同诈骗案件，应当注意从以下几个方面审查证据：

（一）有证据证明发生了合同诈骗犯罪事实。

重点审查：

1. 查获的合同、工商部门出具的工商登记资料等证明有以虚构的单位或者冒用他人名义签订合同的行为的证据。

2. 查获的伪造、变造、作废的票据或虚假的产权证明、双方签订的合同、担保合同或担保条款等，证明有以伪造、变造、作废的票据或者虚假的产权证明作担保的行为的证据。

3. 犯罪嫌疑人没有履行能力、犯罪嫌疑人部分履行合同、双方先后签订的多份合同等证明没有实际履行能力，以先履行小额合同或者部分履行合同的方法，诱骗对方当事人继续签订和履行合同的行为的证据。

4. 双方签订的合同、犯罪嫌疑人收受被害人给付的货物、预付款或者担保财产、犯罪嫌疑人逃匿等，证明有收受对方当事人给付的货物、货款、预付款或者担保财产后逃匿的行为的证据。

5. 证明犯罪嫌疑人有以其他方法骗取对方当事人财物的行为的证据。

6. 证明合同诈骗事实发生的被害人陈述、证人证言、犯罪嫌疑人供述等。

7. 证明犯罪嫌疑人的合同诈骗行为以非法占有为目的的证据，如具有逃匿、躲避或者出走不归，或者以其他方法逃避承担民事责任的；以隐匿等方法占有财物的；对骗得财物进行私分、挥霍使用的；用于归还欠债或者抵偿债务的；用于进行其他违法犯罪活动（包括非法经营活动）的；其他企图使他人丧失对财物占有的情形。

（二）有证据证明合同诈骗犯罪事实系犯罪嫌疑人实施的。

重点审查：

1. 被害人的指认。

2. 犯罪嫌疑人的供认。

3. 证人证言。

4. 同案犯罪嫌疑人的供述。

5. 对合同、收条或伪造票据上的签名笔迹所做的能够证明犯罪嫌疑人实施合同诈骗犯罪的鉴定。

6. 其他能够证明犯罪嫌疑人实施合同诈骗犯罪的证据。

（三）证明犯罪嫌疑人实施合同诈骗犯罪行为的证据已有查证属实的。

重点审查：

1. 其他证据能够印证的被害人的指认。

2. 其他证据能够印证的犯罪嫌疑人的供述。

3. 能够相互印证的证人证言。

4. 能够与其他证据相互印证的证人证言或者同案犯供述。

5. 其他证据能够印证的涉案合同文本。

6. 查证属实的证明犯罪嫌疑人实施合同诈骗犯罪的其他证据。

3. 最高人民检察院办公厅《关于对合同诈骗、侵犯知识产权等经济犯罪案件依法正确适用逮捕措施的通知》

第二条 要严格区分经济犯罪与经济纠纷的界限。经济犯罪案件具有案情较复杂，犯罪与经济纠纷往往相互交织在一起，罪与非罪的界限不易区分的特点。认定经济犯罪，必须严格依照刑法规定的犯罪基本特征和犯罪构成要件，从行为的社会危害性、刑事违法性、应受惩罚性几个方面综合考虑。各级检察机关在审查批捕工作中，要严格区分经济犯罪与经济纠纷的界限，尤其要注意区分合同诈骗罪与合同违约、债务纠纷的界限，以及商业秘密与进入公知领域的技术信息、经营信息的界限，做到慎重稳妥，不枉不纵，依法打击犯罪者，保护无辜者，实现法律效果和社会效果的统一。不能把履行合同中发生的经济纠纷作为犯罪处理；对于造成本地企业利益受到损害的行为，要具体分析，不能一概作为犯罪处理，防止滥用逮捕权。对于合同和知识产权纠纷中，当事双方主体真实有效，行为客观存在，罪与非罪难以辨别，当事人可以行使民事诉讼权利的，更要慎用逮捕权。

第三条 要正确掌握逮捕条件，严格办案程序。各级检察机关在审查批捕经济犯罪案件工作中，要严格遵循刑事诉讼法和《人民检察院刑事诉讼规则》规定的逮捕条件和办案程序，严把事实关、证据关、程序关和适用法律关，确保办案质量。对公安机关提请审查批捕的经济犯罪案件，必须符合法律规定的条件，才能作出批捕决定，对于明显属于经济纠纷不构成犯罪的，或者罪与非罪性质不明的，或者事实不清、证据不足的案件，不应作出批捕决定。特别是对于涉及异地的经济犯罪案件，不仅要审查控告方的证据材料，而且要认真审查被控告方提供的材料和辩解，对只有控告方的控告，没有其他证据证明的，不能作出批捕决定。

4. 公安部《关于办理利用经济合同诈骗案件有关问题的通知》（公通字[1997]6号）

第一条 关于案件性质的认定

利用经济合同诈骗，是指行为人以非法占有为目的，利用签订经济合同的手段，骗取公私财物数额较大的行为。

对利用经济合同进行诈骗案件的认定，应当严格依照1996年12月16日最高人民法院印发的《关于审理诈骗案件具体应用法律的若干问题的解释》第二条的规定办理。

5. 最高人民法院《关于充分发挥审判职能作用切实加强产权司法保护的意见》（法发〔2016〕27号）

第六点 严格区分经济纠纷与刑事犯罪，坚决防止把经济纠纷当作犯罪处理。充分考虑非公有制经济特点，严格把握刑事犯罪的认定标准，严格区分正当融资与非法集资、合同纠纷与合同诈骗、民营企业参与国有企业兼并重组中涉及的经济纠纷与恶意侵占国有资产等的界限，坚决防止把经济纠纷认定为刑事犯罪，坚决防止利用刑事手段干预经济纠纷。对于各类经济纠纷，特别是民营企业与国有企业之间的纠纷，不论实际损失多大，都要始终坚持依法办案，排除各种干扰，确保公正审判。

6. 最高人民法院关于充分发挥审判职能作用为企业家创新创业营造良好法治环境的通知（法〔2018〕1号）

第二点 依法保护企业家的人身自由和财产权利。严格执行刑事法律和司法解释，坚决防止利用刑事手段干预经济纠纷。坚持罪刑法定原则，对企业家在生产、经营、融资活动中的创新创业行为，只要不违反刑事法律的规定，不得以犯罪论处。严格非法经营罪、合同诈骗罪的构成要件，防止随意扩大适用。对于在合同签订、履行过程中产生的民事争议，如无确实充分的证据证明符合犯罪构成的，不得作为刑事案件处理。严格区分企业家违法所得和合法财产，没有充分证据证明为违法所得的，不得判决追缴或者责令退赔。严格区分企业家个人财产和企业法人财产，在处理企业犯罪时不得牵连企业家个人合法财产和家庭成员财产。

二、合同诈骗罪犯罪学分析

（一）合同诈骗罪的犯罪现状

2010年1月1日—2020年12月31日全国合同诈骗罪案件基本情况分析①：

1. 案件总数：53480；企业（家）犯罪②：2294

2. 法院分布

表12-1　　　　　　　　　全国合同诈骗罪案件审理法院

审理法院层级	最高人民法院	高级人民法院	中级人民法院	基层人民法院	专门法院
单位犯罪案件数/总件数	0/0	179/1488	873/14351	1228/37587	14/54

---

① 该数据选取时间为2010年1月1日—2020年12月31日，数据来源：威科先行网（http://8721add15be1c16f50bd1ba831cbefd9.f2a9b9a2.libvpn.zuel.edu.cn/），访问日期：2021年3月31日。

② 此处及以下各处企业（家）犯罪是指单位犯罪以及单位法定代表人犯罪。

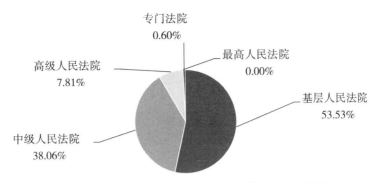

图 12-1　合同诈骗罪（单位犯罪）案件审理法院级别

3. 审级分布

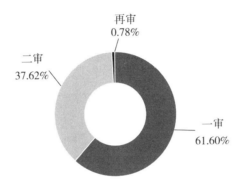

图 12-2　合同诈骗罪（单位犯罪）审级分布

4. 地域分布

除港澳台地区，全国各省（区、市）合同诈骗罪案件分布如下：

表 12-2　　　　全国各省（区、市）合同诈骗罪案件分布情况

东部沿海地区									
省（区、市）	京	津	冀	沪	苏	浙	闽	鲁	粤	琼
案件数（单位犯罪案件数/总件数）	77/1741	26/650	72/3035	157/3794	171/2971	144/3187	42/1818	115/2632	223/4160	4/246

中 部 地 区					
省（区、市）	豫	晋	皖	赣	鄂	湘
案件数（单位犯罪案件数/总件数）	139/4012	62/1627	125/2283	36/1121	110/1769	96/1763

续表

西 部 地 区											
省（区、市）	渝	滇	桂	川	贵	藏	陕	甘	蒙	青	宁	新
案件数（单位犯罪案件数/总件数）	30/710	23/1290	23/1023	137/1943	27/905	0/102	84/1264	35/1486	62/1504	21/377	11/280	43/856

东 北 部 地 区		
省（区、市）	辽宁	吉林	黑龙江
案件数（单位犯罪案件数/总件数）	55/1346	102/2258	28/1272

5. 年度趋势

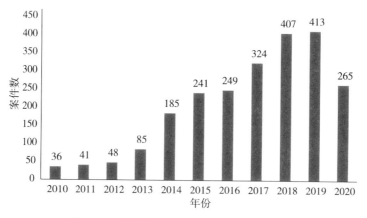

图 12-3 合同诈骗罪（单位犯罪）年度趋势

从表 12-2 全国各省（区、市）合同诈骗罪案件分布情况以及图 12-3 合同诈骗罪（单位）年度趋势分析可知，2010 年至今，合同诈骗罪触犯频率最高的三个省（区、市）依次是广东、河南、上海。合同诈骗罪（单位）触犯频率最高的三个省（区、市）分别是广东、上海、江苏，沿海经济发达地区较为集中。从图 12-3 合同诈骗罪（单位）年度趋势图分析可知，自 2014 年起合同诈骗罪较为高发，2019 年达到高峰，后逐渐回落。近几年对于合同诈骗类犯罪的重视程度和打击力度较大，案件数呈下降趋势，但此类案件在经济社会中较易发生，仍要引起高度的重视。

（二）合同诈骗罪的犯罪特征

1. 合同诈骗罪中犯罪行为人高学历者居多

在法院 2020 年审理的合同诈骗罪中，我们从中国裁判文书网随机点击 30 例进行研究，发现多数犯罪行为人为高学历者。生活的压力以及迫切成功的欲望使他们将目光放在诈骗犯罪上。虽然大多数犯罪人都是初犯，但他们凭借着高智商在合同诈骗中"如鱼得水"，同样的诈骗手段甚至可以采用多次仍旧成功。

2. 合同诈骗罪犯罪手段多样

合同诈骗罪的常见手段包括：以假乱真，虚构主体；虚构合同标的；隐瞒、虚构履约能力；部分履约；骗取中介信息费；借鸡生蛋①；抵债诈骗等。② 这些犯罪手段又往往作用于复杂多样的犯罪对象，使得办案机关在认定行为人的犯罪数额、主观意图时难以区分，给案件办理带来挑战。在张某等合同诈骗案③中，被告人张某、郑某某共谋利用虚假身份信息、冒用他人名义，与汽车租赁公司签订车辆租赁合同并取得租赁车辆。之后又利用伪造的产权证明将所租车辆质押向他人借款，骗取被害人现金。张某、郑某某的两个行为均符合合同诈骗罪的构成要件，犯罪数额为前一行为骗取车辆的价值与后一行为所骗现金价值相加的总和。与此类似，许多汽车租赁公司或者个人一开始为自己经营或者使用租车，而后为非法牟利，打着租车的名义，实际上在诈骗到汽车后，隐瞒实情，将其抵押给他人实施双向诈骗，此种情况下对于行为人主观方面的认定就相对复杂。

3. 犯罪目标增大，案件日趋复杂，往往案中有案，多案并发

合同诈骗罪签订合同往往与伪造证件等犯罪联系紧密。他们伪造合同印章签订合同或者伪造虚假的身份证、财产证明等。此外，合同诈骗罪有时还与贪污贿赂类罪名相关，尤其在企业内部，与腐败以及职务侵占现象联系较多。

4. 合同诈骗罪犯罪行为人诈骗数额巨大

合同诈骗罪中，行为人多将犯罪目标集中在房地产、车辆、建筑等领域，专选贵的骗。如广西北海一男子王某，2019 年 4 月至 2020 年 3 月，任广西某达投资集团有限公司（以下简称"某达公司"）的法人代表。在未取得原房屋所有权人授权委托及拥有房屋产权的情况下，仍以某达公司名义与乔某某、刑某某、吕某某等 29 名受害人签订二手房买卖合同，收取相关房屋款项共计人民币约 1600 万元。检察机关认为，王某作为公司直接负责人，以非法占有为目的，在签订、履行合同过程中，骗取对方当事人财物，数额特别巨大，其行为已经触犯《刑法》，应当以合同诈骗罪追究刑事责任。④

① "借鸡生蛋"式合同诈骗是指单位或者个人通过隐瞒事实真相，欺骗他人与自己签订合同，并在取得对方给付的货款、预付款后挪作他用，作为投资或其他用途的资金来源，故意长期占用、侵占他人资金的期限效益后方予归还。

② 莫文球、李浩源、张焕林、李迪华：《常见经济犯罪定罪量刑与办案精要》，中国法制出版社2018 年版，第 4~5 页。

③ 重庆市江北区人民法院刑事判决书：（2013）江法刑初字第 00060 号。

④ 《广西北海：男子利用房屋买卖合同诈骗 1600 万被提起公诉》，人民网（http://gx.people.com.cn/n2/2021/0430/c179461-34704732.html），访问日期：2021 年 8 月 10 日。

5. 合同诈骗罪案发率高

据公安部统计，2020 年，全国公安机关共立案查处合同诈骗案 1.7 万余起，涉案金额 357 亿元。① 在被立案侦查的各案件中，合同诈骗罪往往被认为是经济犯罪的第一罪名，在经济犯罪中占比非常大。随着中国经济市场的不断发展，利用签订合同诈骗钱财的案例屡见不鲜。

6. 法院一审判决无罪或者二审改判的几率较大

由于合同诈骗罪案件中，行为人往往认为自己只是采用"非常规"手段经营，仍然是通过正常的交易赚钱，并没有诈骗的故意，因此，对于法院的定罪判决，行为人往往会上诉。对于行为人主观方面的认定，在合同诈骗罪中本身就比较复杂，因此，二审中由于证据的改变或者不足，改判的可能性较大。例如在丁某某、王某合同诈骗，伪造、变造、买卖国家机关公文、证件、印章，伪造公司、企业、事业单位、人民团体印章一案②中，丁某某是乳山光谷新力公司的法人和董事长，丁某某为借款，伙同王某、邓某某在向李某借款提供抵押时伪造了"乳山市住房保障和房产管理局银滩分局商品预售合同登记专章"，一审法院认定被告单位乳山光谷新力公司、被告人丁某某、王某、邓某某构成合同诈骗罪；被告人任某构成伪造国家机关印章罪、伪造事业单位印章罪。而二审法院改判，认为原审判决认定乳山光谷新力公司、丁某某、王某、邓某某主观上对涉案借款具有非法占有之目的，证据不足，其不具有非法占有目的、不构成合同诈骗罪。除此之外，由于合同诈骗犯罪与民事欺诈极易混淆，会存在公安机关立案，检察院提起公诉后，法官认定无罪或者法官在一审认定过程中，错误地将民事欺诈行为认定为合同诈骗行为，二审法院又改判的情况。

(三) 合同诈骗罪的犯罪原因

1. 外部环境诱惑

（1）社会诚信缺失。当前，我们国家的社会诚信缺失现象越来越严重。在经济交往过程中，陈述虚假事实、弄虚作假的行为非常普遍。我国目前正处于文明转型期，在此过程中，由于人与人之间交流与交往的范围扩大，在社会交往过程中，失去了传统熟人社会的监督，加之信息不对称，不少人行为失范，自我控制与管理不严，导致诚信意识薄弱，易发生弄虚作假的行为。

（2）制度不完善。对人的行为进行规范的行为规则有道德与法律。法律是道德的最低底线。当道德领域出现问题时，法律作为强制性的行为规范必须要予以完善并加强，以防止道德严重滑坡。但令人遗憾的是，由于历史的原因，我国的相关法律规定并没有充分

---

① 《公安部：2020 年查处合同诈骗案 1.7 万余起》，人民网（http://cq.people.com.cn/n2/2021/0309/c365403-34611239.html），访问日期：2021 年 8 月 10 日。

② 山东省威海市中级人民法院刑事判决书：(2016) 鲁 10 刑终 151 号。

体现出立法的科学性与系统性，对于诚信缺失的处罚过于宽松，在不少领域甚至是空白，导致失信行为无法得到有效的处罚与制裁，尤其是在社会生活领域。

（3）营商环境建设不力。在我国，诚信缺失现象不仅发生在社会生活中，在政府工作中，尤其是招商引资过程中，政府诚信缺失的现象也越来越多。

（4）现行法律对民营经济缺乏平等法律保护。在我国现有的法律制度框架下，国家利益与社会公共利益受到了强烈的保护，与此相反，民众利益与民营企业的利益却受到不同程度的冷遇与歧视。在二者发生矛盾时，政府的利益或国有企业的利益可能得到偏向性保护，被制裁与牺牲太多是民营企业。

2. 企业（家）经营不善

（1）合同管理混乱，有章不循。有些企业和单位只注重产量的增长，质量的提高和利润的增多，忽视对合同的严格管理，使合同的签订、履行、担保、变更、转让、解除、终止、监督以及合同文本、专用章的管理缺乏必要的合同管理制度、必要的年审核制度和监督制度，加上合同管理中人员职责分工不明，从而给合同诈骗以可乘之机。

（2）合同签约人和管理人员素质低下。有些合同签约人和管理人员对合同的重要性认识不够，缺乏合同管理知识，加之在经济活动中经验缺乏，只想尽快发展生产经营，广开销路，多订合同，尽快盈利，结果掉入陷阱后悔莫及。

（3）合同签约人和管理人私欲膨胀。有些合同签约人和管理人员以利当头，经不起高额回扣的诱惑，被动或主动与诈骗分子串通，签订有损己方的合同，案发后，担心报案会把自己牵连进去，只好采取"内部消化"方式，从而助长了犯罪分子的气焰。

（4）被害人风险意识不强。被害人不愿诉诸法律。合同诈骗犯罪的被害人最大的心愿是财产的返还和补偿，至于采取什么方式解决，他们并不关心。在我国，公民的法治观念不强，尚不能熟练运用各种法律手段来维护自己的合法权益。

三、合同诈骗罪刑法教义学分析

（一）合同诈骗罪构成要件

1. 客体要件

本罪侵犯的客体为复杂客体，既侵犯了合同他方当事人的财产所有权，又侵犯了国家对合同的管理秩序。

2. 客观要件

本罪在客观方面表现为在签订、履行合同过程中，采取法定虚构事实、隐瞒真相的方法，骗取对方当事人财物，数额较大的行为。法定行为方式具体包括以下几类：

第一，以虚构的单位或者冒用他人名义签订合同。虚构单位，是指捏造根本不存在的假单位名称与他人签订经济合同。冒用他人名义，是指假借其他单位或个人的名义与他人签订合同。

第二，以伪造、变造、作废的票据或者其他虚假的产权证明作担保。即以这些票据或证明作为自己能够履行合同的证据，与对方当事人签订合同。

第三，没有实际履行能力，以先履行小额合同或者部分履行合同的方法，诱骗对方当事人继续签订和履行合同。

第四，收受对方当事人给付的货物、贷款、预付款或者担保财产后逃匿。

第五，以其他方法骗取对方当事人财物。主要包括：收受对方当事人给付的货物、货款、预付款或者担保财产后，无正当理由拒不履行合同又不退还；或者利用合同骗取财物用于抵偿债务、用于违法活动或用于挥霍，致使无法返还，等等。

行为人只要实施上述一种行为，即可构成本罪。

3. 主体要件

本罪为一般主体，包括自然人和单位。犯本罪的个人是一般主体，犯本罪的单位是任何单位。

4. 主观要件

本罪主观方面表现为故意，具有非法占有财物的目的。非法占有目的既可以在签订合同时产生，也可以在履行合同过程中才产生，但非法占有目的必须存在于诈骗行为时；产生非法占有目的后并未实施诈骗行为的，不能成立合同诈骗罪。

理论上，对于"非法占有目的"是否应为诈骗罪等财产犯罪的独立构成要素，存在否定说与肯定说。否定说认为，"非法占有的目的并非取得型财产犯罪的独立的构成要件要素"。[1]"诈骗罪只要客观上存在财产损失即可，无需额外的剥夺意思……在诈骗罪中不适宜再沿用非法占有目的的概念。"[2] 否定说不妥当，该意识不符合立法规定，持该观点将扩大合同诈骗罪的打击范围，如可能将骗取贷款作为合同诈骗罪处理。所以，肯定"非法占有目的"是诈骗罪等财产犯罪的独立构成要素的观点，依旧在学界居通说地位。[3]

（二）合同诈骗罪司法认定问题

1. 合同诈骗罪与合同民事欺诈行为的区分

本罪经常和合同民事欺诈行为相混合，尤其是民营企业家在合同经营过程中，极易遭到此种风险。民事欺诈行为的范畴是十分宽泛的，合同诈骗则不然。它要求在合同经营中

---

① 陈璇：《财产罪中非法占有目的要素之批判分析》，载《苏州大学学报（法学版）》2016年第4期。

② 王俊：《非法占有目的的不同意义：基于对盗窃、侵占、诈骗的比较研究》，载《中外法学》2017年第5期。

③ 彭文华：《对价欺诈交易刑民界限的法教义学分析》，载《政治与法律》2021年第2期。

行为人的意思表示瑕疵达到足以使被害人陷入错误认识的程度，否则不足以成立合同诈骗。如果被害人已经产生错误认识，行为人的行为只是维持被害人的错误认识，是不能成立合同诈骗的。事实上，与刑事诈骗侧重实质判断相比，民事诈欺更强调形式判断。民法和刑法中都存在形式判断和实质判断，当然，民法更为注重形式判断，而刑法更为注重实质判断。根据最高人民法院《关于充分发挥审判职能作用切实加强产权司法保护的意见》、最高人民法院《关于充分发挥审判职能作用为企业家创新创业营造良好法治环境的通知》等文件的精神，区分合同诈骗罪与民事欺诈行为，对于避免出现刑罚手段干预民间经济纠纷的越轨行为具有重要意义，有利于增强市场经济的活力，激发企业家的积极性。

二者区别主要表现在：（1）行为侵犯的客体不同。合同诈骗罪侵犯的是社会经济管理秩序，是公私财物的所有权，且该财物体现为物权。而在民事欺诈中，客体为合同权利义务关系，欺诈财产表现为合同之债。（2）行为方式不同。合同诈骗中，行为人通常会利用虚假姓名、身份证件、授权委托书等冒充合法身份，以达到自己诈骗的目的。而在民事欺诈中，实施欺诈的合同一方通常为真实身份，通常对合同约定中标的、质量、价款等存在欺骗或者隐瞒，具有一定的履行能力。（3）数额不同。合同诈骗罪达到一定数额才构成犯罪，而民事欺诈只要合同相对方请求赔偿，皆可以请求，无具体数额的要求。（4）目的不同。合同诈骗是以签订合同为名，达到非法占有公司财物的目的。民事欺诈则是为了用于经营，借以创造履行能力而为欺诈行为，不具有非法占有财物的目的，只希望获取一定的经济利益。

2. 合同诈骗罪与普通诈骗罪的区分

第一，两罪属于普通罪名与特殊罪名的关系，这是因为合同诈骗罪具有诈骗罪的行为构造，但该行为构造具有特殊方式。具体而言，诈骗罪行为构造是，行为人实施欺骗行为，对方当事人因此产生认识错误，并基于认识错误处分财产，行为人或第三者据此取得财产，导致对方当事人遭受财产损失。合同诈骗罪行为构造则是，行为人在签订、履行合同过程中实施欺骗行为，从而引起合同对方当事人产生认识错误，合同对方当事人基于认识错误作出了处分财产的意思，行为人或第三人因此取得并占有了财产，合同对方当事人因此遭受财产损失。

但值得注意的是，首先，除特殊形式的合同外，合同并不限于书面合同。因此，以口头协议实施诈骗行为也应属于合同诈骗罪的范围。例如，在《刑事审判参考》第 875 号郭某某合同诈骗案中，法院认为，结合书面协议及相关口头约定判断，郭某某与李某之间存在合同关系。郭某某与王某某之间虽无书面协议，但双方亦就二手车买卖的标的、价款、履行期限、地点和方式等意思表示一致，达成了内容明确的口头合同。在《刑事审判参考》第 494 号的余某某诈骗案中，法院否定余某某不成立合同诈骗罪而成立诈骗罪的原因在于，口头合同并没有侵犯市场秩序，而是侵犯了被害人的财产所有权，并非是由于口头合同不具有合同诈骗罪中"合同"的内涵。由此可见，最高人民法院持此种观点。其次，"利用合同"为合同诈骗罪的实质要件。仅存在合同形式而没有实质利用合同促成交易不宜认为成立合同诈骗罪。最后，具有人身属性的合同如劳动、继承、收养、婚姻、监护等不属于合同诈骗罪中的合同，此合同需要具有经济效益。

第二，客观表现不同。合同诈骗罪规定在《刑法》第三章破坏社会主义市场经济秩序罪第七节扰乱市场经济秩序罪中，根据合同诈骗罪在《刑法》中的位置可知，本罪主要侵犯的是市场秩序，规制本罪的首要目的也是维护良好的市场秩序。换言之，即使存在有效"利用合同"骗取他人财物的行为，但实际上并未破坏市场经济秩序，也不能认定为合同诈骗罪，而只能定性为诈骗罪。① 诈骗罪侵犯的直接客体是财物的占有权，合同诈骗罪除侵犯财物占有权之外，还直接侵害了社会主义市场经济秩序。诈骗犯罪行为是否直接侵害社会主义市场经济秩序是界定诈骗罪与合同诈骗罪的最终标准。

所以两罪为法条竞合的关系。关于法条竞合的适用，理论上一般采取的是特别法优于一般法也的原则，优先适用特殊条款。特别法优于一般法存在适用例外，某些情况下，可以适用重法优于轻法原则。

3. 一罪与数罪的界限

行为人在实施合同诈骗过程中，一般会以虚构的单位或冒用他人的名义签订合同进行诈骗，所以，行为人通常还会实施伪造、变造、买卖公文、证件、印章等行为。这些行为都是合同诈骗罪的方法行为或者手段行为，与诈骗财物的目的行为形成牵连关系，对此，应按照处理牵连犯"从一重罪处罚"的原则处理。

四、合同诈骗罪典型案例分析

（一）合同诈骗罪典型案例

2009 年下半年至 2013 年间，被告单位连云港中海公司与中铁国际多式联运有限公司（以下简称中铁多式联运公司）签订连云港至阿拉山口、连云港至霍尔果斯国际集装箱班列运输代理协议及补充协议，由中铁多式联运公司代理，并通过该公司与上海铁路局确立铁路货物运输合同关系。因国家铁路部门规定对出口集装箱货物收取的运费高于过境集装箱货物的运费，在合同签订、履行期间，连云港中海公司以非法占有为目的，自行或者先后约定由青岛连横国际物流有限公司连云港分公司（以下简称连横公司）、上海盛伦国际物流有限公司（以下简称盛伦公司）、连云港捷海国际货运代理有限公司（以下简称捷海公司）（均另案处理）伪造提货单、运单，并以连云港中海公司的名义，将出口集装箱货物谎报成过境集装箱货物（此种方式以下简称出口套过境），通过铁路部门发送集装箱共计 8742 个（2011 年至 2013 年 6 月），从中骗逃铁路运费共计人民币 22295395.1 元（以下币种均为人民币）。其中：

1. 2009 年下半年，经时任被告单位连云港中海公司总经理朱某某（另案处理）决定，由时任公司总经理助理的被告人郑某分管指挥，被告人何某某负责的多式联运部开始具体

---

① 《合同诈骗罪与普通诈骗罪的区分界定标准》，腾讯网（https：//new.qq.com/omn/20210126/20210126A0460P00.html），访问日期：2021 年 4 月 5 日。

组织实施"出口套过境"业务，并授意多式联运部员工采取贴纸条复印等方法制作假提货单、运单，从中骗逃铁路运费。2010 年 3 月，经朱某某决定，郑某组织指挥，何某某具体负责，连云港中海公司与连横公司签订连云港至阿拉山口集装箱班列代理发运协议，由连云港中海公司在铁路部门办理运输手续，代缴运费，并约定由连横公司连云港分公司负责单证操作。同年 6 月至 9 月，连横公司组织员工到连云港中海公司学习"出口套过境"的单证伪造方法；同年 9 月，连云港中海公司安排本单位多式联运部员工至连横公司帮助伪造相关单证。连云港中海公司在明知连横公司所提供的单证系伪造的情况下，仍以本公司的名义实施"出口套过境"业务，每箱收取代理费 400 元或 600 元。其间，郑某升任公司副总经理，朱某某于 2012 年 2 月离职，由郑某、何某某继续组织实施上述行为。2012 年下半年，连云港中海公司在未与盛伦公司（已收购连横公司）签订代理协议的情况下，仍采用与连横公司相同的方法继续与盛伦公司共同实施"出口套过境"业务，骗逃铁路运费。2013 年 4—5 月，连云港中海公司因与盛伦公司终止"合作"，遂决定直接以本公司名义替原应由盛伦公司代发的连云港亚铁国际货运代理有限公司（以下简称亚铁公司）向铁路部门发送集装箱，继续实施"出口套过境"业务，骗逃铁路运费。

2. 2011 年 8 月，被告单位连云港中海公司与捷海公司签订连云港至阿拉山口集装箱班列代理发运协议，约定由捷海公司伪造提货单、运单，并以连云港中海公司的名义发运集装箱货物，实施"出口套过境"行为，骗逃铁路运费，且每箱收取代理费 400 元或 600 元。

3. 2012 年 11 月至 2013 年 6 月，被告单位连云港中海公司自行制作假提货单、运单，以"出口套过境"的方式为徐州工程机械集团进出口有限公司（以下简称徐工集团）发送集装箱货物 12 个，从中骗逃铁路运费。

法院认为，被告单位连云港中海公司以非法占有为目的，在签订、履行合同过程中，自行或伙同其他单位，骗逃铁路运费；被告人郑某作为直接负责的主管人员，具体负责组织指挥，被告人何某某作为其他直接责任人员，具体负责实施，采用伪造单证，以出口套过境的方法，骗逃铁路运费共计 2200 余万元，数额特别巨大，被告单位及两被告人均构成合同诈骗罪。①

（二）合同诈骗罪案例分析

本案符合合同诈骗罪的构成要件。

1. 客体要件。连云港中海公司、郑某、何某某侵犯了国家对合同的管理制度、诚实信用的市场经济秩序和合同当事人的财产所有权。

2. 客观要件。其一，本案中中铁多式联运公司仅为班列的组织者，实际发货人为连云港中海公司，连云港中海公司与铁路运输部门间存在铁路运输合同关系。其二，在合同签订、履行期间，连云港中海公司自行或者伙同其他单位伪造提货单、运单以"出口套过境"的方法骗逃铁路运费 22295395.1 元，数额特别巨大。其"出口套过境"的行为属于《刑法》关于合同诈骗罪所规定的第五种情形。其三，铁路运输单位对运输单证也履

---

① 上海铁路运输中级法院：(2015) 沪铁中刑初字第 10 号。

行了一定的审查义务,铁路监察部门就"出口套过境"也履行了监察职责,不能认为铁路部门对"出口套过境"的行为是明知且予以默许纵容,铁路运输单位因受骗而损失铁路运费的事实确实充分。其四,在单位犯罪中,被告人郑某作为直接负责的主管人员,具体负责组织指挥,被告人何某某作为其他直接责任人员,具体负责实施,采用伪造单证,以出口套过境的方法,骗逃铁路运费共计2200余万元,数额特别巨大,严重侵犯了国家对合同的管理制度以及铁路运输单位的财产所有权。

3. 主体要件。(1)被告单位连云港中海公司具备主体身份,连云港中海公司骗逃铁路运费所获取的不仅包括实际收取的代理费等款项,也包括单位能够拓展市场,留住客户等财产性利益。其以单位名义与铁路签订运输合同,与连横公司、盛伦公司、捷海公司等签订代发协议,结算相关费用,其伪造提货单、运单实施"出口套过境"均以单位名义;作为公司主管人员朱某某、郑某等人通过会议决策公司实施出口套过境业务,连云港中海公司"出口套过境"的行为体现了单位意志;本案违法所得也归连云港中海公司等所有。被告单位连云港中海公司符合合同诈骗罪单位犯罪的主体要件。(2)被告人郑某作为直接负责的主管人员,具体负责组织指挥,被告人何某某作为其他直接责任人员,具体负责实施,具备主体身份。

4. 主观要件。被告单位连云港中海公司及被告人郑某、何某某主观上具有非法占有铁路运费的故意。其在签订、履行铁路运输合同过程中,明知铁路出口货物与过境货物存在运费差价,其为拓展市场、留住客户等公司经济利益伪造单证,采取"出口套过境"的方法骗逃铁路运费。

五、合同诈骗罪的刑事政策与企业犯罪预防

(一)合同诈骗犯罪的刑事政策

合同诈骗罪主要是在市场经济环境下生产、交换、分配、消费领域中形成的。与传统诈骗相比,在犯罪主体、犯罪客体、犯罪行为的具体方式等方面具有不同特点,有必要将合同诈骗罪从普通诈骗罪中独立出来。因此,1997年在修订《刑法》过程中,将合同诈骗罪从《刑法》第266条普通诈骗罪中独立出来而单独定罪量刑。《刑法》规定本罪,是为了维护市场秩序与保护对方当事人的财产。因为合同是市场经济活动的重要手段,利用经济合同骗取对方当事人财物的行为,使人们对合同失去了信心,从而扰乱了市场秩序。与此同时,也侵犯了对方当事人的财产。20世纪80年代初,随着改革开放的不断深入,诈骗手段不断更新,给市场秩序带来了巨大的危害。合同诈骗罪在时代的强烈呼唤下应运而生。设立此罪的主要目的在于维护市场经济秩序。

刑事政策的考量使诈骗类犯罪的教义与社会现实相联系,也为其构成要件的解释提供价值上的指引。诈骗类犯罪的刑法规定虽然具有明确性,但也容易导致法官机械地适用其理论概念,忽视个案之间的差异性。刑法的教义来源于历史归纳,因此更具抽象性和普适性。诈骗形态的多样化反映出社会现实的需要与刑法教义的脱离,引入刑事政策考量,使法官在衡量被告人的刑罚必要性和实际收益的基础上作出具体裁判;同时,也有助于刑法

教义的适用更加适应社会现实的需要。例如，对于身份公开的合同诈骗与隐藏身份的合同诈骗，刑法教义并没有将其进行区别规定，如果不考虑量刑的必要性与实际收益，都应当认定为合同诈骗罪。基于刑事政策的考量，行为人虽然实施诈骗行为，但同时公开身份，表明行为人并不具有逃避法律责任的态度，可以通过民事诉讼解决当事人之间的纠纷，从而使合同诈骗罪所侵犯的财产法益得以恢复。法对经济领域的干涉应当是有限的，并应当作为最后的手段。合同行为虽然扰乱市场秩序，但可以通过其他法律对其进行有效调整，就没有必要过早地适用刑法，这也符合刑法的谦抑性原则。①

在诈骗类犯罪中，被害人受骗产生错误认识并处分财产，有时并非不可避免。许多情形下，被害人只要予以必要的注意或者谨慎，就有可能发现行为人的意思表示瑕疵，但他过于相信行为人的一面之词，以致上当受骗。对于被害人而言，行为人的欺诈本可避免却未能避免，由此产生的责任很难说与其没有关系。因此，从对被害人归因的角度来看，被害人也应履行一定的谨慎义务。

（二）合同诈骗犯罪的企业犯罪预防

1. 加强法治意识，提高合同缔约和履行能力

企业自身除防范利用合同进行诈骗的行为外，还要遵守法律法规，严格遵守市场秩序，合法经营。企业要完善岗位责任制、项目责任制等多种形式的经济责任制，加强内部控制管理，在企业内部建立健全的财务管理制度，严格执行国家的财政、会计制度。加强企业内部的人事管理制度，建立必要的人事档案，对于有前科、劣迹的人应审慎录用。

2. 建立现代化、信息化合同管理制度

（1）完善合同的管理机制。顺应依法治企、法治兴企的趋势，对合同管理的要求不断提高，以信息化管理为抓手，将传统的线下纸版合同转移至线上合同管理系统中进行合同的订立、变更和审批，建立全过程、全覆盖的合同管理模式，促进合同的管理融入企业的日常生产经营，为企业的合规经营保驾护航。

（2）培育专业的合同管理团队。企业家作为企业直接负责的主管人员，对于企业的经营活动负有监督管理责任，尤其是合同签署、履行等环节，应当提前做好相关工作人员的业务培训、风险意识培训等，对相关工作人员要定期开展业务及法律培训，让工作人员合规、谨慎地开展业务活动。

（3）建构完善的合同管理制度。制度是行为的准则，好的制度能规范企业行为，提高企业效益。因此，企业家应首先重视合同管理制度的完善，确保合同的签订与履行合法合规。同时，明确相应的责任追究条款，在企业内部形成强大的震慑力，以更好地约束、防范企业以及内部人员以非法占有为目的利用合同进行诈骗的违法犯罪行为。首先，可以对企业发展的现实情况进行分析。所有合同管理方面的财务风险规定均需以现实情况为基础，在借助调查研究、结合实际、法律法规需求等各方面的基础上，才能确保制度的全面

---

① 薛晨：《论合同诈骗罪的司法适用》，华南理工大学 2014 年硕士学位论文，第 11 页。

性，且更有针对性地优化合同管理水平。其次，还可面向员工寻求经验保障。企业构建完善的合同管理制度时，需以较为丰富的财务人员的经验为借鉴，对相关风险提前预知，给出解决的方案，这样制定出的各项制度也能更好地帮助财务人员开展工作。

（4）重视合同的过程和细节管理。合同管理的水平和能力直接影响到企业的可持续发展，在企业合同管理的过程中应重点关注如下细节：一是重视合同条款的订立，合同的实质性条款应当与招标文件的内容相匹配。合同双方不得再订立背离合同实质性内容的其他协议，即"阴阳合同"。二是重视合同条款的贯通性、一致性和适用性。三是重视合同变更。受情势变更的影响，合同变更无法避免。但是，合同变更应该是合同双方合意的结果。合同变更应该通过相应主管部门的审批，从业务、财务和法律等方面进行审查，有效防范风险和化解合同变更的风险。①

---

① 何建煜：《重视合同管理提升风险防控能力》，载《中国外贸》2021 年第 5 期。

第十三章　行贿犯罪的风险及其防控

一、行贿罪的立法规定

(一) 行贿罪的刑法规定

第一百六十四条　为谋取不正当利益，给予公司、企业或者其他单位的工作人员以财物，数额较大的，处三年以下有期徒刑或者拘役，并处罚金；数额巨大的，处三年以上十年以下有期徒刑，并处罚金。

对外国公职人员、国际公共组织官员行贿罪：为谋取不正当商业利益，给予外国公职人员或者国际公共组织官员以财物的，依照前款的规定处罚。

单位犯前两款罪的，对单位判处罚金，并对其直接负责的主管人员和其他直接责任人员，依照第一款的规定处罚。

行贿人在被追诉前主动交待行贿行为的，可以减轻处罚或者免除处罚。

第三百八十九条　为谋取不正当利益，给予国家工作人员以财物的，是行贿罪。

在经济往来中，违反国家规定，给予国家工作人员以财物，数额较大的，或者违反国家规定，给予国家工作人员以各种名义的回扣、手续费的，以行贿论处。

因被勒索给予国家工作人员以财物，没有获得不正当利益的，不是行贿。

第三百九十条　对犯行贿罪的，处五年以下有期徒刑或者拘役，并处罚金；因行贿谋取不正当利益，情节严重的，或者使国家利益遭受重大损失的，处五年以上十年以下有期徒刑，并处罚金；情节特别严重的，或者使国家利益遭受特别重大损失的，处十年以上有期徒刑或者无期徒刑，并处罚金或者没收财产。

行贿人在被追诉前主动交待行贿行为的，可以从轻或者减轻处罚。其中，犯罪较轻的，对侦破重大案件起关键作用的，或者有重大立功表现的，可以减轻或者免除处罚。

第三百九十条之一　为谋取不正当利益，向国家工作人员的近亲属或者其他与该国家工作人员关系密切的人，或者向离职的国家工作人员或者其近亲属以及其他与其关系密切的人行贿的，处三年以下有期徒刑或者拘役，并处罚金；情节严重的，或者使国家利益遭受重大损失的，处三年以上七年以下有期徒刑，并处罚金；情节特别严重的，或者使国家利益遭受特别重大损失的，处七年以上十年以下有期徒刑，并处罚金。

单位犯前款罪的，对单位判处罚金，并对其直接负责的主管人员和其他直接责任人员，处三年以下有期徒刑或者拘役，并处罚金。

第三百九十一条　为谋取不正当利益，给予国家机关、国有公司、企业、事业单位、人民团体以财物的，或者在经济往来中，违反国家规定，给予各种名义的回扣、手续费的，处三年以下有期徒刑或者拘役，并处罚金。

单位犯前款罪的，对单位判处罚金，并对其直接负责的主管人员和其他直接责任人员，依照前款的规定处罚。

第三百九十三条　单位为谋取不正当利益而行贿，或者违反国家规定，给予国家工作人员以回扣、手续费，情节严重的，对单位判处罚金，并对其直接负责的主管人员和其他直接责任人员，处五年以下有期徒刑或者拘役，并处罚金。因行贿取得的违法所得归个人所有的，依照本法第三百八十九条、第三百九十条的规定定罪处罚。

第九十三条　本法所称国家工作人员，是指国家机关中从事公务的人员。国有公司、企业、事业单位、人民团体中从事公务的人员和国家机关、国有公司、企业、事业单位委派到非国有公司、企业、事业单位、社会团体从事公务的人员，以及其他依照法律从事公务的人员，以国家工作人员论。

第九十六条　本法所称违反国家规定，是指违反全国人民代表大会及其常务委员会制定的法律和决定，国务院制定的行政法规、规定的行政措施、发布的决定和命令。

(二) 行贿罪的司法解释

1. 最高人民法院、最高人民检察院《关于办理行贿刑事案件具体应用法律若干问题的解释》(法释〔2012〕22 号)

第五条　多次行贿未经处理的，按照累计行贿数额处罚。

第六条　行贿人谋取不正当利益的行为构成犯罪的，应当与行贿犯罪实行数罪并罚。

第七条　因行贿人在被追诉前主动交待行贿行为而破获相关受贿案件的，对行贿人不适用。

单位行贿的，在被追诉前，单位集体决定或者单位负责人决定主动交待单位行贿行为的，依照刑法第三百九十条第二款的规定，对单位及相关责任人员可以减轻处罚或者免除处罚；受委托直接办理单位行贿事项的直接责任人员在被追诉前主动交待自己知道的单位行贿行为的，对该直接责任人员可以依照刑法第三百九十条第二款的规定减轻处罚或者免除处罚。

第八条 行贿人被追诉后如实供述自己罪行的，依照刑法第六十七条第三款的规定，可以从轻处罚；因其如实供述自己罪行，避免特别严重后果发生的，可以减轻处罚。

第九条 行贿人揭发受贿人与其行贿无关的其他犯罪行为，查证属实的，依照刑法第六十八条关于立功的规定，可以从轻、减轻或者免除处罚。

第十条 实施行贿犯罪，具有下列情形之一的，一般不适用缓刑和免予刑事处罚：

（一）向三人以上行贿的；

（二）因行贿受过行政处罚或者刑事处罚的；

（三）为实施违法犯罪活动而行贿的；

（四）造成严重危害后果的；

（五）其他不适用缓刑和免予刑事处罚的情形。

具有刑法第三百九十条第二款规定的情形的，不受前款规定的限制。

第十一条 行贿犯罪取得的不正当财产性利益应当依照刑法第六十四条的规定予以追缴、责令退赔或者返还被害人。

因行贿犯罪取得财产性利益以外的经营资格、资质或者职务晋升等其他不正当利益，建议有关部门依照相关规定予以处理。

第十二条 行贿犯罪中的"谋取不正当利益"，是指行贿人谋取的利益违反法律、法规、规章、政策规定，或者要求国家工作人员违反法律、法规、规章、政策、行业规范的规定，为自己提供帮助或者方便条件。

违背公平、公正原则，在经济、组织人事管理等活动中，谋取竞争优势的，应当认定为"谋取不正当利益"。

第十三条 刑法第三百九十条第二款规定的"被追诉前"，是指检察机关对行贿人的行贿行为刑事立案前。

2. 最高人民法院、最高人民检察院《关于办理贪污贿赂刑事案件适用法律若干问题的解释》（法释〔2016〕9号）

第七条 为谋取不正当利益，向国家工作人员行贿，数额在三万元以上的，应当依照《刑法》第三百九十条的规定以行贿罪追究刑事责任。

行贿数额在一万元以上不满三万元，具有下列情形之一的，应当依照刑法第三百九十条的规定以行贿罪追究刑事责任：

（一）向三人以上行贿的；

（二）将违法所得用于行贿的；

（三）通过行贿谋取职务提拔、调整的；

（四）向负有食品、药品、安全生产、环境保护等监督管理职责的国家工作人员行贿，实施非法活动的；

（五）向司法工作人员行贿，影响司法公正的；

（六）造成经济损失数额在五十万元以上不满一百万元的。

第八条 犯行贿罪，具有下列情形之一的，应当认定为刑法第三百九十条第一款规定的"情节严重"：

（一）行贿数额在一百万元以上不满五百万元的；

（二）行贿数额在五十万元以上不满一百万元，并具有本解释第七条第二款第一项至第五项规定的情形之一的；

（三）其他严重的情节。

为谋取不正当利益，向国家工作人员行贿，造成经济损失数额在一百万元以上不满五百万元的，应当认定为刑法第三百九十条第一款规定的"使国家利益遭受重大损失"。

第九条 犯行贿罪，具有下列情形之一的，应当认定为刑法第三百九十条第一款规定的"情节特别严重"：

（一）行贿数额在五百万元以上的；

（二）行贿数额在二百五十万元以上不满五百万元，并具有本解释第七条第二款第一项至第五项规定的情形之一的；

（三）其他特别严重的情节。

为谋取不正当利益，向国家工作人员行贿，造成经济损失数额在五百万元以上的，应当认定为刑法第三百九十条第一款规定的"使国家利益遭受特别重大损失"。

第十条 刑法第三百八十八条之一规定的利用影响力受贿罪的定罪量刑适用标准，参照本解释关于受贿罪的规定执行。

刑法第三百九十条之一规定的对有影响力的人行贿罪的定罪量刑适用标准，参照本解释关于行贿罪的规定执行。

单位对有影响力的人行贿数额在二十万元以上的，应当依照刑法第三百九十条之一的规定以对有影响力的人行贿罪追究刑事责任。

第十二条 贿赂犯罪中的"财物"，包括货币、物品和财产性利益。财产性利益包括可以折算为货币的物质利益如房屋装修、债务免除等，以及需要支付货币的其他利益如会员服务、旅游等。后者的犯罪数额，以实际支付或者应当支付的数额计算。

第十四条 根据行贿犯罪的事实、情节，可能被判处三年有期徒刑以下刑罚的，可以认定为刑法第三百九十条第二款规定的"犯罪较轻"。

根据犯罪的事实、情节，已经或者可能被判处十年有期徒刑以上刑罚的，或者案件在本省、自治区、直辖市或者全国范围内有较大影响的，可以认定为刑法第三百九十条第二款规定的"重大案件"。

具有下列情形之一的，可以认定为刑法第三百九十条第二款规定的"对侦破重大案件起关键作用"：

（一）主动交待办案机关未掌握的重大案件线索的；

（二）主动交待的犯罪线索不属于重大案件的线索，但该线索对于重大案件侦破有重要作用的；

（三）主动交待行贿事实，对于重大案件的证据收集有重要作用的；

（四）主动交待行贿事实，对于重大案件的追逃、追赃有重要作用的。

除此之外，在办理危害生产安全刑事案件、走私刑事案件、非法集资刑事案件的司法解释中都涉及行贿手段，规定较为稀疏。

3. 最高人民检察院《关于行贿罪立案标准的规定》

一、[行贿案（《刑法》第一百八十九条、第三百九十条）] 行贿罪是指为谋取不正当利益，给予国家工作人员以财物的行为。

在经济往来中，违反国家规定，给予国家工作人员以财物，数额较大的，或者违反国家规定，给予国家工作人员以各种名义的回扣、手续费的，以行贿罪追究刑事责任。

涉嫌下列情形之一的，应予立案：

1. 行贿数额在一万元以上的；

2. 行贿数额不满一万元，但具有下列情形之一的：

（1）为谋取非法利益而行贿的；

（2）向三人以上行贿的；

（3）向党政领导、司法工作人员、行政执法人员行贿的；

（4）致使国家或者社会利益遭受重大损失的。

因被勒索给予国家工作人员以财物，已获得不正当利益的，以行贿罪追究刑事责任。

三、[单位行贿案（《刑法》第三百九十一条）] 单位行贿罪是指公司、企业、事业单位、机关、团体为谋取不正当利益而行贿，或者违反国家规定，给予国家工作人员以回扣、手续费，情节严重的行为。

涉嫌下列情形之一的，应予立案：

1. 单位行贿数额在二十万元以上的；

2. 单位为谋取不正当利益而行贿，数额在十万元以上不满二十万元，但具有下列情形之一的：

（1）为谋取非法利益而行贿的；

（2）向三人以上行贿的；

（3）向党政领导、司法工作人员、行政执法人员行贿的；

（4）致使国家或者社会利益遭受重大损失的。

因行贿取得的违法所得归个人所有的，依照本规定关于个人行贿的规定立案，追究其刑事责任。

二、行贿罪犯罪学分析

（一）行贿罪的犯罪现状

2010 年 1 月 1 日—2020 年 12 月 31 日全国行贿犯罪案件基本情况分析①：

1. 案件总数：单位行贿罪案件总数：5866；行贿罪案件总数：28714

2. 案件审理法院

表 13-1　　　　　　　　　单位行贿罪、行贿罪案件审理法院

审理法院层级	最高人民法院	高级人民法院	中级人民法院	基层人民法院	专门法院
单位犯罪案件数/总件数	5/34	167/673	1403/9066	4258/18776	33/165

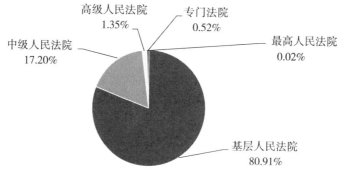

图 13-1　单位行贿罪案件审理法院级别

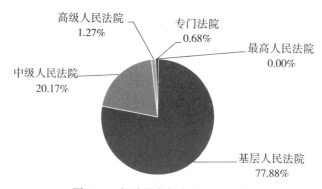

图 13-2　行贿罪案件审理法院级别

---

① 该数据选取时间为 2010 年 1 月 1 日—2020 年 12 月 31 日，数据来源：威科先行网（http//8721add15be1c16f50bd1ba831cbefd9.f2a9b9a2.libvpn.zuel.edu.cn/），最后访问日期：2021 年 3 月 31 日。

3. 审级分布

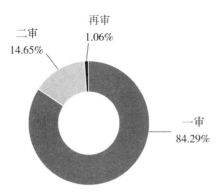

图 13-3　单位行贿罪案件审级分布

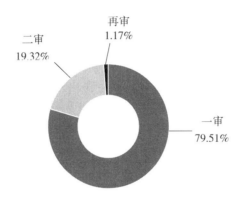

图 13-4　行贿罪案件审级分布

4. 区域分布

除港澳台地区，全国各省（区、市）单位行贿罪、行贿罪案件分布如下：

表 13-2　　　　　　　全国各省（区、市）单位行贿罪、行贿罪案件分布情况

东部沿海地区									
省（区、市）	京	津	冀	沪	苏	浙	闽	鲁	粤	琼
案件数（单位犯罪案件数/总件数）	196/604	49/243	325/1054	203/550	287/1250	107/1166	85/897	208/1064	584/2720	19/197

中 部 地 区					
省（区、市）	豫	晋	皖	赣	鄂	湘
案件数（单位犯罪案件数/总件数）	584/2263	78/351	318/1617	51/418	375/1793	247/1424

续表

西 部 地 区											
省（区、市）	渝	滇	桂	川	贵	藏	陕	甘	蒙	青	宁	新
案件数（单位犯罪案件数/总件数）	68/448	267/1509	110/991	165/1222	122/1020	7/37	55/298	99/375	227/662	22/202	121/448	52/483

东北部地区		
省（区、市）	辽宁	吉林	黑龙江
案件数（单位犯罪案件数/总件数）	111/768	278/1175	408/1267

5. 年度趋势

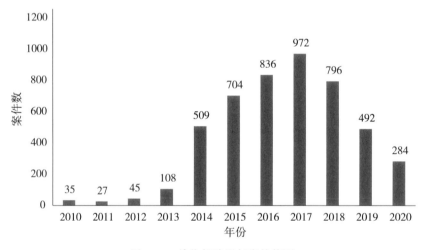

图 13-5　单位行贿罪年度趋势图

（二）行贿罪的犯罪特征

从表 13-2 全国各省（区、市）单位行贿罪、行贿罪案件分布情况分析可知，2010 年至今，单位行贿罪触犯频率最高的省份依次是广东省、河南省、黑龙江省、湖北省和河北省。行贿罪触犯频率最高的五个省分别是广东省、河南省、湖北省、安徽省和云南省，中部地区较为集中。从图 13-5 单位行贿罪年度趋势图分析可知，单位行贿罪的整体波动与行贿罪相同，自 2014 年起较为高发，2017 年达至高峰，后逐渐回落。从图 13-6 行贿罪年度趋势图分析可知，行贿犯罪案件基数较大，2014 年起较为高发，2017 年达至高峰，后逐渐回落。

行贿罪表现为谋取不正当利益，向国家工作人员给予财物的行为。行贿对象为国家工

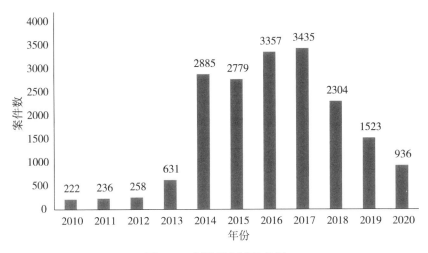

图 13-6　行贿罪年度趋势图

作人员，加之行贿罪与受贿罪具有对向性，使得打击行贿犯罪带有反腐败的色彩。另外，行贿行为多发于官商交往之间，部分企业以逐利为目的不惜触犯法律底线。近几年，对于贪污受贿类犯罪的重视程度和打击力度较大，行贿罪案件数呈下降趋势，但此类案件在社会中较易发生，仍要引起高度重视。此外，在处理民营企业、小微企业的行贿犯罪案件时，还应当谨小慎微，加强对民营企业的产权刑法保护。

在最高人民检察院发布 12 起检察机关服务健康中国建设典型案例之十一的黄某行贿案中，2006 年至 2013 年期间，四川绵阳某某医疗器械有限公司业务员黄某，为了能够中标安徽省阜阳市肿瘤医院多极射频治疗仪、腹腔镜、彩超、呼吸机等医疗器械招标项目，找到时任阜阳市肿瘤医院分管临床业务副院长兼普外科主任的刘某，希望刘某在招标过程中对其经销的设备进行关照，并承诺给予相应的好处费，后在刘某的帮助下，黄某多次中标。为感谢刘某的关照，黄某先后多次向刘某行贿共计 202.8 万元。最终，黄某被判处有期徒刑六年。在本案中，黄某多次请刘某在该医院的招标中予以关照并给好处，建立了稳定的"合作"关系，双方行受贿行为持续时间长，犯罪时间跨度大，严重损害了医疗器械采购正常秩序，败坏了社会风气，造成了恶劣的社会影响和后果。检察机关在查处医疗卫生领域领导干部受贿犯罪的同时，对一些药品、医疗器材经销商的行贿犯罪也不姑息，依法予以打击，通过双管齐下的做法，积极维护医疗卫生领域药品采购、医疗器材购销等的正常秩序，努力促进医疗卫生行业健康有序发展。

在人民法院报发布 21 个庆祝改革开放 40 周年典型案例之二十一的张某某再审案中，初审法院认为 2003 年至 2004 年间，张某某作为董事长的物美集团在收购中国国际旅行社总社、广东粤财信托投资公司分别持有的泰康人寿保险股份有限公司股份后，张某某安排他人分别向国旅总社总经理办公室主任赵某、粤财公司总经理梁某支付好处费 30 万元和500 万元，构成单位行贿罪。后张某某不服提出了上诉与申诉。最高人民法院经再审认为原审被告单位物美集团在收购国旅总社所持泰康公司股份后，给予赵某 30 万元好处费的行为并非为了谋取不正当利益，亦不属于情节严重，不符合单位行贿罪的构成要件；物美集团在收购粤财公司所持泰康公司股份后，向梁某支付 500 万元系被索要，且不具有为谋取不正当利益而行贿的主观故意，亦不符合单位行贿罪的构成要件，故物美集团的行为不构成单位行贿罪，张某某作为物美集团直接负责的主管人员，对其亦不应以单位行贿罪追究刑事责任。该案是当前我国影响重大且具有典型意义的民营企业、民营企业家涉罪案件，是全面依法治国、加强产权和企业家权益保护大背景下，最高人民法院依法纠正涉产权和企业家冤错案件的第一案，被媒体称为"人民法院落实党中央产权保护和企业家合法权益保护政策的一个标杆案件"，被专家学者称为"我国加强民营企业产权刑法保护的司法典范"。该案的无罪判决，体现了我国加强民营企业产权保护的坚定决心，表明了我国通过正当法律程序保护民营企业产权、民营企业家的法治方向。在全面推进依法治国的背景下，该案的处理彰显了我国全面推进依法治国的法治精神和价值。

(三) 行贿罪的犯罪原因

习近平总书记在十九大报告中进一步强调，"要坚持无禁区、全覆盖、零容忍，坚持重遏制、强高压、长震慑，坚持受贿行贿一起查，坚决防止党内形成利益集团。在市县党委建立巡察制度，加大整治群众身边腐败问题力度"，表明党中央遏制腐败现象滋长的决心。在涉及企业家所犯罪名中，行贿罪也名列前茅。针对行贿罪的犯罪原因，我们分以下几个方面进行探讨。

1. 管理者的犯罪心理

行贿犯罪的构成要件要求具有谋取不正当利益的目的，因此不论是企业家犯罪或企业犯罪，都要求具有此目的。深入分析，企业家或企业会基于此种目的实施行贿行为的原因包括以下几个方面：第一，过于重视营利目的，有试图通过犯罪行为谋取不当利益的主观心理态度。第二，出于利益衡量作出的决定，从功利主义角度来分析，任何一个理性人的决策都是成本与收益综合衡量的结果，当收益大于成本时，行为人才会实施相应的行为，否则就不会实施，由于腐败犯罪的成本远低于腐败犯罪收益，故企业更易产生腐败欲望。① 第三，对企业或自身能力不够自信，对于政商关系在思想上认识不正确，决策上把握不准确。过于依赖公权力机关，比如在招投标过程中无法确定自己能否中标，试图通过行贿手段保证可得利益。第四，自身的刑事风险防控意识不足，企业内部或企业家个人缺少该方面的刑事风险防控教育，导致其自身风险防控意识较弱。

2. 企业内部的体制不健全

企业或企业家犯行贿罪的原因之一在于企业内部的管理和监督体制不健全。一方面，企业内部缺少民主、公开的决策机制，尤其是在家族式经营的民营企业中，尚未建立现代意义上的企业决策机制和财务制度，导致企业决策往往是企业主"一言堂"式的意志强加，② 更容易滋生行贿风险；另一方面，企业内部缺少全面、系统的监督机制，监事会或

---

① 梅传强：《民营企业家腐败犯罪的多元化治理》，载《云南社会科学》2016 年第 4 期。
② 梅传强：《民营企业家腐败犯罪的多元化治理》，载《云南社会科学》2016 年第 4 期。

监事无法充分发挥监督作用，使得行为人的行贿行为更难被发现和制止。

3. 索贿现象诱致

行贿与受贿是对称性的犯罪，行贿是受贿的诱因，同样的，索贿也会是行贿的原因所在。行贿人与受贿人相互纠缠的利益格局，促使双方形成牢固的攻守联盟，使得贿赂犯罪的强隐蔽性、高发案率和难查证性得以凸显。① 对于政府官员的监督和管理机制不够健全，可能会出现国家机关工作人员以职务之便威胁企业或企业家索贿的现象。尤其是当索贿人以企业的存亡为由借以威胁行为人时，更可能导致企业或企业家被迫行贿。

4. 营商环境法治化程度不高

我国传统文化中一向讲求"重农抑商"，但此处的"商"仅针对民营企业，这就形成了国有企业和民营企业之间的地位悬殊，资源不均。相比政府对国企的重视，民营企业常会受到各种挤压，不但在取得资金和自然资源方面非常困难，而且难以取得与国有企业相同的市场地位；不仅某些领域无权涉足，而且在许多方面还经常面临被压、卡、拿、要的尴尬局面。② 此种差别待遇更易导致部分民营企业、中小企业在违法和生存中进行抉择。再者，地方政府基于地方保护主义思想，出台相关的文件以实行地域歧视，排除中小企业、民营企业的市场准入资格或削弱其地方市场的竞争力，导致企业迫不得已以行贿方式求生存。在公权力介入较深的经济领域，如果公权力运行不透明、不公正，一些在市场中并无竞争优势的民营企业就会以行贿公权力的方式换取资源和利润。③

5. 国家打击力度不力

行贿罪与受贿罪虽是对称性的犯罪，但二者的打击力度存在较大差别。司法实践中存在着为获取确凿的受贿证据而对行为人在定罪量刑上予以宽待的现象，"重受贿，轻行贿"的刑事政策无法很好地遏制行贿现象的上升趋势。虽然近年来司法实践逐渐加大了对行贿犯罪的打击力度，但行贿罪的刑罚判处仍以被免予刑事处罚和宣告缓刑的居多，④国家对行贿罪惩处的打击力度不够所带来的后果之一就是无法充分发挥刑法的特殊预防功能，威慑效果被削弱。

三、行贿罪刑法教义学分析

(一) 行贿罪构成要件

行贿罪，是指行为人为了谋取不正当利益而给予国家工作人员财物的行为。行贿罪具

① 崔仕绣：《实证分析视阈下的行贿罪刑罚结构与量刑特征》，载《湖北警官学院学报》2019 年第 3 期。
② 付传军：《对企业家犯罪的社会生态学分析》，载《浙江警察学院学报》2015 年第 4 期。
③ 赵军：《权力依赖型企业生存模式与腐败犯罪治理》，载《江西社会科学》2019 年第 5 期。
④ 刘霜、石阳媚：《行贿罪处罚的实证分析及其优化——以某省 103 个行贿罪判决为研究范本》，载《河南社会科学》2018 年第 6 期。

有如下的犯罪构成特征：

1. 客体要件

行贿罪侵犯的客体为复合客体，是国家工作人员职务的廉洁性和国家经济管理的正常活动。行为人可能仅侵犯国家工作人员职务的廉洁性，如向司法人员行贿；也可能通过侵犯国家工作人员职务的廉洁性以侵犯国家经济管理的正常活动。不论如何，行贿行为都破坏了国家对社会管理的秩序，影响了国家工作人员的职务的不可收买性。

2. 客观要件

行贿罪在客观方面表现为为了谋取不正当利益而给予国家工作人员财物的行为。另外，在经济往来中，违反国家规定，给予国家工作人员以财物，数额较大的，或者违反国家规定，给予国家工作人员以各种名义的回扣、手续费的，以行贿论处。

（1）关于"国家工作人员"的界定

行贿罪侵犯的客体是国家工作人员职务的廉洁性和国家经济管理的正常活动。根据《刑法》第93条规定，国家工作人员的认定不是看其是否具有国家工作人员身份，而是看其是否履行从事公共事务服务、管理的工作。我国是社会主义国家，从事公共服务、管理的主体结构较为复杂。下列四类人员都应视为国家工作人员：

第一，在国家机关中从事公务的人员；

第二，在国有公司、企业、事业单位、人民团体中从事公务的人员；

第三，国家机关、国有公司、企业、事业单位委派到非国有公司、企业、事业单位、社会团体从事公务的人员；

第四，其他依照法律从事公务的人员。

第四类人员并非具有国家工作人员身份，其构成成分较为复杂。如《刑法》第382条第2款规定的受国家机关、国有公司、企业、事业单位、人民团体委托管理、经营国有资产的人员；2000年4月29日《全国人民代表大会常务委员会关于〈中华人民共和国刑法〉第九十三条第二款的解释》规定，村民委员会等村基层组织人员协助人民政府从事下列行政管理工作，属于《刑法》第93条第2款规定的"其他依照法律从事公务的人员"：其一，救灾、抢险、防汛、优抚、扶贫、移民、救济款物的管理；其二，社会捐助公益事业款物的管理；其三，国有土地的经营和管理；其四，土地征用补偿费用的管理；其五，代征、代缴税款；其六，有关计划生育、户籍、征兵工作；其七，协助人民政府从事的其他行政管理工作。村民委员会等村基层组织人员从事前述规定的公务，利用职务上的便利，非法占有公共财物挪用公款，构成犯罪的，适用刑法贪污罪的规定。在中国共产党各级机关和政治协商会议各级机关从事公务的人员，也属于国家工作人员。

行为人不是向国家工作人员给予财物，而是向国家工作人员的近亲属或其他与该国家工作人员关系密切的人，或向离职的国家工作人员或其近亲属以及其他与其关系密切的人行贿的，属于对有影响力的人行贿的行为。行为人不是向国家工作人员给予财物，而是向公司、企业或其他单位的工作人员给予财物的，属于对非国家工作人员行贿的行为。行为人不是向国家工作人员给予财物，而是直接向国家机关、国有公司、企业、事业单位、人民团体给予财物的，属于对单位行贿的行为。

（2）关于"财物"的界定

根据 2016 年最高人民法院、最高人民检察院《关于办理贪污贿赂刑事案件适用法律若干问题的解释》（以下简称 2016 年《贪污贿赂解释》）第 12 条的规定，贿赂犯罪中的"财物"，包括货币、物品和财产性利益。财产性利益包括可以折算为货币的物质利益，如房屋装修、债务免除等，以及需要支付货币的其他利益，如会员服务、旅游等。后者的犯罪数额，以实际支付或者应当支付的数额计算。

该司法解释虽然对"财物"进行了扩大解释，将可以计算数额的财产性利益也包括其中。但对于给予非财产性利益，比如帮助迁移户口、给予子女升学名额等行为未予以规制。若行为人给予的是非财产利益，且达到行贿罪立案标准时，按照现有刑法应当如何认定？我们认为，此种情形下对行为人不能以行贿罪论处。在现有的刑法框架下，立法者并未对非财产性利益进行明确的界定且将其纳入行贿罪的犯罪对象中，根据罪刑法定原则，显然不能将该行为以犯罪论处。提供非财产利益可以根据党纪、政纪处理，但对此类行为也有入刑的必要性，只是在立法和法律解释均未对其作出明确规制的背景下，贸然将其以犯罪论处，可能会打击刑法的权威性。

（3）关于"谋取不正当利益"的界定

所谓"谋取"是指设法取得，与"牟取"，即设法获取名利的意义有所区别。可见谋取不正当利益并不要求以获得名利为目的。所谓"不正当利益"，理论上存在着不同解读。第一种是"非法利益说"，将不正当利益等同于非法利益，即违反法律、法规和政策而取得的利益。[1] 第二种是"不应得利益说"，不仅包括非法利益，还包括其他不应得的利益。[2] 第三种是"手段不正当说"，认为通过不正当方式、手段谋取的利益为不正当利益，更强调手段的正当性，不考量所获利益的合法性。[3] 第四种是"不确定利益说"，认为解释"不正当利益"的关键是确定"不确定利益"，这是一种介于"应得利益"与"禁止性利益"之间的"可得利益"。[4]

根据 2012 年最高人民法院、最高人民检察院《关于办理行贿刑事案件具体应用法律若干问题的解释》（以下简称 2012 年《行贿解释》）的规定，行贿犯罪中的"谋取不正当利益"，是指行贿人谋取的利益违反法律、法规、规章、政策规定，或者要求国家工作人员违反法律、法规、规章、政策、行业规范的规定，为自己提供帮助或者方便条件。违背公平、公正原则，在经济、组织人事管理等活动中，谋取竞争优势的，应当认定为"谋取不正当利益"。可见，现行刑法对于"谋取不正当利益"采取的是"非法利益说"，且将违反市场竞争规则、谋取竞争优势也纳入"谋取不正当利益"的范畴。

（4）行为人的行贿行为必须达到一定界限才能构成本罪

---

① 黄太云、滕炜主编：《〈中华人民共和国刑法〉释义与适用指南》，红旗出版社 1997 年版，第 231 页。

② 卢雪勇：《行贿罪"不正当利益"规定存在天然缺陷》，载《检察日报》2004 年 10 月 7 日第 4 版。

③ 郭晋涛：《论行贿罪中的"为谋取不正当利益"》，载《中国刑事法杂志》2000 年第 6 期。

④ 朱孝清：《论贪污贿赂罪的几个问题》，载《人民检察》1998 年第 3 期。

行为人为了谋取不正当利益实施了给予国家工作人员财物的行为并不一定构成行贿罪，必须是达到了一定的界限才能构成本罪。根据 2016 年《贪污贿赂解释》的规定，为谋取不正当利益，向国家工作人员行贿，数额在 3 万元以上的，以行贿罪论处。或行贿数额在 1 万元以上不满 3 万元，具有下列情形之一的：①向 3 人以上行贿；②将违法所得用于行贿的；③通过行贿谋取职务提拔、调整；④向负有食品、药品、安全生产、环境保护等监督管理职责的国家工作人员行贿，实施非法活动的；⑤向司法工作人员行贿，影响司法公正；⑥造成经济损失数额在 50 万元以上不满 100 万元的行为的，以行贿罪论处。

3. 主体要件

本罪主体为已满 16 周岁、具有辨认控制能力的自然人，不包括单位。但单位实施行贿行为的，可能构成单位行贿罪，对单位行贿的判处实行双罚制，对单位判处罚金，对直接负责的主管人员和其他直接责任人员依法追究刑事责任。

4. 主观要件

本罪的主观方面是直接故意。故意的内容表现为，行为人明知自己所谋取的是不正当利益，且明知自己的行为是收买国家工作人员和其他以国家工作人员论的从事公务的人员，利用职务上的便利，为自己谋取不正当利益的行为。过失不可能构成本罪。

此外，成立本罪还要求行为人必须具有谋取不正当利益的目的。行贿罪侵害的客体是国家工作人员的职务廉洁性，因此要求行为人知晓且明确自己的行为是侵害职务廉洁性的行为。最为重要的标志就在于行为人意图谋取不正当利益。若行为人所谋取的是本应归其所有的正当利益，因不存在侵害职务廉洁性的意图和行为，故不能认为其成立本罪。比如，面对社会上存在的"不拿钱不办事"的索贿现象，行为人迫于无奈给付财物以推动问题解决的行为，不应认定构成本罪。

(二) 行贿罪司法认定问题

如上所述，成立本罪需要行为人为了谋取不正当利益，向国家工作人员给付财物，达到立案标准。但在近年来的司法实践中，有些行为人给予国家工作人员贿赂物，是否能够认定其构成行贿罪并予以惩处，还是具有较大风险的。

1. 行为人未要求国家工作人员利用职务之便，为其谋取不正当利益的

行贿罪所保护的客体是国家工作人员的职务廉洁性和国家经济管理的正常活动。因此，将行贿行为作为犯罪进行惩处的其中一个原因就在于其行贿行为侵犯了国家工作人员职务上的不可收买性。若行为人未要求国家工作人员利用职务之便为其谋取不正当利益，但实施了给予国家工作人员财物的行为，且达到立案标准的，是否构成本罪？

有学者认为，刑法虽未规定成立本罪必须要有利用职务行为的要素，但由于其侵犯的法益为国家工作人员职务行为的不可收买性，因此行为人主观上也必须要有要求国家工作

人员利用职务之便的意思。否则，本罪所保护的法益没有被侵害，不构成贿赂犯罪。①

我们认为，上述观点有一定道理。刑法上未规定成立本罪必须要有利用职务行为的因素，但既然其侵害的客体为国家工作人员的职务廉洁性，必然要涉及职务行为，但这里所涉及的职务行为并不需要与行为人存在直接关系，也就是说，行为人在谋取不正当利益的过程中，只要中间某个环节存在国家工作人员的职务行为被收买的事实，该收买既可以在事情进行过程中，也可以事前完成，还可以事后操作，除非给付者和接受者之间具有特定亲属关系，且给付财物数额符合生活常理，否则很难证明给付者没有谋取不正当利益的诉求，因此司法机关可以认为行为人的贿赂行为侵害了行贿罪的保护客体。但根据行为人主观上是否具有要求国家工作人员利用职务之便的意思，又存在不同结论。

2. 行为人主观上具有要求国家工作人员利用职务之便的意思

此种情形下，由于行为人在谋取利益的过程中存在侵害国家工作人员职务廉洁性的行为，主观上也有收买国家工作人员职务行为的意思，根据主客观相统一的原则，行为人的行为可能构成本罪。

3. 行为人主观上不具有要求国家工作人员利用职务之便的意思

此种情形下，行为人虽然在谋取不正当利益的过程中存在侵害国家工作人员职务廉洁性的行为，但其主观上并不具有收买国家工作人员职务行为的意思，根据主客观相统一的原则，不能认定其构成本罪。因此，若行为人只是借助国家工作人员的自然身份或要求国家工作人员实施利用工作上便利的行为，具备收买该国家工作人员职务行为的目的的，具备谋取不正当利益的意图，也应认定其构成行贿罪。但构成其他犯罪的，可以依法追究其刑事责任。

比如，行为人为盗窃国家财物，通过给予国家工作人员财物的方式要求其利用工作上的便利条件帮助实施盗窃行为，但该国家工作人员利用职务上的便利将财物交付给行为人的。虽然行为人主观上有谋取不正当利益的目的，客观上也侵害了职务廉洁性，但因其主观上犯罪意思发生了转变，从不是利用职务便利变成利用了职务上的便利，也可以行贿者定罪。一定行为往往基于特殊原因，行为人给予国家工作人员财物，往往是有利可图，不要求其利用职务之便的情况极为罕见，如给付者和接受者之间存在亲戚关系或者其他特殊关系，所以在大多数情况下，不能仅仅依据行为人的口供定性。

4. 行为人实施了行贿行为，但未谋取到不正当利益的行为

在此种情形下，我们认为，应当认定行为人成立本罪。根据刑法规定，成立行贿罪并不要求行为人实施了行贿行为后必然获得其所谋取的不正当利益。根据 2012 年《行贿解释》的规定，对于行贿罪的立案标准也以行贿数额作为计算依据。因此，立法目的上并未要求行为人谋取到非法利益才能成立本罪。

---

① 苑民丽：《行贿罪理论与司法适用完善新探——兼论犯罪意思理论的发生与价值》，载《广东社会科学》2014 年第 4 期。

5. 被勒索给予财物的情形

根据刑法规定，因被勒索给予国家工作人员以财物，没有获得不正当利益的，不是行贿。一般认为，行为人因被勒索给予财物的，主观上不具有谋取不正当利益的目的，且事实上并未获得不正当利益，将其从行贿罪的范围内予以排除。但刑法条文对该情况的表述太过笼统，实务中此种情形可能因其他因素的介入产生适用难题。我们将分为以下几种情形进行分析：

（1）因被勒索给予国家工作人员财物，主观上不具有行贿目的，也未获得不正当利益的。此种情形与刑法的规定完全契合，在该情形下，行为人满足因被勒索给予国家工作人员财物、没有获得不正当利益两个要件，并且行为人主观上亦不存在行贿目的，根据主客观相统一的原则，不能认定行为人成立本罪。

（2）因被勒索给予国家工作人员财物，主观上不具有行贿目的，但获得了不正当利益的。在此种情形下，仅符合刑法规定中因被勒索给予国家工作人员财物一要件，根据最高人民检察院《关于行贿罪立案标准的规定》，此种情形下，只要获得了不正当利益的，即应以行贿罪追究其刑事责任。但我们认为，此种情形下，行为人虽不满足未获得不正当利益这一要件，其行为仍然不构成本罪。一方面，刑法规定行贿罪时，并未要求行为人必须获得不正当利益，虽是出于拓宽打击面的目的，但也显示出成立本罪应更重视行为人的主观态度，而非最后的获利情况，故此种情形下，行为人虽然获取了不正当利益，却不能直接以此为由认定其成立本罪。另一方面，行贿罪的成立以行为人具有为了谋取不正当利益实施行贿行为为必要条件，但此种情形下行为人主观上并不具有行贿目的，根据主客观相统一的原则，应认定行为人不构成本罪。当然，对于行为人主观上是否具有行贿目的的判断需要通过客观情况和相应的证据进行佐证。关于立案标准的相关规定，可以认为其更重视最后造成的危害后果，即便行为人是因被勒索给予财物，但已经侵害到国家工作人员职务的廉洁性，故以行贿罪追究其刑事责任。但出于保障民营企业的营商环境，若行为人有明确的证据证明其主观上不具有行贿目的，不应当认定其构成行贿罪。

（3）因被勒索给予国家工作人员财物，主观上不具有行贿目的，未获得不正当利益，但属于2016年《贪污贿赂解释》中行贿数额达一万元以上、存在向三人以上行贿等情形的行为。此种情形下，我们认为行为人不成立本罪。理由如下：第一，同第一种情形，行为人的行为完全符合现行刑法中对于行贿罪的例外规定，且行为人主观上不具有行贿目的，根据主客观相统一原则，不能认定行为人成立本罪。第二，2016年《贪污贿赂解释》中第7条第2款规定了行贿数额达一万元以上、存在向三人以上行贿等情形，应当以行贿罪追究刑事责任。但其第1款中明确，按行贿罪追究刑事责任的首要条件是为了谋取不正当利益，但第2款并未明确指出该目的，问题在于第1款的要件是否能被第2款加以承继而作为成立要件。我们认为是可以的。行贿罪的成立要求行为人必须具有为谋取不正当利益的目的，惩治的是行为人意图通过收买国家工作人员的职务活动破坏职务廉洁性的行为，从立法和相关规定中均可以明确这一点。第2款虽未明确指出，但恰恰可能是因第1款已列出此要件，故不再赘述。否则，若排除对行为人主观目的的认定，一方面与立法精神不符，另一方面扩大了对行贿罪的打击范围，不利于市场经济的持续发展。第三，从法律效力来说，根据上位法优于下位法的原则，必然要优先适用法律的规定。在行为人的行为完全契合刑法规定的情况下，应当认定其行为不成立本罪。

（4）因被勒索给予国家工作人员财物，行为人中途产生行贿目的（有证据证明），但未获得不正当利益的行为。此种情形下，行为人的行为是否能构成行贿未遂成为问题。从行为人被勒索给予财物到案发过程应视为一个完整的过程，行为人的行贿意思也经历了从无到有的过程，问题在于行为人行贿目的的产生与给予财物的行为不具有同时性，能否认为行为人的行为构成本罪，要分不同情形：第一，此种情形下虽然应视为一个完整的行为，在该过程中行为人主观上具有行贿目的，客观上实施了行贿行为，似乎可以成立行贿未遂。但行为人的主观目的与客观行为是具有割裂性的，行为人因被勒索给予国家工作人员财物时不具有主观目的，行为人后续产生的行贿目的亦不能溯及至行为当时，故不能以一个概括的"完整行为"的视角认为行为人的行为构成行贿罪未遂。第二，根据法律规定，行为人只要符合被勒索、未获不正当利益两项条件即不为行贿，并未要求行为人是否具有行贿目的。本条立法是考虑到行为人受索贿行为影响被迫行贿的情形将其作为例外规定，但对虽受到了索贿行为影响但具有行贿目的的情形未加以明确。不论是出于立法考量还是无心之失，既然法律并未规定行为人不具有行贿目的，根据罪刑法定原则，只要行为人符合规定的两项条件即可认为不成立本罪。第三，从司法实践角度考虑，行为人虽产生了行贿目的，但该行贿目的的产生必然会受到勒索行为的影响，不具有纯粹性。再者，若行为人最终未获得不正当利益，且未达成侵害国家工作人员职务廉洁性的结果，社会危害性程度不高，认定成立本罪是不必要的。但若行为人在产生行贿目的后，积极、主动地要求国家工作人员利用职务之便为其谋取不正当利益，已达成侵害职务廉洁性的后果或因其他事由的产生阻止该结果达成，即便行为人未获得不正当利益，也应认定其成立行贿罪未遂。

6. 为维持竞争优势实施行贿行为

根据2012年《行贿解释》的规定，违背公平、公正原则，在经济、组织人事管理等活动中，谋取竞争优势的，应当认定为"谋取不正当利益"。我国刑法将谋取竞争优势的行为认定为谋取不正当利益，因而行为人若实施此种行为有构成行贿罪的风险。然而"维持竞争优势"的行为是否属于"谋取竞争优势"、是否可能构成行贿罪，却未引起足够重视。

"维持竞争优势"是指在竞争中，行为人具有客观上的优势，但为了保持或者维持这种优势而给予国家工作人员财物的情形。[1] 目前，针对"维持竞争优势"的行为是否构成行贿罪，理论界存在肯定说、否定说、折中说三种学说。

持肯定说的学者认为："只要行为人在竞争性的事务中使用行贿手段，就可以直接推定其符合行贿罪之'谋取竞争优势'的主观意图。"[2] 持否定说的学者认为，维持竞争优

---

[1] 车浩：《行贿罪之"谋取不正当利益"的法理内涵》，载《法学研究》2017年第2期。

[2] 孙国祥：《行贿罪谋取竞争优势的本质和认定》，载《中国刑事法杂志》2013年第7期。

势的行为在市场竞争中司空见惯，若行为人仅出于自我保护的意图行贿，不应认定为行贿罪。① 持折中说主张的学者则认为，不论行为人目的如何，从结果看都会对市场经济的合理竞争秩序造成侵害，因此一般情况下可推定其行为符合"谋取不正当利益"，认定构成行贿罪。但若有相关证据表明行贿行为与最终结果之间不存在因果关系，则对市场经济的竞争秩序不存在侵害性，不构成行贿罪。②

有学者认为，一般情况下，维持竞争优势的行为不应认定为构成行贿罪，因行贿罪保护的法益是国家工作人员职务行为的公正性。在此种场合，行贿人虽然对国家工作人员进行贿赂，但国家工作人员依然按照法定的程序履职，国家法益并未受到侵害，如果将此种情形作为犯罪处理，无疑与罪刑法定的原则相悖。但在财物的给予者是国家工作人员或可能成为国家工作人员的选拔对象时，因其给予财物的行为对国家工作人员职务的履行会造成一定影响，从而对职务行为的公正性产生危险，故即使谋取的利益不属于"不正当"，也应认为构成行贿罪。③

我们认为，上述观点有一定道理，在一般情况下，若行为人仅是为维持自身客观上存在的竞争优势，向国家工作人员给予财物，且未造成实际的法益侵害的，自然不能构成行贿罪。但上述观点对于例外情况的阐述仍有不足之处。在行为人为国家工作人员的场合，即便行为人客观上存在竞争优势，且未造成实际法益侵害的，却认定其构成行贿罪，有不合理之处。将两种情况加以对比，很难不得出以身份定罪的结论。一方面，构成行贿罪的主体要件是一般主体，不应存在因主体差异导致入罪门槛不同的状况；另一方面，在行为人为国家工作人员的场合，对其定罪的理由是其行为有造成职务行为的危险性，虽然该理由成立，却不够充足，在没有出现危害性结果的情况下，仅以产生危险为由定罪不够充分。

我们认为，要判断维持竞争优势的行为是否会构成行贿罪，应当看其与谋取竞争优势之间的联系。如前文所述，谋取的含义是设法取得，因此，行为人必然要通过行贿行为获得某种竞争优势或强化了其本来客观存在的竞争优势，才能符合"谋取竞争优势"的行为。在此意义上，若行为人的行为仅仅是为了维持自身的竞争优势不被削弱或丧失的，即便其实施了给予国家工作人员财物的行为，但所获得的利益是合法的，也未对法益造成损害的，不应认定其给予国家工作人员财物的行为构成行贿罪。例如，甲作为入围招标的单位，最后一轮审核只有它一个单位，但是为了防止落选，其仍然给予招标委员会成员"辛苦费"。在此种情形下，甲仅仅是为了维持自身的竞争优势实施给予财物的行为，其所谋取、获得的利益是正当的，不能认定其行为构成行贿罪。因此，判断行为人实施维持竞争行为是否构成行贿罪的关键在于，行为人的行为是否符合谋取不正当利益的条件，在其不具有谋取不正当利益目的、谋取的利益是合法正当的情况下，维持竞争优势的行为不

---

① 蔡士林：《为"维持竞争优势"而给予财物的行为定性——行贿罪保护法益的视角》，载《江西社会科学》2018 年第 7 期。

② 车浩：《行贿罪之"谋取不正当利益"的法理内涵》，载《法学研究》2017 年第 2 期。

③ 蔡士林：《为"维持竞争优势"而给予财物的行为定性——行贿罪保护法益的视角》，载《江西社会科学》2018 年第 7 期。

能认定构成行贿罪。

与理论分析不同的是，司法实践中对于此类行为更加倾向于认定其构成行贿罪。只要行为人表现了希望维持既存的竞争优势的想法，并且实施了给予财物行为的，就被认定为"为谋取不正当利益"，其行为构成行贿罪。

7. 行贿罪与单位行贿罪的界限

根据《刑法》第 393 条规定，单位行贿罪是指单位为谋取不正当利益而行贿，或者违反国家规定，给予国家工作人员以回扣、手续费，情节严重的行为。根据最高人民法院发布的《关于审理单位犯罪案件具体应用法律有关问题的解释》规定，单位既包括国有、集体所有的公司、企业、事业单位，也包括依法设立的合资经营、合作经营企业和具有法人资格的独资、私营等公司、企业、事业单位。

行贿罪与单位行贿罪在司法实践中常常交织，尤其是在涉及单位负责人行贿的案件中，其行为究竟构成行贿罪还是单位行贿罪，往往引发争议与讨论。行贿罪与单位行贿罪具有相似之处，主要包括以下几个方面：在客体方面，两罪侵犯的都是国家工作人员职务行为的廉洁性；在主观方面，均表现为故意，且需具有为谋取不正当利益的目的；在行为方式方面，均违反了国家规定，实施了给予国家工作人员财物的行为。

但二者之间亦存在如下差异：第一，两罪的主体范围不同。前者的主体仅限于达到刑事责任年龄、具有辨认控制能力的自然人；后者的犯罪主体不包括自然人，仅限于单位。第二，两罪的意志表现不同。前者的意志仅限于自然人本身的意志，不代表单位的意志，因此以个人意志实施行贿行为，获得的利益归个人所有的，为行贿罪。后者的意志表现为单位意志，一般以单位名义实施，是经过单位负责人集体决策决定的。根据最高人民法院发布的《关于审理单位犯罪案件具体应用法律有关问题的解释》规定，个人为进行违法犯罪活动设立单位的，或设立单位后主要开展实施违法犯罪活动的，不以单位犯罪论处。另外，个人私自借用单位名义，实施犯罪行为的，违法所得归个人所有的，不以单位犯罪论处。以单位的分支机构的名义实施犯罪行为，违法所得归分支机构所有的，应认定为单位犯罪。第三，两罪的利益归属不同。前者的利益归属为行为人个人所有，不涉及单位，单位并未因行为人的行为获利。后者的利益归属为单位所有，即行贿后所获取的不正当利益的既得者是单位。第四，两罪的立案标准不同。前者行贿数额达到三万元以上或行贿数额达一万元以上不满三万元并具有规定情形的，即应予以立案；后者需要行贿数额达二十万元以上或为谋取不正当利益行贿，数额在十万元以上不满二十万元并具有规定情形的，才予以立案。第五，两罪的刑事责任不同。犯行贿罪的，处五年以下有期徒刑或拘役，并处罚金；情节严重的，或者使国家利益遭受重大损失的，处五年以上十年以下有期徒刑，并处罚金；情节特别严重的，或者使国家利益遭受特别重大损失的，处十年以上有期徒刑或者无期徒刑，并处罚金或者没收财产。犯单位行贿罪的，因是单位犯罪，故实行"双罚制"。对单位判处罚金，并对其直接负责的主管人员和其他直接责任人员，处五年以下有期徒刑或者拘役，并处罚金。

司法实践中，行贿罪与单位行贿罪多存在交叉现象，且因两罪手段相似，有时会出现难以区分的状况，主要包括以下几种情形：

（1）法定代表人或其他单位负责人决定或授权决定作出行贿行为的

单位所作出的决策一般要经过单位集体研究决定，经过公司股东会、董事会等集体决策形成的意志，属于单位意志是毫无疑问的。但单位事务的处理中不可能事事都经过集体决策，作为单位法定代表人或其他的单位负责人，负责人的意志往往代表了单位的意志，但也不能排除其行为代表个人意思的可能性。那么，在法定代表人或其他负责人直接决定作出的行贿行为，应当视其为行为人的个人意志还是单位意志则存在难题。

一般认为，法定代表人根据民事上的代表理论，对外从事的职务行为即视为法人行为，由法人承担后果。因此，若法定代表人实施了违法犯罪活动的，原则上应当将实施违法犯罪活动的意志归结为单位意志。且在其他的单位犯罪司法解释中，如两高及海关总署发布的《关于办理走私刑事案件适用法律若干问题的意见》第18条明确规定：以单位的名义，即"由单位集体研究决定，或者由单位的负责人或者被授权的其他人员决定、同意"。也就是说，在此种情形下，若法定代表人或其他单位负责人决定或授权决定作出行贿行为的，应当认定为单位行贿罪。

此外，单位的团体利益不同于单位任一成员的个体利益，在认定某一意志是否属于单位意志时，需结合单位的共同目标进行分析。① 虽然法定代表人的行为原则上应认定为单位意志，在法定代表人或单位负责人作出的决定完全违背单位的宗旨或理念，违反单位的规章制度时，应当认定为此行为代表的是负责人的个人意志，在此情况下，不能直接认定行为人的行贿行为构成单位犯罪，而应结合单位的章程、宗旨、内部措施等多方面因素进行判断。

（2）一人公司、夫妻公司等单位的实际控制人实施的行贿行为的

以土圆楼建设公司单位行贿罪一案②为例，卢某某作为福建省土圆楼建设集团有限公司、永定县华泰房地产开发有限公司（夫妻公司）的实际控制人，在项目工程开发中为谋取不正当利益，未经单位集体研究决定，以个人款项向相关国家工作人员行贿342.99万元。公诉机关以行贿罪起诉卢某某，一审法院判决卢某某犯行贿罪，判处有期徒刑五年三个月。后卢某某向龙岩中院提出上诉，二审改判卢某某犯单位行贿罪，因存在从轻处罚情节判处有期徒刑三年七个月。

该案中，两级法院对此案的定性不同，对此有两种观点。一种观点认为一审法院定性正确，应构成行贿罪。首先，该案形式上虽符合单位行贿罪的构成要件，但两家公司实际上均为卢某某一人掌控，不具备单位犯罪主体要件；其次，两家公司的股东都并非只有卢某某一人，卢某某作出行贿决定时未经单位集体讨论研究，不能认定其行为体现单位意志；最后，卢某某为两家公司的实际控制人和大股东，虽然行贿行为的利益归属人表面上是单位，但最终仍归属于卢某某，因此其行为构成行贿罪。另一种观点认为卢某某作为单位实际控制人实施行贿行为，且所得不正当利益的归属者为单位，因此卢某某的行为构成单位行贿罪。

---

① 刘志伟、刘炯：《论单位行贿与个人行贿的合理界分》，载《刑事司法指南（2000—2010）分类集成》，法律出版社2011年版，第441~442页。

② 福建省龙岩市中级人民法院刑事判决书：（2020）闽08刑再1号。

我们认为，第二种观点较为合理，即卢某某构成单位行贿罪。分析如下：

第一，该案中两家公司均为注册登记的有限责任公司，形式上符合单位犯罪的主体构成要件。但两家公司是否具有独立的法人人格需要进行实质性的判断。根据公司法相关规定，独立的法人人格主要表现在财产独立、责任独立、人员独立、意思独立几个方面。本案中，虽然两家公司均由卢某某实际控制，但并未出现财产混同、意思混同、人员混同等现象，而是按照公司章程的规定正常运转、开展生产经营活动，具有实质的法人人格，形式上也具有合法性，因此应认为其符合单位犯罪的主体要件。

第二，卢某某在作出行贿决定时虽然未经单位集体讨论研究，但其作为公司的实际控制人，根据上述司法解释的规定，单位负责人的决定也属于"以单位的名义"的情形。因此，卢某某未经单位集体讨论直接作出行贿行为的表现，应认定为是单位意志的表现。

第三，卢某某行贿所获得的不正当利益的归属者为两家公司，而非卢某某本人。持构成行贿罪观点认为，虽目前所得利益的归属者是公司，但因卢某某作为实际控制人，最终利益的归属仍是他本人。这样的理解实际上是扩大了因果关系的范围。在本案中，卢某某行贿的目的是使公司在开发项目中获利，行贿所获得的不正当利益获得者也直接、确实地表现为公司。卢某某虽作为公司的实际控制人和股东，但其欲获得公司利益必然还要经过相关的法定程序才能取得。卢某某作为股东所获得的利益是源于公司一年度的财产分配，本质上是从公司的财产中所得的分红，经历了由公司的财产变为自己的利益的过程，是公司内部的财产再分配，属于公司内部事由，不能以此作为利益归属的认定。因此，根据直接因果关系，卢某某行贿后所得的不正当利益的归属者为两家公司。

综上所述，卢某某的行为应认定构成单位行贿罪。

司法实践中，也可能出现行贿所谋取的不正当利益既包括单位利益，也包括个人利益的情况。此种情形下，若可将单位利益与个人利益进行切割，则按照单位行贿罪和行贿罪分别处理。若无法切割的，可以根据主要利益归属加以认定。

8. 行贿罪与介绍贿赂罪的界限

根据《刑法》第392条的规定，介绍贿赂罪是指向国家工作人员介绍贿赂，情节严重的行为。

行贿罪与介绍贿赂罪存在相似之处，如两罪保护的客体均为国家工作人员的职务廉洁性；均由一般主体构成；在主观方面均表现为直接故意。但两罪亦存在差异。在行为方式上，行贿罪要求实施了给予国家工作人员财物的行为，介绍贿赂罪则一般表现为在行贿人和受贿人之间实施沟通、撮合，促使行贿与受贿得以实现的行为；在主观目的上，行贿罪要求行为人具备为谋取不正当利益的目的，介绍贿赂罪则须要求行为人具备介绍、撮合贿赂行为的目的。此外，两罪在立案标准、刑事责任承担上也各不相同。

司法实践中，行贿罪与介绍贿赂罪出现交叉的领域在于"帮助行贿"的行为，此类行为应当认定为构成介绍贿赂罪，还是构成行贿罪的共犯？由于两罪的法定刑幅度相差较大，故对于"帮助行贿"的行为人而言，界定两罪间的界限，正确定性就显得极为重要。

对于介绍贿赂罪，现行刑法的规定较为笼统，根据最高人民检察院发布的《关于人民检察院直接受理立案侦查案件立案标准的规定（试行）》规定，介绍贿赂罪是指在行贿人与受贿人之间沟通关系、撮合条件，使贿赂行为得以实现的行为。也就是说，只有贿赂行为成功实现的场合才能认定行为人构成介绍贿赂罪。司法实务中常常存在认识误区，即以贿赂行为既遂或未遂为标准，区分行为人的行为究竟是构成行贿罪共犯还是独立的介绍贿赂罪。这种单一的区分标准存在不合理之处，立法既然将介绍贿赂的行为作为独立的犯罪加以规定，说明其与简单的帮助行贿或帮助受贿行为存在差异，仅以行为既遂或未遂为标准对两罪加以区分，不符合立法精神，也无法正确界定两罪的界限。我们认为，对于实务中经常出现的"帮助行贿"行为究竟如何定性，应从以下几个方面进行考量：

第一，以行为指向为判断依据。"帮助行贿"的场合可根据行为指向的不同进行区分。单纯的帮助行贿的场合，帮助人的行为是协同行贿人单箭头指向国家工作人员的，一般与被行贿的国家工作人员之间无直接联系；介绍贿赂的场合，由于必须存在介绍行为，故行为人一方面存在帮助行贿行为，另一方面存在帮助受贿行为，帮助人的行为是连接行受贿人的桥梁，在行为指向上为双箭头。

第二，以行为人的主观意图为判断依据。若行为人只是简单地出于为行贿人提供帮助的想法实施了帮助行为的，在主观上存在偏向性、立场性的，应当认定为构成行贿罪的共犯；若行为人认为自己在介绍双方进行贿赂行为的沟通、撮合时处于中立性，以不偏不倚的态度在双方间进行交流的，应当认定为构成介绍贿赂罪。

第三，行为人的"帮助行贿"行为可能构成想象竞合。行为人的"帮助行贿"行为在两罪之间的定性并不是非此即彼的。行为人若与行贿人之间存在共同的行贿故意，符合行贿罪的构成要件，又实施了介绍贿赂的行为的，属于一行为触犯数个罪名的想象竞合犯，应择一重罪论处。

另外，在区分行贿罪共犯与介绍贿赂罪的界限中，还要注意行为人与行贿人犯意产生的时间。若行为人先于行贿人产生犯意，且因其犯意诱导、教唆行贿人产生行贿故意的，应认定行为人构成行贿罪的教唆犯。若行为人是在行贿人有了行贿故意后为其开展介绍贿赂的行为的，行为人可能成立介绍贿赂罪。

四、行贿罪典型案例分析

此处的典型案例选取的是陕西省高级人民法院（以下简称陕西高院）发布的 2019 年度陕西法院十大审判执行案件之一：陕西奥凯电缆有限公司、王某某等生产销售伪劣产品、单位行贿、行贿案。

（一）行贿罪典型案例

根据陕西高院的审理查明，认定的事实如下：

1. 生产、销售伪劣产品事实

被告单位陕西奥凯电缆有限公司（以下简称陕西奥凯公司）成立于 2012 年 11 月 27 日，公司经营范围为电线电缆的生产、销售，电缆材料、电工机械、五金机电的制造、加工、销售及售后安装服务等。被告人王某某系该公司法定代表人、总经理。

2015年2月至7月，陕西奥凯公司先后与中铁一局集团电务工程有限公司、中铁上海工程局集团有限公司等西安地铁三号线八个标段施工单位签订低压电力电缆供货合同。此外，陕西奥凯公司还与中铁电气化局西安地铁 AFC 项目、中铁二十五局西安地铁派出所停车场项目等项目施工单位签订低压电力电缆供货合同，由陕西奥凯公司向西安地铁上述各项目施工单位供应电力电缆。

陕西奥凯公司与各施工单位签订供货合同后，被告人王某某为降低企业生产成本，获取更多非法利益，决定制定 A（国家标准）、A-5（横截面积为国家标准的95%）、B（横截面积为国家标准的90%）、C（横截面积为国家标准的85%）、80（横截面积为国家标准的80%）等五个标准向生产车间下达生产任务单，以不合格电缆冒充合格电缆向施工单位销售，获取非法利益。陕西奥凯公司生产的电缆出厂前，公司质检部根据王某某的授意，对按照上述五个标准生产的电缆均出具符合国家标准的合格证。同时，陕西奥凯公司因产能不足，流动资金紧张等原因，还通过东方交联电力电缆有限公司、陕西穿越电缆有限公司、廊坊政源电缆有限公司等企业代为生产不符合国家标准的电缆，贴上陕西奥凯公司名称、品牌、合格证后销往西安地铁相关施工单位。

案发后，陕西铭建司法会计鉴定所根据办案机关提供的陕西奥凯公司销售发货单、生产任务通知单、电缆买卖合同等鉴定资料，出具鉴定意见认为，陕西奥凯公司共向西安地铁三号线及其他线路销售不符合国家标准的电缆金额为41995267.07元。其中，依照武汉产品质量监督检验所对陕西奥凯公司销售电缆所涉及的规格型号抽样检测所出具的质检报告，经核算不合格电缆金额为38402300.23元。此外，陕西奥凯公司尚有库存待售不合格电缆金额为2291043.6元。

2. 行贿事实

2009年9月，被告人王某某在任长江高科电缆有限公司（以下简称长江高科公司）代理销售人员期间，得知西安市地下铁道有限责任公司（以下简称西安地铁公司）即将招标西安地铁二号线供电系统工程。为了能给西安地铁二号线供应电缆，王某某找到时任西安地铁公司机电设备处副处长的杜某某，请求杜某某将其代理销售的长江高科电缆推荐给西安地铁二号线竞标单位中铁电气化局进行捆绑投标，杜某某同意帮忙。后中铁电气化局将长江高科公司列为"乙供甲控"关键设备材料电缆部分的建议制造厂商。2009年7月，中铁电气化局中标西安地铁二号线供电系统工程，该项目由中铁电气化集团西安电气化工程有限公司（以下简称西安电气化公司）负责具体实施。

2009年9月8日，西安电气化公司在之前确认的建议制造厂商范围内，开始对西安地铁二号线供电系统工程"乙供甲控"关键设备材料以公开邀请招标的方式进行采购。为确保长江高科公司最终中标，王某某再次请求杜某某帮忙。杜某某遂向施工单位西安电气化公司西安地铁二号线项目经理汤某某和物资管理部部长费某某打招呼，让汤某某、费某某二人在评标时对长江高科公司予以关照。在杜某某、汤某某和费某某等人的帮助下，长江高科公司顺利中标西安地铁二号线供电系统工程35千伏高压电缆部分。为表示感谢，2009年10月，被告人王某某在汤某某的办公室，送给汤某某现金10万元。2009年11月，王某某代表长江高科公司与西安电气化公司签订了《工业产品购销合同》。合同签订后，王某某在西安市胡家庙费某某家附近的一个茶楼，送给费某某现金5万元。2011年1月下旬，王某某在杜某某居住的西安市曲××府小区门口送给杜某某40万元。2011年11月，王某某在费某某的车上又送给他现金3万元。综上，被告人王某某向杜某某、汤某某、费某某（均已判刑）行贿共计58万元。

3．单位行贿事实

2014年底，被告人王某某找到时任中国铁建电气化局集团有限公司西成客专（陕西段）指挥部（以下简称西成客专陕西段指挥部）常务副指挥长寇某，提出陕西奥凯公司参与西成客运专线低压电缆招标的想法，希望寇某给予关照。2015年2月，王某某在寇某办公室送给寇某现金2万元，再次希望寇某在项目低压电缆招标过程中关照陕西奥凯公司。后经公开招标，陕西奥凯公司未能中标，但入围招标推荐候选名单。2016年春节前，王某某在寇某父母居住的天津市某小区附近，以拜年为由，送给寇某现金10万元。2016年6月，因中标单位放弃部分电缆的供应，西成客专陕西段指挥部经上报中国铁建电气化局集团有限公司决定，在先期招标推荐候选名单中以谈判方式进行采购。经与陕西奥凯公司商定，由其继续提供产品，遂签订3000余万元物资采购合同，并实际完成650万余元采购。（细节略）

综上，被告单位陕西奥凯公司及被告人王某某、赵某某、韩某某、等向寇某等人行贿共计人民币42.7万元。

人民法院经过审理查明，根据我国刑法，最终判决被告单位陕西奥凯电缆有限公司犯生产、销售伪劣产品罪，和单位行贿罪，数罪并罚，决定执行罚金人民币3050万元。被告人王某某犯生产、销售伪劣产品罪、单位行贿罪、行贿罪，数罪并罚，决定执行无期徒刑，剥夺政治权利终身，并处罚金人民币2150万元。被告人韩某某犯生产、销售伪劣产品罪和单位行贿罪，数罪并罚，决定执行有期徒刑十二年又三个月，并处罚金人民币45万元。被告人赵某某犯生产、销售伪劣产品罪和单位行贿罪，数罪并罚，决定执行有期徒刑十年又六个月，并处罚金人民币40万元。被告人王某某犯生产、销售伪劣产品罪和单位行贿罪，数罪并罚，决定执行有期徒刑九年又六个月，并处罚金人民币35万元。其余4名被告犯生产、销售伪劣产品罪，分别被判处了期限不等的有期徒刑和数量不等的罚金。

后王某某、韩某某、赵某某等8人因不服该判决向陕西高院提起上诉。陕西高院经审理认定原审判决认定事实清楚，定罪准确，量刑适当，审判程序合法，裁定驳回上诉，维持原判。①

（二）行贿罪案例分析

本案中，行为人的行为符合行贿罪的构成要件。

1．客体要件。行为人的行为侵害了国家工作人员职务的廉洁性和国家经济管理的正常活动。根据《刑法》第93条规定，国家工作人员是指在国家机关中从事公务的人员。

---

① 陕西省高级人民法院刑事裁定书：（2019）陕刑终199号。

国有公司、企业、事业单位、人民团体中从事公务的人员和国家机关、国有公司、企业、事业单位委派到非国有公司、企业、事业单位、社会团体从事公务的人员，以及其他依照法律从事公务的人员，以国家工作人员论。

在本案中，杜某某时任西安地铁公司机电设备处副处长，汤某某时任西安电气化公司西安地铁二号线项目经理，费某某时任西安电气化公司西安地铁二号线项目物资管理部部长。杜某某、汤某某和费某某帮助王某某谋取利益的行为属于从事国家公务行为，以国家工作人员论，故侵害的客体是国家工作人员职务的廉洁性。

2. 客观要件。行为人的行为表现为为谋取不正当利益，给予国家工作人员以财物。在本案中，法院认为，王某某在任长江高科公司代理销售人员期间，为了能给西安地铁二号线供应电缆，以向国家工作人员行贿的手段，获得捆绑投标、中标的机会，进而获得销售提成，显属谋取不正当利益。

3. 主体要件。行为人为达到刑事责任年龄，具备刑事责任能力的自然人。

4. 主观要件。行为人明知自己的行为是收买依法从事公务的人员利用职务上的便利为自己谋取不正当的利益而实施的，主观上意图谋取不正当利益。在本案中，王某某明知自己的行为是为谋取不正当的竞争优势，通过给予从事公务的人员以财物获取其职务上的帮助，达成非法获利目的。

本案中，陕西奥凯公司的行为也符合单位行贿罪的构成要件。

五、行贿罪的刑事政策与企业犯罪预防

(一) 行贿犯罪的刑事政策

1. 预防、控制、惩治犯罪的角度

贿赂行为是历史上长期存在的一种犯罪行为，设立行贿罪的目的是维护国家工作人员职务的廉洁性，防止贪腐行为毁坏工作队伍，进而损害国家利益及其他组织和个人的合法权益。由于行贿行为与受贿行为为对向行为，故对行贿行为加以法律规制能够更好地实现对受贿行为的规制，从而预防贪腐类犯罪的滋生。

行贿罪创设于1979年《刑法》。1997年《刑法》设立了行贿罪的特别自首制度，体现了宽宥行贿、严惩受贿的刑事政策取向。之后的《刑法修正案（九）》限定了行贿罪特别自首从宽处罚的适用条件，同时设立了受贿罪特别自首制度，使得行贿罪与受贿罪的定罪量刑处于一种司法的平衡阶段。但司法实践中，司法机关常受到"重受贿、轻行贿"观念的影响，对行贿罪采取较为缓和的处理方式，实际量刑较轻，缓刑适用率较高。近几年，随着反腐败工作的不断深入，"行贿与受贿并重惩治"的刑事政策又被提出。

2. 对待犯罪嫌疑人的态度的角度

从立法上看，由于贪污贿赂犯罪具有的严重社会危害性，对于该类犯罪采用的是"严惩"的刑事政策，但针对行贿罪，表现出的则是"严而不厉"的政策倾向。《刑法修

正案（九）》对适用从宽处罚的情节进行了限制且增设了罚金刑，加大了对行贿行为的惩处力度，其中增设罚金刑的举措更是实现了财产刑与自由刑的互补，不再拘泥于通过自由刑的方式对犯罪人予以惩治。从司法实务上看，针对行贿犯罪，刑罚适用较为轻缓，对该类犯罪的打击力度不大。

（二）行贿犯罪的企业犯罪预防

1. 国家层面

行贿罪的犯罪预防，需要国家采取相应的积极措施来实现。

第一，就现状而言，民营企业犯行贿罪的案件数量远超国有企业犯行贿罪的案件数量，国家对于民营企业，特别是中小型民营企业的关注度和保护力度、支持力度不够，导致部分民营企业为了维持自身的生存发展不得已选用违法手段谋取生存机会，也存有侥幸心理。因此，国家应当重视对于民营企业的扶持与发展，加大对于民营企业，特别是中小型企业的关注与保障，关注民营企业的市场准入、融资、转型等多方面的问题，通过为企业提供多样化的发展空间、多种发展机会，增强民营企业发展的自信心，帮助实现转型升级等积极措施，以促进民营企业发展壮大，从而降低民营企业过分依赖公权力机关的心理，减少行贿行为的产生。

第二，对于企业或企业家的法治教育或法治观念的宣传还不充分，自由竞争的市场经济环境下，企业的逐利、营利目的越发强烈，市场竞争越发激烈，大部分企业或企业家更加重视民事领域内可能涉及的纠纷问题，对于刑事方面的风险防控意识薄弱，国家可以通过加强法治宣传和法治教育的方式，比如播放宣传片或者开展专题学习的方式，引起企业或企业家对于这方面的关注和重视，从而有效引导企业或企业家实施行贿行为。

第三，针对可能出现的因索贿而引发行贿的现象，应当加强内部的国家工作人员的人才队伍教育建设，完善和健全对于政府官员的监督和管理机制，从源头上杜绝这种现象的发生。

第四，针对可能出现的地方歧视或地方垄断现象，应当通过出台相关的规定或政策加以规制和引导，降低外来民营企业进入本地市场的准入门槛，取消针对外来民营企业在融资、投资或转型方面的歧视性规定，破除地方保护主义，以便更好地实现对民营企业的保护与扶持，从而降低我国企业或企业家行贿罪的犯罪率。

2. 企业自身层面

（1）坚守法律底线

具备谋取不正当利益的目的是构成行贿罪的心理目的，这种主观不正的态度是企业家需要进行自我克制和自我防控的。不论是行贿罪还是单位行贿罪，导致行贿行为产生的根本原因在于企业家内心的不坚定，过于看重经济利益，企图通过非法手段为自身或单位获取非法利益。

在这方面，企业或企业家要预防该类行为带来的刑事风险，最重要的是要端正自身的态度，摆正自身的心态，坚决杜绝通过非法手段为自身或单位谋取不正当的利益。不能抱有侥幸心理，在妄图可以逃避法律追究的基础上衡量行贿行为所能带来的利益，最后往往是得不偿失的。针对过于依赖公权力机关的心理，也应当稳定心态，对企业抱有自信，与其试图通过违法手段获得本不确定的利益，不如增强自身的企业实力和竞争力，通过正当竞争手段将不确定利益转化为确定利益。

面对可能存在的索贿现象或地方歧视、地方垄断现象，企业或企业家可能面临进退两难的情况。即便如此，企业或企业家也应当坚定法律的底线，不得试图通过违法的行贿行为达成目的，在条件允许的情况下，可以通过证据搜集的方式以合法正当的途径保障自身的权益。除了心态的端正，还应该加强自身的法治教育学习与建设，深化法治观念，提高自身的刑事风险防控意识。对企业而言，企业内部应当重视对该方面的刑事风险防控法治教育，应当尽可能多地开展法治宣传、法治教育活动，且不仅限于企业员工，对于企业高层，如董事、经理也要开展相关法治观念普及和教育，争取从源头上杜绝行贿行为。

（2）健全企业内部管理和监督机制

第一，完善决策机制。对于企业负责人擅自决定实施行贿行为为单位谋取不正当利益的行为，企业内部应当完善决策机制，实行公开、民主决策，避免一言堂，保证针对重大事项公司股东享有充分的知情权，也能避免此类情形的出现。

第二，应当完善企业内部的监督机制。针对企业内部权力监管，应充分发挥监事、监事会的监督作用，在企业内部增设其他的监督渠道，或者建立内部惩戒措施。监督机制应当从上至下，贯彻至企业高层，同时赋予员工监督报告权利，并针对此设立保护和免责机制，从而实现企业内部的全面监督。针对企业内部的资金监管，应当完善财务管理制度，实行项目资金用途追踪机制，保证企业资金流向的记录完整、真实、可核实。强化对企业资金的监督与管理，避免利用单位资金实施行贿行为的现象产生。

第三，加强人员管理。企业内部应加强对于高层人员的人事管理，实行领导负责制，对于自己所管理人员的行贿行为予以追究和惩戒。

第十四章 假冒注册商标犯罪的风险及其防控

一、假冒注册商标罪的立法规定

(一) 假冒注册商标罪的行政法律法规及规章

假冒注册商标犯罪涉及的刑事领域外法律主要为《商标法》。

第三条 经商标局核准注册的商标为注册商标，包括商品商标、服务商标和集体商标、证明商标；商标注册人享有商标专用权，受法律保护。

本法所称集体商标，是指以团体、协会或者其他组织名义注册，供该组织成员在商事活动中使用，以表明使用者在该组织中的成员资格的标志。

本法所称证明商标，是指由对某种商品或者服务具有监督能力的组织所控制，而由该组织以外的单位或者个人使用于其商品或者服务，用以证明该商品或者服务的原产地、原料、制造方法、质量或者其他特定品质的标志。

集体商标、证明商标注册和管理的特殊事项，由国务院工商行政管理部门规定。

第四十三条 商标注册人可以通过签订商标使用许可合同，许可他人使用其注册商标。许可人应当监督被许可人使用其注册商标的商品质量。被许可人应当保证使用该注册商标的商品质量。经许可使用他人注册商标的，必须在使用该注册商标的商品上标明被许可人的名称和商品产地。许可他人使用其注册商标的，许可人应当将其商标使用许可报商标局备案，由商标局公告。商标使用许可未经备案不得对抗善意第三人。

此外，《反不正当竞争法》第5条也将假冒注册商标行为作为一种不正当竞争行为予以规制。《烟草专卖法》第19条规定禁止生产、销售假冒他人注册商标的烟草制品，第33条规定行政责任，即生产、销售没有注册商标的卷烟、雪茄烟、有包装的烟丝的，由工商行政管理部门责令停止生产、销售，并处罚款。生产、销售假冒他人注册商标的烟草制品的，由工商行政管理部门责令停止侵权行为，赔偿被侵权人的损失，可以并处罚款；构成犯罪的，依法追究刑事责任。

其他涉及注册商标的行政规定多集中于印刷业管理条例、烟草专卖法实施条例、商标法实施条例等，部门规章则多涉及程序性问题，如注册商标的申请、管辖等。部门规章中涉及假冒注册商标犯罪的多为指导案例。

（二）假冒注册商标罪的刑法及司法解释

1.《刑法》规定

《刑法》关于假冒商标犯罪的法条共有 3 条。

第二百一十三条 未经注册商标所有人许可，在同一种商品、服务上使用与其注册商标相同的商标，情节严重的，处三年以下有期徒刑，并处或者单处罚金；情节特别严重的，处三年以上十年以下有期徒刑，并处罚金。

第二百一十四条 销售明知是假冒注册商标的商品，违法所得数额较大或者有其他严重情节的，处三年以下有期徒刑，并处或者单处罚金；违法所得数额巨大或者有其他特别严重情节的，处三年以上十年以下有期徒刑，并处罚金。

第二百一十五条 伪造、擅自制造他人注册商标标识或者销售伪造、擅自制造的注册商标标识，情节严重的，处三年以下有期徒刑，并处或者单处罚金；情节特别严重的，处三年以上十年以下有期徒刑，并处罚金。

2. 司法解释

（1）最高人民法院、最高人民检察院《关于办理侵犯知识产权刑事案件具体应用法律若干问题的解释》（法释〔2004〕19 号）

第一条 未经注册商标所有人许可，在同一种商品上使用与其注册商标相同的商标，具有下列情形之一的，属于刑法第二百一十三条规定的"情节严重"，应当以假冒注册商标罪判处三年以下有期徒刑或者拘役，并处或者单处罚金：

（一）非法经营数额在五万元以上或者违法所得数额在三万元以上的；

（二）假冒两种以上注册商标，非法经营数额在三万元以上或者违法所得数额在二万元以上的；

（三）其他情节严重的情形。

具有下列情形之一的，属于刑法第二百一十三条规定的"情节特别严重"，应当以假冒注册商标罪判处三年以上七年以下有期徒刑，并处罚金：

（一）非法经营数额在二十五万元以上或者违法所得数额在十五万元以上的；

（二）假冒两种以上注册商标，非法经营数额在十五万元以上或者违法所得数额在十万元以上的；

（三）其他情节特别严重的情形。

第三条 伪造、擅自制造他人注册商标标识或者销售伪造、擅自制造的注册商标标识，具有下列情形之一的，属于刑法第二百一十五条规定的"情节严重"，应当以非法制造、销售非法制造的注册商标标识罪判处三年以下有期徒刑、拘役或者管制，并处或者单处罚金：

（一）伪造、擅自制造或者销售伪造、擅自制造的注册商标标识数量在二万件以上，或者非法经营数额在五万元以上，或者违法所得数额在三万元以上的；

（二）伪造、擅自制造或者销售伪造、擅自制造两种以上注册商标标识数量在一万件以上，或者非法经营数额在三万元以上，或者违法所得数额在二万元以上的；

（三）其他情节严重的情形。

具有下列情形之一的，属于刑法第二百一十五条规定的"情节特别严重"，应当以非法制造、销售非法制造的注册商标标识罪判处三年以上七年以下有期徒刑，并处罚金：

（一）伪造、擅自制造或者销售伪造、擅自制造的注册商标标识数量在十万件以上，或者非法经营数额在二十五万元以上，或者违法所得数额在十五万元以上的；

（二）伪造、擅自制造或者销售伪造、擅自制造两种以上注册商标标识数量在五万件以上，或者非法经营数额在十五万元以上，或者违法所得数额在十万元以上的；

（三）其他情节特别严重的情形。

第八条第二款　刑法第二百一十三条规定的"使用"，是指将注册商标或者假冒的注册商标用于商品、商品包装或者容器以及产品说明书、商品交易文书，或者将注册商标或者假冒的注册商标用于广告宣传、展览以及其他商业活动等行为。

第十三条　实施刑法第二百一十三条规定的假冒注册商标犯罪，又销售该假冒注册商标的商品，构成犯罪的，应当依照刑法第二百一十三条的规定，以假冒注册商标罪定罪处罚。

实施刑法第二百一十三条规定的假冒注册商标犯罪，又销售明知是他人的假冒注册商标的商品，构成犯罪的，应当实行数罪并罚。

（2）最高人民法院、最高人民检察院《关于办理侵犯知识产权刑事案件具体应用法律若干问题的解释（三）》（法释〔2020〕10号）

第一条　具有下列情形之一的，可以认定为刑法第二百一十三条规定的"与其注册商标相同的商标"：

（一）改变注册商标的字体、字母大小写或者文字横竖排列，与注册商标之间基本无差别的；

（二）改变注册商标的文字、字母、数字等之间的间距，与注册商标之间基本无差别的；

（三）改变注册商标颜色，不影响体现注册商标显著特征的；

（四）在注册商标上仅增加商品通用名称、型号等缺乏显著特征要素，不影响体现注册商标显著特征的；

（五）与立体注册商标的三维标志及平面要素基本无差别的；

（六）其他与注册商标基本无差别、足以对公众产生误导的商标。

第七条　除特殊情况外，假冒注册商标的商品、非法制造的注册商标标识、侵犯著作权的复制品、主要用于制造假冒注册商标的商品、注册商标标识或者侵权复制品的材料和工具，应当依法予以没收和销毁。

上述物品需要作为民事、行政案件的证据使用的，经权利人申请，可以在民事、行政案件终结后或者采取取样、拍照等方式对证据固定后予以销毁。

（3）最高人民法院、最高人民检察院、公安部印发《关于办理侵犯知识产权刑事案件适用法律若干问题的意见》的通知（法发〔2011〕3号）

名称相同的商品以及名称不同但指同一事物的商品，可以认定为"同一种商品"。"名称"是指国家工商行政管理总局商标局在商标注册工作中对商品使用的名称，通常即《商标注册用商品和服务国际分类》中规定的商品名称。"名称不同但指同一事物的商品"是指在功能、用途、主要原料、消费对象、销售渠道等方面相同或者基本相同，相关公众一般认为是同一种事物的商品。

认定"同一种商品"，应当在权利人注册商标核定使用的商品和行为人实际生产销售的商品之间进行比较。

二、假冒注册商标罪犯罪学分析

（一）假冒注册商标罪的犯罪现状

2010年1月1日—2020年12月31日全国假冒注册商标罪案件基本情况分析①：

1. 案件总数：12875；企业（家）犯罪②：452

2. 法院分布

表 14-1 假冒注册商标罪案件审理法院

审理法院层级	最高人民法院	高级人民法院	中级人民法院	基层人民法院	专门法院
单位犯罪案件数/总件数	0/0	4/104	123/2506	320/10142	5/123

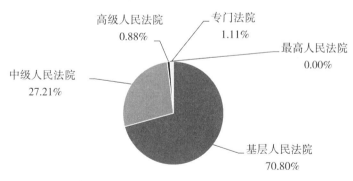

图 14-1 假冒注册商标罪（单位犯罪）案件审理法院级别

---

① 该数据选取时间为 2010 年 1 月 1 日—2020 年 12 月 31 日，数据来源：威科先行网（http//8721add15be1c16f50bd1ba831cbefd9.f2a9b9a2.libvpn.zuel.edu.cn/），最后访问日期：2021 年 3 月 31 日。

② 此处及以下各处企业（家）犯罪是指单位犯罪以及单位法定代表人犯罪。

3. 审级分布

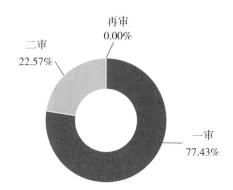

图 14-2 假冒注册商标罪（单位犯罪）案件审级分布

4. 地域分布

除港澳台地区，全国各省（区、市）假冒注册商标罪案件分布如下：

表 14-2 全国各省（区、市）假冒注册商标罪案件分布情况

东部沿海地区									
省（区、市）	京	津	冀	沪	苏	浙	闽	鲁	粤	琼
案件数（单位犯罪案件数/总件数）	3/317	4/85	8/442	23/638	56/982	42/1236	23/990	23/673	161/4006	0/9

中部地区					
省（区、市）	豫	晋	皖	赣	鄂	湘
案件数（单位犯罪案件数/总件数）	7/593	2/133	18/439	5/181	21/262	10/275

西部地区											
省（区、市）	渝	滇	桂	川	贵	藏	陕	甘	蒙	青	宁	新
案件数（单位犯罪案件数/总件数）	10/94	2/117	0/81	12/385	1/202	0/1	3/123	2/49	3/46	0/20	0/19	0/48

东北部地区		
省（区、市）	辽宁	吉林	黑龙江
案件数（单位犯罪案件数/总件数）	4/135	1/88	3/83

5. 年度趋势

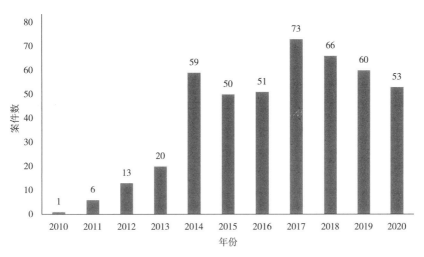

图 14-3　假冒注册商标罪（单位犯罪）年度趋势图

（二）假冒注册商标罪的犯罪特征

从表 14-2 全国各省（区、市）假冒注册商标罪案件分布情况分析可知，2010 年至今，假冒注册商标罪触犯频率最高的省份分别是广东省、浙江省、福建省、江苏省、山东省。其中，企业触犯假冒注册商标罪频率最高的省份为广东省、江苏省、浙江省。从图 14-3 企业犯假冒注册商标罪年度趋势图分析可知，虽然假冒注册商标罪中，企业犯罪频次较少，但总体趋势呈波动上升。

假冒注册商标罪是对市场经济上侵犯商标知识产权的行为进行的刑法规制，国家近几年开始重视对知识产权的保护，使得案件数呈上升趋势。假冒注册商标案件主要发生在沿海经济发达地区，由于这些地区经济发展速度较快，企业或企业家数量较多，市场竞争也更为激烈。随着互联网技术的普及，通过网络手段假冒注册商标的现象亦逐步提升，同时借助网络手段，假冒注册商标犯罪与销售假冒注册商标犯罪的联系更为紧密。大部分案件仍由基层人民法院审理，一审判决的接受率较高，上诉案件占比不大。

在 2019 年度浙江法院十大知识产权案件之九的郑某某销售假冒注册商标的商品罪案中，被告人郑某某自 2005 年开始向西班牙金鼎公司负责人韦某某销售假冒 "CHANEL" "Dior" "LANCOME" "SHISEIDO" "ESTEELAUDER" 等他人注册商标的国际品牌化妆品、香水。经查，2007 年 7 月至 2011 年 1 月间，韦某某从郑某某处采购假冒注册商标的化妆品、香水，销售金额共计 6566849 元。该案的裁判要旨为侵权实物并非唯一的比对对象，在缺乏侵权实物的情况下，若样品照片能证实与侵权实物具有同一性，也可作为侵权比对对象。本案中，法院先通过装箱单上的备注及现金账情况确定装箱单上被告人销售的化妆品、香水，再根据该产品货号对应到相同货号的样品照片，将样品照片与注册商标比对，确定被假冒的注册商标以及侵权产品金额，最终认定被告人客观上实施了销售假冒注册商标的化妆品、香水达 656 万余元。在本案案情复杂、取证困难、缺乏产品实物且被告人不认罪的情况下，法院充分发挥"三合一"审判优势，严格审查主客观证据，依照知识产权审判规则，通过样品照片比对确定侵权产品金额。本案不仅对缺乏侵权实物的类案审理具有一定借鉴意义，更是法院加大知识产权保护力度，努力营造法治化、国际化营商环境的生动案例。

在河南省检察院发布的五起检察机关保护知识产权典型案例之三的郑州陈某昆等 5 人假冒注册商标案中，被告人陈某昆购进散装"福瑞"味精、"伊品"味精和"白浪牌"味精用盐，雇佣被告人王某敏等 4 人在郑州市高新技术产业开发区石佛镇岳岗村租赁民房进行混合再分装，包装成广州奥桑味精食品有限公司已注册商标"双桥"牌味精进行销售，所获假冒注册商标的非法经营数额共 201206 元。本案的典型意义在于，假冒注册商标犯罪既是对社会主义市场经济秩序的破坏，又是对产权所有人合法权益的侵犯，是检察机关依法严厉打击的重点。郑州市检察机关在办案过程中，深入贯彻宽严相济的刑事政策，"重其所重，轻其所轻"，既有力打击侵犯知识产权犯罪行为，维护市场经济正常秩序，保护产权所有人的合法权益；又结合案情实际积极适用认罪认罚从宽制度，加大教育挽救力度，促使犯罪嫌疑人悔罪认罪，减少社会对抗，提升了案件办理的法律效果和社会效果。最终，陈某昆被判处有期徒刑一年零六个月，并处罚金 16 万元；王某敏等 4 人被判处有期徒刑九个月，缓刑一年，并分处罚金 1.5 万元，没收违法所得 2000 元。

(三) 假冒注册商标罪的犯罪原因

假冒注册商标犯罪涉及刑民交叉问题，行为人假冒注册商标行为情节严重的，以犯罪论处。随着市场经济的发展，人们对于品牌意识逐渐增强，也认识到商标所能带来的巨大经济收益，在互联网飞速发展的时代背景下，借助网络手段实施的假冒注册商标犯罪也成为一种新现象。我们认为可以从以下几个方面探讨假冒注册商标罪的犯罪原因。

1. 行为人的心理

假冒注册商标罪主观方面需以营利为目的。因此，过于重视营利目的是导致企业或企业家实施此罪的重要原因。针对此种目的，我们分析可能出于以下几种心理态度：第一，存在搭便车的不正心态，面对已经成功的大企业、大品牌注册商标营利所带来的巨大诱惑，不能坚定抵挡。第二，抱有侥幸心理，认为自己的行为不会受到法律追究或可以通过其他方式逃避法律追究。在违法成本低于获利所得的情况下，更易实施此种行为。第三，企业或企业家对于知识产权保护的观念和意识不强，对知识产权的价值重要性的认识程度不足，从而在保护产权和逐利获益的天平上发生倾斜。

2. 关联公司影响

假冒注册商标罪常常表现为一企业假冒另一与其无关联关系的企业的注册商标的行为，但关联公司之间假冒注册商标的行为也会构成犯罪。以江苏省海安县人民法院审理的凌某某假冒注册商标罪一案①为例，被告单位江苏比利公司、被告人凌某某于 2014 年初至 2014 年 8 月间，在未经商标权人深圳比利英伟营养饲料有限公司授权的情况下，以江苏比利公司名义擅自生产假冒的"律动源 C"产品，并向他人订购印有"律动源""猫头鹰标志""比利英伟"注册商标的包装袋 10068 条，使用该种包装袋灌装擅自生产的猪饲料合计 106 吨，销售金额合计人民币 1272000 元。其中，商标权人深圳比利英伟营养饲料有限公司与被告单位江苏比利公司为母子公司关系。该母子公司关系对于认定假冒注册商标罪的构成并无影响，但部分企业可能会出于关联公司关系产生自身行为不为罪的误解。

3. 网络技术的发展

假冒注册商标罪与销售假冒注册商标罪存在密切关系，若行为人实施了假冒注册商标的行为又将生产、制造的假冒注册商标予以销售的，认定为假冒注册商标罪。一方面，随着互联网技术的创新与发展，行为人将网络作为犯罪工具，通过网络进行多渠道销售自身生产的假冒注册商标行为，由于网络的相对无地域性，使得犯罪跨度大，犯罪的隐蔽性强，更不容易被查处。另一方面，网络销售中广泛存在的"刷单"行为可能导致行为人陷入涉罪风险。因依据刑事推定认定的犯罪数额，并非建立在证据逐一查实排伪的基础之上，存在部分"刷单"行为虚增的交易数额被裁判者错误认定为犯罪数额的可能性，从而损害被告人权利。②

以最高人民法院第 87 号指导案例"郭某升、郭某锋、孙某某假冒注册商标案"为例③，该案中三被告人在未经授权许可情况下，自行购进假冒三星手机配件组装，并在淘宝网店上以"正品行货"名义销售；通过该网店销售假冒手机 20000 余部，非法经营额 2000 余万元，非法获利 200 余万元。三被告人辩解其淘宝店存在"刷单"的行为，真实的销售数量只有 10000 多部。最终，法院以"无证据予以证实，不予采信"的理由认定控诉方指控的犯罪数额成立。可见，网络发展所带来的"刷单"行为，在无明确证据加以佐证的情况下，可能导致企业或企业家陷入涉罪风险。

4. 印刷业、广告业行业规制不足

假冒注册商标行为的源头在于生产、制造假冒注册商标的行为，因此需要重视对于印刷业、广告业等行业的行政规制和法律规制。我国 2020 年修改的《印刷业管理条例》仅在第 25 条中提及不得印刷假冒、伪造的注册商标标识，在第六章罚则中列举了印刷业的违法行为及其责任承担，但并未对印刷假冒、伪造的注册商标标识规定惩治措施。印刷行业内部也并未对其行为予以重视和加以规制。

5. 打击面有限

一方面，我国刑法目前对于假冒注册商标犯罪的打击仍局限于"在同一种商品上使

---

① 江苏省海安县人民法院刑事判决书：（2017）苏 0621 刑初 546 号。

② 贺志军、莫凡浩：《涉"刷单"网络假冒注册商标犯罪数额之推定证明》，载《中国刑警学院学报》2019 年第 3 期。

③ 江苏省宿迁市中级人民法院刑事判决书：（2015）宿中知刑初字第 0004 号。

用与其注册商标相同的商标"，保护对象范围狭窄，打击范围有限，不利于实现对此种行为的有效控制；另一方面，假冒注册商标犯罪是一种"由民涉刑"的过程，在查处过程中需要国家相关部门之间的协调配合，若相关部门之间无法形成良好的协调机制，则会降低办案效率，削弱打击力度。

三、假冒注册商标罪刑法教义学分析

（一）假冒注册商标罪构成要件

假冒注册商标罪，是指违反国家商标管理法规，未经注册商标所有人许可，在同一种商品、服务上使用与其注册商标相同的商标，情节严重的行为。假冒注册商标罪具有如下的犯罪构成特征。

1. 客体要件

假冒注册商标罪所保护的客体为复合客体，包括国家有关商标的管理制度和他人的注册商标专用权。商标是指商标所有权人在商事活动中使用的，以标明其商品或服务的显著特征，同时与他人的商品或服务相区分的标志。商标的核心功能在于识别商品，但其作为知识产权，又具有投资、广告、保障质量等功能。① 商标基于上述功能具有较大的经济价值，商标注册权的专属性意味着权利人可以通过多种方式实现商标价值，获得较大的经济利益。而基于保护公民合法权益的宪法理念，他人的注册商标专用权自然应受到刑法的保护。此外，商标的可复制性高且具备非消耗性，使得商标权人的维权能力受到削弱，商标天生具备竞争功能，且假冒注册商标的行为成本低、收益高，不对其予以规制，将导致侵犯商标权的后果牵涉广泛，破坏我国的商标管理制度，进而破坏社会主义市场经济秩序。②

2. 客观要件

假冒注册商标罪在客观方面表现为违反国家商标管理法规，未经商标所有人的许可，在同一种商品上使用与其注册商标相同的商标，情节严重的行为。

（1）行为人的行为是未经商标所有人许可，违反国家商标管理法规的行为

假冒注册商标罪侵犯的客体是他人的注册商标专用权和国家的商标管理制度。商标一经核准注册，即受到法律保护，商标所有权人据此依法享有商标的独占专用权。行为人未经商标所有人的许可，在同种商品或相似商品上使用与权利人注册商标相同或类似的商标，一方面侵害了商标所有人的注册商标专有权，侵害了商业所有人依法应享有的利用商

---

① 孔祥俊：《姓名权与姓名的商品化权益及其保护——兼评"乔丹商标案"和相关司法解释》，载《法学》2018年第3期。

② 蒋巍：《基于利益平衡角度的商标权刑法保护研究》，载《广西大学学报（哲学社会科学版）》2020年第3期。

标所获得的经济收益，亦可能因品质差异造成侵害商标所有人商业声誉的后果。另一方面，该行为违反了国家的商标管理法规，侵害了国家的商标管理制度。此处的国家商标管理法规主要指我国《商标法》中的相关规定。①

但根据我国《商标法》第 43 条的规定②，若在同一种商品上使用相同的注册商标行为是经过了商标所有人的许可，并且与商标所有人签订了商标使用许可合同的，是合法的行为，不构成犯罪。

（2）行为人必须使用了与他人注册商标相同的商标

所谓"使用"，根据 2004 年最高人民法院、最高人民检察院《关于办理侵犯知识产权刑事案件具体应用法律若干问题的解释》（以下简称 2004 年《知识产权解释》），是指将注册商标或者假冒的注册商标用于商品、商品包装或者容器以及产品说明书、商品交易文书，或者将注册商标或者假冒的注册商标用于广告宣传、展览以及其他商业活动等行为。所谓"注册商标"，是指经商标局审核注册的商标。在《刑法修正案（十一）》未出台前，针对注册商标中是否包含服务商标，理论界有不同看法。但《刑法修正案（十一）》出台后，明确将服务商标纳入刑法保护范围。所谓"他人"，是指向商标局申请商标注册，并依法取得商标专用权的企业、事业单位及个体工商业者，包括外国企业和外国人。

根据我国《商标法》的规定，商标所有人享有的独占专有权的权利范围仅限于其核准注册的商标及核定使用的商品。但针对商标专有权的保护范围则远大于其法定权利范围。根据《商标法》第 57 条的规定，未经商标所有人许可，在相同或类似的商品上使用相同或类似的商标、销售侵犯注册商标专用权的商品、伪造、擅自制造或销售伪造、擅自制造的他人注册商标标识、反向假冒、帮助侵权的行为均为侵权行为，均受法律保护。但上述几种侵权行为中，刑法仅针对使用相同注册商标的行为作为犯罪处理。根据《刑法》第 213 条的规定，成立本罪要求使用与他人的注册商标相同的商标，如果行为人使用与他人注册商标相似的商标，则不构成本罪。

根据 2020 年最高人民法院、最高人民检察院《关于办理侵犯知识产权刑事案件具体应用法律若干问题的解释（三）》（以下简称 2020 年《知识产权解释（三）》），具有下列情形之一，可以认定为《刑法》第 213 条规定的"与其注册商标相同的商标"：①改变注册商标的字体、字母大小写或者文字横竖排列，与注册商标之间基本无差别的；②改变注册商标的文字、字母、数字等之间的间距，与注册商标之间基本无差别的；③改变注册商标颜色，不影响体现注册商标显著特征的；④在注册商标上仅增加商品通用名称、型号等缺乏显著特征要素，不影响体现注册商标显著特征的；⑤与立体注册商标的三维标志及平面要素基本无差别的；⑥其他与注册商标基本无差别、足以对公众产生误导的商标。

---

① 《商标法》第 67 条："未经商标注册人许可，在同一种商品上使用与其注册商标相同的商标，构成犯罪的，除赔偿被侵权人的损失外，依法追究刑事责任。"

② 《商标法》第 43 条："商标注册人可以通过签订商标使用许可合同，许可他人使用其注册商标。许可人应当监督被许可人使用其注册商标的商品质量。被许可人应当保证使用该注册商标的商品质量。经许可使用他人注册商标的，必须在使用该注册商标的商品上标明被许可人的名称和商品产地。许可他人使用其注册商标的，许可人应当将其商标使用许可报商标局备案，由商标局公告。商标使用许可未经备案不得对抗善意第三人。"

（3）必须是在同一种商品、服务上使用与他人注册商标相同的商标

"同一种商品"的含义，根据 2011 年最高人民法院、最高人民检察院、公安部出台的《关于办理侵犯知识产权刑事案件适用法律若干问题的意见》（以下简称 2011 年《知识产权意见》），一般是指名称相同的商品以及名称不同但指同一事物的商品，可以认定为"同一种商品"。"名称"是指国家工商行政管理总局商标局在商标注册工作中对商品使用的名称，通常即《商标注册用商品和服务国际分类》（《尼斯分类》）中规定的商品名称。"名称不同但指同一事物的商品"是指在功能、用途、主要原料、消费对象、销售渠道等方面相同或者基本相同，相关公众一般认为是同一种事物的商品。实践中经常会出现商标所有人核定注册的商品范围与商标使用的实际商品范围不一致的现象。此时，认定"同一种商品"，应当在权利人注册商标核定使用的商品和行为人实际生产销售的商品之间进行比较。假冒注册商标罪保护的客体是他人的注册商标专有权，取得专有权的前提是商标已核准注册。我国实行商标注册制度的目的在于通过公示公信的方式赋予商标注册人专有权并划分权利界限，也向他人公告哪些商标权利是受到法定保护、不能侵害的。若以商标所有人实际使用的商品为"同一种商品"的判断标准，则失去了商标注册制度的制度价值。

2020 年 12 月 26 日通过的《刑法修正案（十一）》针对假冒注册商标罪进行了补充修改，对假冒注册商标行为的打击对象扩大至在同一种服务上使用与他人注册商标相同的商标的行为。对"同一种服务"的理解，虽未在相关文件中予以说明，但司法实践中认为，由于社会的发展变化等因素，《类似商品和服务区分表》中名称不同的服务的目的、内容、方式、对象等方面可能趋于一致，成为同一种服务。因此，判断是否属于同一种服务，应从服务的目的、内容、方式、对象等是否相同予以认定。①

（4）假冒注册的商标需为有效的注册商标

假冒注册商标罪侵犯的是他人的注册商标专用权和国家的商标管理制度。商标所有人享有商标独占专有权的前提是该注册商标尚在有效期内，同样的，国家的商标管理制度管理的对象也是有效注册商标。因此，行为人假冒无效的注册商标的行为不能认定为商标法上的侵权行为，更不可能成立犯罪。

商标的无效事由包括注销和撤销两种。根据《商标法》的规定，注册商标的有效期为十年，自核准注册之日起计算。有效期满后需要继续使用的，商标注册人应当在期满前十二个月内按照规定办理续展手续；在此期间未能办理的，应当在期满后六个月内办理。每次续展注册的有效期为十年，期满未办理的，注销其注册商标。已经注册的商标，若违反了商标法的有关规定的，由商标局撤销该注册商标。②

---

① 张鹏：《〈商标法〉第 49 条第 2 款"注册商标三年不使用撤销制度"评注》，载《知识产权》2019 年第 2 期。

② 《商标法》第 49 条："商标注册人在使用注册商标的过程中，自行改变注册商标、注册人名义、地址或者其他注册事项的，由地方工商行政管理部门责令限期改正；期满不改正的，由商标局撤销其注册商标。注册商标成为其核定使用的商品的通用名称或者没有正当理由连续三年不使用的，任何单位或者个人可以向商标局申请撤销该注册商标。商标局应当自收到申请之日起九个月内做出决定。有特殊情况需要延长的，经国务院工商行政管理部门批准，可以延长三个月。"

（5）根据《刑法》的规定，假冒他人注册商标，必须情节严重才成立本罪

假冒注册商标罪是由民涉刑之罪，因此，在可以通过民事法领域调整处理的情况下，不需要动用刑法资源。只有当假冒注册商标的行为达到情节严重的程度，才需要通过刑法规范对其加以规制。

根据 2004 年《知识产权解释》，具有下列情形之一的，属于"情节严重"：①非法经营数额在 5 万元以上或者违法所得数额在 3 万元以上的；②假冒两种以上注册商标，非法经营数额在 3 元以上或者违法所得数额在 2 万元以上的；③其他情节严重的情形。其中的"非法经营数额"，是指行为人在实施行为过程中，制造、储存、运输、销售侵权产品的价值。已销售的侵权产品的价值，按照实际销售的价格计算。制造、储存、运输和未销售的侵权产品的价值，按照标价或者已经查清的侵权产品的实际销售平均价格计算。侵权产品没有标价或者无法查清其实际销售价格的，按照被侵权产品的市场中间价格计算。

3. 主体要件

本罪主体既可以是已满 16 周岁、具有辨认控制能力的自然人，也可以是单位。就单位而言，若单位构成假冒注册商标罪的，实行双罚制，对单位判处罚金，对直接负责的主管人员和其他直接责任人员依法追究刑事责任。明知他人实施假冒注册商标罪，而为其提供贷款、资金、账号、发票、证明、许可证件，或者提供生产、经营场所或运输、储存、代理进出口等便利条件、帮助的，以假冒注册商标罪的共犯论处。

4. 主观要件

本罪的主观方面是故意。故意的内容表现为，行为人不仅认识到自己使用的商标与他人已经注册的商标相同，而且认识到自己的行为未经注册商标所有人许可，但有意在同一种商品上使用与他人注册商标相同的商标。行为人若出于过失，确实不知晓使用的是他人已注册的商标，则不构成本罪，按一般的商标侵权行为处理。

此外，假冒注册商标罪的成立是否需要有牟利的目的？对此，有肯定说和否定说两种看法。持肯定态度的学者认为成立假冒注册商标罪主观上必须具有牟利目的，即以把自己的商品冒充别人的商品出卖牟利为目的。若不具有此种目的，仅因满足虚荣心理或败坏他人商品信誉的情况下，将自己使用的或赠与他人的物品上贴上他人注册商标的行为，不能认定为构成本罪。[①] 持否定态度的学者则认为，行为人是否具有牟利目的不影响本罪的成立。

我们认为，假冒注册商标罪的成立不需要行为人有牟利的目的。首先，不可否认的是，行为人实施假冒注册商标的行为必然有获取某种非法利益的目的，或是为了争夺市场份额，或是为了败坏他人商业信誉等。但不能将此种目的等同于牟利目的，若要求行为人主观上必须具有牟利目的，实际上更进一步地限缩了假冒注册商标罪的打击范围，不利于保护商标所有人的合法权益和国家的商标管理制度。其次，针对持肯定说的学者提出的场合，由于刑法对假冒注册商标罪的规范表述为"在同一种商品或服务上使用与他人注册

---

① 马克昌主编：《经济犯罪新论》，武汉大学出版社 1998 年版，第 499 页。

商标相同的商标"，将打击对象限制在"同一种商品或服务"领域，针对的是市场经济中流通的商品和提供的服务，对未进入市场流通的物品假冒注册商标的行为自然不能构成本罪。最后，我国刑法目前对于假冒注册商标罪的主观罪过形式并未明确要求具备牟利目的，因此不以具备牟利目的为必备主观要件是立法者的思想理念，故假冒注册商标罪的成立不需要行为人具有牟利目的。

（二）假冒注册商标罪司法认定问题

1. 假冒注册商标罪与非罪的界限

擅自在类似商品上使用与他人注册商标相同或者相似的商标，以及在同一种商品上使用与他人注册商标相似的商标的行为，不构成假冒注册商标罪。未经注册的商标，在不侵犯他人注册商标专用权的前提下，虽然可以使用，但不受法律保护，也不能取得商标专用权。因此，假冒他人没有注册的商标的，不可能构成假冒注册商标罪。此外，对于未经注册商标所有人许可，在同一种商品上使用与其注册商标相同的商标，但情节不严重的，属于一般商标侵权行为，不构成犯罪。在司法实践中，还存在着一些特殊的假冒注册商标的行为，这类行为是否应认定其构成假冒注册商标罪予以惩处值得注意。

（1）反向假冒

假冒注册商标，一般是在自己的商品上冒用他人的注册商标的行为；反向假冒，根据我国《商标法》的规定，是指未经商标注册人同意，更换其注册商标并将该更换商标的商品又投入市场的行为。我国首例反向假冒商标案为1994年的"鳄鱼"案。该案中，新加坡鳄鱼公司的经销商以每条230元的价格购进北京市服装厂生产的枫叶牌西裤26条，并在未经该厂许可的情况下将附着于其上的"枫叶"商标更换成"鳄鱼"商标，然后在北京市百盛购物中心的"鳄鱼"服装专柜上以每条560元的价格出售，北京市服装厂认为鳄鱼公司经销商的该种行为使自己的合法权益受到了侵害，遂诉至法院。

那么，这种反向假冒行为是否可能构成假冒注册商标罪呢？有学者认为，不对反向假冒行为加以规制，既侵害了商标所有人依法享有的禁止他人撤换注册商标的权利，也会阻碍我国的"名牌战略"发展进程。[1] 也有学者认为反向假冒商标所造成的侵权问题是客观存在的，但是其尚未达到应受刑罚处罚的社会危害性。过度渲染反向假冒商标行为的社会危害，对其做"入罪"处理，具有"杀鸡用牛刀"之效，这无疑将会违背刑法的谦抑性价值。[2] 我们认为，反向假冒注册商标的行为不宜定罪处罚。理由如下：

第一，该行为的社会危害性尚未达到要以刑法规制的程度。如上所述，反向假冒的现象确实客观存在，但此种现象并不多见。并且，不论是为了扩大货源、扶植品牌还是排挤竞争对手，行为人实施反向假冒的行为的最终目的在于牟取经济利益。从某种角度而言，在商品品质有保证的情况下，行为人实施反向假冒的行为规模会呈扩大趋势，针对原厂家的购买行为也会大幅增加，反而使得原产家能够扩大其投资规模。从消费者权益保护的角

---

① 王作富主编：《刑法分则实务研究（上）》，中国方正出版社2010年版，第697~698页。
② 齐文远、唐子艳：《反向假冒商标行为之刑法思考》，载《现代法学》2011年第2期。

度来看，行为人为了牟利实施反向假冒行为，则需要在保证商品品质的情况下才可能吸引消费者，从而实现扩大货源或扶植品牌的目标。即便是为了排挤竞争对手，在品质低廉的产品上冒用他人的注册商标，由于此种情形下的假冒商品亦是伪劣商品，可能因其恶劣程度而构成生产、销售伪劣商品罪，具体的罪名根据其生产、销售的对象来确定。

第二，反向假冒注册商标的行为可通过其他法律予以规制。我国《商标法》将反向假冒行为纳入注册商标专用权的保护范围，当事人可通过协商解决，也可以提起民事诉讼或请求工商行政管理部门处理。

第三，从立法目的看，我国未对反向假冒行为作入罪处理。1994 年我国首起反向假冒商标案后，针对反向假冒行为入罪的讨论不断，但立法上至今仍未将其作为具体的犯罪行为进行规制，实际上表明了立法者的立法理念——反向假冒行为不作入罪处理。

第四，从司法实践看，针对反向假冒注册商标的行为一般以普通的商标侵权纠纷进行处理，或在相关部门查处时作行政处理，并未涉及刑事领域。故根据司法实务的做法，反向假冒的行为亦不构成假冒注册商标罪。

（2）关联公司擅用注册商标的行为

司法实践中还存在着一种关联公司之间未经许可，擅用对方注册商标的行为，一般出现在母子公司、分公司之间。那么，子公司擅自使用母公司的注册商标，或者分公司擅自使用总公司的注册商标，是否构成假冒注册商标罪？

在子公司假冒母公司的注册商标的场合，应当认定子公司构成假冒注册商标罪。首先，我国《公司法》第 14 条第 2 款规定："公司可以设立子公司，子公司具有法人资格，依法独立承担民事责任。"也就是说，子公司和母公司虽存在关联关系，但仍是两个独立的民事主体，子公司假冒母公司注册商标的行为符合民事主体之间的侵权行为构成。其次，假冒注册商标罪侵害的客体是他人的注册商标专有权和国家的商标管理制度，从现实意义上看，侵害他人商标专用权的行为确实存在，也破坏了市场经济秩序和规则，母子公司的关联关系并不能成为阻却刑事责任的事由。最后，母子公司之间虽然具备关联关系，但双方之间亦可能因其性质相同成为竞争对手，在未获得母公司授权的情况下，子公司不能当然地取得或擅自使用母公司的注册商标。①

在分公司擅自使用总公司的注册商标的场合，由于我国《公司法》第 14 条第 1 款的规定："分公司不具有法人资格，其民事责任由公司承担。"因此，分公司不具有独立的主体资格，与总公司具备同一个法人人格，不具备独立承担责任的能力，因此其法律责任由总公司承担。在这个意义上，分公司擅自使用总公司的注册商标的行为，属于公司内部决策分歧的行为，并不会对他人注册商标专有权造成侵害或对市场经济秩序造成破坏，故分公司擅用总公司注册商标的，不追究其刑事责任。

（3）假冒未实际使用的联合商标

联合商标，是指某一个商标所有者，在相同的商品上注册几个近似的商标，或在同一类别的不同商品上注册几个相同或近似的商标，这些相互近似的商标称为联合商标。这些商标中首先注册的或者主要使用的为主商标，其余的则为联合商标。商标所有人注册联合

---

① 李晓明：《母子公司关联不影响假冒注册商标罪的认定》，载《人民检察》2020 年第 2 期。

商标的目的不在于通过使用商标使商品获得可识别性，其目的在于扩大对主商标的保护范围，防止他人利用商标注册制度侵害他人商标权。那么，在联合商标并未实际使用于商品的情况下，使用联合商标是否会构成假冒注册商标罪？

在薛某某假冒注册商标案①中，广东欧珀移动通信有限公司（以下简称欧珀公司）注册了"cppc"（CPPC）、"oppo"（OPPO）、"OPPQ"、"OPOP"等多个商标，其中"OPPO"为主商标，其他注册商标为联合商标。深圳市中德瑞数码科技有限公司宝安分公司（以下简称宝安公司）员工薛某某在未经欧珀公司许可的情况下，假冒其"cppc"（CPPC）注册商标手机，获得非法经营额229500元。一审法院认为被告人薛某某的行为已构成假冒注册商标罪，判处有期徒刑2年，并处罚金人民币12万元。后薛某某上诉，认为权利人并未将"cppc"（CPPC）注册商标使用于手机产品上，上诉人在手机上使用"cppc"（CPPC）商标不构成假冒注册商标罪。二审法院经过审理查明后裁定驳回上诉，维持原判。

本案中，法院认为，由于欧珀公司已核准注册了"cppc"（CPPC）的商标，被告人薛某某在未经过权利人许可的前提下，在同一种商品上使用与其注册商标相同的商标，且已达到情节严重的标准，自然构成假冒注册商标罪。

被告人提出权利人并未将"cppc"（CPPC）注册商标用于手机上的抗辩实际上是针对假冒注册商标行为中的商标须为有效商标的抗辩。我国《商标法》中规定，注册商标没有正当理由连续3年不使用的，任何单位或者个人可以向商标局申请撤销该注册商标。"cppc"（CPPC）商标属于可以申请撤销的商标。在此情形下，该注册商标是否还有保护的必要？即被告人行为是否构成假冒注册商标罪？

对此，我们认为即便该联合商标未实际使用过，也应当对其予以保护，认定被告人行为构成假冒注册商标罪。理由如下：

第一，联合商标不适用"连续3年不使用可申请撤销"的情形。联合商标的注册不是以使用为目的的，联合商标的特点是在主商标周围建起一道防火墙，起到积极防卫作用，阻止他人注册和使用近似商标。因此，联合商标和主商标实际上可以看一个商标整体。主商标或联合商标当中的任一商标被使用，均应看作联合商标得到实际使用，不应以无正当理由连续3年不使用而加以撤销。②

第二，从刑事政策角度而言，商标所有人注册联合商标的行为就是为了防止行为人利用商标管理制度的漏洞，实施侵害自己合法权益的行为。若以未实际使用作为由否定行为人的行为构成假冒注册商标罪，一方面，不利于保障商标所有人的专有权。另一方面，在假冒注册商标现象愈演愈烈，假冒注册商标行为更具有新颖性的现实情况下，此种做法无异于限缩了对假冒注册商标行为的打击范围，与我国严厉惩治假冒注册商标行为的趋向相悖。

第三，即使以未实际使用为理由认定联合商标可撤销，但商标注册人注册联合商标的

---

① 参见深圳市中级人民法院刑事裁定书：（2014）深中法知刑终字第59号。

② 周玮、陈文全：《未经许可使用联合商标可构成假冒注册商标罪》，载《人民司法（案例）》2015年第8期。

目的在于防止他人注册和使用相似商标。因此，联合商标与主商标必然具备相似性，即便联合商标不被认为是有效的注册商标，行为人使用联合商标亦可能依据相关规定被认为与主商标基本无差别，以"相同的商标"为由认定构成假冒注册商标罪。

此外，根据司法实践，未经许可使用联合商标于同种商品，如若达到情节严重的标准，可认为构成假冒注册商标罪。

2. 假冒注册商标罪与生产、销售伪劣商品犯罪的界限

实践中，常常会出现行为人在生产、销售伪劣商品的同时，又实施了假冒注册商标的行为，对此应如何处理存在着不同的看法。有些学者认为，从犯罪构成看，行为人主观上具有假冒注册商标的故意和生产、销售伪劣商品的故意两种故意，也确实实施了两个独立的行为，侵害了两种不同的客体，即国家商标管理制度和国家产品质量管理制度，应当数罪并罚。也有学者从想象竞合犯、法条竞合犯、牵连犯等角度认为应当将该行为视为一个行为，以一罪论处。我们认为针对此种情形可以根据具体情况进行如下分析。

（1）在自己生产伪劣商品过程中假冒注册商标的行为

在该情形下，行为人假冒注册商标的行为贯穿于其生产、销售伪劣商品的过程中，假冒注册商标的行为成为生产伪劣商品行为中不可分割的一部分，应当将其认定为一个完整的行为，属于一行为触犯数罪名的想象竞合犯，以一重罪论处。

（2）在自己生产伪劣商品过程中假冒注册商标，又销售该商品的行为

在该情形下，如上所述，行为人在生产伪劣商品过程中假冒注册商标的行为应视为一个行为，之后销售该伪劣商品的行为又被刑法放置于同一法条进行评价，因此，生产伪劣商品的行为、假冒注册商标的行为和销售该假冒注册商标的伪劣商品的行为应整体评价为一个行为。即行为人实施一个行为触犯数种罪名的，为想象竞合犯，以一重罪论处。

（3）在他人生产、销售的伪劣商品上假冒注册商标的行为

在该情形下，行为人未参与生产、销售伪劣商品的行为，仅仅是在伪劣商品上实施了假冒注册商标的行为，因此只实施了一个行为，应当以假冒注册商标罪一罪定罪处罚。

（4）在他人生产的伪劣商品上假冒注册商标并予以销售的行为

在该情形下，行为人未实施生产伪劣商品的行为，但实施了假冒注册商标的行为、销售假冒注册商标商品的行为和销售伪劣商品的行为。其中，由于假冒注册商标的商品即为伪劣商品，因此销售假冒注册商标商品的行为与销售伪劣商品的行为具有同一性，应评价为一个行为。但行为人前一阶段实施的假冒注册商标行为与后一阶段的销售行为并不具有行为上的完整性，可以分割为两个独立的行为。然而，从一般的社会生活经验来看，行为人前一阶段实施的假冒注册商标行为实际上是为了使得销售行为更好地进行，以获得更多的营业收入，故两者之间存在着目的和手段的关系，因此应当将其认定为牵连行为。该行为成立牵连犯，应以一重罪论处。

3. 假冒注册商标罪与销售假冒注册商标商品罪的界限

实践中，经常会出现行为人在实施假冒注册商标行为的同时，又实施销售假冒注册商标商品的行为。针对此种行为，2004 年《知识产权解释》对此进行了规定。行为人实施

了假冒注册商标犯罪,又销售该假冒注册商标的商品,构成犯罪的,以假冒注册商标罪定罪处罚。行为人实施了假冒注册商标犯罪,又销售明知是他人的假冒注册商标的商品,构成犯罪的,应当实行数罪并罚。

四、假冒注册商标罪典型案例分析

此处选取的典型案例是最高人民法院公布的 2013 年十大知识产权案件之一的宗某某等 28 人假冒注册商标罪刑事案件。

(一)假冒注册商标罪典型案例

根据河南省高级人民法院审理查明,具体案情事实如下:

1. 假冒注册商标事实

(1) 2007 年 11 月,被告人宗某某、黄某某在郑州高新技术产业开发区欢河村共同出资、注册成立郑州鼎鼎油脂有限公司,由宗某某担任该公司法定代表人。自 2008 年 8、9 月至 2011 年 9 月 4 日期间,被告人宗某某、黄某某为获取非法经济利益,在未经金龙鱼、鲁花注册商标所有人许可的情况下,分别从他处购进原油以及附有非法制造的金龙鱼、鲁花注册商标标识,雇佣多名工人在其公司内非法生产假冒金龙鱼、鲁花注册商标的食用油并对外销售。在明知宗某某、黄某某二人组织生产的食用油系假冒金龙鱼、鲁花注册商标的商品的情况下,被告人陈某某等人仍接受雇佣帮助其生产、销售假冒的金龙鱼和鲁花食用油。其中,被告人陈某某、马某某主要负责对外销售假冒的金龙鱼、鲁花食用油,被告人黄某某等人负责非法生产假冒金龙鱼、鲁花注册商标的食用油,被告人黄某某、徐某某作为公司会计主要负责记录厂里的进货、销售情况以及相关的费用结算。现查明:被告人宗某某、黄某某等人自 2009 年 11 月至 2011 年 9 月非法经营数额为 19268637.5 元,其中销售数额为 19231997.5 元,未销售的假冒金龙鱼、鲁花食用油价值 36640 元。

2011 年 9 月 6 日,侦查机关在该公司当场查获假冒金龙鱼、鲁花注册商标标识 945966 件,假冒金龙鱼注册商标的食用油 4 件价值 640 元(按实际销售价 160/件),假冒鲁花注册商标的食用油约 160 件价值 36000 元(按实际销售价 225/件)。2011 年 9 月 7 日,公安机关当场查获该公司购买的 88000 件金龙鱼注册商标标识。

(2) 2010 年 1 月 16 日至 2011 年 9 月 2 日,被告人李某某、翟某某多次从郑州鼎鼎油脂有限公司宗某某、陈某某处购进假冒金龙鱼注册商标的瓶盖、商标、纸箱和胶带等包装,然后与被告人王某某、翟某某一起把"口福"食用油的注册商标更换为金龙鱼注册商标,而后将假冒金龙鱼注册商标的食用油对外销售,销售金额合计 204630 元。

(3) 被告人陈某某、李某某、袁某某为谋取非法利益,在未经金龙鱼商标所有人许可的情况下,于 2011 年 3 月至 8 月期间,从郑州鼎鼎油脂有限公司司机司某某处购买假冒金龙鱼注册商标标识,后在郑州市中原区须水镇西岗村李某某、袁某某的油脂厂内非法生产假冒金龙鱼注册商标的食用油(大豆油、调和油)1050 件销售给安阳的刘某某,销售金额合计 178500 元。

2. 销售假冒注册商标的商品事实

2009 年 11 月 2 日至 2011 年 4 月 8 日期间，被告人刘某某在明知郑州鼎鼎油脂有限公司生产的金龙鱼、鲁花食用油系假冒金龙鱼、鲁花注册商标的商品的情况下，仍多次通过黄某某从该公司购进假冒的金龙鱼、鲁花食用油 9979 件，金额合计 1758315 元，在其经营的位于安阳市商都粮油批发市场的兆丰粮行粮油店内予以销售。2011 年 3 月至 8 月，被告人刘某某在明知是假冒金龙鱼、鲁花注册商标的商品的情况下，仍通过陈某某介绍先后三次从郑州市中原区须水镇李某某、袁某某经营的油脂厂内购进假冒金龙鱼注册商标的食用油 1050 件，金额合计 178500 元，在其经营的兆丰粮行粮油店内予以销售。

2009 年底至 2011 年 9 月 1 日期间，被告人张某某在明知郑州鼎鼎油脂有限公司生产的金龙鱼、鲁花食用油系假冒金龙鱼、鲁花注册商标的商品的情况下，仍多次通过黄某某从该公司购进假冒的金龙鱼、鲁花食用油 5894 件，金额合计 1094855 元，在其经营的位于郑州市黄河食品城的宏鑫粮油商行内予以销售。（更多细节省略）

3. 销售非法制造的注册商标标识事实

（1）2009 年 11 月至 2011 年 9 月期间，被告人宗某某、黄某某伙同被告人司某某等，在明知购进的金龙鱼、鲁花注册商标标识系他人非法制造的注册商标标识的情况下，仍将购进的非法制造的金龙鱼、鲁花注册商标标识对外予以销售。现查明，其销售给李某某、刘某某、李某某、马某某（另案处理）、张某某（另案处理）、翟某某（另案处理）、王某某等人假冒金龙鱼、鲁花注册商标标识共计 542604 件。

（2）2010 年 7 月至 2011 年 4 月期间，被告人安某某在明知是非法制造的金龙鱼和鲁花注册商标标识的情况下，仍向河北廊坊董永来购进非法制造的金龙鱼和鲁花注册商标标识，销售给郑州鼎鼎油脂有限公司的宗某某。其销售给宗某某的非法制造的金龙鱼、鲁花注册商标标识共计 186000 件。销售金额 43425 元。

经审理查明后，一审法院判决被告人宗某某犯假冒注册商标罪和销售非法制造的注册商标标识罪，数罪并罚，执行有期徒刑十二年零六个月，并处罚金人民币 1050 万元。被告人黄某某犯假冒注册商标罪和销售非法制造的注册商标标识罪，数罪并罚，执行有期徒刑十一年零六个月，并处罚金人民币 1050 万元。被告人陈某某犯假冒注册商标罪和销售非法制造的注册商标标识罪，数罪并罚，决定执行有期徒刑八年，并处罚金人民币 90 万元。其他 24 名被告人也分别被判处了期限不等的有期徒刑和数量不等的罚金。

后宗某某等人不服该判决，提起上诉。河南省高级人民法院二审查明，原判定罪准确，量刑适当，审判程序合法。各上诉人的上诉理由及辩护人的辩护意见均不能成立，不予采纳，裁定驳回上诉，维持原判。①

(二) 假冒注册商标罪案例分析

本案中，行为人的行为符合假冒注册商标罪的构成要件。

---

① 河南省高级人民法院刑事裁定书：（2013）豫法知刑终字第 00002 号。

1. 客体要件。行为人假冒他人商标的行为侵害了他人合法的注册商标专用权，也侵害了国家商标管理秩序。在本案中，具体体现为侵害了"鲁花""金龙鱼"注册商标所有人的商标权。

2. 客观要件。行为人的行为违反了国家商标管理法规，在未经注册商标所有人许可的情况下在同一种商品上使用与其注册商标相同的商标。在本案中，具体体现为未经过"鲁花""金龙鱼"注册商标所有人的许可，在食用油商品上使用"鲁花""金龙鱼"注册商标，起到混淆、误导公众的效果。

3. 主体要件。行为人为达到刑事责任年龄，具备刑事责任能力的自然人。在本案中，关于郑州鼎鼎油脂有限公司是否系单位犯罪的问题，法院经审理查明认为，根据最高人民法院《关于审理单位犯罪案件具体应用法律有关问题的解释》第 2 条规定，"个人为进行违法犯罪活动而设立的公司、企业、事业单位实施犯罪的，或者公司、企业、事业单位设立后，以实施犯罪为主要活动的，不以单位犯罪论处"。法院认为，郑州鼎鼎油脂有限公司成立后，以实施犯罪为主要活动，假冒注册商标非法经营数额 19249759.5 元，销售非法制造的注册商标标识 542604 件，依法不以单位犯罪论处。

4. 主观要件。行为人明知其是在未经注册商标所有人的许可下实施的假冒注册商标行为，主观上表现为故意，且以营利为目的。在本案中，宗某某等人明知其未取得"鲁花""金龙鱼"注册商标所有人的许可仍实施使用该商标的行为，且根据警方介绍，鼎鼎油脂公司也曾有自己的品牌"鼎鼎红"，但因宗某某认为该品牌无知名度，故决定实施假冒"鲁花""金龙鱼"两个较为知名的注册商标的行为。

五、假冒注册商标罪的刑事政策与企业犯罪预防

（一）假冒注册商标犯罪的刑事政策

假冒注册商标罪位于《刑法》分则第三章破坏社会主义市场经济秩序犯罪内容的第七节侵犯知识产权罪中。对假冒注册商标罪进行惩治的主要目的，一方面是保护知识产权，另一方面是避免民事主体间知识产权的侵权行为损害到国家的市场经济秩序。严惩破坏经济的犯罪，是我国多年来的刑事政策。之所以将这类知识产权侵权行为规定为犯罪，是因为这类行为已经严重影响到市场经济竞争秩序，故必须予以适当的刑罚处罚，以预防和遏制这类行为的产生和延续。

但对于侵犯知识产权犯罪的惩处也应合理界定刑民的分界，即刑法处罚的必须是通过民事手段、行政手段已经无法控制的侵权行为，这种侵权行为被界定为犯罪是因为在某个历史阶段曾经大量出现，从而导致国家经济秩序受到负面影响。假冒注册商标罪始设于 1979 年刑法中，是因当时的假冒注册商标行为已经严重影响到市场经济，故将其规定为犯罪。也就是说，对于假冒注册商标罪等侵犯知识产权罪的刑事政策倾向是随着社会实践的发展变化不断调整的。

2017 年，国务院发布了《关于新形势下加强打击侵犯知识产权和制售假冒伪劣商品工作的意见》（国发〔2017〕14 号），其中有三点值得重视：第一，强化重点领域集中整

治。坚持专项整治与日常监管相结合，以关系生命健康、财产安全和环境保护的商品以及知识产权领域的突出问题为重点，定期组织开展专项整治，严厉打击侵权假冒违法犯罪行为。完善以随机抽查为重点的日常监督检查制度，强化对互联网、农村市场和城乡接合部等侵权假冒高发多发领域和地区的监管，坚持线上线下治理相结合，深挖违法犯罪活动的组织者、策划者、实施者，清理生产源头，铲除销售网络，依法取缔无证照生产经营的"黑作坊""黑窝点"，维护公平竞争的市场秩序。第二，充分发挥司法保护的作用。支持法院、检察院依法独立公正行使职权，构建权威高效的知识产权司法保护体系。加强刑事司法保护，严厉打击侵权假冒犯罪，增强刑罚的威慑力。强化民事司法保护，完善技术专家咨询机制，依法减轻权利人举证负担，有效执行惩罚性赔偿制度，提高侵犯知识产权违法成本。推进民事、刑事、行政案件审判"三合一"改革，完善知识产权审判体系，提升审判效率和专业水平。研究建立知识产权纠纷人民调解协议司法确认制度。第三，落实企业的主体责任。指导生产经营企业加强产品质量控制和知识产权管理，自觉守法诚信经营，建立完善权利人企业参与涉案物品鉴定的制度。督促电子商务平台企业加强对网络经营者的资格审查，建立健全对网络交易、广告推广等业务和网络经营者信用评级的内部监控制度。坚持堵疏结合、打扶并举，结合推进供给侧结构性改革和发展"互联网+"，引导和帮助企业利用电子商务拓展营销渠道、培育自主品牌。深入开展优质产品生产企业质量承诺活动，鼓励企业承诺采用严于国家标准、行业标准的企业产品质量标准。对企业履行承诺情况开展"双随机"执法检查，通过网络平台向社会公开承诺企业、产品及检查信息，培育"重质量、守承诺"企业，促进"中国制造"技术进步和转型升级。

（二）假冒注册商标犯罪的企业犯罪预防

1. 国家层面

针对假冒注册商标罪的犯罪预防，需要国家采取相应的积极措施保证实现。

第一，假冒注册商标罪近几年总体上呈上升的犯罪态势，既说明我国对于此类行为予以重视，将其纳入刑事领域予以规制，也说明社会上仍然存在较多的假冒注册商标的行为，国民对于假冒注册商标的社会危害性及所要承担的刑事责任的认识仍然不够。很大的一部分原因在于国家对于知识产权方面的保护措施和保护力度不足。因此，一方面，应当出台相关政策或文件以明确和重视对于知识产权的保护，将成熟的经验和做法以规范性文件、政府规章、地方性法规的形式固化下来，并落实细则，引起国民，特别是企业或企业家关于知识产权保护方面的重视。全面加强法治政府建设，推进产权保护法治化，推进政府职能转变，深化行政审批改革，进一步精简和规范审批事项。[①] 另一方面，通过出台相关文件或进行知识产权法治观念的教育与建设，提升国民对于知识产权内容及其保护的法治意识，增强国民的商标品牌理念，引导社会公众自觉抵制假货，营造全民识假、拒假、

---

① 强昌文、熊毅军：《东莞法治化营商环境的变迁及其对外向型经济的影响》，载《东莞理工学院学报》2020年第4期。

打假的良好氛围,① 以预防此种犯罪的出现和扩大。

第二,由于假冒注册商标罪的规定属于行政取缔法规,并且该行为也会涉及生产、销售伪劣产品犯罪,因此应当完善针对该罪的规制体制。工商部门不仅要针对该行为提升其打击力度,更重要的是在假冒注册商标行为构成犯罪时实现部门之间的协调和配合,尤其是工商部门与公安执法部门之间的协调配合,形成整治合力,不能将假冒注册商标行为简单归类为生产、销售伪劣产品犯罪,应当重视其特殊性。

第三,假冒注册商标行为的一个重要环节是制造、销售假冒的注册商标的过程,因此必须从源头对此罪进行遏制。针对目前对于印刷业、广告业等行业中生产、销售假冒的注册商标的个体企业的规制不足,应当对此制定细致的规则,比如从民法上或行政法上强化其侵权责任,加大惩戒力度,对于情节严重或后果严重的以生产、销售伪劣产品罪论处。从源头堵截、打击、取缔非法印刷、伪造假冒的注册商标的行为。

第四,完善相关立法。假冒注册商标行为入罪需要涉及相关概念的解释,包括"假冒行为""误导公众""情节严重"的界定,目前关于"情节严重"以相关的司法解释进行解释,以非法获利数额进行标准划分,针对"假冒行为",2020 年《知识产权解释(三)》也细化了判定方法。但针对"误导公众"行为则一直未在刑事领域加以明确。

2. 企业自身层面

(1) 克制逐利心理

企业或企业家实施假冒注册商标行为的主要目的在于追逐利益,面对已经可以预见的利用其他品牌,特别是知名品牌的注册商标可以获得的巨大经济利益,无法抵抗诱惑,同时出于侥幸心理认为自己的违法行为不会被追究刑事责任。面对此种情形,企业或企业家应当坚守法律底线、端正本心,遵守市场竞争秩序中的诚实信用原则,杜绝利用违法手段损害竞争对手的商业信誉或市场份额,获取不正当的经济利益。

(2) 区分刑民界限

对企业或企业家而言,假冒注册商标的行为在民事领域更受重视,更加关注《商标法》等相关民事法律法规,这就导致企业或企业家对于假冒注册商标行为所涉及的刑事风险防控有所懈怠,不知晓自己的行为已经涉及罪的范畴。因此,企业或企业家应当对假冒注册商标的行为在刑事领域中的内容加以重视,提高自身的刑事风险防控意识,比如定期开展商标价值认知与保护的宣传与交流活动、聘请专家对企业内部人员进行知识讲解、对企业负责人开展警示教育等活动。

(3) 留存"刷单"记录

利用网络实施假冒注册商标、销售自身生产的假冒注册商标行为的商家在触犯假冒注册商标罪时,多以自身店面存在"刷单"行为作为辩解。有学者收集了 41 份网络假冒注册商标犯罪裁判文书,在这些文书中,被告人对控罪本身基本上没有提出异议,但都辩解称存在"刷单"行为,其中 28 起案件不予采纳;13 起因被告人能够提供相应证据或虽未

① 鲍振强:《网络环境下销售假冒注册商标的商标犯罪实证分析》,载《人民检察》2015 年第 13 期。

提供相应证据但能详细说明而采纳。①若真实存在"刷单"行为，则对于"刷单"记录的留存对于定罪量刑起着关键性的作用。因此，若网店商家存在假冒注册商标行为和"刷单"行为的复合行为，应当及时、全面地记录自己的相关数据，包括但不限于网店销售电子记录、账户转账记录、送货单、快递公司记录、被告人记账笔记本、进口支付记录等电子数据或书证，以便能够向法院提出合理可信的"刷单"辩解。

（4）加强印刷业行业自律

目前，对于印刷行业印刷假冒、伪造的注册商标标识的行为规制不足，加强对印刷行业的假冒注册商标的行为规制，可以有效地遏制假冒注册商标行为的发生。因此，印刷行业协会应当加强行业自律。一方面，可以通过在行业内部出台相关细则或者补充针对假冒注册商标行为的惩戒规定，提高威慑力，以实现预防犯罪的效果；另一方面，可以通过开展法治宣传教育活动、播放法治宣传片、定期开展行业法治教育活动等方式提高整个行业的法治意识和法治观念，从源头遏制假冒注册商标的行为，从而实现犯罪预防。

---

① 姜瀛：《网络假冒注册商标犯罪中被告人"刷单"辩解的证明模式和证明标准》，载《政治与法律》2017 年第 9 期。

第十五章　侵犯商业秘密犯罪的风险及其防控

一、侵犯商业秘密罪的立法规定

(一) 侵犯商业秘密罪的行政法律法规及规章

侵犯商业秘密犯罪涉及的刑事领域外法律主要为《反不正当竞争法》。

第九条　经营者不得实施下列侵犯商业秘密的行为:

(一) 以盗窃、贿赂、欺诈、胁迫、电子侵入或者其他不正当手段获取权利人的商业秘密;

(二) 披露、使用或者允许他人使用以前项手段获取的权利人的商业秘密;

(三) 违反保密义务或者违反权利人有关保守商业秘密的要求,披露、使用或者允许他人使用其所掌握的商业秘密;

(四) 教唆、引诱、帮助他人违反保密义务或者违反权利人有关保守商业秘密的要求,获取、披露、使用或者允许他人使用权利人的商业秘密。

经营者以外的其他自然人、法人和非法人组织实施前款所列违法行为的,视为侵犯商业秘密。

第三人明知或者应知商业秘密权利人的员工、前员工或者其他单位、个人实施本条第一款所列违法行为,仍获取、披露、使用或者允许他人使用该商业秘密的,视为侵犯商业秘密。

本法所称的商业秘密,是指不为公众所知悉、具有商业价值并经权利人采取相应保密措施的技术信息、经营信息等商业信息。

第十五条　监督检查部门及其工作人员对调查过程中知悉的商业秘密负有保密义务。

第十七条　经营者违反本法规定,给他人造成损害的,应当依法承担民事责任。

经营者的合法权益受到不正当竞争行为损害的,可以向人民法院提起诉讼。

因不正当竞争行为受到损害的经营者的赔偿数额,按照其因被侵权所受到的实际损失确定;实际损失难以计算的,按照侵权人因侵权所获得的利益确定。经营者恶意实施侵犯商业秘密行为,情节严重的,可以在按照上述方法确定数额的一倍以上五倍以下确定赔偿数额。赔偿数额还应当包括经营者为制止侵权行为所支付的合理开支。

经营者违反本法第六条、第九条规定，权利人因被侵权所受到的实际损失、侵权人因侵权所获得的利益难以确定的，由人民法院根据侵权行为的情节判决给予权利人五百万元以下的赔偿。

第三十二条 在侵犯商业秘密的民事审判程序中，商业秘密权利人提供初步证据，证明其已经对所主张的商业秘密采取保密措施，且合理表明商业秘密被侵犯，涉嫌侵权人应当证明权利人所主张的商业秘密不属于本法规定的商业秘密。

商业秘密权利人提供初步证据合理表明商业秘密被侵犯，且提供以下证据之一的，涉嫌侵权人应当证明其不存在侵犯商业秘密的行为：

（一）有证据表明涉嫌侵权人有渠道或者机会获取商业秘密，且其使用的信息与该商业秘密实质上相同；

（二）有证据表明商业秘密已经被涉嫌侵权人披露、使用或者有被披露、使用的风险；

（三）有其他证据表明商业秘密被涉嫌侵权人侵犯。

侵犯商业秘密犯罪涉及的行政法规多见于其他领域中，诸如技术进出口管理条例、专利代理条例、征信业管理条例等。侵犯商业秘密罪所涉及到的专门部门规章为《国家工商行政管理局关于禁止侵犯商业秘密行为的若干规定》，但该部门规章最近修改为1998年，现今已不能应对时代变化带来的新要求。

（二）侵犯商业秘密罪的刑法及司法解释

1.《刑法》规定

第二百一十九条 有下列侵犯商业秘密行为之一，情节严重的，处三年以下有期徒刑，并处或者单处罚金；情节特别严重的，处三年以上十年以下有期徒刑，并处罚金：

（一）以盗窃、贿赂、欺诈、胁迫、电子侵入或者其他不正当手段获取权利人的商业秘密的；

（二）披露、使用或者允许他人使用以前项手段获取的权利人的商业秘密的；

（三）违反保密义务或者违反权利人有关保守商业秘密的要求，披露、使用或者允许他人使用其所掌握的商业秘密的。

明知前款所列行为，获取、披露、使用或者允许他人使用该商业秘密的，以侵犯商业秘密论。

本条所称权利人，是指商业秘密的所有人和经商业秘密所有人许可的商业秘密使用人。

2. 司法解释

（1）最高人民法院、最高人民检察院《关于办理侵犯知识产权刑事案件具体应用法

律若干问题的解释（三）》（法释〔2020〕10号）

第三条　采取非法复制、未经授权或者超越授权使用计算机信息系统等方式窃取商业秘密的，应当认定为刑法第二百一十九条第一款第一项规定的"盗窃"。

以贿赂、欺诈、电子侵入等方式获取权利人的商业秘密的，应当认定为刑法第二百一十九条第一款第一项规定的"其他不正当手段"。

第四条　实施刑法第二百一十九条规定的行为，具有下列情形之一的，应当认定为"给商业秘密的权利人造成重大损失"：

（一）给商业秘密的权利人造成损失数额或者因侵犯商业秘密违法所得数额在三十万元以上的；

（二）直接导致商业秘密的权利人因重大经营困难而破产、倒闭的；

（三）造成商业秘密的权利人其他重大损失的。

给商业秘密的权利人造成损失数额或者因侵犯商业秘密违法所得数额在二百五十万元以上的，应当认定为刑法第二百一十九条规定的"造成特别严重后果"。

第五条　实施刑法第二百一十九条规定的行为造成的损失数额或者违法所得数额，可以按照下列方式认定：

（一）以不正当手段获取权利人的商业秘密，尚未披露、使用或者允许他人使用的，损失数额可以根据该项商业秘密的合理许可使用费确定；

（二）以不正当手段获取权利人的商业秘密后，披露、使用或者允许他人使用的，损失数额可以根据权利人因被侵权造成销售利润的损失确定，但该损失数额低于商业秘密合理许可使用费的，根据合理许可使用费确定；

（三）违反约定、权利人有关保守商业秘密的要求，披露、使用或者允许他人使用其所掌握的商业秘密的，损失数额可以根据权利人因被侵权造成销售利润的损失确定；

（四）明知商业秘密是不正当手段获取或者是违反约定、权利人有关保守商业秘密的要求披露、使用、允许使用，仍获取、使用或者披露的，损失数额可以根据权利人因被侵权造成销售利润的损失确定；

（五）因侵犯商业秘密行为导致商业秘密已为公众所知悉或者灭失的，损失数额可以根据该项商业秘密的商业价值确定。商业秘密的商业价值，可以根据该项商业秘密的研究开发成本、实施该项商业秘密的收益综合确定；

（六）因披露或者允许他人使用商业秘密而获得的财物或者其他财产性利益，应当认定为违法所得。

前款第二项、第三项、第四项规定的权利人因被侵权造成销售利润的损失，可以根据权利人因被侵权造成销售量减少的总数乘以权利人每件产品的合理利润确定；销售量减少的总数无法确定的，可以根据侵权产品销售量乘以权利人每件产品的合理利润确定；权利人因被侵权造成销售量减少的总数和每件产品的合理利润均无法确定的，可以根据侵权产品销售量乘以每件侵权产品的合理利润确定。商业秘密系用于服务等其他经营活动的，损失数额可以根据权利人因被侵权而减少的合理利润确定。

商业秘密的权利人为减轻对商业运营、商业计划的损失或者重新恢复计算机信息系统安全、其他系统安全而支出的补救费用，应当计入给商业秘密的权利人造成的损失。

第六条 在刑事诉讼程序中，当事人、辩护人、诉讼代理人或者案外人书面申请对有关商业秘密或者其他需要保密的商业信息的证据、材料采取保密措施的，应当根据案件情况采取组织诉讼参与人签署保密承诺书等必要的保密措施。

违反前款有关保密措施的要求或者法律法规规定的保密义务的，依法承担相应责任。擅自披露、使用或者允许他人使用在刑事诉讼程序中接触、获取的商业秘密，符合刑法第二百一十九条规定的，依法追究刑事责任。

（2）最高人民法院《关于审理侵犯商业秘密民事案件适用法律若干问题的规定》（法释〔2020〕7号）

该规定是为正确审理侵犯商业秘密的民事案件而制定，针对客户信息或经营信息等相关信息、为公众所知悉、相应保密措施、商业价值等各方面内容的认定全篇进行规定。

二、侵犯商业秘密罪犯罪学分析

（一）侵犯商业秘密罪的犯罪现状

2010年1月1日—2020年12月31日全国侵犯商业秘密罪案件基本情况分析①：

1. 案件总数：139；企业（家）犯罪②：13

2. 法院分布

表 15-1   侵犯商业秘密罪案件审理法院

审理法院层级	最高人民法院	高级人民法院	中级人民法院	基层人民法院	专门法院
单位犯罪案件数/总件数	0	0/7	6/65	7/66	0/1

---

① 该数据选取时间为 2010 年 1 月 1 日—2020 年 12 月 31 日，数据来源：威科先行网（http//8721add15be1c16f50bd1ba831cbefd9. f2a9b9a2. libvpn. zuel. edu. cn/），最后访问日期：2021 年 3 月 31 日。

② 此处及以下各处企业（家）犯罪是指单位犯罪以及单位法定代表人犯罪。

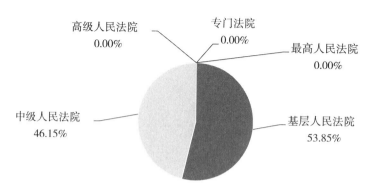

图 15-1　侵犯商业秘密罪（单位犯罪）案件审理法院级别

3. 审级分布

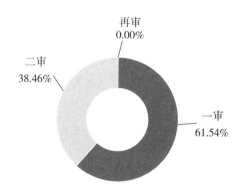

图 15-2　侵犯商业秘密罪（单位犯罪）案件审级分布

4. 地域分布

除港澳台地区，全国各省（区、市）侵犯商业秘密罪案件分布如下：

表 15-2　　　　　　**全国各省（区、市）侵犯商业秘密罪案件分布情况**

东部沿海地区									
省（区、市）	京	津	冀	沪	苏	浙	闽	鲁	粤	琼
案件数（单位犯罪案件数/总件数）	1/21	0/2	0/5	7/12	1/16	3/20	0/5	0/4	1/28	0

中 部 地 区					
省（区、市）	豫	晋	皖	赣	鄂	湘
案件数（单位犯罪案件数/总件数）	0/3	0/2	0/1	0/1	0/1	0/6

续表

西 部 地 区											
省（区、市）	渝	滇	桂	川	贵	藏	陕	甘	蒙	青	宁	新
案件数（单位犯罪案件数/总件数）	0/2	0	0/1	0	0/2	0	0/1	0/1	0/1	0	0	0

东北部地区		
省（区、市）	辽宁	吉林	黑龙江
案件数（单位犯罪案件数/总件数）	0/1	0	0/2

5. 年度趋势

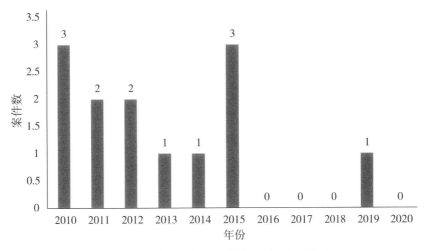

图 15-3　侵犯商业秘密罪（单位犯罪）年度趋势图

（二）侵犯商业秘密罪的犯罪特征

第一，经济发达地区多发。从表 15-2 全国各省（区、市）侵犯商业秘密罪案件分布情况分析可知，2010 年至今，侵犯商业秘密罪触犯频率最高的省份依次是广东省、北京市、浙江省、江苏省、上海市，主要集中于沿海经济发达地区。其中，企业触犯侵犯商业秘密罪频率最高的为上海市，其次是浙江省。从图 15-3 侵犯商业秘密罪（单位犯罪）年度趋势图分析可知，侵犯商业秘密罪的单位犯罪案件较少，且总体上呈下降趋势。目前，实践中对于商业秘密的鉴定争议可能是导致案件较少的原因之一。

第二，本罪发生与企业重视商业秘密的程度有关。企业重视商业秘密有两个结果，一是重视商业秘密防控，二是重视对商业秘密的利用。如果企业对于自身的商业秘密重视程度较高，采取的保密措施比较到位，因此侵犯商业秘密案件基数较小。如果企业重视商业秘密的利用，且可能采用不法方法侵犯他人商业秘密。侵犯商业秘密罪主要发生于沿海经济发达地区，是由于这些地区经济发展速度较快，企业或企业家数量较多，市场竞争也更为激烈，但是商业秘密管理并不科学。中级法院和高级法院审理的案件占比较重，上诉案件也较多，部分原因在于企业或企业家对于所涉案信息是否属于商业秘密存在争议。

第三，本罪与企业对商业秘密的防控程度有关。企业重视商业秘密并不意味着企业不实施犯罪或者不成为受害人。在2019年度最高人民检察院发布的检察机关保护知识产权典型案例之十七的浙江金某某侵犯商业秘密案中，被告人金某某的原工作单位明发公司主要生产销售光学塑料显微镜、望远镜、太阳能聚光透镜、充电器，经多年研究掌握了菲涅尔超薄放大镜生产技术。其在明发公司工作期间，先后担任业务员、销售部经理、副总经理，并与明发公司签订了保密协议。2011年初，被告人金某某从明发公司离职，并成立温州菲涅尔光学有限公司，到明发公司的供应商处购买相同类型设备、材料等，使用相同的方法生产与明发公司同样的菲涅尔超薄放大镜进入市场销售，造成明发公司经济损失120万余元。该案中，瑞安市检察机关坚持"以审判为中心"的诉讼理念，严格把握起诉证据标准，认真梳理全案证据，从正反两方面综合论证侵犯商业秘密行为系由被告人实施，明确损失认定方法。除此之外，检察机关还深入分析发案成因，针对被害单位在员工法治教育、保密意识、保密措施等方面存在的问题，及时制发检察建议书，一揽子提出完善管理的意见。被害单位采纳了检察机关建议，及时整改堵塞公司管理漏洞，定期邀请法律人士为公司管理人员授课，弥补了自身短板，进一步增强了企业竞争力。

第四，核心涉密人员往往易于犯本罪。如2019年度北京市法院知识产权司法保护十大案例之十的许某、徐某侵犯商业秘密罪案中，许某、徐某均曾系北京福星晓程电子科技股份有限公司工作人员。2012年至2014年间，许某违反晓程公司相关保密要求，将其所掌握的含有四个核心程序源代码技术信息提供给他人，并伙同徐某等人使用上述核心程序源代码制作电表，通过其所实际控制的北京海马兴旺科贸有限公司向平壤合营公司出口销售相关电表，非法获利超出250万元。本案系侵犯商业秘密罪的典型案例。随着市场竞争日益激烈，竞争对手、内部员工内外勾结获取、使用、披露权利人核心技术信息，侵犯商业秘密的情况屡见不鲜，但司法实务上的打击面却是有限的。本案裁判适当借鉴了民事审判规则和理论，综合考虑与"秘密性"特点相关的证据认定商业秘密；在判断技术秘密权属时，不仅局限于权利证书等传统刑事认定依据，而是结合立项、研发材料、成本投入及市场开发等相关证据，增强了裁判说服力。既体现了知识产权"三合一"审判机制的优势，对严重侵犯商业秘密的行为给予有力打击，也加大了对商业秘密的保护力度。

(三) 侵犯商业秘密罪的犯罪原因

在鼓励自由竞争和发展的市场经济条件下，企业竞争不再单纯地依靠价格竞争或品质竞争，更多地表现为技术竞争。一个企业的商业秘密是企业获得市场竞争优势的关键因素。近年来，侵犯商业秘密的犯罪案件逐渐增多，打击侵犯商业秘密犯罪的工作是在市场经济发展和鼓励技术创新的背景下必须面对的问题。我们认为可以从以下几个方面探讨侵犯商业秘密罪的犯罪原因。

1. 行为人的犯罪心理

如前所述，商业秘密在企业的市场竞争中属于"独门法宝"，因此，企业或企业家实施侵犯商业秘密的行为不外乎出于以下几方面的心理：第一，过于重视营利目的，为谋求企业最大的发展机会或获得最大化的经济利益而步入歧途。第二，存在搭便车的不正心态，面对他人花费心血已经成功研发出的产品，通过以非法手段获取秘密的方式取得经过市场检验的、可以获得巨大利益的成果，面对如此巨大的诱惑不能坚定抵挡，形成实施侵犯商业秘密行为的犯罪决意。第三，侵犯商业秘密除了使自己企业得利外，还能够削弱竞争对手的竞争优势，减少竞争对手的市场份额，出于此种目的，企业或企业家可能实施此种行为。第四，自身的刑事风险防控意识不足，仍将其认为属于民事风险防控领域，对于涉刑风险了解较少，企业内部或企业家个人缺少该方面的刑事风险防控教育，导致其自身风险防控意识较弱。第五，由于商业秘密涉及的一般为经营信息或技术信息，但具体而言何为经营信息或技术信息在实践中是可能存在争议的，企业或企业家对于何为商业秘密可能产生误解，也可能利用该争议进行辩解以试图逃避法律追究。

2. 企业管理者保密意识淡薄

在企业的生产经营中，部分企业负责人或管理人更加注重企业的成本、利润、品质、销售等环节，对于商业秘密的重视程度不够。企业内部也较少开展针对商业秘密保守的培训或教育活动，使得企业员工的保密意识也较为淡薄，在面对利益诱惑或人情请求的情况下，不自觉地泄露本企业的商业秘密。

3. 企业内部保密措施不足

在部分侵犯商业秘密犯罪的案件中，作为受害者的企业往往并未在内部建立起完善的保密机制。在技术保密措施方面，不少企业并未在企业内部建立起商业秘密保护措施，使秘密暴露在企业内部公众视野之内；不少企业虽针对商业秘密制定了保密机制，但多流于形式，并未建立完善的、系统的、全面的保护措施，导致商业秘密的泄露。在人员保密措施方面，许多企业的人事部门在引进人才时只注重其工作能力和工作实绩，而没有对申请人的履历、经济状况、应聘目的进行风险评估，甚至未与就商业秘密的使用密切接触的工作人员签署保密协议，使得由于人才跳槽引发的泄密案件频发。[1]

4. 跨区域化使得犯罪隐蔽性强

侵犯商业秘密不同于传统犯罪，作为一种智能型犯罪，跨区域化特征较为突出。行为人在以非法手段获得受害人的商业秘密后，往往不会选择与受害人在同一市场上运用所获得的商业秘密进行市场竞争，或者将商业秘密泄露于与受害人在同一市场上的其他企业，一般呈现跨区域化的实际侵害行为。这种跨区域化的侵害行为使得受害人无法及时发现自己的商业秘密已被泄露，造成权益受损的现状，若受害方为中小企业，

---

[1]　何广平：《广东侵犯商业秘密犯罪的现状和对策》，载《法治社会》2016 年第 4 期。

则犯罪的隐蔽性更强。

5. 被害人配合度不高

侵犯商业秘密的犯罪在侦办过程中，需要对所侵犯的信息是否属于"商业秘密"予以专业鉴定。但由于商业秘密的保密性和非公开性特征，商业秘密权利人出于担心商业秘密二次泄露的心理，可能出现不愿意配合调查鉴定的现象。另外，因为被害人在刑事诉讼中无权选择公诉人，无法直接与被告人协商调解，公诉机关希望获得如其所指控的判决，而被告人也希望得到公正审理，要求相关商业秘密信息对其公开。因此在某种程度上，这种博弈给商业秘密这种敏感信息的保密性带来很大风险，①使得侵犯商业秘密罪的打击范围出现困难。

6. 商业秘密保护的法律制度不完善

目前针对侵犯商业秘密的犯罪行为，立案标准为"给商业秘密权利人造成直接经济损失数额为 50 万元以上，或者致使权利人破产或造成其他严重后果"。其刑罚规范则为"给商业秘密的权利人造成重大损失的，处三年以下有期徒刑或者拘役，并处或者单处罚金；造成特别严重后果的，处三年以上七年以下有期徒刑，并处罚金"。在司法实践中，又因为取证困难或损失难以认定等原因，对许多犯罪分子予以轻判或作出不起诉决定。国家对于侵犯商业秘密罪的打击力度不强，易使得行为人产生以较低的违法成本获取较高额的非法收益的心理，出于利益衡量的心理促成犯罪。

三、侵犯商业秘密罪刑法教义学分析

（一）侵犯商业秘密罪构成要件

侵犯商业秘密罪，是指实施了侵犯他人商业秘密，情节严重的行为。侵犯商业秘密罪具有如下的犯罪构成特征。

1. 客体要件

侵犯商业秘密罪所保护的客体为复合客体，即商业秘密权利人对商业秘密拥有的合法权益以及国家对商业秘密的管理制度。早在 1997 年《刑法》起草时，立法机关就曾在征求意见稿中将该罪的归属从"妨害公平竞争罪"一节调整到"扰乱市场秩序罪"一节，并限定了"造成严重后果"的对象必须是商业秘密权利人。②由此可见，立法者更侧重于商业秘密权益的财产属性，更为重视保护商业秘密权利人的合法权益。

---

① 夏朝羡、贾文超：《民刑交叉视域下的商业秘密刑法保护》，载《广西警察学院学报》2021 年第 1 期。

② 王志远：《侵犯商业秘密罪保护法益的秩序化界定及其教义学展开》，载《政治与法律》2021 年第 6 期。

由此出发，对于侵犯商业秘密罪保护法益的争论出现了两种学说：商业秘密权利人权益说和权利人利益优位说。商业秘密权利人权益说主张基于商业秘密本身的财产性和专用性，宜将之作为该罪的保护客体。① 权利人利益优位说则主张该罪的法益包括个人法益和制度法益两部分，以个人法益为优位。② 主张复杂客体说的另一种学说为秩序优位说，认为该罪置于刑法分则第三章"破坏社会主义市场经济秩序犯罪"下，应当以秩序法益为优位予以保护。③ 此外，有学者认为，随着时代的变化，对于侵犯商业秘密犯罪的保护应当实现从个人法益为主向社会法益为主的过渡。④

我们认为，上述的学说都有其道理所在。一方面，侵犯商业秘密罪被放置于"破坏社会主义市场经济秩序犯罪"一章之下，表明因侵犯商业秘密受到破坏的市场经济竞争秩序受到刑法保护。另一方面，由于商业秘密的专属性和独占性，侵犯商业秘密的行为必然损害到权利人的合法权益，亦应当予以打击。但在理解秩序法益和个人法益时，不能将之割裂开来看待。实际上，侵犯商业秘密的行为属于《反不正当竞争法》规制的范畴，意味着侵犯商业秘密的行为本质上属于一种市场不当竞争行为，这种不当竞争行为首先表现为侵犯权利人的合法权益。但若仅仅是侵犯权利人合法权益的违法行为，可通过其他法律予以规制的，不需要刑法来规范。正是因为这种不当竞争行为不仅给其他经营者的合法权益造成了损害，还违背了市场竞争中的诚实信用原则，造成了商业管理秩序的紊乱，不对其予以制止，不利于维护公平、稳定的经济秩序的，才应当动用刑法手段予以规制。

2. 客观要件

侵犯商业秘密罪客观上表现为实施了侵犯他人商业秘密，情节严重的行为。具体包括以下内容：

（1）行为对象为商业秘密

商业秘密作为一项无形资产，对于商业秘密权利人在市场经济中的生存与发展起着极其重要的作用，作为企业的独特优势，更是能为企业带来现实的或潜在的竞争优势，甚至关系到企业的生死存亡。侵犯商业秘密的行为，不仅会使得商业秘密权利人遭受重大损失，也会破坏国家保护的正常有序、诚信公平的市场经济秩序。因此，对于商业秘密的界定和理解至关重要。

所谓商业秘密，根据《刑法》原先第 219 条规定，是指不为公众所知悉，能为权利人带来经济利益，具有实用性并经权利人采取保密措施的技术信息和经营信息。新修订的《反不正当竞争法》规定，商业秘密是指不为公众所知悉、具有商业价值并经权利人采取相应保密措施的技术信息、经营信息等商业信息。据此，商业秘密具有以下特点：

---

① 张天虹：《经济犯罪新论》，法律出版社 2004 年版，第 209~210 页。

② 贺志军：《侵犯商业秘密罪"重大损失"之辩护及释法完善》，载《政治与法律》2020 年第 10 期。

③ 李兰英、高扬捷等：《知识产权刑法保护的理论与实践》，法律出版社 2018 年版，第 408 页。

④ 莫洪宪、刘锋江：《法益转向：商业秘密私权确立之刑事应对》，载《电子知识产权》2018 年第 7 期。

第一，商业秘密是一种技术信息与经营信息，包括设计、程序、产品配方、制作工艺、制作方法、管理诀窍、客户名单、货源情报、产销策略、招投标中的标底及标书内容等信息。根据《反不正当竞争法》的规定还包括其他商业信息。

第二，商业秘密是不为公众所知悉的事项，即具有秘密性，该信息不能从公开的渠道直接获取。根据 2020 年最高人民法院发布《关于审理侵犯商业秘密民事案件适用法律若干问题的规定》（以下简称 2020 年《商业秘密规定》），存在下列情形的，人民法院应当认定该信息具有公知性：①该信息在所属领域属于一般常识或者行业惯例的；②该信息仅涉及产品的尺寸、结构、材料、部件的简单组合等内容，所属领域的相关人员通过观察上市产品即可直接获得的；③该信息已经在公开出版物或者其他媒体上公开披露的；④该信息已通过公开的报告会、展览等方式公开的；⑤所属领域的相关人员从其他公开渠道可以获得该信息的。除此之外的信息，应当肯定其非公知性。此外，将为公众所知悉的信息进行整理、改进、加工后形成的新信息，被诉侵权行为发生时不为所属领域的相关人员普遍知悉和容易获得的，应当认定该新信息不为公众所知悉。

第三，商业秘密能给权利人带来经济利益，即具有价值性，能给权利人带来经济优势或利益。此处的经济利益不仅包括现实的经济利益，还包括权利人通过商业秘密可以赢得的竞争优势、获得的市场份额等。

第四，商业秘密具有实用性，即具有直接的、现实的使用价值，权利人能够将商业秘密直接运用于生产、经营活动。目前，针对刑法领域所界定的商业秘密是否需要具有实用性未予明确。有观点认为应当与《反不正当竞争法》相衔接，摒除实用性的界定，扩大对侵犯商业秘密罪的保护范围；也有观点认为应当将刑事领域与民事领域进行划分，在刑法领域未明确规定摒弃实用性特征时，仍然应当依照原先的规定认定刑事领域上的商业秘密需要具备实用性。

第五，商业秘密经权利人采取了保密措施。根据 2020 年《商业秘密规定》，存在以下几种情形的，应认定行为人采取了相应的保护措施：①签订保密协议或者在合同中约定保密义务的；②通过章程、培训、规章制度、书面告知等方式，对能够接触、获取商业秘密的员工、前员工、供应商、客户、来访者等提出保密要求的；③对涉密的厂房、车间等生产经营场所限制来访者或者进行区分管理的；④以标记、分类、隔离、加密、封存、限制能够接触或者获取的人员范围等方式，对商业秘密及其载体进行区分和管理的；⑤对能够接触、获取商业秘密的计算机设备、电子设备、网络设备、存储设备、软件等，采取禁止或者限制使用、访问、存储、复制等措施的；⑥要求离职员工登记、返还、清除、销毁其接触或者获取的商业秘密及其载体，继续承担保密义务的；⑦采取其他合理保密措施的。

此外，商业秘密还具有使用权可以转让、没有固定的保护期限、内容广泛等特点。

但《刑法修正案（十一）》将原先对于商业秘密的定义予以删除，有学者认为，本次修正案是在《反不正当竞争法》已经进行了大规模修改的前提下给予的回应，实现了与《反不正当竞争法》之间的法律衔接。① 即商业秘密不再要求具有实用性，也不仅限

---

① 刘宪权、陆一敏：《〈刑法修正案（十一）〉的解读与反思》，载《苏州大学学报（哲学社会科学版）》2021 年第 1 期。

于技术信息和经营信息，还包括其他商业信息。目前立法尚未对此予以回应。

我们认为，此次修法虽未明确表明实现与《反不正当竞争法》之间的衔接，采用新定义的商业秘密，但从其立法精神上可以得出此项结论。对于刑法上商业秘密的界定应当采用新定义，即商业秘密是指不为公众所知悉、具有商业价值并经权利人采取相应保密措施的技术信息、经营信息等商业信息。

一方面，侵犯商业秘密罪是由民事案件过渡到刑事案件的犯罪，因侵犯商业秘密的行为给商业秘密的权利人带来重大损害、给国家保护的市场经济秩序造成破坏，或有其他严重情形时，将其规定为犯罪行为予以制止。因此，对于侵犯商业秘密罪不能将其完全脱离民事领域予以对待，更应当重视与民事领域的衔接，故此次将商业秘密的原定义予以删除的行为正是凸显了刑法与《反不正当竞争法》就商业秘密概念的扩大规定相衔接的决心。

另一方面，从刑事政策角度，当前我国对知识产权侵权案件的打击面和打击力度逐渐加强，这体现在民事方面、行政方面，自然也包含刑事方面。若一味强调商业秘密的实用性，对于现代社会诸多不具有实用性，但能给权利人带来重大经济利益或竞争优势的信息不能予以较好地保护，不利于诚信、公平的市场经济竞争秩序的开展，打击了企业的发展信心，也不利于市场经济的持续发展。只有适应时代发展的变迁，将商业秘密的保护范围予以扩大，才能满足刑法对商业秘密的保护要求，最大限度地降低侵犯商业秘密案件数量。

（2）实施了侵犯他人商业秘密的行为

根据《刑法修正案（十一）》对第 219 条的修改规定，侵犯商业秘密罪的客观行为方式表现为以下几种情况：第一，以盗窃、贿赂、欺诈、胁迫、电子侵入或者其他不正当手段获取权利人的商业秘密；第二，披露、使用或者允许他人使用以前项手段获取的权利人的商业秘密；第三，违反保密义务或者违反权利人有关保守商业秘密的要求，披露、使用或者允许他人使用其所掌握的商业秘密；第四，明知前述第一至三种违法行为，而获取、披露、使用或者允许他人使用该商业秘密。这是间接侵犯商业秘密的行为，即第三者明知向其传授商业秘密的人具有上述违法行为，但获取、披露、使用或者允许他人使用该商业秘密。行为人实施上述两种或者两种行为以上行为的，也只构成一罪，不实行数罪并罚。行为人明知前述第一至三种行为，仍然允许他人使用该商业秘密的，可能构成本罪的共犯。

《刑法修正案（十一）》对于侵犯商业秘密罪的行为方式予以丰富，以贿赂、欺诈、电子侵入等方式获取权利人商业秘密的，也作为侵犯商业秘密的行为是对时代发展进步带来的新型犯罪行为规制的扩充与完善。需要注意的是，对于原先以利诱手段获取商业秘密的行为予以删除，是否意味着之后采取利诱手段获取商业秘密的行为不构成本罪？

我们认为，该修改实际上是将所谓的"利诱"以"贿赂、欺诈"的方式加以替代，本质上仍然是行为人以利益诱导的方式不正当地获得他人商业秘密的行为。

一方面，利诱是指用利益引诱，即用金钱或虚拟物质为由骗取他人有价值的物质或信息。若行为人将用以引诱他人的利益最终给予了帮助其取得商业秘密的人，则可能构成贿赂行为；若行为人最终没有将用以引诱他人的利益给予他人，则其行为可能构成欺诈行为，故以"贿赂、欺诈"替代"利诱"，实际上为实务中判断利诱手段提供更为明确的指导。

另一方面，利诱可能不仅限于使用贿赂、欺诈手段，对于超出这两种手段范围的利诱手段，仍然可以根据"其他不正当手段"的规定予以涵盖，故仍然可能构成侵犯商业秘密罪。

《刑法修正案（十一）》在第 219 条的基础上又新增了一条规定，即为境外的机构、组织、人员窃取、刺探、收买、非法提供商业秘密的，构成为境外窃取、刺探、收买、非法提供商业秘密罪。

该罪客观方面还表现为侵犯的是他人的商业秘密，这里的他人指商业秘密权利人，包括商业秘密的所有人和经商业秘密所有人许可的商业秘密使用人。

（3）侵犯他人的商业秘密，情节严重

按照原先的刑法规定，给商业秘密的权利人造成重大损失的，即可成立本罪。但根据 2020 年《知识产权解释（三）》的规定，存在以下几种情形的，才应当认定为给商业秘密的权利人造成重大损失：①给商业秘密的权利人造成损失数额或者因侵犯商业秘密违法所得数额在三十万元以上的；②直接导致商业秘密的权利人因重大经营困难而破产、倒闭的；③造成商业秘密的权利人其他重大损失的。

但《刑法修正案（十一）》对此进行了修改，实施了侵犯商业秘密行为的，情节严重的，成立本罪。但对于情节严重的界定，目前立法和司法解释均未予以明确。

从刑法理论上看，对于情节严重的判断应当综合多方面进行考量：①行为的性质、方法、手段；②行为是否造成严重后果或者是否可能造成严重危害后果；③行为侵犯的是什么样的社会关系；④行为人本身的情况；⑤行为人主观方面的情况；⑥情节是否严重恶劣；⑦行为实施时的社会形势。可见，"情节严重"的内涵远超"给商业秘密的权利人造成重大损失"的情形，往后对于侵犯商业秘密行为的判断并非仅限于单纯的"唯数额论""唯经济损失论"，可能还包括其他例如出于手段或特殊主体身份、造成其他多元化严重后果的情节严重的情形。①

3. 主体要件

本罪主体为一般主体，既可以是已满 16 周岁、具有辨认控制能力的自然人，也可以是单位。就单位而言，若单位构成侵犯商业秘密罪的，实行双罚制，对单位判处罚金，对直接负责的主管人员和其他直接责任人员依法追究刑事责任。为了获取和使用商业秘密与披露商业秘密的犯罪分子事先有通谋的单位或个人，应以共同犯罪论处。

4. 主观要件

本罪主观方面原则上为故意。实施上述四种行为的，显然只能是故意，即行为人明知自己的行为侵犯了他人商业秘密，并且希望或者放任这种结果发生。《刑法修正案（十一）》未出台前，行为人在第四种行为中为应知状态的，可能构成过失犯罪，但《刑法

---

① 潘莉：《侵犯商业秘密罪：如何界定"情节严重"》，载《检察日报》2020 年 11 月 25 日，第 3 版。

修正案（十一）》将"应知"予以删除，确定了构成本罪的主观罪过形式应为故意。

（二）侵犯商业秘密罪司法认定问题

1. 侵犯商业秘密罪与非罪的界限

侵犯商业秘密罪客观表现为侵犯商业秘密，情节严重的行为。尽管立法对侵犯商业秘密的几种情形进行了列举规定，但司法实践中对侵犯商业秘密行为的判定仍然存在难题，有待注意。

（1）企业搜集的相关自然人信息是否为商业秘密

根据新修订的《反不正当竞争法》规定，商业秘密不仅限于技术信息和经营信息，还包括其他商业信息。对于技术信息，一般可通过司法鉴定、比对得出二者之间是否具有信息上的同一性，对于经营信息的认定，一般不涉及专业知识，因此法官可以根据日常生活经验、常识加以判断。但随着互联网技术的发展，企业往往可能通过网络交易或其他渠道获得相关的自然人信息，对于这些搜集得来的个人信息能否构成商业秘密，我们作了以下分析：

第一，对于企业自主收集的大量个人信息，一般被认定为企业所获得的客户信息。根据规定，客户信息应当包括客户的名称、地址、联系方式以及交易习惯、意向、内容等信息。若其所收集的个人信息具备上述要素，则可能被认定为企业的客户信息。若其所收集的个人信息不具备上述要素的，不能认定此类个人信息为企业的客户信息。此时，要脱离对客户信息的判断对其是否构成商业秘密进行独立判断。

第二，即便企业收集的个人信息被认定为客户信息，也并不意味着此类个人信息为商业秘密。商业秘密的特征要求其具有非公知性、价值性和保密性。个人信息是否为商业秘密，应当首先判断是否满足上述三个要素，即是否具有秘密性，不能通过公众渠道获得；是否具有价值性，能否给企业带来经济利益或竞争优势；是否具有保密性，即企业是否针对这些收集来的个人信息采取了保密措施。若同时符合上述三个要件，则所收集到的个人信息可初步认定为商业秘密。

第三，虽然商业秘密的法定构成要件中不要求包括合法性要件，但经过非法手段获得的公民个人信息所构成的商业信息不能认定为商业秘密予以保护。商业秘密的定义中虽未明确其合法性内容，但商业秘密须具备合法性是权利人行使其商业秘密权利的必然要求。我国对于公民的个人信息予以保护，若部分企业或个人通过其他渠道非法收集他人的个人信息，即便其搜集、整理的个人信息确实符合构成商业秘密的三个要素，因其收集个人信息的行为不具有手段上的正当性，故不能视为是商业秘密的权利人，故对此行为不能予以保护。再者，若对此类侵犯个人信息的非法搜集行为予以保护，易造成不良的社会导向，不利于社会秩序的维护。

以毛某某侵犯商业秘密案①为例，毛某某原为足下软件学院工作人员，其工作内容是将足下软件学院收集的相关自然人个人信息进行汇总，并在转换格式后录入足下软件学院

---

① 重庆市高级人民法院民事裁定书：（2018）渝民申853号。

的相关系统，毛某某利用自身的职务便利，通过足下软件学院内部系统网站盗取足下软件学院约20万条客户信息，并通过邮件将信息转发交给了周某。毛某某的行为涉嫌侵犯商业秘密罪，与足下软件学院签署了和解协议书。后毛某某主张和解协议书因受胁迫而定，请求撤销该和解协议书。在再审阶段，重庆市高级人民法院认为，商业秘密需具备合法性，若其信息本身的形成过程或获取手段违反了法律规定，自不应受法律保护。足下软件学院主张其享有商业秘密权益的信息主要为2014年在校应届高中毕业生姓名、性别、电话号码以及毕业院校等自然人个人信息，其获取、处理、使用，均应取得所涉自然人的同意。但足下软件学院并未出示相应的证据证明其取得了自然人的同意，故毛某某的盗取行为不具有可责性。我们认为，这样的判决是恰当的。

（2）生产经营中的"消极信息"是否为商业秘密

商业秘密因其具有价值性的特征，一般能够给企业带来直接的经济利益或市场竞争优势，但在研发新技术、改进原技术等技术创新过程中，往往不会一蹴而就，在经历大量的实验后，研究人员会获得包括失败的配方、失败的数据等消极信息，这些信息是否能够被认为是商业秘密加以保护。

针对此种情况，理论界存在不同看法。有学者持否定态度，认为消极信息不构成商业秘密，因为消极信息不具备商业秘密所要求的价值性特征，且员工获取的手段合法。有学者持肯定态度，认为消极信息构成商业秘密。消极信息虽然不可直接运用于生产经营活动中获得直接的收益或优势，但因竞争对手获知后能从中参考借鉴，获得有用信息，避免无用功，进而节省其人力、物力成本，对自身技术的创新发展带来优势。因此，对原先持有消极信息的权利人造成不利影响，导致其竞争优势减弱，更有可能被占领市场。有学者认为应当分情况进行判定。首先，不能被用于实际生产的消极信息一般不构成商业秘密。其次，离职员工在权利人消极信息的基础上，进行新一轮的研发创造获得了超越前人的技术成果的，则此类消极信息不构成商业秘密，若进行的研发创造活动无实质性创新、修改的，且由此生产的产品与权利人的生产产品高度雷同的，应当认定此类消极信息构成商业秘密。最后，若能够从消极信息中直接获取权利人试图保密的积极信息的，此类消极信息构成商业秘密。[1]

针对上述三种看法，我们认为，商业秘密的价值性在于能够带给权利人经济利益或竞争优势，并未要求必然是能够直接获得的经济优势，因此，权利人可以通过商业秘密间接获得的经济利益或优势也可以被商业秘密所涵盖。生产经营过程中的消极信息虽然不能直接应用于经营活动中，但不能否认其价值性，一方面，这类信息能够帮助权利人排除错误的尝试、认知和举措，为其节约人力和财力成本，缩短研发时间，提高研发效率。在技术创新日渐丰富的时代，谁在技术创新上取得了先发优势，谁就能在市场竞争中取得更大优势，因此，不能说消极信息是不具有价值性的。另一方面，消极信息要构成商业秘密还需要满足其他要件，即具有非公知性和保密性，若行为人所获得、披露、使用的消极信息不具备非公知性和保密性两种特征的，也不应当认为是商业秘密加以保护。

（3）关联公司侵犯商业秘密的场合

---

① 徐柯然：《侵犯商业秘密司法认定问题》，河北大学2020年硕士学位论文，第13页。

司法实践中可能还存在在侵犯商业秘密案中，被害单位与犯罪单位之间存在关联关系的现象，一般体现在母子公司、分公司之间。比如母公司或总公司的技术人员在人事流动中于子公司或分公司从事原先的技术工作，违反原先保密义务在子公司或分公司使用所掌握的技术秘密，子公司或分公司也明知的情形。那么，在此情形下，是否应当认定该员工构成侵犯商业秘密罪？是否应认定子公司或分公司的行为符合侵犯商业秘密罪的第四种行为，认定其构成本罪？我们进行了以下分析：

在由母公司调动至子公司使用原先掌握的商业秘密的场合，若其行为符合该罪其他的构成要件的情况下，应当认定该员工构成侵犯商业秘密罪。根据我国《公司法》的规定，公司可以设立子公司，子公司具有法人资格，依法独立承担民事责任。因此，子公司与母公司虽具有关联关系，但仍然是各自独立的民事主体。在此种情形下，若母公司已经与员工订立了保密义务，即便母公司对员工进行了人事调动，也不必然意味着员工可以将自己原先掌握的商业秘密用于子公司的生产经营活动中，员工违反保密义务，在子公司使用商业秘密的行为仍然构成侵犯母公司商业秘密的行为，若子公司的单位负责人明知此种情形，仍然允许该员工使用商业秘密为自身带来经济收益的，子公司也应认定构成侵犯商业秘密罪。再者，本罪所保护的客体不仅仅是商业秘密权利人对依法享有的商业秘密的合法权益，还有正常有序、诚信公平的市场竞争秩序和经济秩序，从该角度而言，母子公司之间的关联关系也不能成为阻却刑事责任的理由。

在由总公司调动至分公司使用原先掌握的商业秘密的场合，应认定实施此行为的员工和明知此情形仍使用该秘密的分公司不构成本罪。同样，根据我国《公司法》的规定，分公司不具有法人资格，民事责任由总公司承担。故分公司不具备独立的法人资格，不具备独立承担责任的能力。在此种场合下，因分公司与总公司实际上具备的是一个法人资格，分公司实际上也是商业秘密的权利人，故分公司使用总公司商业秘密的行为不能被认定为是侵犯他人的商业秘密，也不会对市场的公平竞争秩序造成损害。故员工经过人事调动在分公司的职位上使用原先掌握的商业秘密的，不能被认为是违反保密义务的行为，而是正常的履职行为，故此种情形下，不论是员工还是分公司，均不能认定其构成侵犯商业秘密罪。

2. 侵犯商业秘密罪与其他知识产权犯罪的界限

侵犯商业秘密罪与假冒注册商标罪、假冒专利罪、侵犯著作权罪等均属于《刑法》第三章第七节侵犯知识产权犯罪，侵犯商业秘密罪与上述该罪具有相似之处。在客体方面，所保护的具体客体虽然各不相同，但均属于知识产权的范畴，且在保护市场经济的正常秩序方面也有重合；在客观表现方面，均实施了侵犯知识产权的行为；在主观方面，均表现为故意。本罪与上述诸罪的主要区别在于两个方面：

第一，保护的客体不同。本罪保护的是商业秘密权利人针对商业秘密的合法权益，而其他知识产权犯罪所保护的客体分别是商标权、专利权与著作权。

第二，实施的行为方式不同。本罪的行为方式主要表现为以不法手段获取商业秘密，或者非法披露、使用或允许他人使用商业秘密；而其他知识产权犯罪主要表现为通过假冒行为侵犯知识产权。

司法实践中，对于侵犯商业秘密罪和侵犯其他知识产权犯罪的区分关键在于其行为对象的不同。上述各罪之间可能会存在牵连关系，如侵犯他人关于注册商标的商业秘密后，利用该商业秘密实施假冒注册商标的行为，针对此种情形，由于侵犯商业秘密的行为与假冒注册商标行为之间具有牵连关系，故应当择一重罪处罚。若两行为各自独立，则应当认定构成两罪，数罪并罚。

3. 侵犯商业秘密罪与泄露国家秘密罪的界限

《刑法》对有关国家秘密的犯罪作了相应的规定，主要有第 111 条规定的为境外窃取、刺探、收买、非法提供国家秘密、情报罪，第 282 条规定的非法获取国家秘密罪，第 398 条规定的故意泄露国家秘密罪和过失泄露国家秘密罪。上述四种犯罪均为侵犯国家秘密的行为，侵犯商业秘密罪与上述四种犯罪的关键区别在于犯罪对象不同，本罪的对象是他人的商业秘密，而上述四种犯罪的对象是国家秘密。

国家秘密是指法律所确定的，关系国家安全和利益，在一定时间内先于一定范围人员知悉的事项，分为绝密、机密和秘密三级。

商业秘密与国家秘密存在诸多不同。首先，商业秘密属于私人所有的秘密，与私人的利益相关；国家秘密则不仅仅限于个人，属于公权范畴，关系到整个国家的利益关系。其次，商业秘密具有商业价值，能为权利人带来市场经济利益和竞争优势，主要体现在经济层面；国家秘密不仅限于市场经济层面，也包括军事、社会、民生、科技等多方面的重大信息。再次，商业秘密具有非公知性的特征，但这种非公知性是相对的，公司企业内部人员能够掌握商业秘密，商业秘密也能通过与他人订立合同进行许可使用或转让；但国家秘密具有绝对的非公知性，不能转让。最后，商业秘密所采取的保密措施是由商业秘密的权利人私人采取的，按照其制定的内部保密制度或其他的保密措施对该秘密进行保密；国家秘密由于其严肃性和重要性，必须由国家保密工作部门通过法定的保密程序进行，不具有灵活性和任意性。

除此之外，侵犯商业秘密罪与涉及国家秘密的相关罪名仍有较多的差异之处，此处仅就侵犯商业秘密罪与泄露国家秘密罪进行比较分析。

泄露国家秘密罪是指国家机关工作人员违反保守国家秘密法的规定，故意或者过失泄露国家秘密，情节严重的行为。侵犯商业秘密罪与泄露国家秘密罪的区分除了把握犯罪对象的不同之外，还需要注意以下几点：

第一，两罪保护的客体不同。前者保护的是商业秘密权利人对商业秘密的合法权益和国家所保护的诚信公平、合理竞争的市场经济秩序；后者所保护的是国家的保密制度，保护的是国家的安全和利益。

第二，两罪的行为方式不同，前者的行为方式表现为以不正当手段获取商业秘密，或者非法披露、使用或允许他人使用商业秘密；后者的行为方式表现为违反保守国家秘密法的规定，且仅限于泄露行为，即将自己所知道的国家秘密透露给他人，若他人是以其他不正当手段获得国家秘密的，行为人未违反保密规定的，行为人不构成泄露国家秘密罪。

第三，两罪的主体不同。前者是一般主体，包括自然人和单位；后者是特殊主体，仅限于国家工作人员。

第四，两罪的主观方面不同。前者的主观方面只能表现为故意，过失侵犯商业秘密的行为不构成本罪。后者的主观方面既包含故意，也包含过失。

一般情况下，两罪之间通过犯罪对象的性质即可进行区分，但国家秘密与商业秘密中存在交叉部分的内容则容易产生混淆，主要体现在《保守国家秘密法》第 8 条规定中属于"国民经济和社会发展中的秘密事项"和"科学技术中的秘密事项"两个方面。此时应当具体地对犯罪行为所涉及的秘密部分进行详细分析和判断，若该秘密已经关系到国家的安全和利益，关系到国家经济发展和科技创新进步的，应认定为国家秘密。若仅仅作用于国内市场竞争层面的生产和经营信息等商业信息，对国家经济发展不产生重大影响的，仅认定为商业秘密。

此外，侵犯商业秘密的行为也可能构成侵犯国家秘密罪。如 1984 年 8 月国家医药管理局将云南白药配方、工艺列入国家绝密。此时云南白药的配方不仅仅是商业秘密，而是国家秘密，非法披露云南白药配方的行为可能构成泄露国家秘密罪。此时属于一行为触犯数个罪名的想象竞合犯，应择一重罪处罚。

四、侵犯商业秘密罪典型案例分析

此处选取的案例是人民法院充分发挥审判职能作用保护产权和企业家合法权益典型案例（第一批）之六的彭某侵犯商业秘密罪案。

（一）侵犯商业秘密罪典型案例

经贵州省高级人民法院审理查明，具体案件事实如下：

1. 贵阳时代沃顿科技有限公司（以下简称沃顿公司）在研发、生产、销售反渗透膜过程中形成了相应的商业秘密，并制定保密制度，与员工签订保密协议，明确对商品供销渠道、客户名单、价格等经营秘密及配方、工艺流程、图纸等技术秘密进行保护。2004年 7、8 月份，叶某东、赵某 2、宋某（三人另案处理）大学毕业后进入该公司工作。其中，叶某东先后任生产主管、物流中心副主任、西南区销售经理，对生产反渗透膜的 PS 溶液配制、刮膜及复膜图纸等技术秘密有一定了解，掌握供销渠道、客户名单、价格等经营秘密。赵某 2 任工艺研究工程师，是技术秘密 PS 溶液及 LP/ULPPVA 配制配方、工艺参数及配制作业流程的编制人。宋某任电气工程师，掌握刮膜、复膜图纸等技术秘密。叶某东、赵某 2、宋某均与沃顿公司间签有保密协议。协议中约定乙方必须对甲方的交易秘密（包括但不限于商品产供销渠道，客户名单，买卖意向，成交或商谈的价格，商品性能、质量、数量、交货日期）、甲方的经营秘密（包括经营方针、投资决策意向、产品服务定价、市场分析、广告策略）、甲方的管理秘密（包括但不限于财务资料、人事资料、工资薪酬资料、物流资料）、甲方的技术秘密（包括但不限于：技术方案、制造方法、配方、工艺流程、技术指标、研究开发记录、技术报告、检测报告、实验数据、试验结果、图纸、样品、样机、模型、模具、操作手册、技术文档、相关的函电等）予以保密。同时，叶某东、赵某 2、宋某均与沃顿公司间签有《竞业限制协议》。内容包括：乙方在甲方工作期间及乙方从甲方离职之日起 24 个月内，乙方不得在与甲方及甲方关联公司有竞争关系的单位内任职或以任何形式为其服务，也不得自己生产、经营与甲方及甲方关联公司有竞争关系的同类产品或业务。乙方在甲方工作期间及乙方从甲方离职后，乙方承担的其他义务包括但不限于：不泄露、不使用、不使他人获得或使用甲方的商业秘密；不传播、不扩散不利于甲方的消息或报道；不直接或间接地劝诱或帮助他人劝诱甲方的员工或客户离开甲方。2008 年至 2012 年，被告人彭某向沃顿公司供应标签，通过与沃顿公司康某、叶某东等人接触，其了解到沃顿公司的生产反渗透膜技术在国内处于领先水平，且沃顿公司与员工间签了保密协议，对公司的经营信息及技术进行保护。

2. 2010 年，被告人彭某与叶某东商量生产反渗透膜，后二人邀约沃顿公司工程师赵某 2、宋某参加，四人共谋成立公司，约定由彭某作为主要出资人，出资 172 万元占 30% 的股份，叶某东、赵某 2、宋某均占一定技术股，其中叶某东出资 68 万元占 31% 的股份，赵某 2、宋某均出资 20 万元分别占 19.5% 的股份。约定分工为：叶某东负责提供沃顿公司的采购及销售渠道，彭某负责主要出资、采购原材料、联系客户，赵某 2 负责生产工艺，宋某负责生产设备。后于 2011 年 4 月 13 日注册成立重庆嘉净源商贸有限公司（以下简称嘉净源公司），为隐藏身份，彭某以谭某 2 名义持股 31%，叶某东、赵某 2、宋某以各自岳母的名义分别持股 30%、19.5%、19.5%。其中，赵某 2、宋某均未以资金形式实际出资。2011 年 7 月 20 日，彭某在四川省武胜县成立华封彭某水处理设备加工门市部（以下简称武胜门市部），为嘉净源公司生产反渗透膜。

3. 被告人彭某与叶某东、宋某、赵某 2 共谋生产反渗透膜之后，叶某东、宋某、赵某 2 于 2011 年 1 月至 5 月相继离开沃顿公司，并违反保密制定复制该公司涉密资料私自保存。

2011 年四五月起，宋某在其掌握的沃顿公司小线 3 复膜总图、小线刮膜改造总图、02 刀槽图等涉密图纸基础上，按赵某 2 所提工艺要求进行修改、设计、制作生产反渗透膜设备并调试。经对宋某设计的部分图纸进行鉴定，与沃顿公司小线 3 复膜总图、小线刮膜改造总图、02 刀槽图图纸具有一定的内在联系，即前者为后者的局部零件、局部装置的细化图纸，或系沃顿公司图纸的基础上，对相关尺寸进行了一定修改，但并未改变其零件或装置的实质性机构及其功能，可以部分实现沃顿公司相应图纸中的功能。

2012 年 2 月，宋某将设备调试好后，武胜门市部开始生产反渗透膜，并发货给彭某以嘉净源公司名义销售。其中，叶某东将沃顿公司供应商、客户信息等经营秘密提供给彭某，彭某明知以上信息来源于沃顿公司而使用，负责联系采购生产原料及销售反渗透膜，宋某负责生产设备及管理，赵某 2 负责生产工艺及配方，在生产中使用了沃顿公司 PS 溶液及 LP/ULPPVA 配制配方、工艺参数、配制作业流程技术秘密。经鉴定，武胜门市部、沃顿公司生产的反渗透膜所含化学成分含量接近。

4. 2012 年 11 月，彭某、叶某东为掩盖使用沃顿公司技术的事实，经二人共谋后，彭某向上海应用技术学院以 5 万元价格购买"高通量复合反渗透膜及其制备方法"专利技术。

截至 2013 年 3 月，武胜门市部及嘉净源公司生产、销售反渗透膜 179176 支。结合沃顿公司 2012 年及 2013 年 1 月至 3 月期间各型号反渗透膜销售单支毛利鉴定，经计算得出被告人彭某伙同叶某东、宋某、赵某 2 等人侵犯沃顿公司商业秘密所造成的经济损失为

375.468 万元。

一审法院认为，被告人叶某东、赵某2、宋某违反与沃顿公司保密协议的约定、违反沃顿公司有关保守商业秘密的要求，使用了其所掌握的沃顿公司的商业秘密，三被告人共同实施了侵犯他人商业秘密的行为，造成商业秘密的权利人 375.468 万元的经济损失，后果特别严重，其行为均已构成侵犯商业秘密罪，应依法处罚。公诉机关指控的罪名成立。

经审判委员会讨论决定，判决被告人彭某犯侵犯商业秘密罪，判处有期徒刑四年，并处罚金人民币 2 万元。[①]

后彭某以一审认定事实不清，定罪量刑错误，应依法改判彭某无罪为由向贵州省高级人民法院提出上诉。二审法院经审理查明后认为，原审判决认定事实清楚，定罪准确，量刑适当，审判程序合法，裁定驳回上诉，维持原判。[②]

（二）侵犯商业秘密罪案例分析

本案中，行为人的行为符合侵犯商业秘密罪的构成要件。

1. 客体要件

行为人的行为侵害了商业秘密权利人对商业秘密所拥有的合法权益以及受国家保护的、正常有序的市场经济秩序。在本案中，具体表现为侵害了沃顿公司关于反渗透膜技术信息和有关经营信息的商业秘密的合法权益，也扰乱了市场竞争秩序。

2. 客观要件

行为人实施了侵犯商业秘密的行为，并且给权利人造成了重大损失。在本案中，具体表现为行为人明知同案人以不正当手段获取沃顿公司的商业秘密，仍获取、使用他人商业秘密的行为。

在本案中，争议方面集中于客观方面的判定，主要涉及对商业秘密的认定、侵犯商业秘密行为的认定以及造成重大损失的认定。

在商业秘密的认定层面，法院经审理查明认为，根据案发时《刑法》规定，商业秘密，是指不为公众所知悉，能为权利人带来经济利益，具有实用性并经权利人采取保密措施的技术信息和经营信息。权利人，是指商业秘密的所有人和经商业秘密所有人许可的商业秘密使用人。

本案中，被害单位沃顿公司的商品供、销渠道、客户名单、价格等相关经营信息及配方、工艺流程、图纸等技术信息是沃顿公司多年的经营过程中开发形成、实验研究的成果，并未对外披露，难以从公知渠道获得，具有非公知性。沃顿公司运用其技术信息生产的反渗透膜已经在市场上销售，为公司带来经济利益，目前公司拥有多个系列多个规格品种的复合反渗透膜产品，该公司的反渗透膜产品已远销多个国家和地区，在国内和国际市场上均具有较强竞争力，其在经营过程中不断开发的商品供、销渠道、客户名单、价格等

[①] 贵州省贵阳市中级人民法院刑事判决书：（2016）黔 01 刑初 105 号。

[②] 贵州省高级人民法院刑事裁定书：（2016）黔刑终 593 号。

相关经营信息为其建立固定客户、建立相互信赖、减少采购、销售等费用、增加销售额度等起到积极的作用，其价值性和实用性是显而易见的，要得到上述技术信息和经营信息，需要投入相应的人力、物力。

沃顿公司制定了一系列保密措施，与员工签订相应的保密协议，明确了其技术信息、经营信息的保护范围、期限、具体的步骤，明晰了员工的保密义务，可见沃顿公司对本案所涉的经营信息及技术信息采取了相应的保密措施。另根据 2013 年 2 月 26 日广东省专利信息中心知识产权司法鉴定所作出鉴定意见书《关于贵阳时代沃顿科技有限公司的反渗透膜生产工艺、配方及生产设备是否为商业秘密的鉴定》，2013 年 11 月 14 日四川西部知识产权司法鉴定所作出《商业秘密司法鉴定意见书》，该鉴定结论明确载明本案所涉技术信息和图纸是沃顿公司反复试验研究的技术成果，可指导产品生产，在公知渠道及其销售产品中均很难获取，具有"不为公众所知悉"的性质；具有价值性和实用性；权利人对此采取了相应的保密措施，属于商业秘密中的技术秘密。此结论与本案其他证据相互印证，能够证明本案涉案经营信息及技术信息属于沃顿公司的商业秘密。

在侵犯商业秘密行为认定层面，法院经审理认为，本案被告人彭某明知叶某东、赵某2、宋某系沃顿公司员工，并与沃顿公司之间签有保密协议，还伙同叶某东、赵某2、宋某商议设立嘉净源公司，且作为经营者登记成某2武胜门市部，与叶某东、赵某2、宋某分工合作共同生产、销售与沃顿公司相同的反渗透膜。而叶某东、赵某2、宋某三人的情况如下：叶某东原系沃顿公司的西南区销售经理，其违反保密制度，从该公司电脑系统复制客户信息，并连同供应商资料、价格信息等其他涉密资料私自保存，其与彭某、赵某2、宋某成立嘉净源公司之后，将相关信息告知彭某，嘉净源公司在经营过程中，相关采购单位和销售客户与沃顿公司有重合，可以证实嘉净源公司使用了叶某东提供的相关经营信息。赵某2原系沃顿公司的工艺研究工程师，其熟悉和了解技术研发和材料内容。其违反保密制度，在辞职期间将沃顿公司的技术秘密私自拷贝。

经查，被告人赵某2于2004年7月大学毕业即进入沃顿公司工作，直至其2011年5月辞职离开沃顿公司，此期间其并没有其他的工作经验及其他的技术来源；彭某购买专利技术的时间是2012年11月，而此前赵某2已经生产了数月，已有产品，购买该专利前和购买后其生产并未发生任何变化。以上事实足以证实赵某2在武胜门市部生产反渗透膜的过程中，使用了其在沃顿公司掌握的相关技术信息。被告人宋某原系沃顿公司电气工程师，在职期间，主导负责根据反渗透膜生产工艺自主开发核心设备的电气控制系统研发和编程。其违反保密制度，将沃顿公司的技术秘密私自拷贝，在武胜门市部设计制作生产反渗透膜设备的过程中，其参考了相关图纸，使用了沃顿公司的技术秘密。

因此，在叶某东、赵某2、宋某违反沃顿公司保密制度，使用其所掌握的沃顿公司商业秘密进行反渗透膜生产的情况下，被告人彭某的行为系侵犯他人商业秘密的行为。在是否造成沃顿公司重大损失层面的认定，法院经审理认为，权利人的商业秘密被侵犯，最直接的损失是其产品市场份额的减少，市场份额的减少必然导致其利润的减少。本案中被告人已利用沃顿公司的技术信息及经营信息生产了17余万支反渗透膜产品并已基本销售，故应当以沃顿公司在正常的销售价格下的利润来计算其损失，即应以武胜门市部的生产支数乘以沃顿公司在正常的销售价格下的利润得出沃顿公司因被告人等侵犯其商业秘密所造成的损失。

虽然贵州致远司法鉴定所出具的《鉴定报告》因扣除了技术贡献，不能单独作为本案中被害单位的损失依据。但该鉴定报告中援引了黔致远司会鉴字［2013］03号《司法会计鉴定报告》，该《司法会计鉴定报告》对沃顿公司2012年度至2013年1月至3月期间的各型号反渗透膜销售单支毛利进行了鉴定，载明了各型号反渗透膜在2012年度及2013年1—3月合理的单支销售利润，经计算武胜门市部的该四种反渗透膜生产支数乘以沃顿公司在该期间正常的销售价格下的利润得出沃顿公司因被告人等侵犯其商业秘密所造成的损失为375.468万元。

3. 主体要件

行为人为达到刑事责任年龄，具备刑事责任能力的自然人。单位可以成为犯罪主体。在本案中，由于行为人是为了实施侵害商业秘密的行为而成立公司，故不以单位犯罪论处。

4. 主观要件

行为人明知自己的行为侵犯他人商业秘密的行为。在本案中，虽然行为人辩解自己不知晓同案人之间签有保密协议，且不认为涉案的技术和经营信息属于商业秘密，但从种种事实推断，行为人主观上是存在明知心态的，即明知自己实施的是侵犯沃顿公司商业秘密的行为。

根据二审法院审理查明，彭某曾是沃顿公司的标签供应商，其明知叶某东、赵某2、宋某系沃顿公司员工，了解他们各自的工作范围、掌握的经营信息和技术信息。彭某与叶某东、赵某2、宋某就设立嘉净源公司事宜，曾咨询过重庆律师。2011年4月13日，注册成立重庆嘉净源商贸有限公司时，为隐藏身份，彭某以谭某2名义持股31%，叶某东、赵某2、宋某以各自岳母的名义分别持股30%、19.5%、19.5%。2011年7月20日，彭某作为经营者登记成立武胜门市部，为嘉净源公司生产反渗透膜。2012年11月，彭某、叶某东二人共谋后，彭某向上海应用技术学院以5万元价格购买"高通量复合反渗透膜及其制备方法"专利技术，企图掩盖侵犯沃顿公司商业秘密的事实。彭某与叶某东负责嘉净源公司的经营管理，嘉净源公司在经营过程中，曾向沃顿公司的供应商购买原料，部分沃顿公司的客户也向嘉净源公司签订了反渗透膜购销合同，购买了嘉净源公司的产品。可见彭某对于叶某东、赵某2、宋某与沃顿公司之间签有保密协议的事情是知情的，其明知嘉净源公司生产、销售反渗透膜所使用的技术信息和经营信息属于沃顿公司的商业秘密。

五、侵犯商业秘密罪的刑事政策与企业犯罪预防

（一）侵犯商业秘密犯罪的刑事政策

侵犯商业秘密罪位于《刑法》分则第三章破坏社会主义市场经济秩序犯罪第七节侵犯知识产权罪中。对侵犯商业秘密罪进行惩治的主要目的一方面是保护商业秘密权利人的

合法权益，另一方面是避免民事主体间知识产权的侵权行为损害国家的市场经济秩序。1979 年刑法中并未规定侵犯商业秘密罪，直至 1997 年，由于侵犯他人商业秘密的行为已经日益猖獗，破坏了诚信、公平的市场竞争关系，1993 年的《反不正当竞争法》已经无法予以适当的法律处罚，故在 1997 年修订《刑法》时予以明确规定，以有效控制和预防此类行为的滋生。侵犯商业秘密罪自 1997 年《刑法》规定后未进行补充或修改规定，《刑法修正案（十一）》对侵犯商业秘密罪进行了修改规定，由"结果犯"变为"情节犯"，意味着对商业秘密的保护上升了一个维度；侵犯商业秘密的行为方式予以增加，刑罚适当提高，均意味着国家对于侵犯商业秘密的犯罪行为持更为严厉的态度。

（二）侵犯商业秘密犯罪的企业犯罪预防

1. 坚守法律底线

一方面，企业或企业家实施侵犯商业秘密的行为目的在于追逐利益，面对其他企业利用自身的专有技术或独家配方等商业秘密获得的巨大经济利益，不可避免地会出现好奇、羡慕或妒忌等情绪，若此时有获得对方商业秘密的渠道，则可能出于自身强烈的逐利目的无法抵抗诱惑，是以通过盗窃、利诱、胁迫或者其他不正当手段获取其他企业的商业秘密。另一方面，企业对于竞争对手的商业秘密也可能是出于不正当掠夺对方市场份额的目的，是以非法披露、使用或者允许他人使用其所掌握的或获取的商业秘密，以此来打击竞争对手，破坏市场公平的竞争秩序。面对此种情形，企业或企业家应当正确、理性地对待自身的情绪，树立合法的、公平的市场竞争思维，遵守市场竞争秩序中的诚实信用原则，在公平竞争中提升自身的实力，或通过合法手段与对手实现合作共赢。同时坚守法律底线，端正本心，杜绝利用违法手段损害竞争对手的商业信誉或市场份额，获取不正当的经济利益。

2. 提升刑事风险防控意识

一般来说，企业或企业家对于侵犯商业秘密的行为在民事领域更受重视，使其更加关注《反不正当竞争法》等相关法律法规，这就导致企业或企业家对于侵犯商业秘密的行为所涉及的刑事风险防控有所懈怠。因此，企业或企业家应当对侵犯商业秘密的行为在刑事领域中的内容加以重视，包括对于侵犯商业秘密罪的行为类型、危害结果、立案标准、"情节严重"的界定等均要予以关注和重视，在企业内部加强该方面的法治教育与法治宣传，提升其法治观念以及对该方面的刑事风险防控意识，界定自身行为类型以及所欲获取的信息是否涉及刑事范畴，是否可能给权利人造成重大损失以入刑，建立完善的信息获取行为刑事风险评估机构，提高自身的刑事风险防控意识，增强风险应对能力。此外，企业还应当防止自己成为该罪的受害者。因此，必须强化企业的保密意识，比如在企业内部开展保密培训与教育、开展保密法律、法规的宣传教育等。

3. 强化企业保密措施

企业要防止自己成为侵犯商业秘密罪案件中的受害者，必须要完善企业内部的保密机制，建立系统、全面的保密制度。建立良好的保密机制具体可以从以下几个方面入手：

（1）机制防控。企业对商业秘密风险管理要遵循事前预警、事中监控和事后追责的流程搭建管理架构。商业秘密保护需要企业各部门协同作战，包括企业的保安部、知识产权部、法律事务部、合规与审计部、人力资源部、管理层及商业秘密涉密的相关职能部门，如研发、采购、生产、销售、物流、售后等。在协同作战的同时，企业需要明确内部人员商业秘密管理职责。在相互关联的职务之间应确定明确的界线，避免职责的交叉以及滥用导致内部工作混乱的现象发生。

（2）技术防控。完善企业内部的技术保密措施，比如通过高科技的科学技术手段对某些经营信息或技术信息予以保护，比如采取加密钥匙、特殊符号或标志才能解密、设置解密重重关卡等方法保护自身的商业秘密；同时建立商业秘密泄露预警机制和快速反应机制，以便在商业秘密被侵犯后迅速采取措施，将损失降到最低。

（3）人员防控。其一，严格控制涉密人员数量。其二，明确保密要求。通过章程、书面告知、规章制度、培训等方式对能够接触、获取企业商业秘密的本企业员工、客户、供应商、来访者、企业前员工等要明确提出保密要求。其三，签订保密协议。一是与重点人员签订竞业禁止条款，二是与企业战略决策岗位人员签订特别保密协议。其四，明确离职要求。离职员工必须返还、销毁、登记、清除其接触或者获得的商业秘密及其载体。其五，保密教育。对全体员工定期或不定期进行保密教育培训。其六，奖惩分明。建立企业商业秘密保护奖惩机制，奖励做得好的部门、团队或个人，通报做得不好或者追究民事、行政、刑事责任的案例。

（4）制度防控。建立完善的保密规章制度，如涉密记录，签订保密协议制度、保密奖励制度、泄密处罚制度、密级分类制度、商业秘密保护人才培育制度等。

（5）企业文化防控。通过企业文化的培育，增强员工对企业的认同感和归属感，培养员工对企业的忠诚度。侵犯商业秘密的行为类型大部分是企业员工跳槽或退休后出卖所知晓的原企业的商业秘密，造成这种行为的原因在于企业员工对企业的认同感不高，企业文化的熏陶不足。因此，在企业的日常生活中，可以通过多种方式，提升企业员工对企业的认同感和归属感，从心理防线上保证企业的商业秘密不会被泄露，提升企业的商业秘密保护水平。①

---

① 李维真：《企业商业秘密风险解析与制度建设》，载《商业经济研究》2021年第15期。

第十六章　污染环境犯罪的风险及其防控

一、污染环境罪的立法规定

（一）污染环境罪的行政法律法规及规章

我国多部法律中均包含保护环境的规定，如《海洋环境保护法》《大气污染防治法》《清洁生产促进法》《放射性污染防治法》等法律。还出台了专门性的法律《固体废物污染环境防治法》以防治环境污染。其中，《固体废物污染环境防治法》第六章专门对危险废物的处置进行了规定。《放射性污染防治法》第六章专门对放射性废物管理进行了规定。

1.《海洋环境保护法》

第十二条　对超过污染物排放标准的，或者在规定的期限内未完成污染物排放削减任务的，或者造成海洋环境严重污染损害的，应当限期治理。限期治理按照国务院规定的权限决定。

第三十二条　排放陆源污染物的单位，必须向环境保护行政主管部门申报拥有的陆源污染物排放设施、处理设施和在正常作业条件下排放陆源污染物的种类、数量和浓度，并提供防治海洋环境污染方面的有关技术和资料。排放陆源污染物的种类、数量和浓度有重大改变的，必须及时申报。拆除或者闲置陆源污染物处理设施的，必须事先征得环境保护行政主管部门的同意。

第三十三条　禁止向海域排放油类、酸液、碱液、剧毒废液和高、中水平放射性废水。严格限制向海域排放低水平放射性废水；确需排放的，必须严格执行国家辐射防护规定。严格控制向海域排放含有不易降解的有机物和重金属的废水。

第六十一条　禁止在海上焚烧废弃物。禁止在海上处置放射性废弃物或者其他放射性物质。废弃物中的放射性物质的豁免浓度由国务院制定。

第九十五条　排放，是指把污染物排入海洋的行为，包括泵出、溢出、泄出、喷出和倒出。倾倒，是指通过船舶、航空器、平台或者其他载运工具，向海洋处置废弃物和其他有害物质的行为，包括弃置船舶、航空器、平台及其辅助设施和其他浮动工具的行为。

我国涉及污染环境的行政法规和部门规章也散见于多个领域，如《防止拆船污染环境管理条例》《报废机动车回收管理办法》《国境口岸卫生监督办法》等。

(二) 污染环境罪的刑法及司法解释

1.《刑法》规定

第三百三十八条 违反国家规定，排放、倾倒或者处置有放射性的废物、含传染病病原体的废物、有毒物质或者其他有害物质，严重污染环境的，处三年以下有期徒刑或者拘役，并处或者单处罚金；情节严重的，处三年以上七年以下有期徒刑，并处罚金；有下列情形之一的，处七年以上有期徒刑，并处罚金：

（一）在饮用水水源保护区、自然保护地核心保护区等依法确定的重点保护区域排放、倾倒、处置有放射性的废物、含传染病病原体的废物、有毒物质，情节特别严重的；

（二）向国家确定的重要江河、湖泊水域排放、倾倒、处置有放射性的废物、含传染病病原体的废物、有毒物质，情节特别严重的；

（三）致使大量永久基本农田基本功能丧失或者遭受永久性破坏的；

（四）致使多人重伤、严重疾病，或者致人严重残疾、死亡的。

有前款行为，同时构成其他犯罪的，依照处罚较重的规定定罪处罚。

2. 司法解释

最高人民法院、最高人民检察院《关于办理环境污染刑事案件适用法律若干问题的解释》（法释〔2016〕29 号）

第一条 实施刑法第三百三十八条规定的行为，具有下列情形之一的，应当认定为"严重污染环境"：

（一）在饮用水水源一级保护区、自然保护区核心区排放、倾倒、处置有放射性的废物、含传染病病原体的废物、有毒物质的；

（二）非法排放、倾倒、处置危险废物三吨以上的；

（三）排放、倾倒、处置含铅、汞、镉、铬、砷、铊、锑的污染物，超过国家或者地方污染物排放标准三倍以上的；

（四）排放、倾倒、处置含镍、铜、锌、银、钒、锰、钴的污染物，超过国家或者地方污染物排放标准十倍以上的；

（五）通过暗管、渗井、渗坑、裂隙、溶洞、灌注等逃避监管的方式排放、倾倒、处置有放射性的废物、含传染病病原体的废物、有毒物质的；

（六）二年内曾因违反国家规定，排放、倾倒、处置有放射性的废物、含传染病病原体的废物、有毒物质受过两次以上行政处罚，又实施前列行为的；

（七）重点排污单位篡改、伪造自动监测数据或者干扰自动监测设施，排放化学需氧量、氨氮、二氧化硫、氮氧化物等污染物的；

（八）违法减少防治污染设施运行支出一百万元以上的；

（九）违法所得或者致使公私财产损失三十万元以上的；

（十）造成生态环境严重损害的；

（十一）致使乡镇以上集中式饮用水水源取水中断十二小时以上的；

（十二）致使基本农田、防护林地、特种用途林地五亩以上，其他农用地十亩以上，其他土地二十亩以上基本功能丧失或者遭受永久性破坏的；

（十三）致使森林或者其他林木死亡五十立方米以上，或者幼树死亡二千五百株以上的；

（十四）致使疏散、转移群众五千人以上的；

（十五）致使三十人以上中毒的；

（十六）致使三人以上轻伤、轻度残疾或者器官组织损伤导致一般功能障碍的；

（十七）致使一人以上重伤、中度残疾或者器官组织损伤导致严重功能障碍的；

（十八）其他严重污染环境的情形。

第二条　实施刑法第三百三十九条、第四百零八条规定的行为，致使公私财产损失三十万元以上，或者具有本解释第一条第十项至第十七项规定情形之一的，应当认定为"致使公私财产遭受重大损失或者严重危害人体健康"或者"致使公私财产遭受重大损失或者造成人身伤亡的严重后果"。

第三条　实施刑法第三百三十八条、第三百三十九条规定的行为，具有下列情形之一的，应当认定为"后果特别严重"：

（一）致使县级以上城区集中式饮用水水源取水中断十二小时以上的；

（二）非法排放、倾倒、处置危险废物一百吨以上的；

（三）致使基本农田、防护林地、特种用途林地十五亩以上，其他农用地三十亩以上，其他土地六十亩以上基本功能丧失或者遭受永久性破坏的；

（四）致使森林或者其他林木死亡一百五十立方米以上，或者幼树死亡七千五百株以上的；

（五）致使公私财产损失一百万元以上的；

（六）造成生态环境特别严重损害的；

（七）致使疏散、转移群众一万五千人以上的；

（八）致使一百人以上中毒的；

（九）致使十人以上轻伤、轻度残疾或者器官组织损伤导致一般功能障碍的；

（十）致使三人以上重伤、中度残疾或者器官组织损伤导致严重功能障碍的；

（十一）致使一人以上重伤、中度残疾或者器官组织损伤导致严重功能障碍，并致使五人以上轻伤、轻度残疾或者器官组织损伤导致一般功能障碍的；

（十二）致使一人以上死亡或者重度残疾的；

（十三）其他后果特别严重的情形。

第四条 实施刑法第三百三十八条、第三百三十九条规定的犯罪行为，具有下列情形之一的，应当从重处罚：

（一）阻挠环境监督检查或者突发环境事件调查，尚不构成妨害公务等犯罪的；

（二）在医院、学校、居民区等人口集中地区及其附近，违反国家规定排放、倾倒、处置有放射性的废物、含传染病病原体的废物、有毒物质或者其他有害物质的；

（三）在重污染天气预警期间、突发环境事件处置期间或者被责令限期整改期间，违反国家规定排放、倾倒、处置有放射性的废物、含传染病病原体的废物、有毒物质或者其他有害物质的；

（四）具有危险废物经营许可证的企业违反国家规定排放、倾倒、处置有放射性的废物、含传染病病原体的废物、有毒物质或者其他有害物质的。

第五条 实施刑法第三百三十八条、第三百三十九条规定的行为，刚达到应当追究刑事责任的标准，但行为人及时采取措施、防止损失扩大、消除污染、全部赔偿损失，积极修复生态环境，且系初犯，确有悔罪表现的，可以认定为情节轻微，不起诉或者免予刑事处罚；确有必要判处刑罚的，应当从宽处罚。

第六条 无危险废物经营许可证从事收集、贮存、利用、处置危险废物经营活动，严重污染环境的，按照污染环境罪定罪处罚；同时构成非法经营罪的，依照处罚较重的规定定罪处罚。

实施前款规定的行为，不具有超标排放污染物、非法倾倒污染物或者其他违法造成环境污染的情形的，可以认定为非法经营情节显著轻微危害不大，不认为是犯罪；构成生产、销售伪劣产品等其他犯罪的，以其他犯罪论处。

第七条 明知他人无危险废物经营许可证，向其提供或者委托其收集、贮存、利用、处置危险废物，严重污染环境的，以共同犯罪论处。

第八条 违反国家规定，排放、倾倒、处置含有毒害性、放射性、传染病病原体等物质的污染物，同时构成污染环境罪、非法处置进口的固体废物罪、投放危险物质罪等犯罪的，依照处罚较重的规定定罪处罚。

第九条 环境影响评价机构或其人员，故意提供虚假环境影响评价文件，情节严重的，或者严重不负责任，出具的环境影响评价文件存在重大失实，造成严重后果的，应当依照刑法第二百二十九条、第二百三十一条的规定，以提供虚假证明文件罪或者出具证明文件重大失实罪定罪处罚。

第十条 违反国家规定，针对环境质量监测系统实施下列行为，或者强令、指使、授意他人实施下列行为的，应当依照刑法第二百八十六条的规定，以破坏计算机信息系统罪论处：（一）修改参数或者监测数据的；（二）干扰采样，致使监测数据严重失真的；（三）其他破坏环境质量监测系统的行为。

重点排污单位篡改、伪造自动监测数据或者干扰自动监测设施，排放化学需氧量、氨氮、二氧化硫、氮氧化物等污染物，同时构成污染环境罪和破坏计算机信息系统罪的，依照处罚较重的规定定罪处罚。

从事环境监测设施维护、运营的人员实施或者参与实施篡改、伪造自动监测数据、干扰自动监测设施、破坏环境质量监测系统等行为的，应当从重处罚。

3. 座谈会纪要

2019 年最高人民法院、最高人民检察院、公安部、司法部、生态环境部《关于办理环境污染刑事案件有关问题座谈会纪要》（以下简称 2019 年《环境污染纪要》）对污染环境犯罪的单位犯罪、犯罪未遂、主观过错、生态环境损害标准、危险废物等物质和非法排放等行为诸多问题的认定进行了规定。

二、污染环境罪犯罪学分析

（一）污染环境罪的犯罪现状

2010 年 1 月 1 日—2020 年 12 月 31 日全国污染环境罪案件基本情况分析①：

1. 案件总数：13901；企业（家）犯罪②：496

2. 法院分布

表 16-1　　　　　　　　　　污染环境罪案件审理法院

审理法院层级	最高人民法院	高级人民法院	中级人民法院	基层人民法院	专门法院
单位犯罪案件数/总件数	0/0	0/7	113/2139	380/11539	3/216

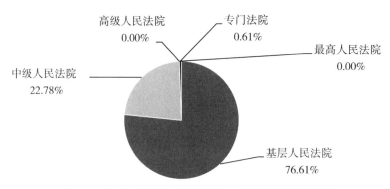

图 16-1　污染环境罪（单位犯罪）案件审理法院级别

---

① 该数据选取时间为 2010 年 1 月 1 日—2020 年 12 月 31 日，数据来源：威科先行网（http//8721add15be1c16f50bd1ba831cbefd9. f2a9b9a2. libvpn. zuel. edu. cn/），最后访问日期：2021 年 3 月 31 日。
② 此处及以下各处企业（家）犯罪是指单位犯罪以及单位法定代表人犯罪。

3. 审级分布

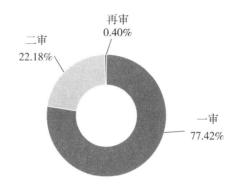

图 16-2　污染环境罪（单位犯罪）案件审级分布

4. 地域分布

除港澳台地区，全国各省（区、市）污染环境罪案件分布如下：

表 16-2　　　　　　　**全国各省（区、市）污染环境罪案件分布情况**

东部沿海地区									
省（区、市）	京	津	冀	沪	苏	浙	闽	鲁	粤	琼
案件数（单位犯罪案件数/总件数）	1/58	6/254	14/2328	5/90	136/1258	87/2709	19/585	37/1467	42/1904	0/4

中 部 地 区					
省（区、市）	豫	晋	皖	赣	鄂	湘
案件数（单位犯罪案件数/总件数）	13/597	2/168	27/373	6/282	13/158	17/259

西 部 地 区											
省（区、市）	渝	滇	桂	川	贵	藏	陕	甘	蒙	青	宁	新
案件数（单位犯罪案件数/总件数）	10/225	8/50	1/83	20/133	4/55	0	2/55	5/27	4/63	1/9	1/35	0/22

东北部地区		
省（区、市）	辽宁	吉林	黑龙江
案件数（单位犯罪案件数/总件数）	12/347	0/42	0/45

5. 年度趋势

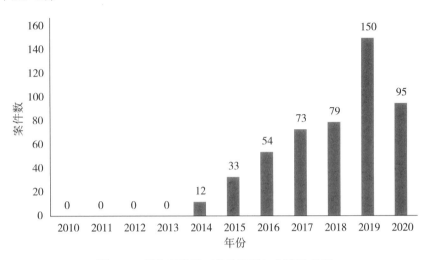

图 16-3　污染环境罪（单位犯罪）年度趋势图

（二）污染环境罪的犯罪特征

第一，污染环境犯罪和地狱经济发展程度有关。从表 16-2 全国各省（区、市）污染环境罪案件分布情况分析可知，2010 年至今，污染环境罪触犯频率最高的省份依次是浙江省、河北省、广东省、山东省、江苏省。其中，企业触犯污染环境罪频率最高的为江苏省，其次为浙江省。从图 16-3 污染环境罪（单位犯罪）年度趋势图分析可知，污染环境罪的单位犯罪案件较少，但总体上呈上升趋势，在 2019 年达至高峰。

第二，环境的重视程度也与环境犯罪有密切联系。同 2016 年前相比，最近 5 年的污染环境案件数量呈现大幅度增长，笔者以为是我国近几年重视生态环境的建设与保护，因此对此种犯罪的打击力度较大。污染环境罪案件主要发生于沿海地区或傍海地区，可能是由于临海地区更易发生过度排污现象。大部分案件仍由基层人民法院审理，一审案件较多，上诉案件占比较少。对于生态环境的保护已成为国家重点建设项目之一，且造成环境污染所需要承担的赔偿数额往往巨大，是企业难以承担的。

第三，污染环境犯罪的后果扩散化。在两高三部联合发布 5 起污染环境刑事案件典型案例之一的宝勋公司及黄某某等 12 人污染环境案中，被告单位宝勋公司及被告人黄某某等人违反国家关于危险废物管理的规定，在未开具危险废物转移联单的情况下，将酸洗污泥交给无危险废物处置资质的被告人李某某等人进行非法处置，通过汽车、船舶跨省运输危险废物，最终在江苏省淮安市、扬州市、苏州市，安徽省铜陵市非法倾倒、处置酸洗污泥共计 1071 吨。其中，2017 年 5 月 22 日，被告人姜某某等人将 62.88 吨酸洗污泥倾倒在长江堤坝内，造成环境严重污染。经鉴定，上述被告人造成环境损害数额为 511 万余元，产生应急处置、生态环境修复、鉴定评估等费用共计 139 万余元。最终，被告单位宝勋公司被判处罚金 1000 万元，被告人黄某某等人被判处有期徒刑六年至拘役四个月不等，并处罚金。本案的典型意义在于长江是中华民族的母亲河，也是中华民族发展的重要支撑。被告单位宝勋公司及被告人黄某某等 12 人在江苏、浙江、安徽等地跨省运输、转移危险废物，并在长江流域甚至是长江堤坝内倾倒、处置，危险废物数量大，持续时间长，给长江流域生态环境造成严重危害。对被告单位宝勋公司及被告人黄某某等 12 人依法追究刑事责任，在办理长江经济带跨省环境污染案件，守护好长江母亲河方面具有典型意义。

第四，污染环境犯罪的作案手段较为隐蔽。在最高人民检察院发布的第三批服务保障长江经济带发展典型案例之五的浙江省嘉兴市秀洲区人民检察院诉姚某某等污染环境刑事附带民事公益诉讼案中，作为工业污泥处置中介人的姚某某、夏某某、陆某某、朱某某违反国家规定，联系嘉兴某织造有限公司等 5 家污泥产生企业，将取得的全部或部分污泥通过层层转包的方式交由明知无工业固体废物处置资质的胥某某处置。胥某某组织方某某、段某某等人将 2739 余吨工业污泥分多次偷倒入红旗塘嘉善至秀洲段水域，致使河道发生严重污染，水体呈暗红色，浊度及总磷均超出正常指标数倍。经鉴定，倾倒的工业污泥为"有毒"或"有害"物质，共造成各类损失达 560 余万元。污染事件发生后，生态环境部门立即启动程序，并将线索移送给检察机关。检察机关提前介入该案，指导公安机关对相关事实固定证据。本案的典型意义在于，涉案的太浦河红旗塘河道流经苏浙沪三省市，沟通太湖与黄浦江，是太湖流域向下游地区供水的骨干河道，生态意义明显。检察机关充分运用一体化办案机制，发挥公益诉讼检察职能，严厉打击违法倾倒工业固废行为，保护了相关水域的生态安全。该案也为层层转包式的固废倾倒案件如何确定直接倾倒者、中介人及固废产生企业的生态环境损害赔偿责任提供了办案样本。

（三）污染环境罪的犯罪原因

2011 年 5 月 1 日施行的《刑法修正案（八）》将"重大环境污染事故罪"修改为"污染环境罪"。2013 年 6 月，两高联合出台《关于办理环境污染刑事案件适用法律若干问题的解释》明确了污染环境罪的定罪量刑标准。2016 年 11 月，两高又针对环境污染犯罪出现的新情况、新问题，颁布《关于办理环境污染刑事案件适用法律若干问题的解释》。2019 年 2 月，两高一部和司法部、生态环境部联合印发的《关于办理环境污染刑事案件有关问题座谈会纪要》针对司法实务中存在的疑难问题，提出解决路径。《刑法修正案（十一）》也对污染环境罪进行了补充。可见，近十年来我国对于环境污染犯罪的重视程度逐渐增强，体现我国在建设美丽中国、保护生态环境建设、遏制环境污染犯罪上的决心。但司法实践中，污染环境案件仍然大量存在。我们认为可以从以下几个方面探讨污染环境罪的犯罪原因。

1. 行为人的犯罪心理

企业或企业家在生产经营的过程中，不可避免地会出现污染环境的行为，但涉及罪的范畴层面的污染环境行为，往往出于行为人以下几方面的心理态度。

第一，企业或企业家的环保意识淡薄，对于生态环境建设的重视程度不够。地方保护主义是稀释企业家守法意识的重要原因之一。造成重大污染事故的企业都是规模大、效益好的上市公司或其子公司，它们大多是与政府利益有着千丝万缕联系的企业，地方政府为了追求经济的高增长，片面追求经济效益，而容忍环境污染，所以，在处理这些污染事故时，往往会出现大事化小、小事化了的结局。①

第二，过于重视营利目的也是企业家实施环境污染犯罪的重要原因之一。出于对经济利益的追求以及市场经济中企业逐利的本性，使得企业或企业家罔顾生态环境建设，过度排放、倾倒和处置有害物质。而且，司法实务中对于污染环境罪处理的"轻刑化"趋势亦使得企业家认为此罪的违法成本较低，从而出于利益衡量的角度实施犯罪。

第三，心理负罪感较低。由于生态环境的利益享有者为全体社会成员，因此在具体的环境污染案件中可能出现不存在具体的、特定的受害人的现象，由于缺乏特定的侵害对象，企业或企业家对于实施该行为所带来的情感上的愧疚感可能较低，导致其心理负罪感较低。

第四，出于监督过失。由于污染环境罪的复合性，其既是行为犯也是结果犯，企业犯罪的主观罪过形式既可能出于故意，也可能出于过失。因此，企业在内部排污机制中的监督过失心理也会导致企业刑事风险。

2. 企业污染排放评估机制不够健全

企业内部的污染排放评估机制存在不足和缺陷是导致企业陷入污染环境犯罪风险的重要原因之一。在污染环境犯罪中，部分企业存在企业排污的评估系统、监测设备、污染动态追踪系统等出现故障未及时修复，或未及时予以更换的现象，甚至有不少企业在内部并未建立起完善的排污评估和监测机制，或者建立了相关机制但流于形式。由于企业内部的污染排放评估和监测机制不够健全，导致企业在实施排污行为时难免出现缺漏，以致造成严重后果而涉罪。

3. 环境损害鉴定标准不一

污染环境罪中对于污染物质的界定和污染程度的界定直接影响到该罪的定罪量刑。但污染物质和污染程度的判断均需借助鉴定意见。但由于各地的地理环境差异、鉴定水平高低不一等因素导致目前对于环境污染的鉴定缺乏统一的鉴定准则和鉴定流程，鉴定标准也不一。

4. 入罪标准不统一

环境污染是一个宏观的概念。我国刑法对于污染环境罪的规范表述过于笼统和抽象，虽然两高出台了相关的司法解释进行进一步的阐释说明，但实务中仍存在理解差异。比如，司法实践中对于"暗管""其他有害物质""处置"等词语的词义理解仍存在分歧，导致该罪在司法使用中存在入罪标准不统一、刑罚适用不规范等突出问题。②

---

① 周振杰：《GDP 考核对企业家犯罪预防的消极作用》，载《河南警察学院学报》2014 年第 5 期。
② 史运伟：《污染环境罪司法适用疑难问题研究》，载《重庆理工大学学报（社会科学版）》2020 年第 8 期。

三、污染环境罪刑法教义学分析

（一）污染环境罪构成要件

污染环境罪，是指违反国家规定，排放、倾倒或者处置有放射性的废物、含传染病病原体的废物、有毒物质或者其他有害物质，严重污染环境的行为。两高《关于执行〈中华人民共和国刑法〉确定罪名的补充规定（五）》根据《刑法修正案（八）》的规定，取消了重大环境污染事故罪的罪名，将本条的罪名确定为污染环境罪。《刑法修正案（十一）》对污染环境罪进行了补充规定，增加了四种情形。污染环境罪具有如下的犯罪构成特征。

1. 客体要件

长久以来，学界对本罪的保护法益尚未达成一致意见。当前通说认为本罪的保护客体为国家的防治环境污染制度。但近年来，理论界关于本罪的保护法益出现了人类中心法益论和生态中心法益论以及折中说三种学说。人类中心法益论主张只有人类的利益才是污染环境罪的保护利益，保护环境归根结底是为了保护人类的利益。生态中心法益论主张处罚本罪的目的在于保护生态系统本身，即独立于人类自身的生态存在的利益的保护。[1] 折中说则认为生态利益和人类利益皆应保护，但以生态利益为优位。[2]

我们认为，本罪的保护法益应当以人类中心法益论为准。首先，刑法规制的是人的行为，保障的亦是人的权益，即便是针对市场经济秩序或国家安全的利益保障，最终的落脚点都是人的权益保护。因此，保护环境法益亦应当以人为基准。其次，一般的污染环境的行为基于环境的自净能力能够得以恢复生态，只有当人类对环境的破坏和污染超出环境的自净能力时，即对人类的人身和财产权益造成损害时，刑法才予以规范，也侧面反映出本罪的保护法益应以人的利益为优位。最后，当前的人类中心法益论带有现代色彩，人类利益和环境利益相辅相成，生态中心法益论虽更侧重环境保护，但忽视了"环境法益对人类法益的依附性"。[3] 只有厘清人类与环境的主体和客体关系，才更有利于推动环境保护。

2. 客观要件

本罪在客观方面表现为违反国家规定，排放、倾倒或者处置有放射性的废物、含传染病病原体的废物、有毒物质或者其他有害物质，严重污染环境的行为。

---

[1] 李永升、袁汉兴：《污染环境罪的司法困境与出路——以生态和人类双重法益为中心》，载《湖北社会科学》2021 年第 1 期。

[2] 齐文远、吴霞：《对环境刑法的象征性标签的质疑——与刘艳红教授等商榷》，载《安徽大学学报（哲学社会科学版）》2019 年第 5 期。

[3] 童德华、张成东：《环境刑法法益的反思与坚守——基于污染环境罪的分析》，载《广西大学学报（哲学社会科学版）》2020 年第 5 期。

（1）违反国家规定

本罪的违反国家规定是指违反全国人大及其常务委员会制定的有关保护环境方面的法律，以及国务院制定的相关行政法规、行政措施等。包括《环境保护法》《大气污染防治法》《水污染防治法》《固体废物污染环境防治法》等法律，以及《排污许可管理条例》《放射性废物安全管理条例》等一系列专门法规。违反国家环境保护方面的相关法律法规是构成本罪的前提。

（2）实施了排放、倾倒或者处置有放射性的废物、含传染病病原体的废物、有毒物质或者其他有害物质的行为

《刑法修正案（十一）》对污染环境罪进行了四种情形的补充规定，分别是：①在饮用水水源保护区、自然保护地核心保护区等依法确定的重点保护区域排放、倾倒、处置有放射性的废物、含传染病病原体的废物、有毒物质，情节特别严重的；②向国家确定的重要江河、湖泊水域排放、倾倒、处置有放射性的废物、含传染病病原体的废物、有毒物质，情节特别严重的；③致使大量永久基本农田基本功能丧失或者遭受永久性破坏的；④致使多人重伤、严重疾病，或者致人严重残疾、死亡的。行为人实施污染环境的行为，又具备上述四种情形之一的，处7年以上有期徒刑，并处罚金。

所谓"排放"是指将各类污染物排出到环境中的行为；所谓"倾倒"是指通过船舶、航空器等载运工具将污染物倾卸至环境中的行为；所谓"处置"是指以焚烧、填埋或其他改变污染物属性的方式处理污染物，或者将其置于特定场所或者设施并不再取回的行为。根据2019年《环境污染纪要》的规定，司法实践中认定非法排放、倾倒、处置行为时，应当根据《固体废物污染环境防治法》和2016年最高人民法院、最高人民检察院《关于办理环境污染刑事案件适用法律若干问题的解释》（以下简称2016年《环境污染解释》）的有关规定精神，从其行为方式是否违反国家规定或者行业操作规范、污染物是否与外环境接触、是否造成环境污染的危险或者危害等方面进行综合分析判断。对名为运输、贮存、利用，实为排放、倾倒、处置的行为应当认定为非法排放、倾倒、处置行为，可以依法追究刑事责任。比如，未采取相应防范措施将没有利用价值的危险废物长期贮存、搁置，放任危险废物或者其有毒有害成分大量扬散、流失、泄漏、挥发，污染环境的。

所谓"放射性的废物"是指放射性核素超过国家规定限值的固体、液体和气体废弃物。所谓"含传染病病原体的废物"是指含有传染病病菌的污水、粪便等废物。所谓有毒物质是指对人体有毒害，可能对人体健康和环境造成严重危害的固体、泥状及液体废物。根据2016年《环境污染解释》，有毒物质包括：①列入国家危险废物名录，或者根据国家规定的危险废物；②《关于持久性有机污染物的斯德哥尔摩公约》附件所列物质；③含重金属的污染物；④其他具有毒性，可能污染环境的物质。所谓"其他有害物质"则是指除上述列举之外的其他可能对人体健康或环境造成严重危害的废物。根据《环境污染纪要》，实践中，常见的有害物质主要有：工业危险废物以外的其他工业固体废物；未经处理的生活垃圾；有害大气污染物、受控消耗臭氧层物质和有害水污染物；在利用和处置过程中必然产生有毒有害物质的其他物质；国务院生态环境保护主管部门会同国务院卫生主管部门公布的有毒有害污染物名录中的有关物质等。

（3）造成严重污染环境的后果

行为人除违反了国家有关环境保护方面的法律法规，实施了排放、倾倒或处置有放射性的废物、含传染病病原体的废物、有毒物质或者其他有害物质的行为，还要造成严重污染环境的后果。

根据 2016 年《环境污染解释》第 1 条规定："具有下列情形之一的，应当认定为'严重污染环境'：（1）在饮用水水源一级保护区、自然保护区核心区排放、倾倒、处置有放射性的废物、含传染病病原体的废物、有毒物质的；（2）非法排放、倾倒、处置危险废物三吨以上的；（3）排放、倾倒、处置含铅、汞、镉、铬、砷、铊、锑的污染物，超过国家或者地方污染物排放标准三倍以上的；（4）排放、倾倒、处置含镍、铜、锌、银、钒、锰、钴的污染物，超过国家或者地方污染物排放标准十倍以上的；（5）通过暗管、渗井、渗坑、裂隙、溶洞、灌注等逃避监管的方式排放、倾倒、处置有放射性的废物、含传染病病原体的废物、有毒物质的；（6）二年内曾因违反国家规定，排放、倾倒、处置有放射性的废物、含传染病病原体的废物、有毒物质受过两次以上行政处罚，又实施前列行为的；（7）重点排污单位篡改、伪造自动监测数据或者干扰自动监测设施，排放化学需氧量、氨氮、二氧化硫、氮氧化物等污染物的；（8）违法减少防治污染设施运行支出一百万元以上的；（9）违法所得或者致使公私财产损失三十万元以上的；（10）造成生态环境严重损害的；（11）致使乡镇以上集中式饮用水水源取水中断十二小时以上的；（12）致使基本农田、防护林地、特种用途林地五亩以上，其他农用地十亩以上，其他土地二十亩以上基本功能丧失或者遭受永久性破坏的；（13）致使森林或者其他林木死亡五十立方米以上，或者幼树死亡二千五百株以上的；（14）致使疏散、转移群众五千人以上的；（15）致使三十人以上中毒的；（16）致使三人以上轻伤、轻度残疾或者器官组织损伤导致一般功能障碍的；（17）致使一人以上重伤、中度残疾或者器官组织损伤导致严重功能障碍的；（18）其他严重污染环境的情形。"

3. 主体要件

本罪主体既可以是已满 16 周岁、具有辨认控制能力的自然人，也可以是单位。就单位而言，若单位构成污染环境罪的，实行双罚制，对单位判处罚金，对直接负责的主管人员和其他直接责任人员依法追究刑事责任。明知他人无危险废物经营许可证，向其提供或者委托其收集、贮存、利用、处置危险废物，严重污染环境的，以污染环境罪的共犯论处。

4. 主观要件

本罪是由重大环境污染事故罪演变而来，重大环境污染事故罪的主观方面表现为过失，故一般认为污染环境罪的主观要件也为过失。但理论界与司法实践中对于污染环境罪的主观罪过形式仍然存在争议。其中涉及故意说、过失说和复合罪过说、模糊罪过说四种学说。持过失说观点的学者认为，污染环境罪的危害性不亚于故意危害公共安全犯罪，但法定最高刑只要 7 年，若认为该罪的罪过形式为故意，则将导致罪刑不均衡。① 持故意说

---

① 高铭暄、马克昌主编：《刑法学》，北京大学出版社、高等教育出版社 2017 年版，第 585 页。

观点的学者认为在法条修改后，将该罪的主观罪过形式认定为过失已经失去了法律依据，相反，将本罪的罪过形式认定为故意符合罪责刑相适应的原则，也具有文理上的依据。① 持复合罪过说的学者认为，为了避免放纵对过失污染环境行为的处罚，因此本罪的主观方面应当包含故意和过失。② 持模糊罪过说观点的学者认为，为了提高刑事追诉效率，不论对环境污染结果是出于故意或过失的主观方面，均应成立污染环境罪。③

我们认为，上述学说中故意说较为合理，理由如下。

第一，将本罪的罪过形式认定为过失已不具备合理性。首先，过失犯罪必须以刑法的明文规定为定罪量刑的依据，但从本条规定来看，行为人的主观罪过形式中并不包含过失，以过失为本罪主观要件违反了罪刑法定原则。其次，持过失论观点的学者的理由之一在于刑法的法定刑幅度的设置。一方面，法定刑幅度的设置如何本身并不影响罪过形式的认定，我国刑法中也存在故意犯罪的法定刑低于过失犯罪法定刑的情形，如故意伤害罪。另一方面，《刑法修正案（十一）》将污染环境罪的法定刑幅度提升到 7 年以上的有期徒刑，故原先学者所持的论据已不再具有说服力。再次，司法实践中共同污染环境的情形并不少见，以过失为本罪的主观罪过形式无法很好地处理共同污染的问题，缩小了对于环境污染行为的打击范围。最后，对于行为人出于过失污染环境的行为，可以过失投放危险物质罪等过失危害公共安全类罪名进行处罚。因此，将污染环境罪的主观罪过形式认定为过失已然不合理且不必要。

第二，复合罪过说和模糊罪过说存在不足。首先，复合罪过说和模糊罪过彼此间的界限并不明朗，概括来说都认为本罪的主观要件既包含故意，又包含过失。但如上所述，将过失作为本罪的主观方面已然存在诸多不合理之处。其次，两说均包含了加大对环境污染行为打击力度的目的，因此更易扩大对环境污染行为的打击范围，使得入罪门槛降低，不符合刑法的谦抑性要求。最后，若采纳复合罪过说或模糊罪过说，不论行为人的主观罪过是故意或过失，面对的为同一法定刑幅度，忽略了行为人的主观恶性在定罪量刑时的重要作用，违反了罪责刑相适应原则。

第三，故意说有其合理之处。首先，如上所述，过失犯罪的定罪处罚必须具备刑法的明文规定，本罪的法律规定中并未出现相关的"过失字眼"，故应当认定本罪的罪过形式为故意。其次，将本罪的罪过形式认定为故意，能够解决司法实践中多发的共同污染环境的问题。在实施共同污染环境行为的场合，无须分别证明各行为人的行为对结果的产生具有刑法上的因果关系，有利于提高本罪的追诉率。最后，《刑法修正案（十一）》将本罪的法定刑幅度予以提高，新增了"判处 7 年以上有期徒刑"的四种情形，不存在持过失论学者所批判的罪刑不均衡的情形，反而符合了罪刑相适应原则。

根据 2019 年《环境污染纪要》的精神，对于污染环境罪的主观过错应认定为故意，并应从多方面综合判断行为人的主观恶性。纪要提出，"实践中，具有下列情形之一，犯

---

①　周详、夏萌：《论污染环境罪的罪过形式："故意说"之提倡与贯彻》，载《南京工业大学学报（社会科学版）》2021 年第 1 期。

②　陈洪兵：《模糊罪过说之提倡——以污染环境罪为切入点》，载《法律科学》2017 年第 6 期。

③　田国宝：《我国污染环境罪立法检讨》，载《法学评论》2019 年第 1 期。

罪嫌疑人、被告人不能作出合理解释的,可以认定其故意实施环境污染犯罪,但有证据证明确系不知情的除外:(1)企业没有依法通过环境影响评价,或者未依法取得排污许可证,排放污染物,或者已经通过环境影响评价并且防治污染设施验收合格后,擅自更改工艺流程、原辅材料,导致产生新的污染物质的;(2)不使用验收合格的防治污染设施或者不按规范要求使用的;(3)防治污染设施发生故障,发现后不及时排除,继续生产放任污染物排放的;(4)生态环境部门责令限制生产、停产整治或者予以行政处罚后,继续生产放任污染物排放的;(5)将危险废物委托第三方处置,没有尽到查验经营许可的义务,或者委托处置费用明显低于市场价格或者处置成本的;(6)通过暗管、渗井、渗坑、裂隙、溶洞、灌注等逃避监管的方式排放污染物的;(7)通过篡改、伪造监测数据的方式排放污染物的;(8)其他足以认定的情形"。

(二)污染环境罪司法认定问题

1. 污染环境罪与非罪的界限

如上所述,污染环境罪的成立必须满足违反国家规定,实施了排放、倾倒或者处置有放射性的废物、含传染病病原体的废物、有毒物质或者其他有害物质,严重污染环境的行为。但由于环境污染行为本身具有长期性、隐蔽性、复杂性等特点,再加上社会发展变化所带来的新问题、新现象和立法规定上的不完善,司法实践中对于污染环境罪与非罪的判断仍然在部分情形上还存在争议。

(1)行为人不知晓自己的行为违反了国家规定

污染环境罪要求行为人客观上违反了国家的法律法规,对于行为人主观上是否需要有足够的认识并未予以明确,那么行为人在不知晓自己行为违法的场合,能否认定其构成污染环境罪?我们认为,不知法不赦免是传统刑法规则,但是实践中应当分为一般的场合和特殊的场合进行分析。

在一般情况下,生产经营者在生产经营活动中必然要进行相应的排污、处置废物的行为,因此出于法律风险的防范,必然对相关的法律规范有明确的认识,也会为了避免不必要的风险开展专业培训。因此,从社会通常观念来看,行为人不论是作为生产经营者、管理者还是其他参与人,由于进行了专业培训,对危险物质、相关规定都有一定的熟知度。在这种情况下,行为人主张自己不知晓国家规定是没有理由的,属于法律上的错误,不阻却故意,故应当认定其构成污染环境罪。

但在特殊的场合,行为人有充足的理由说明其不知晓国家规定,一般表现为国家规定的危险物质的范围扩大。由于相关法律法规修改导致的,在相关文件熟识期间,因行为人不知晓实施的污染环境行为的场合,应当阻却行为人的故意,不应认定其成立本罪。

(2)单位员工违规实施了排放、倾倒、处置危险废物的行为,单位未履行监督义务的

在此种情形下,单位员工实施的污染环境行为若符合本罪的构成要件的,自然构成污染环境罪,但单位对此未履行监督义务的是否构成本罪,应当针对不同的情况具体分析,主要包括以下两种情形:

其一，单位完全未履行监督义务的场合。在此种场合下，因单位本身具有履行监督的义务却完全未履行，在其知晓员工违法排污的场合，应认定其存在间接故意，认定其构成污染环境罪。在其不知晓员工违法排污的场合，由于其完全未履行监督义务，对单位内合法排污或违法排污行为并不关心，某种程度上为员工违法排污行为大开便利之门，也应认定单位存在间接故意，认定其构成污染环境罪。但若单位能够证明具有监督义务的人不履行监督义务是与公司章程、宗旨、规章制度相违背的，可以认定不履行监督义务是监督人个人意志，不代表单位意志。

其二，单位履行了监督义务，因监督机制不完善，过失导致严重污染环境后果产生。由于本罪的主观罪过形式仍有争议，在此种情形下，易出现"同案不同判"的现象。在承认过失是本罪的主观罪过形式的场合，因监督过失导致的污染环境罪可能成立。因现代社会中作为社会主要参与者的单位不仅负有经济责任，还负有社会责任，其有义务完善自身的监督机制，管理和监督内部人员，以防止其成员在从事生产经营活动中实施违法犯罪行为。若单位存在监督不力或由于自身监督机制不健全导致员工在从业过程中实施了违法犯罪行为的，单位的监督过失因从业人员的介入行为予以现实化，应当承担监督过失的刑事责任。①

在仅承认故意是本罪的主观罪过形式的场合，因监督过失不存在污染环境的故意，故不认定其构成本罪，但若其行为符合其他犯罪构成要件的，可能构成其他犯罪。

（3）未造成"严重污染环境"后果

针对"严重污染环境"的表述究竟是指向严重污染环境的行为，还是严重污染环境的结果，学界存在将污染环境罪界定为行为犯、结果犯或既包含行为犯也包含结果犯。但根据 2016 年《环境污染解释》的规定，可以看出"严重污染环境"指向的是严重污染环境的结果，因此污染环境罪应当是结果犯。那么，若行为人着手实施了严重污染环境的行为，却未造成严重污染环境的后果，应当认定行为人构成犯罪未遂还是不成立犯罪？我们认为，针对此种情形，又存在以下几种场合：

其一，行为人已着手实施污染环境行为，未造成污染环境后果。根据纪要精神，在此种场合下，行为人已经着手实施污染环境行为，虽然尚未造成严重污染环境的后果，但是是因有关部门查处或者其他意志以外的原因未得逞的，可以污染环境罪的未遂犯追究刑事责任。

其二，行为人已着手实行污染环境行为，已造成污染环境后果，但未达到"严重污染环境"的后果。

此种情形下，司法界存在的争议是对于行为人犯罪形态的判断。比如，根据 2016 年《环境污染解释》的规定，"非法排放、倾倒、处置危险废物三吨以上的"，为严重污染环境，若行为人已非法排放危险废物 2.9 吨，此时行为人的行为应构成污染环境罪的未遂犯，还是不成立本罪？对此，存在"既遂条件说"和"犯罪成立说"两种观点。"既遂条件说"认为"严重污染环境"应当是污染环境罪的既遂条件，故此种情形下应当认定行为人的行为构成犯罪未遂。"犯罪成立说"则认为"严重污染环境"是本罪的成立要件，

---

① 李紫阳：《监督过失型污染环境犯罪因果关系的判断》，载《河北法学》2019 年第 8 期。

故此种情形下应当认定行为人的行为不成立本罪。①

持"既遂条件说"的学者认为，此种情形下，行为人的行为应当认定构成犯罪未遂。一方面，犯罪成立说存在一个较为明显的误区，即将行为的入罪标准与犯罪既遂标准进行同等对待。刑法分则中对于各个罪名的规定是针对行为的既遂标准进行的规定，将入罪标准与既遂标准简单等同，忽略了刑法总则中对于犯罪的特殊形态的规定。② 另一方面，依照犯罪成立说，在行为人已排放 2.9 吨废物的情形下，因未达到 3 吨的排放标准，故行为人的行为不构成犯罪，但仅相差 0.1 吨的 3 吨排放量则成立本罪，有罪刑失衡之嫌。反之，将其理解为既遂条件则可以解决罪刑失衡的问题，也能避免行为人以具体数字化的标准进行利益衡量，逃避刑事制裁，弥补了犯罪成立说的不足。从刑事政策的角度来看，将此种行为认定为构成犯罪未遂，也能够更好地发挥刑法的一般预防效果，达到预防环境污染、保护生态环境的目的。

我们认为，上述分析有一定道理，但若严格按照客观主义的刑法理论，既然法律将"严重污染环境"的标准设置在具体的数值上，也就意味着达到此数值的行为才是需要法律予以惩处的行为，即只有达到法律所规定的具体数值才能构成犯罪。因刑法不仅仅是对他人的行为进行惩戒，还要发挥其预测作用，通过具体、明确的规定为一般人提供行为指向，既然其行为未达到入罪标准，则不能随意降低入罪门槛，否则就会造成人们对法律认识的混乱。从这个方面来说，将"非法排放、倾倒、处置危险废物三吨以上"的情形理解称为犯罪成立的条件是更为符合立法精神的。但司法实践中可能存在将非法排放危险废物 2.9 吨的行为作为犯罪未遂处理的情形。

此外，若行为人属于明知他人无危险废物经营许可证，向其提供或者委托其收集、贮存、利用、处置危险废物，未达到"严重污染环境"后果的，根据 2016 年《环境污染解释》第 7 条的规定，属于共同犯罪。根据共犯的从属理论，行为人应当构成污染环境罪的未遂。

（4）人员流动的单位犯意的界定

污染环境罪的犯罪主体包括自然人和单位。对于自然人犯罪的判断较为简单，但对于单位犯罪的判断则存在困难，主要体现在对单位意志和个人意志的区分上。由于污染环境的行为是具有长期性、潜伏性、复杂性特征的行为，单位的人员流动相比环境污染造成的结果更快，可能会存在如下情况：原先公司的部门经理默认员工违规排污的行为，部门主管曾明确反对但无力制止，后出现人事调动，新任部门经理尚未知晓此类行为，但部门主管已开始默认此种行为且未向上级汇报。

这种情况下对于单位犯意的界定存在以下几个方面的困难：能否认为构成单位犯罪，若认为构成单位犯罪，在未存在集体决策的情况下，应以谁的个人意志代表单位意志？单位犯意产生于何时？持续了多久？我们分析如下：

第一，单位犯罪与个人犯罪的重要区别之一在于意志归属的不同，若在单位意志的引

---

① 秦长森、李向玉：《论污染环境罪的罪状适用——以"严重污染环境"为中心》，载《政法学刊》2020 年第 6 期。

② 姜文秀：《污染环境罪的未遂》，载《法学杂志》2020 年第 4 期。

导下实施污染环境行为的，自然应认定为单位犯罪。单位意志的表现包括经单位集体研究决策，或单位的负责人或被授权的其他人员决定。从该角度看，在上述情形中，原先部门经理尚未离任时，排污行为的负责人是部门经理，此时经理的意志可视同为单位的意志，其明知员工存在违规排污的行为仍予以放任，存在污染环境的故意。在原任部门经理离任、新任部门经理上任的期间内，由于新任部门经理并不知晓此类行为，虽然其拥有制止违规排污行为的权力，但因不知晓而形同虚设，实际上对于违规排污行为拥有制止能力的是部门主管，因其一方面拥有权力能实际地制止该行为，另一方面也能够通过向新任经理汇报情况阻止此行为。因此，此时部门主管实际上是排污行为的负责人，其意志可以视为单位的意志，其仍对员工的违规排污行为予以放任，也存在污染环境的故意。

第二，纵然在排污行为的实际操作上，能够认定部门经理和部门主管均存在污染环境的故意，且能够视同为单位意志，但对于单位意志的判断还应当结合其他的客观要素。上述情形中，部门经理和部门主管虽然作为单位授权的关于排污行为的负责人和决定人，但若其放纵员工违规排污的行为是与单位的章程、宗旨、理念相违背，与单位的规章制度和管理制度相违背的，应当认定此行为代表的是负责人的个人意志，以自然人犯罪论处。

2. 污染环境罪与投放危险物质罪的界限

根据《刑法》第114条、第115条的规定，投放危险物质罪是指行为人通过投放毒害性、放射性、传染病病原体等物质危害公共安全的行为。污染环境罪与投放危险物质罪有相似之处。在客体方面存在交叉，即两罪所保护的客体中均包含不特定人的生命、健康；在客观方面，均存在将危险废物向公共场所辐射的行为；在主体方面，均要求为一般主体；主观方面均包含故意。但二者也存在如下差异：

第一，两罪的保护客体不尽相同。前者所保护的客体是环境法益及污染环境行为带来的对不特定人的生命、健康带来损害的人类法益，后者所保护的客体是公共安全，即不特定多数人的生命、健康或重大公私财产的安全。

第二，两罪的行为方式不尽相同。前者实施了违反国家规定，排放、倾倒或者处置有放射性的废物、含传染病病原体的废物、有毒物质或者其他有害物质，严重污染环境的行为，并且通过污染环境可能带来人身伤亡的结果，行为指向为环境。后者实施了投放毒害性、放射性、传染病病原体等物质危害公共安全的行为，一方面，不要求违反国家的环保法规；另一方面，行为方式为投放危险物质，主要包括将毒害性、放射性、传染病病原体等物质投放于供不特定或者多数人饮食的食品或者饮料中，供人、畜等使用的河流、池塘、水井中或者不特定人、多数人通行的场所。与排放、倾倒、处置危险废物不能等同，但排放、倾倒危险废物的行为可能包含于投放危险物质的行为范畴中。简言之，后者是通过投放危险物质的行为直接造成危害公共安全的后果，无需以环境的损害作为中介，行为指向为不特定多数人的生命、身体健康。

第三，两罪的犯罪对象不同。前者包括有放射性的废物、含传染病病原体的废物、有毒物质或者其他有害物质，多为危险废物。后者包括毒害性、放射性、传染病病原体等危险物质。

第四，两罪的主观故意不同。虽然前者的罪过形式目前仍存有争议，但本罪中行为人不具备危害公共安全的故意。后罪中行为人具有危害公共安全的故意。

第五，两罪的主体要件不同。前者的犯罪主体既包括自然人，也包括单位。后者的犯罪主体仅限于自然人。

司法实践中，由于两罪的行为方式相似，犯罪对象存在交叉，故对于行为人违反了国家规定，实施了排放危险物质的行为，应当认定其构成污染环境罪还是投放危险物质罪存在争议，甚至存在司法冲突。

以盐城案①为例，盐城市标新化工有限公司为环保部门规定的"废水不外排"企业。被告人胡某某、丁某某作为该公司法定代表人和生产负责人，在明知该公司生产过程中所产生的废水含有苯、酚类有毒物质的情况下，仍将大量废水排放至该公司北侧的五支河内，任其流经蟒蛇河污染盐城市区城西、越河自来水厂取水口，致盐城市区20多万居民饮用水停水长达66小时40分钟，造成直接经济损失人民币543.21万元。法院最终判决两被告人犯投放危险物质罪，分别判处胡某某、丁某某十年和六年有期徒刑。

在樊某某、王某某、蔡某污染环境案②中，被告人樊某某接受山东兴氟新材料有限公司的委托，为其处理副产品硫酰氯。并安排被告人王某某、蔡某用罐车到山东兴氟新材料有限公司拉走35吨硫酰氯，将该35吨硫酰氯倾倒丁高青县花沟镇唐口村南小清河中，硫酰氯遇水反应生成的毒气雾团飘至邹平县焦桥镇韩套村，将熟睡中的村民熏醒，致上百村民呼吸系统受损，并造成庄稼苗木等重大财产损失，村民韩某某因吸入酸性刺激气体致死。公诉机关以危险方法危害公共安全罪起诉，淄博市中级人民法院却认为几名被告人的行为构成污染环境罪，分别判处被告人樊某某、王某某、蔡某有期徒刑六年六个月、六年和五年六个月，并处罚金。

该案中，法院认为三被告对于倾倒液体的毒性认识不足，且选择在离村庄有一定距离的小清河河段倾倒，其主观态度上不希望或放任危害结果的发生，属于过于自信的过失，将其认定为污染环境罪。

对比两个案例，行为人都实施了排放、倾倒危险废物的行为，但盐城案中认定行为人构成投放危险物质罪，樊某某案中则认为其构成污染环境罪。法院作出判决的关键因素在于行为人是否具有危害公共安全故意的判断。

有学者指出，两案中被告人的主观罪过判断仍存在疑虑。樊某某案中行为人在倾倒液体时佩戴了防毒面具，可推定行为人知晓倾倒的液体毒性很强，可能危害周边村庄的人民和环境。盐城案中，污水时在排入五支河后又流经蟒蛇河才间接污染饮水源，且此前多次排污行为未带来危害后果，行为人可能根本未认识到危害结果。③

我们认为，两罪之间存在法条竞合的关系。投放危险物质罪与污染环境罪实际上是一般法条和特别法条的关系。两罪的行为方式和保护客体均存在重合，再加之，行为人实施污染环境罪的，除了具有污染环境的故意外，对于污染环境后带来的人类法益的侵害后果

---

① 最高人民法院公布四起环境污染犯罪典型案例之四，载《最高人民法院公报》2014年第3期。

② 淄博市中级人民法院刑事判决书：（2013）淄刑一初字第39号。

③ 贾占旭：《论污染环境罪与投放危险物质罪的竞合关系——从冲突的典型案例看错误的司法解释》，载《政治与法律》2016年第6期。

也应当认识到，故而行为人在实施污染环境的行为时也带有危害公共安全的间接故意。但相比较而言，污染环境的故意程度高，危害公共安全的故意程度低。同样，行为人实施投放危险物质的行为是，对于带来的环境污染至少存在放任态度，但与危害公共安全的意图相比程度更低。因此，若行为人实施了违反国家规定，排放危险废物的行为，严重污染环境又造成危害公共安全的后果，对公共安全的危害还在污染环境罪可评价的范围内时，属于一行为触犯数个罪名的法条竞合犯，此时只有污染环境罪能完整地评价其行为，因此应认定其构成污染环境罪。若行为对公共安全的危害已经超出污染环境罪可评价的范围，则此时行为人属于一行为触犯数个罪名的想象竞合犯，应择一重罪处罚。

四、污染环境罪典型案例分析

此处的典型案例选取的是陕西省高级人民法院发布的 2019 年度第九届十大公益诉讼案件之十的江苏南京市鼓楼区人民检察院诉南京胜科水务公司污染环境刑事附带民事公益诉讼案。

（一）污染环境罪典型案例

经南京市中级人民法院审理查明，具体案件事实如下：

1. 2014 年 10 月至 2017 年 4 月 18 日，被告单位胜科公司在其一期 B 高浓度废水处理系统未运行、SBR 池无法正常使用的情况下，仍多次接收排污企业（管线进水、槽罐车进水）高浓度废水并利用暗管违法排放；多次利用暗管违法排放低浓度废水；在一期、二期废水处理系统中修建暗管用于偷排污泥；人为篡改在线监测仪器数据，逃避环保部门监管，致二期废水处理系统长期超标排放污水；在无危废处理资质情况下，接收德司达染料（南京）有限公司（以下简称德司达公司）属于危险废物的混合废液共计 118.48 吨，利用暗管偷排 54.06 吨，其余 64.42 吨尚未排放。

2. 被告人郑某某作为胜科公司总经理，明知运行部经理浦某某等人实施上述污染环境行为，未加以制止或者及时采取措施，而是予以默许、纵容。被告人浦某某作为胜科公司运行部经理，组织、参与实施了上述全部污染环境行为。被告人李某某作为胜科公司商务部经理，明知胜科公司高浓度废水处理系统未运行、总排出水长期超标等情况，仍在被告人郑某某授意下从事接收高浓度废水商务洽谈活动，大量接收高浓度废水。被告人高某某、陈某、毛某作为胜科公司运行部主管，被告人金某、洪某某、谷某某、夏某作为胜科公司运行部班长，存在安排或实施偷排高浓度废水、低浓度废水的行为；存在安排或实施偷排污泥的行为；存在取水样送检过程中弄虚作假、手动篡改自动监测仪器数据等行为。被告人高某作为胜科公司分析室主管，在制作检测台账时存在造假数据应付环保部门检查的行为。

3. 根据环境保护部南京环境科学研究所司法鉴定所（以下简称南京环科所鉴定所）司法鉴定意见书（国南环司法鉴定所［2019］环评鉴字第 2 号），2014 年 10 月 1 日至 2016 年 6 月 30 日、2017 年 1 月 1 日至 2017 年 4 月 18 日，该单位违规排放高浓度废水共计 288235.04 立方，违规排放 54.06 吨属于危险废物的混合废液违法所得 237933.54 元；

二期废水处理系统超标排放废水造成减少防治污染设施运行支出共计人民币 4855882.80元；偷排污泥约 4362.53 吨（含水率 53%），上述行为造成生态环境损害数额共计约人民币 2.56 亿元。

庭审过程中，被告人郑某某、李某某和被告单位均辩称不构成污染环境罪，其不认可亦不知道接收的德司达公司的废水是危险废物、对于生态环境损害的计算方式及数额有异议。辩护人提出郑某某不存在领导公司偷排废水的行为、不存在犯罪主观故意、鉴定意见不合法等辩护意见。

一审法院审理查明后，判处被告单位南京胜科水务有限公司犯污染环境罪，判处罚金人民币五千万元。被告人郑某某犯污染环境罪，判处有期徒刑六年，并处罚金人民币二百万元。被告人浦某某犯污染环境罪，判处有期徒刑二年九个月，并处罚金人民币二十万元。被告人李某某犯污染环境罪，判处有期徒刑二年六个月，并处罚金人民币二十万元。其他 9 名被告人也分别被判处了期限不等的有期徒刑和数量不等的罚金。

后胜科公司、郑某某、李某某不服一审判决，提起上诉。南京市中级人民法院经审理查明后认为原审法院定罪准确，量刑适当，审判程序合法，裁定驳回上诉，维持原判。①

（二）污染环境罪案例分析

本案中，行为人的行为符合污染环境罪的构成要件。

1. 客体要件。行为人的行为侵害了国家所保护的生态环境利益和国家防治环境污染的管理制度。在本案中，具体表现为胜科公司排放高浓度废水、危险废物的行为对长江水域生态环境的建设造成了严重的损害，侵害了国家的防治环境污染管理制度。

2. 客观要件。行为人实施了污染环境的行为，并造成了环境污染的严重后果。在本案中，具体表现为行为人向长江水域偷排高浓度废水、危险废物，排放量巨大，且造成了长江水域巨大的生态环境损害后果的行为。

3. 主体要件。行为人为达到刑事责任年龄，具备刑事责任能力的自然人。单位可以成为犯罪主体。在本案中，胜科公司为本案的犯罪主体。法院认为，被告人郑某某作为胜科公司总经理，明知公司员工浦某某等人实施偷排、篡改在线监测数据等污染环境行为，并未加以制止或者及时采取措施，而是予以纵容、默许，案涉接收废水、偷排、篡改在线监测数据等行为系胜科公司多部门之间协作完成，犯罪行为产生的违法所得亦归胜科公司所有，故本案应认定为被告单位胜科公司单位犯罪。

4. 主观要件。关于本罪的主观要件究竟是过失还是故意仍然存在争议。但本案中，就胜科公司而言，公司内部已经形成了完整的违规排放流程，存在犯罪的主观故意。就郑某某而言，法院认为郑某某长期从事污水处理工作，且担任污水处理企业的主要领导，其作为胜科公司总经理应当知晓环境影响报告内容、公司设备运行状况和处理废水的能力等情况，应当具有较高的专业技术能力，对危险废物种类、来源、危险特性等知识有比较好的掌握，也应当知晓胜科公司不具有处置危险废物的资质。郑某某在明知胜科公司一期 B 高浓度废水处理系统未运行、SBR 池无法正常使用，不能正常

---

① 江苏省南京市中级人民法院刑事裁定书：（2019）苏 01 刑终 525 号。

处理高浓度废水的情况下，仍要求大量接收高浓度废水，主观上具有默许、纵容公司偷排高浓度废水的故意。

五、污染环境罪的刑事政策与企业犯罪预防

(一) 污染环境犯罪的刑事政策

污染环境罪是由 1997 年《刑法》的"重大环境污染事故罪"演变而来的，在环境污染日趋严重的情况下，司法实践中污染环境犯罪案件量大幅上升，2011 年的《刑法修正案（八）》将污染环境罪作为独立的犯罪予以规定。此次修改降低了本罪的入罪门槛，是环境刑事立法扩张、环境刑法理念演进的直接表现，对环境犯罪"零容忍"的态度逐渐成为社会共识。此罪的设置实际上是适应了我国推进生态建设的需要，遏制和预防环境污染行为，构建美好中国。《刑法修正案（十一）》再次对本罪进行修改，进一步扩大了处罚范围，体现出严惩环境犯罪的决心。

2018 年 6 月 16 日，中共中央、国务院发布《关于全面加强生态环境保护坚决打好污染防治攻坚战的意见》（以下简称《意见》）。同年 7 月 10 日，全国人民代表大会常务委员会通过了《关于全面加强生态环境保护依法推动打好污染防治攻坚战的决议》（以下简称《决定》）。《意见》和《决定》要求，全力参与和服务保障打好污染防治攻坚战，推进生态文明建设，形成各部门依法惩治环境污染犯罪的合力。2018 年 12 月，最高人民法院、最高人民检察院、公安部、司法部、生态环境部在北京联合召开座谈会，通过了《关于办理环境污染刑事案件有关问题座谈会纪要》。会议要求，各部门要正确理解和准确适用《刑法》和 2016 年《环境污染解释》的规定，坚持最严格的环保司法制度、最严密的环保法治理念，统一执法司法尺度，加大对环境污染犯罪的惩治力度。

(二) 污染环境犯罪的企业犯罪预防

1. 提高企业责任意识

保护生态环境是大势所趋，也是企业社会责任的主要体现。企业重视内部的生态环境建设未必不是市场竞争中取得先机的新机遇。化刑事风险为商业机遇才是企业应当思考和行动的关键。要实现这种转化需要企业时刻注意国家对于环境污染方面的政策动向。只有时刻关注国家对于生态建设的发展动向以及政策指示，才能让企业认识到哪些行为可能成为国家重点打击的对象，从而避免过度污染环境的行为；也可以通过国家政策的指示，为企业在内部的环境建设方面寻找突破口，以期为企业带来新的商业机遇或竞争优势。随着国家对于环境公益诉讼提起的重视程度不断增强，企业或企业家正确意识到生态环境建设的重要性，正确意识到目前国家对美丽中国、蓝天保卫战、污染防治战等生态环境建设的重视程度，提升自己的环境保护意识，以及对污染环境方面的刑事风险防控意识。对比较模糊的法律，要尽可能明确其界限，防止不自觉地坠入违法犯罪。对于重大的法律问题，

可以引入专家意见，做到心中有数。① 在企业内部还应当加强全体员工在环境保护观念方面的法治建设和法治宣传，提高员工的环境保护意识，将环境保护作为企业文化以深入全体员工心中，以法治宣传和道德教养的方式防止过度污染环境行为的发生。在经营过程中始终考虑公共利益的要求，摈弃"带血的利润"，合法经营。②

2. 健全企业内部污染排放和评估机制

建立和完善企业内部的环境风险测评和防控机制，能够有效地遏制企业犯此罪的可能性。

一方面，企业内部的环境风险测评和防控机制主要包括对于企业可能涉及的环境风险，比如对排放、倾倒和处置有害物质可能造成的水质污染、土地污染或施工过程中可能造成的噪声污染进行风险测评，对周边环境和居民可能造成的损害程度进行评定以决定下一步举措是否开展。企业内部的环境风险防控机制则包括环境风险动态监测机制、环境风险预警机制和环境风险快速反应机制等。在通过环境风险评估机制后，就该项目开展所造成的环境影响进行实时的动态监测和趋势预测，在发现环境污染可能进一步加重，造成重大污染后果时，启动环境风险预警机制和快速反应机制，及时采取积极措施以避免损害后果的进一步扩大，降低对周边环境和居民带来的损害程度，也及时防止自身行为达到立案标准。

另一方面，企业内部应当培养具有环境保护和风险测评等专业方面知识的人才队伍。大多数企业内部对于环境风险防控的意识不够的一个重要因素在于没有完整的环境风险防控体系或没有专业的环境学方面的专家对企业所涉及的环境风险进行规划和分析，并提出建议和预防措施。由于环境保护涉及的专业知识较多，比如对于污染程度的评定和污染物质的认识等方面，非专业人士很难知晓自身行为所造成或可能造成的法律后果或污染结果。因此，企业应当招聘或加强环境学方面专业人士，特别是具有环境学背景和法学背景的复合人才，了解本企业的环境污染动态并及时提出建议和措施以规避刑事风险。

---

① 蒋德海：《将民营企业家从刑事法律风险中解放出来》，载《统一战线学研究》2019年第1期。
② 闫胜利：《企业家面临的主要刑事风险及预防政策》，载《淮海工学院学报（人文社会科学版）》2018年第9期。

第十七章　非法经营同类营业犯罪的风险及其防控

一、非法经营同类营业罪的立法规定

(一) 非法经营同类营业罪的行政法律法规及规章

非法经营同类营业罪主要涉及的刑事领域外的法律为《公司法》。

第六十九条　国有独资公司的董事长、副董事长、董事、高级管理人员，未经国有资产监督管理机构同意，不得在其他有限责任公司、股份有限公司或者其他经济组织兼职。

第一百四十七条　董事、监事、高级管理人员应当遵守法律、行政法规和公司章程，对公司负有忠实义务和勤勉义务。

董事、监事、高级管理人员不得利用职权收受贿赂或者其他非法收入，不得侵占公司的财产。

第一百四十八条　董事、高级管理人员不得有下列行为：

(一) 挪用公司资金；

(二) 将公司资金以其个人名义或者以其他个人名义开立账户存储；

(三) 违反公司章程的规定，未经股东会、股东大会或者董事会同意，将公司资金借贷给他人或者以公司财产为他人提供担保；

(四) 违反公司章程的规定或者未经股东会、股东大会同意，与本公司订立合同或者进行交易；

(五) 未经股东会或者股东大会同意，利用职务便利为自己或者他人谋取属于公司的商业机会，自营或者为他人经营与所任职公司同类的业务；

(六) 接受他人与公司交易的佣金归为己有；

(七) 擅自披露公司秘密；

(八) 违反对公司忠实义务的其他行为。

董事、高级管理人员违反前款规定所得的收入应当归公司所有。

第一百五十二条　董事、高级管理人员违反法律、行政法规或者公司章程的规定，损害股东利益的，股东可以向人民法院提起诉讼。

（二）非法经营同类营业罪的刑法及司法解释

1.《刑法》规定

第一百六十五条 国有公司、企业的董事、经理利用职务便利，自己经营或者为他人经营与其所任职公司、企业同类的营业，获取非法利益，数额巨大的，处三年以下有期徒刑或者拘役，并处或者单处罚金；数额特别巨大的，处三年以上七年以下有期徒刑，并处罚金。

2. 2005 年最高人民法院《关于如何认定国有控股、参股股份有限公司中的国有公司、企业人员的解释》（法释〔2005〕10 号）

刑法分则第三章第三节中的国有公司、企业人员还包括国有公司、企业委派到国有控股、参股公司从事公务的人员。

3. 2010 年最高人民检察院、公安部《关于公安机关管辖的刑事案件立案追诉标准的规定（二）》（公通字〔2010〕23 号）

第十二条 ［非法经营同类营业案（《刑法》第一百六十五条）］国有公司、企业的董事、经理利用职务便利，自己经营或者为他人经营与其所任职公司、企业同类的营业，获取非法利益，数额在十万元以上的，应予立案追诉。

二、非法经营同类营业罪犯罪学分析

（一）非法经营同类营业罪的犯罪现状

2010 年 1 月 1 日—2020 年 12 月 31 日全国非法经营同类营业罪案件基本情况分析[①]：

1. 案件总数：66

2. 法院分布

表 17-1　　　　　　　　　　非法经营同类营业罪案件审理法院

审理法院层级	最高人民法院	高级人民法院	中级人民法院	基层人民法院	专门法院
总件数	0	8	17	41	0

---

① 该数据选取时间为 2010 年 1 月 1 日—2020 年 12 月 31 日，数据来源：威科先行网（http//8721add15be1c16f50bd1ba831cbefd9. f2a9b9a2. libvpn. zuel. edu. cn/），最后访问日期：2021 年 3 月 31 日。

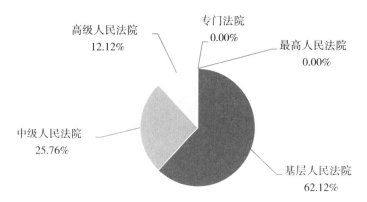

图 17-1　非法经营同类营业罪（单位犯罪）案件审理法院级别

3. 审级分布

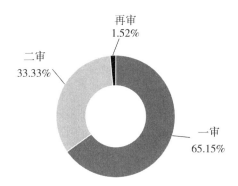

图 17-2　非法经营同类营业罪（单位犯罪）案件审级分布

4. 地域分布

除港澳台地区，全国各省（区、市）非法经营同类营业罪案件分布如下：

表 17-2　　　　　全国各省（区、市）非法经营同类营业罪案件分布情况

东部沿海地区									
省（区、市）	京	津	冀	沪	苏	浙	闽	鲁	粤	琼
案件数	2	0	5	1	1	4	0	13	2	0

中 部 地 区					
省（区、市）	豫	晋	皖	赣	鄂	湘
案件数	8	0	12	3	0	0

续表

西 部 地 区											
省（区、市）	渝	滇	桂	川	贵	藏	陕	甘	蒙	青	宁	新
案件数	1	0	3	7	0	0	0	1	1	0	0	0

东 北 部 地 区		
省（区、市）	辽宁	吉林	黑龙江
案件数	0	2	0

5. 年度趋势

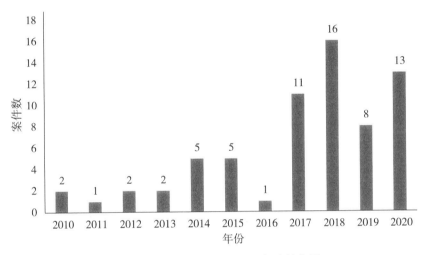

图 17-3　非法经营同类营业罪年度趋势图

（二）非法经营同类营业罪的犯罪特征

第一，中部地区案发较多。从表 17-2 全国各省（区、市）非法经营同类营业罪案件分布情况分析可知，2010 年至今，非法经营同类营业罪触犯频率最高的省份依次是山东省、安徽省、河南省、河北省、四川省。从图 17-3 非法经营同类营业罪年度趋势图分析可知，非法经营同类营业罪案件基数较少，但总体趋势呈波动上升，近几年案件较多。

第二，犯罪开始增多。同 2016 年前相比，最近 5 年的非法经营同类营业案件数量呈现大幅度增长。2017 年至 2019 年非法经营同类营业罪案件数呈现上升趋势。非法经营同类营业罪的案件由中级法院和高级法院审理的案件占比较重，上诉案件也较多，分析是由于被告人对于"同类营业""经理"等概念界定存在争议。虽然非法经营同类营业罪案件基数较小，一方面案件较少可能与其特殊的犯罪主体资格存在关联，另一方面也可能是国有企业的董事、经理提升了该方面的风险防控意识。

第三，行为人利用职务便利搭顺风车为自己或者第三人谋利。在汪某某贪污、挪用公款、非法经营同类营业案中，被告人汪某某在同时兼任国有企业汽运总公司法定代表人、总经理和交通发展公司（已改制）法定代表人、董事长期间，在未经集体研究的情况下，擅自决定将汽运总公司所拥有的 14 条跨区公路旅客运输线路申报转移至交通发展公司、由交通发展公司与汪某某等人共同设立的南方长运公司经营，共获取非法利益 284955.65 元。法院审理认为，主管机关明知汪某某参与投资的公司与其所任职的国有公司经营同类营业，并不意味着汪某某就可以利用职务便利为其投资的公司谋取利益。汪某某身为国有企业汽运总公司的经理，利用职务便利，未在公司内履行正当程序，不顾公司人员的反对，擅自决定将公司的 14 条班线转移给自己经营的交通发展公司、南方长运公司，损害了汽运总公司的利益，其行为符合非法经营同类营业罪的构成要件，最终判处汪某某犯非法经营同类营业罪，判处有期徒刑两年，并处罚金 10 万元。数罪并罚决定执行有期徒刑十九年，并处没收个人财产 80 万元，罚金 10 万元。

在宋某某非法经营同类营业案中，被告人宋某某于担任天津水泥工业设计研究院副院长期间，利用职务之便，将该院经营的广州石井德庆水泥厂有限公司的设计项目，转由自己与他人共同注册出资的历某公司（宋某某任董事长、法定代表人）承接，因该公司无设计资质，宋某某联系，历某公司与北京凯盛建研建材设计有限公司联合，于同年 6 月 17 日历某公司、凯盛公司与德庆公司签订了工程设计合同。该案的争议焦点在于，宋某某是否具备犯罪主体资格。再审法院查明，天津水泥设计院系国家国有资产监督管理委员会直接管理的国有企业，法定代表人为院长，下设副院长和部门经理等，虽然并未进行公司改制，但是其院长、副院长具有与公司、企业经理、董事相同的职能。宋某某案发前的职务为国有企业天津水泥设计院副院长，分管科研开发、市场开拓和技术管理工作，其符合非法经营同类营业罪的主体身份，但由于中材集团举报，导致德庆公司项目合同无法继续履行，合同被解除，因此将所获 42 万元定金认定为非法利益且数额巨大依据不足，最终认定宋某某的行为属于犯罪未遂，情节显著轻微，不构成犯罪。

（三）非法经营同类营业罪的犯罪原因

司法实务中，非法经营同类营业罪案件数量较少，但由于该罪在企业犯罪中仍有其特殊性，其常与贪污罪、受贿罪、为亲友非法牟利罪等罪名密切相关，在非法经营行为中往往能够诱发其他的违法犯罪行为。因此有必要对其犯罪原因加以分析。我们认为可以从以下几个方面探讨非法经营同类营业罪的犯罪原因。

1. 行为人的犯罪心理

非法经营同类营业罪的主观罪过形式为故意，并且需要具备获取非法利益的目的。因此，过度的逐利心理是行为人的重要犯罪动机之一。一方面，国有企业家是受国家雇佣管理企业，其个人利益与企业的利益具有一定的分离性，这使得国有企业家归属感相对较低。[①] 另一方面可能是由于国有公司、企业的董事、经理对于目前职业现状的不满而萌生

---

① 付传军：《对企业家犯罪的社会生态学分析》，载《浙江警察学院学报》2015 年第 4 期。

的所谓"再创业"或"再就业"的念头。此外，行为人之所以选择经营同类营业作为谋利手段的原因在于，行为人已在之前的工作活动中积累了丰富的工作经验，与其他行业就职风险相比，经营同类营业能够保证较大的获利可能性。

2. 入罪标准不一

非法经营同类营业罪自1997年《刑法》规定至今，尚未存在详细的司法解释以指导法律适用，司法实践中亦就非法经营同类营业罪的认定存在较大争议与疑义，各地对于刑法规范的理解不同导致出现入罪标准不统一的现象。

第一，非法经营同类营业罪的主体为国有公司、企业的董事、经理。如何界定国有企业则成为焦点。随着国有改制进程的发展，国有企业可分为单纯的国有企业和国家参股企业。国家参股企业又可分为单纯参股和控股两种情形。对于国有企业的界定则会影响行为人是否具有犯罪主体资格。[1]

第二，对于同类营业的理解不一。实践中，一些国有公司、企业的实际经营范围与其注册登记的经营范围并不一致，有的超出了注册登记的经营范围，有的在经营注册登记范围内的部分业务不再经营或暂停经营。同类营业究竟以其注册范围为标准还是以实际经营范围为标准亦存在争议。[2]

第三，对于非法利益的理解不一。最高人民检察院、公安部《关于经济犯罪案件追诉标准的规定》中要求非法利益应达到十万元以上。此处的"非法利益"是指董事、经理的个人所得，还是指兼营公司、企业的非法获利，抑或采取混合标准判定？[3] 本书认为，非法利益应排除非法成本，所以它仅仅包括公司、企业的非法获利。

三、非法经营同类营业罪刑法教义学分析

(一) 非法经营同类营业罪构成要件

非法经营同类营业罪，是指国有公司、企业的董事、经理利用职务便利，自己经营或者为他人经营与其所任职公司、企业同类的营业，获取非法利益，数额巨大的行为。

公司、企业的董事、经理，应当忠实履行职务，维护该公司、企业的合法权益。董事、经理拥有管理公司、企业事务的权利，熟知该公司、企业的内情，如果允许其在该公司、企业外与该公司、企业自由竞业，他就可能为给自己或者他人牟取私利而损害该公司、企业的利益。因此，公司法禁止公司、企业的董事、经理自营或者为他人经营与其所任职公司、企业同类的营业，刑法进一步将其中的严重行为规定为非法经营同类营业

---

[1] 贾彬、孙永文：《论非法经营同类营业罪》，载《云南大学学报（法学版）》2006年第2期。

[2] 罗开卷：《论非法经营同类营业罪的认定及其与近似犯罪的界限》，载《政治与法律》2009年第5期。

[3] 贾彬、孙永文：《论非法经营同类营业罪》，载《云南大学学报（法学版）》2006年第2期。

罪。① 非法经营同类营业罪具有如下的犯罪构成特征。

1. 客体要件

非法经营同类营业罪规定在刑法分则第三章"破坏社会主义市场经济秩序罪"中，这类犯罪的客体是社会主义的市场经济秩序。同时，本罪被规定在第三章第三节"妨害对公司、企业的管理秩序罪"中，更明确了该罪所保护的是国家对公司、企业的管理秩序。此外，由于触犯本罪必然会对国有公司、企业的财产权益造成一定的损害，故国有公司、企业的财产权益也是本罪的保护客体。

2. 客观要件

非法经营同类营业罪在客观方面表现为违反公司法规定，利用职务上的便利，自己经营与其所任职公司、企业同类的营业，或者为他人经营与其所任职公司、企业同类的营业，获取非法利益，数额巨大的行为。具体而言，必须具备以下几个条件。

（1）利用职务之便

所谓利用职务之便，就是指利用职权及与职务有关的便利条件。具体而言，是指国有公司、企业董事、经理利用手中所掌握的公司、企业的材料、物资、人事安排等方面的决策权以及因其职务关系而知悉的公司、企业的生产、销售计划、企业投资方向等重大信息等便利条件。在该罪中，利用职务之便一般表现为将原先属于其任职的国有公司、企业的商业机会转交给其兼营的公司、企业，或将其任职的国有公司、企业的采购、销售业务交给其兼营的公司、企业，以高进低出的方式为其兼营的公司、企业谋取非法利益。在具体案件中的职权范围应当按照《公司法》的相关规定以及公司章程的相关规定予以确认。

在实践中，应当区分行为人利用职务便利和利用工作便利的行为。若行为人的行为与其职务无关，仅仅是利用工作上的便利条件，为其兼营的公司、企业谋取经济利益的，不应当将其认定为非法经营同类营业罪。一般而言，行为人利用工作上的便利条件的行为包括利用自己对工作场所的熟悉度、利用工作上积攒的管理经验、熟悉业务操作流程和先进设备等行为。

（2）实施了为自己经营或者为他人经营与其所任职公司、企业同类营业的行为

该罪的行为方式表现为为自己经营或为他人经营，当然也可包括既为自己经营也为他人经营的行为。所谓为自己经营，是指在自己投资、入股的公司、企业中从事经营行为。有些公司、企业虽然是以行为人的亲友名义注册成立的，但实际经营收益归本人所有或主要归本人所有的，则应当视其为为自己经营。所谓为他人经营，则是指在他人独资、出资的公司、企业从事经营行为，一般表现为暗中担任他人独资、出资的公司、企业的管理人员，为其业务进行策划、指挥等。除了区分为自己经营和为他人经营的行为方式外，还应当注意对"经营行为"的判断。经营行为不等同为一般劳务行为，经营是指筹划并管理企业的行为。若行为人兼职了其他的同类营业的公司、企业，但不存在经营行为的，亦不能构成此罪。同样的，若行为人平常不参与其兼职公司的日常管理，但参与了重大决策行

---

① 张明楷：《刑法学》，法律出版社 2003 年版，第 603 页。

为的，仍应当认定存在经营行为。

（3）必须是经营同类营业的行为

同类营业就是指经营项目属于同一类别的营业，经营类似营业或关联营业的行为不能构成此罪。但对于同类营业的范围应当如何界定，依然存在争议。实践中不乏存在有些国有公司、企业注册登记的经营范围与其实际的经营范围存在出入的情况，此种情形下，应当以国有公司、企业注册登记的经营范围为准，还是以其实际的经营范围为准，即成为问题。我们认为，应当以国有公司、企业注册登记的经营范围内进行实际经营的范围为准。理由如下：

第一，本罪应以国有公司、企业实际经营的范围为准。应当明确的是，该罪由《公司法》中规定的竞业禁止义务衍生而来，竞业禁止义务的主要目的在于通过限制公司高管开展相同业务构成不正当竞争，从而损害本公司的利益。因此，基于立法目的，对于同类营业的判断亦应以双方之间是否会构成不正当竞争关系为准。而是否存在实际的不正当竞争关系，当然应以两企业实际的经营范围进行判断，不能单以注册的经营范围为唯一标准。

第二，本罪应以国有公司、企业的注册经营范围为限。虽然根据相关规定，即使公司开展了注册经营范围外的其他经营活动，并不必然无效，但刑法的谦抑性要求其严格遵守罪刑法定原则。本罪属于行政犯，行为人以违法公司法的规定为前提，而《公司法》第10条规定："公司的经营范围由公司章程规定，并依法登记。公司可以修改公司章程，改变经营范围，但是应当办理变更登记。"可见对于公司经营范围的认定依然要以注册登记的范围为考量。刑法根据其行为后果严重性的特征更应将对企业经营范围的保护控制在一定的范围内。若完全以公司的实际经营范围为准，一方面会损害国家对公司的管理制度，反而不利于本罪客体的保护；另一方面也不利于保证社会主义市场经济的活跃度。

因此，若行为人兼营企业的经营范围虽在所任职公司、企业的注册经营范围之内，但行为人所任职公司、企业并未实际经营的，不能以此认定行为人构成非法经营同类营业罪。

（4）获取非法利益，数额巨大

本罪为结果犯，只有达到获取非法利益，数额巨大的程度才能构成犯罪。根据2010年《立案追诉标准规定（二）》第12条规定，行为人实施非法经营同类营业的行为，获取非法利益，数额在十万元以上的，达立案标准，应予立案追诉。

对于非法利益的认定，学界存在不同的观点。兼营企业非法获利说认为非法利益的判断应以行为人所经营企业的所得利润为准。[①] 个人所得说认为应当将行为人通过非法经营同类营业行为所获取的个人收入作为对非法利益的认定。[②] 结合说认为应当将个人所得和

[①] 曾月英：《非法经营同类营业罪的几个问题》，载《中国刑事法杂志》1998年第1期。

[②] 王作富主编：《刑法分则实务研究（上）》，中国方正出版社2010年版，第370~371页。

兼营企业的非法获利进行综合判断。① 任职企业受损说认为应当将行为人所获非法利益与所任职企业遭受的损害挂钩，以国有企业的损害程度作为非法利益的判定标准。②

尽管立法上并未对非法利益给予明确的概念界定，司法实务上大多采取兼营企业非法获利说，将兼营企业所获得的经济利润作为行为人所获非法利益的判断标准。

3. 主体要件

本罪主体是特殊主体，只能是国有公司、企业的董事、经理。单位不能成为本罪主体。

（1）国有公司、企业的认定

我国立法中未对国有公司、企业的概念和种类予以明确规定，因此，理论界和实践上对此认识均存在争议。在国有企业进行改制后，国有公司不仅指国有独资公司、企业，还包括国家控股公司、国家参股公司等。那么，刑法中的国有公司、企业是仅指国有独资公司、企业，抑或包括国有控股公司、参股公司？若包括国有控股公司、参股公司，那应该达到怎样的标准才能将其认定为国有公司、企业？目前我国刑事立法上并未对此予以明确界定。

但根据 2005 年最高人民法院《关于如何认定国有控股、参股股份有限公司中的国有公司、企业人员的解释》（以下简称 2015 年《国有公司、企业人员解释》），明确了针对非法经营同类营业罪等妨害对公司、企业的管理秩序的罪名中所涉及的国有公司、企业人员的认定。即国有公司、企业委派到国有控股、参股公司从事公务的人员，以国有公司、企业人员论。从侧面上亦指出国有公司、企业不等同于国有控股、参股公司或企业；即刑法上的国有企业应仅指国有独资公司、企业。尽管该公告法律效力低下，但仍然对实务中如何认定国有公司、企业提供了指引作用。

（2）董事、经理的认定

所谓董事，根据我国公司法的规定，是由股东选举产生的，对内执行公司业务，对外代表公司的董事会的组成人员，包括董事长、副董事长、执行董事和一般董事。

所谓经理，根据我国公司法的规定，是由董事会决定聘任或解聘的，在企业中负责日常经营管理的人员。经理的职责包括以下几个方面：①主持公司的生产经营管理工作，组织实施董事会决议；②组织实施公司年度经营计划和投资方案；③拟订公司内部管理机构设置方案；④拟订公司的基本管理制度；⑤制定公司的具体规章；⑥提请聘任或者解聘公司副经理、财务负责人；⑦决定聘任或者解聘除应由董事会决定聘任或者解聘以外的负责管理人员；⑧董事会授予的其他职权；⑨公司章程对经理职权另有规定的，从其规定；⑩经理列席董事会会议。

我国刑事立法上亦未对董事、经理的认定予以明确规定，因此目前司法实践上对于董事、经理的认定只能参照民事法的界定予以认定。对于董事的认定，司法实践上一般不存

---

① 郭立新、黄明儒主编：《刑法分则适用典型疑难问题新释新解》，中国检察出版社 2014 年版，第 144 页。

② 何润泽：《非法经营同类营业罪客观要件研究》，湘潭大学 2020 年硕士学位论文，第 23 页。

在争议，但对于经理的认定则存在分歧。

其一，经理在此罪中的界定范围是否包括国有公司、企业的副经理、分公司经理、部门经理、业务经理等管理人员？我们认为，在该罪名中，董事与经理应属于并列关系，从而可以得出两个结论：①经理应为类概念，包括属于公司领导人员的副经理、分经理等；②经理的职权范围不应当与董事存在较大差距，因此不为公司的总体负责人，仅为部门负责人的部门经理等管理人员不应当将其认定在此罪中的经理范畴内。① 但是，不排除司法机关采取扩大解释的可能性，即将只要具有经理地位和身份的人都理解为经理。

其二，对于经理的认定是以其职位名称为准？还是以其实质职权范围为准。我们认为，对于经理的认定应当以其实质职权范围为准。也就是说，对于虽不具备经理职位但实际上承担经理职责的公司负责人、管理人，应当将"经理"的字面含义作合理的扩大解释，将其认定为具备经理地位，才能切实地符合立法的目的和精神。在司法实践中，这样的情形一般发生于还未进行改制的国有企业的负责人身上。

4. 主观要件

本罪主观方面只能是故意，过失不可能成立本罪。本罪主观上还需要具有获取非法利益的目的，即明知自己或为他人所经营的业务与自己所任职公司、企业经营的业务属于同类，出于非法谋取利益，仍决意进行经营。

（二）非法经营同类营业罪司法认定问题

1. 非法经营同类营业罪与非罪的界限

根据上述对本罪的犯罪构成要件的分析，可得知要构成本罪必须满足主体为国有公司、企业的董事、经理；客观上实施了违反公司法规定，利用职务便利，自己经营或为他人经营所任职公司、企业同类的营业的行为；结果上获取非法利益，数额巨大的行为。行为人的行为符合上述构成要件的，则构成本罪。

但由于成立本罪的理论基础来源于公司法上的竞业禁止理论，因此，司法实践中可能出现虽然行为人实施了上述行为，但因不违反竞业禁止理论而不构成本罪的情况。另外，该罪由特殊主体构成，在有身份者和无身份者共同实施非法经营同类营业的行为时，能否认定为共犯，亦需要分析界定。现将上述两种情形分别阐述。

（1）因不违反竞业禁止义务可认为不构成本罪

第一，免除竞业禁止义务的行为人实施非法经营同类营业行为的，不构成本罪。①本罪的理论基础来源于竞业禁止理论，其立法目的在于防止董事、经理违反竞业禁止义务，给国有公司、企业带来财产损害。但该种情形下，行为人实际上不存在竞业禁止义务，违反公司法规定的前提条件丧失，这种情况下不宜认定其构成非法经营同类营业罪。②免除竞业禁止义务的决定是由国有公司、企业决定作出的，一般情况下，国有公司、企业作出

---

① 罗开卷：《论非法经营同类营业罪的认定及其与近似犯罪的界限》，载《政治与法律》2009 年第 5 期。

此种决定是基于充分考量后认为对自己的利益无碍，因此，此种行为亦不会导致本罪所保护的客体——国有公司、企业的财产利益遭受损害。③需要明确的是，行为人竞业禁止义务的免除必须是符合法定程序的，若程序上存在瑕疵或不法事由，行为人的竞业禁止义务不能被视为免除。

第二，基于任职公司的要求因业务处理、履行合同等的要求经营同类的营业的行为可认为不构成本罪。国有公司、企业为了自身企业的发展和壮大不乏会出现投资、注册成立子公司的情况。为了加强对子公司的控制与管理，亦存在将本公司、企业的董事、经理委派到子公司进行经营管理、实施履行合同的行为的现象。在这种场合下，行为人实施的经营同类营业的行为实际上是在履行其任职公司的要求，不存在违反竞业禁止义务行为的现象。① 但若行为人在履职、经营过程中产生非法获利目的，实施了损害任职公司、企业财产利益的行为，则有构成本罪的刑事风险。

（2）无身份者利用有身份者的职务便利，实施非法经营同类营业行为的共犯认定

我国刑法规定，共同犯罪是指共同故意犯罪，二者之间具有犯意联络，犯罪行为相互配合，共同完成犯罪。共同犯罪理论中并未要求实施犯罪行为的两个行为人必须各自满足实现该犯罪构成的全部要件。再有，无身份者利用有身份者的职务便利实施犯罪行为的情形，我国法律并非没有规定。根据 2000 年发布的最高人民法院《关于审理贪污、职务侵占案件如何认定共同犯罪几个问题的解释》，行为人与国家工作人员勾结，利用国家工作人员的职务便利实施贪污行为的，以贪污罪共犯论处。可见我国对于特殊主体的共同犯罪并不必然要求行为人均具备特定身份。因此，无身份者利用有身份者的职务便利实施非法经营同类营业行为的，可以成立共犯。实践中，经常会出现国有公司、企业的董事、经理不直接以自己的名义非法经营同类营业，而是利用其他无身份者作为自己犯罪行为的遮蔽，暗自实施非法经营同类营业的行为。若国有公司、企业的董事仅实施了利用职务之便的行为，不存在经营行为的，也应认定其构成本罪，因无身份者实施了经营行为，且二人仍存在通过非法经营同类的营业获取非法利益的目的，二人的行为仍为共同犯罪行为。

2. 非法经营同类营业罪与贪污罪的界限

根据《刑法》第 382 条的规定："国家工作人员利用职务上的便利，侵吞、窃取、骗取或者以其他手段非法占有公共财物的，是贪污罪。受国家机关、国有公司、企业、事业单位、人民团体委托管理、经营国有财产的人员，利用职务上的便利，侵吞、窃取、骗取或者以其他手段非法占有国有财物的，以贪污论。与前两款所列人员勾结，伙同贪污的，以共犯论处。"根据《刑法》第 93 条规定，国家工作人员指国家机关中从事公务的人员。国有公司、企业、事业单位、人民团体中从事公务的人员和国家机关、国有公司、企业、事业单位委派到非国有公司企业、事业单位、社会团体从事公务的人员，以及其他依照法律从事公务的人员，以国家工作人员论。

非法经营同类营业罪中行为人利用职务便利，自己经营与所任职公司、企业同类营业

---

① 卢建平、李有星：《非法经营同类营业罪研究》，载《河南省政法管理干部学院学报》2004 年第 1 期。

的行为与贪污行为有相似之处，主要包括以下几个方面：在主体方面，国有公司、企业的董事、经理均可成为两罪主体；在客观方面，均要求利用职务上的便利获取一定数额的非法利益；在主观方面均要求故意。但二者之间亦存在如下差异：

第一，两罪所保护的客体不同。前者保护的是国有公司、企业的财产利益和国家对公司的管理制度；后者保护的是国家工作人员职务的廉洁性和公共财产的所有权。

第二，两罪的主体范围不同。前者将主体限定于国有公司、企业的董事、经理范围内；后者的犯罪主体为国家工作人员和以国家工作人员论的其他人员，其主体范围更广。

第三，两罪的犯罪对象不同。前者非法经营同类营业的行为所获的非法利益是通过经营行为产生的，一般指兼营企业所获的经济利润；后者所获的非法利益是通过侵吞、窃取、骗取等手段占有的公有财物。

第四，两罪的行为方式不同。前者的行为方式仅限于非法经营同类营业的行为，后者的行为方式包括侵吞、窃取、骗取等多种手段。

第五，两罪的定罪数额不同。前者要求获取非法利益，数额达 10 万元以上的才构成犯罪，后者要求数额达到 3 万元以上或数额达到 1 万元以上并具有其他较重情节的，则构成犯罪。

司法实践中，行为人可能通过增设中间环节的方式，在兼营企业与任职企业间达成采购、销售合同，采取获得购销差价的方式来获得非法利益。此种情形下，行为人的行为究竟是非法经营同类营业的行为还是截留国有财产的贪污行为，需要加以区分。

有学者认为，对此种行为性质的判断可从以下几个方面入手：第一，行为人增设的中间环节是否客观存在；第二，增设的中间环节是否具有经营能力；第三，增设的中间环节是否进行了实际经营活动并承担经营风险；第四，所获取的购销差价是否合理。[①]

我们认为，上述的判断有其合理之处。第一，可从两罪的立法目的进行分析。非法经营同类营业罪的立法目的更侧重于强调国有公司、企业的董事、经理的职业道德，即更强调行为人不得违反竞业禁止义务，因此，要求行为人增设中间环节的活动必须是事实上客观存在的经营活动，当然需具备经营能力、承担经营风险。贪污罪的立法目的更侧重于保证国家工作人员的职务廉洁性及公有财物的所有权，因此对于增设的中间环节是否客观上从事经营活动、承担经营风险等并不在意。第二，从两罪的所获利益的角度分析，非法经营同类营业罪的非法获利一般是经营活动中的经营收入，虽然采用赚取购销价的方式获利，但若这种差价符合市场价格规律，相差不远，应当将其看作非法经营同类营业中所获得的非法利益，以非法经营同类营业罪论处。若增设中间环节的行为所获得的利益明显超过正常经营活动中可获得的利益，赚取的是国有公司的利益而非正常经营活动收入，则应当将该行为视为侵吞国有资产的行为，以贪污罪论处。

3. 非法经营同类营业罪与受贿罪的界限

根据《刑法》第 385 条规定："国家工作人员利用职务上的便利，索取他人财物的，

---

① 罗开卷：《论非法经营同类营业罪的认定及其与近似犯罪的界限》，载《政治与法律》2009 年第 5 期。

或者非法收受他人财物，为他人谋取利益的，是受贿罪。国家工作人员在经济往来中，违反国家规定，收受各种名义的回扣、手续费，归个人所有的，以受贿论处。"

非法经营同类营业罪中行为人利用职务便利，为他人经营与所任职公司、企业同类营业的行为与受贿行为有相似之处，主要包括以下几个方面：在主体方面，国有公司、企业的董事、经理均可成为两罪主体；在客观方面，均要求利用职务上的便利为他人获取非法利益；在主观方面均要求故意。但二者之间亦存在如下差异：

第一，两罪所保护的客体不同。前者保护的是国有公司、企业的财产利益和国家对公司的管理制度；后者保护的是国家工作人员职务的廉洁性。

第二，两罪的主体范围不同。前者将主体限定于国有公司、企业的董事、经理范围内；后者的犯罪主体为国家工作人员，其主体范围更广。

第三，两罪的犯罪对象不同。前者通过非法经营同类营业的行为所获的非法利益是通过经营行为产生的，一般指兼营企业所获的经济利润；后者所获的非法利益是行为人通过利用职务之便为他人谋取非法利益的"报酬"或索贿所得。

第四，两罪的行为方式不同。前者的行为方式仅限于非法经营同类营业的行为，后者的行为方式为利用职务上的便利行为为他人实施某种作为或不作为，从而索取或收受他人财物的行为。

第五，两罪的定罪标准不同。前者要求获取非法利益，数额达到 10 万元以上才构成犯罪，后者数额达到 3 万元以上或数额达到 1 万元以上并具有其他较重情节的，则构成犯罪。

司法实践中，行为人可能利用职务上的便利，为他人经营与其任职公司、企业同类的营业，从中收取对方给付"报酬"。此种情形下，行为人的行为究竟是非法经营同类营业的行为还是受贿行为，需要加以区分。

我们认为，对于此种情形需要根据具体情况作进一步分析。

（1）行为人利用职务便利，为他人非法经营同类营业，取得合理报酬的情形

在此种情形下，行为人实际上实施了利用职务便利的行为，为他人经营与所任职的公司、企业同类营业的行为。行为人在从事经营活动中所取得的"报酬"若符合行为人所付出的劳务价值，符合市场对于劳务定价的价格规律的，不存在明显高于市场劳务价值的情形的，应当将其认定为行为人实施经营行为所获得的对等劳务报酬，不应将其视为受贿所得，达到立案标准的，以非法经营同类营业罪论处。

（2）行为人利用职务便利，为他人非法经营同类营业，取得不合理报酬的情形

在此种情形下，行为人实际上实施了利用职务便利的行为，为他人经营与所任职的公司、企业同类营业的行为。但行为人从事经营行为所付出的劳务价值与所获得的报酬之间不存在等价关系，一般表现为行为人所获得的报酬明显高于其付出的劳务价值。此时，该情形中出现一种行为存在两种性质的现象。即行为人从事经营活动所获得的合理报酬部分属于非法经营同类营业性质；行为人取得的报酬中明显高于付出的劳务价值的部分属于受贿性质。我们认为，此时行为人实施了一个行为，若符合两罪的构成要件的，属于一行为犯数罪，为想象竞合犯，从一重罪处罚。若受贿性质的行为数额未达到立案标准的，因行为人毕竟存在经营行为，应以非法经营同类营业罪定罪处罚。值得注意的是，司法实践中

行为人不参与兼营公司的日常管理，但参与重大决策的，应视为具有经营行为。

（3）行为人利用职务便利，也在他人经营的同类营业中有投资、入股等行为，但未实际参与经营管理的，取得报酬的情形

在此情形下，行为人实际上实施了利用职务便利的行为，但未实际参与经营管理，因此不符合非法经营同类营业罪的构成要件，不能构成非法经营同类营业罪。但行为人未实施经营活动，未付出自身劳务即获得所谓报酬的，可以认定其行为为受贿行为。

4. 非法经营同类营业罪与为亲友非法牟利罪的界限

根据《刑法》第 166 条的规定，国有公司、企业、事业单位的工作人员，利用职务便利，将本单位的盈利业务交由自己的亲友进行经营、以明显高于市场的价格向自己的亲友经营管理的单位采购商品或者以明显低于市场的价格向自己的亲友经营管理的单位销售商品，或向自己的亲友经营管理的单位采购不合格商品，使国家利益遭受重大损失的，成立为亲友非法牟利罪。

非法经营同类营业罪与为亲友非法牟利罪均处于妨害对公司、企业的管理秩序罪一节中，两罪之间存在相似之处。主要包括以下几个方面：在客体方面，均妨害了国有公司、企业的管理秩序；在主体方面，国有公司、企业的董事、经理均可成为两罪主体；在客观方面，均要求实施了利用职务便利的行为；在主观方面均要求故意。但二者之间亦存在如下差异：

第一，两罪的主体范围不同。前者将主体限定于国有公司、企业的董事、经理范围内；后者的犯罪主体为国有公司、企业、事业单位的工作人员，其主体范围更广。

第二，两罪的行为方式不同。前者要求行为人利用职务便利自己经营或为他人经营与其所任职企业同类的营业，强调行为人必须存在经营行为、兼营的企业为同类营业且行为人与兼营企业之间存在直接联系；后者的行为方式包括将本单位的盈利业务交由自己的亲友进行经营、以明显高于市场的价格向自己的亲友经营管理的单位采购商品或者以明显低于市场的价格向自己的亲友经营管理的单位销售商品，或向自己的亲友经营管理的单位采购不合格商品，且不需要行为人存在经营行为，行为人一般表现为向其亲友提供商业机会，与亲友经营管理的单位不具备直接联系，亲友经营管理的单位是否与行为人任职企业为同类营业在所不问。

第三，两罪的非法利益归属不同。前者非法利益的归属主体为行为人；后者若存在非法利益，其归属主体为行为人的亲友。

第四，两罪的主观目的不同。前者要求具有为自己非法获取利益的目的，后者要求具有为亲友非法牟利的目的。

第五，两罪的立案标准不同。前者要求行为人获取十万元以上的非法利益即构成犯罪，其非法经营的行为是否给国有公司、企业带来损失在所不问。后者要求给国家利益造成重大损失的才成立犯罪，包括造成国家直接经济损失数额达十万元以上的；或使其亲友非法获利数额达二十万元以上的；或造成有关单位破产，停业、停产六个月以上，或被吊销许可证和营业执照、责令关闭、撤销、解散的以及其他使国家利益遭受重大损失的情形。

司法实践中，国有公司、企业的董事、经理可能会以亲友的名义从事非法经营同类营业的行为，此时行为人的行为究竟构成非法经营同类营业罪，还是构成为亲友非法牟利罪。我们认为，应当分如下情形进行分析：

（1）行为人实施了为亲友牟利的行为，亲友实际经营了与行为人所任职企业同类的营业，行为人亦参与经营的场合

此种情形下，行为人首先实施了为亲友牟利的行为，若达到立案标准，可构成为亲友非法牟利罪。关键在于，行为人亦参与了亲友经营管理的与其所任职企业同类的营业，此时行为人的行为符合为他人经营同类营业的情形，若其获取的非法利益未达到立案标准的，则以为亲友非法牟利罪论处。若其获取的非法利益已达到立案标准的，有观点认为此时应当根据行为人主要的主观目的进行定罪，但我们认为若以行为人的主观目的定罪，因两种行为为完整的、一体的行为，此时主观目的的确认大多凭借行为人的表述，难以存在其他证据支撑，等同于将刑罚的选择权交予行为人，不太合理。因此，此种情形下应认定行为人的行为构成想象竞合犯，从一重罪论处。

（2）行为人实施了为亲友牟利的行为，亲友实际经营了与行为人所任职企业同类的营业，但行为人未参与经营的场合

此种情形下，行为人不存在经营的行为，自然不符合成立非法营业同类营业罪的构成要件，只实施了利用职务之便为亲友非法牟利的行为。因此，若该行为使国家利益遭受重大损失的，以为亲友非法牟利罪论处。

（3）行为人实施了为亲友牟利的行为，亲友未实际经营管理与行为人所任职企业同类的营业、亦未从中获利，但行为人参与经营的场合

此种情形下，亲友是否参与实际经营不影响对于行为人经营行为的判断，因此行为人的行为属于非法经营同类营业的行为。但行为人的行为是否属于为亲友非法牟利则有待商榷。若行为人仅以亲友的名义投资、开办与其所任职的企业同类的营业，亲友未实际参与经营管理，亦未从中获利，所得非法利益归属于行为人，此时应认定行为人是假借为亲友牟利的行为从事自己经营同类营业的行为，应以非法经营同类营业罪论处。

（4）行为人实施了为亲友非法牟利的行为，亲友与行为人属于财产共有关系的场合

此种情形下，不论亲友是否存在实际经营管理的行为，因亲友与行为人属于财产共有关系，故行为人实施的为亲友非法牟利的行为，实际上是为自己获取非法利益的行为，也可视为自己经营同类营业的行为。因此，应认定行为人构成非法经营同类营业罪。

（三）非法经营同类营业罪的刑事责任

根据《刑法》第 165 条的规定："犯本罪的，处三年以下有期徒刑或者拘役，并处或者单处罚金；数额特别巨大的，处三年以上七年以下有期徒刑，并处罚金。"

关于数额特别巨大的界定，刑事立法上并未予以明确，各地根据自身的情况对"数额特别巨大"的犯罪数额情节予以规定。如根据 2013 年河南省高级人民法院、河南省人民检察院、河南省公安厅发布的《关于我省适用 1997 年刑法有关条款中犯罪数额、情节规定的座谈纪要》第 165 条规定："犯非法经营同类营业罪的，获取非法利益一百万元以上的，属于'数额特别巨大'。"根据 2012 年浙江省高级人民法院《关于部分罪名定罪量

刑情节及数额标准的意见》的规定，犯非法经营同类营业罪的，获取非法利益，数额在50万元以上的，属于"数额特别巨大"。因此，各地对"数额特别巨大"的理解和规定各不相同，需要结合地方立法加以确定。

四、非法经营同类营业罪典型案例分析

此处选取的典型案例是吴某某非法经营同类营业、对非国家工作人员行贿案。

（一）非法经营同类营业罪典型案例

经江苏省高级人民法院审理查明，具体案情事实如下：

1. 非法经营同类营业事实

（1）被告人吴某某担任农银国联（国有控股公司）总经理期间，利用职务便利，知晓苏宁集团有10亿元融资需求便安排人员上报北京总部。在北京总部作出暂缓决议后，被告人吴某某个人决定私下运作苏宁集团融资项目。由农业银行秦皇岛分行作为资金托管银行，大连银行作为出资行，将安徽国元作为信托通道。2012年7月19日，苏宁集团与安徽国元达成10亿元的借款合同；相关各方也分别达成资金信托合同。吴某某通过其朋友黄某控制的中港担保有限公司与苏宁集团签订财务顾问协议，从中非法获取顾问费7800万元。

（2）被告人吴某某在与丰盛集团的融资项目接触中，得知其需要在年底前融资30亿元，遂决定利用自己实际控制的来恩公司来完成该融资项目。吴某某通过联系宏源汇智公司确定由重庆农商行作为资金方，由苏州民生银行提供名义兜底，南京渤海银行实质兜底，重庆光大银行提供过桥资金，确定了融资各方的利率。后丰盛集团所需的30亿融资分别于2012年11月、2012年12月、2013年1月通过与安徽国元的借款合同获得。吴某某的收益一部分由来恩公司和丰盛集团下属江苏省房地产发展实业有限公司签订财务顾问协议；一部分由来恩公司和安徽国元签订财务顾问协议。2012年12月至2014年7月，吴某某共从该项目中非法获利2亿余元。

2. 对非国家工作人员行贿事实

2012年11月，被告人吴某某为运作丰盛集团30亿元融资项目，联系了宏源汇智公司胡某2寻找多方机构，并确定收益比例。在第一笔融资时，被告人吴某某为了掩盖该30亿项目系农银国联的业务，要求胡某2保密，确定给予其好处费700万元。后由吴某某控制的来恩公司于2013年将700万分数次汇款至胡某2指定公司。

吴某某的辩护人提出吴某某在客观上没有经营与其所任职的农银国联同类的经营行为、其行为不具有社会危害性，以此认为公诉机关指控的非法经营同类营业罪无事实依据，且认为吴某某不成立对非国家工作人员行贿罪的辩护意见。

一审法院经审理查明，根据我国刑法规定，判决被告人吴某某犯非法经营同类营业罪和对非国家工作人员行贿罪，数罪并罚，合并执行有期徒刑六年，并处罚金人民币

300 万元。被告人吴某某扣押在案的犯罪所得赃款予以没收，上缴国库；不足部分，继续追缴。

后吴某某不服一审判决上诉至江苏省高级人民法院，江苏省高院经审理查明后认为，一审判决认定事实清楚，证据充分，定罪准确，量刑适当，裁定驳回上诉，维持原判。

（二）非法经营同类营业罪案例分析

本案中，行为人的行为符合非法经营同类营业罪的构成要件。

1. 客体要件。行为人的行为侵害了国有公司、企业的财产权益以及国家对公司的管理制度。在本案中，具体表现为吴某某通过非法经营同类营业的行为侵害了其任职公司本可获得的相关利益——担任丰盛集团、苏宁集团财务顾问可获得的权益。

2. 客观要件。行为人实施了利用职务便利，自己经营或为他人经营与其所任职公司、企业同类营业，谋取非法利益，数额巨大的行为。

在本案中，具体表现为吴某某利用在公司任职的职务便利，得知公司客户的融资需求，私下帮助公司客户达成融资目标。在明知任职公司将丰盛集团、苏宁集团提供财务顾问服务业务作为重点项目推进时，仍私下利用自己实际控制的来恩公司为丰盛集团提供财务顾问服务、通过其朋友黄某控制的如皋港务集团下属中港担保有限责任公司为苏宁集团提供财务顾问服务，谋取非法利益高达 3 亿余元。

在认定"同类营业"层面，法院经审理查明，农银国联登记的经营范围为"投资管理；企业管理咨询；利用自有资金对外投资"，其中未明确包括财务顾问、融资咨询、服务等业务。但相关证据证实"企业管理咨询"包括为资金方和资金提供方提供服务，收取中介费，撮合资金供方和需方达成协议。即开展财务顾问、融资咨询、服务等业务并未超出"企业管理咨询"范围。农银国联的《投资管理制度》第二章公司业务分类中，也规定公司投资业务包括财务顾问类业务。

2012 年 7 月经吴某某审核的农银国联《上半年工作总结及下半年发展规划的报告》、2012 年 10 月《近期工作总结及下阶段发展规划的报告》中均明确农银国联开展"财务顾问"业务，并将已经立项论证的为苏宁集团、丰盛集团、鑫泰集团提供财务顾问服务业务作为重点项目推进。农银国联以农银无锡名义为苏宁集团提供的 3 亿元的财务顾问融资咨询服务。综上，可以认定吴某某与农银无锡、农银国联开展同类营业业务。

3. 主体要件。本罪为特殊主体，即只有国有公司、企业的董事、经理才能构成本罪。本案中法院认为，根据《中华人民共和国企业国有资产法》第 5 条，最高人民法院、最高人民检察院《关于办理国家出资企业中职务犯罪案件具体应用法律若干问题的意见》（以下简称《意见》）第 6 条"经国家出资企业中负有管理、监督国有资产职责的组织批准或者研究决定，代表其在国有控股、参股公司及其分支机构中从事组织、领导、监督、经营、管理工作的人员，应当认定为国家工作人员"的规定，农银国联系国家出资企业，吴某某系国家出资企业中的国家工作人员，具备非法经营同类营业罪"国有公司经理"的主体身份。

4. 主观要件。本罪的主观方面必须出于故意，且需具有获取非法利益的目的。在明知自己或为他人所经营的业务与自己所任职公司、企业经营的业务属于同类，出于非法谋取利益，仍决意经营。本案中，吴某某作为农银国联无锡投资管理有限公司总经理，在明知任职公司将为丰盛集团、苏宁集团提供财务顾问服务作为重点项目推进的情况下，仍私下为其提供融资服务并收取财务顾问费，其清楚自己经营的业务与任职公司为同类业务，仍出于非法谋取利益的目的决意经营，故可以认定吴某某存在主观故意。

五、非法经营同类营业罪的刑事政策与企业犯罪预防

（一）非法经营同类营业犯罪的刑事政策

本罪位于《刑法》分则第三章破坏社会主义市场经济秩序第三节妨害对公司、企业的管理秩序罪中，属于背信犯罪，主要规范的是国有公司、企业的高级主管人员利用公司的营业情况实施损害公司、企业的合法权益的行为。在民法领域，非法经营同类营业的行为被称为"竞业禁止"，受民商事法律规制，之所以要将国有公司的高级主管人员实施的违背"竞业禁止"的行为规定为犯罪，是因为其不仅严重损害了国有公司、企业的合法财产权益，还会通过该行为对国有资产的保值、增值产生影响，从而影响社会主义市场经济的发展以及国家对于公司、企业的管理制度。通过民事手段、行政手段等均不能予以良好的规制，因此必须动用刑法给予适当的处罚，以遏制该犯罪行为的滋生和扩大。

（二）非法经营同类营业犯罪的企业犯罪预防

1. 国家层面

就非法经营同类营业罪的犯罪预防，还需要国家采取相应的积极措施来实现。

一方面，要对相关概念予以界定。第一，目前就非法经营同类营业罪中关于"同类营业"的界定，刑法上并未予以明确的规定，司法实践上也存在理解分歧的现象，因此，或可以通过出台相关的司法解释的方式以明确对于"同类营业"的认定，从而使得入罪标准更加的明确清晰。第二，对于非法经营同类营业的行为与竞业禁止行为虽然存在学理讨论，但未有相关的法律法规或规范性文件对二者间的区别进行解读和阐述，法官之间也可能存在不同的理解导致适用的标准不同一。因此，需要通过对二者进行较为清晰的解释以统一判断标准，使国有公司、企业的董事、经理对自己的行为达成心理预期，从而降低犯罪数量，实现犯罪预防。第三，非法经营同类营业罪的犯罪主体为国有公司、企业的董事、经理，随着企业改制的完成，除了国有独资企业外还存在着国有控股公司、国有参股公司等企业。此时。国有公司、企业的董事、经理是仅限于国有独资企业中的董事、经理，还是包括国有参股、控股公司中的董事、经理仍需要加以明确。

另一方面，应当加强对于国有公司、企业的高层人员乃至全体员工的法治观念建设，通过开展法治宣传和法治教育的方式，比如播放宣传片或者开展专题学习的方式，引起国有企业及其高层管理人员对于这方面的关注和重视。

2. 企业自身

（1）完善内部监督机制

企业内部可通过完善监督机制实现犯罪预防，避免成为受害者。通过充分发挥监事、监事会的监督作用，或者在企业内部增设其他的监督渠道，实现从上到下的全面监督，对发现的非法经营同类营业的事实予以及时报告。审计部门、财政部门和各单位内部人员要建立起完善的监督体系和监督制度，并且要严格按照制度进行有效的监督管理。[①] 或在内部设置奖惩机制，对于发现事实并及时报告的员工予以物质奖励，对实施此行为的高层人员进行内部惩戒。

（2）定期巡查、进行预判

对于国有企业而言，针对此罪所应预防的是由于国有公司、企业的董事、经理实施该犯罪行为给企业带来的损害。国有企业可以通过定期开展对高层人员的谈心工作，随时了解高层人员的工作动向及看法，进行动态监测，从而对其选择有所预判。

（3）进行企业法治文化宣传，培养底线思维

国有公司、企业的董事、经理面对利益诱惑，应当端正自己的态度，摆正自身的心态，加强自身的法治教育学习与建设，深化法治观念，提高自身的刑事风险防控意识。国有公司、企业的董事、经理可以选择离开原岗位依靠自己的实力再创辉煌，不能打破法律的界限，企图通过非法手段为自身获取非法利益，侵犯公司、企业及其股东和出资人的财产权益。企业内部也应当加强对于国有公司、企业的高层人员，乃至全体员工的法治观念建设，通过开展法治宣传和法治教育的方式，比如播放宣传片或者开展专题学习的方式，引起国有企业及其高层管理人员对于这方面的关注和重视。

（4）提高刑事风险自我防控

由于目前非法经营同类营业罪的相关概念界定仍存有争议。国有企业的高管人员更应提升自己的刑事风险防控意识，避免涉罪涉刑。

第一，应明确自身是否具备主体资格。国有公司、企业的中高层人员应当明确自己的职务内容，并将其与该罪规定的主体所具备的职务内容进行相应对照，以明晰自己的主体身份，避免所谓的法律错误出现。

第二，加深对于"利用职务之便"的理解。该罪的行为构成中要求国有公司、企业的董事、经理必须利用职务上的便利，如果没有利用职务之便的行为，不能构成本罪。在日常工作中，除了利用职务之便的情形，还有利用工作环境之便的情形，因此可以通过加强对"利用职务之便"的概念界定来实现该罪的犯罪预防。

第三，通过竞业禁止规定避免风险。对于该罪的犯罪预防，可以通过经由法定程序免除竞业禁止义务从而认为免除该项义务的董事、经理不构成非法经营同类营业罪。

---

① 张琼方：《成本收益视角下国企高管腐败行为分析》，载《现代商业》2017 年第 23 期。

第十八章　为亲友非法牟利犯罪的风险及其防控

一、为亲友非法牟利罪的立法规定

(一) 为亲友非法牟利罪的刑法规定

第一百六十六条 国有公司、企业、事业单位的工作人员，利用职务便利，有下列情形之一，使国家利益遭受重大损失的，处三年以下有期徒刑或者拘役，并处或者单处罚金；致使国家利益遭受特别重大损失的，处三年以上七年以下有期徒刑，并处罚金：

(一) 将本单位的盈利业务交由自己的亲友进行经营的；

(二) 以明显高于市场的价格向自己的亲友经营管理的单位采购商品或者以明显低于市场的价格向自己的亲友经营管理的单位销售商品的；

(三) 向自己的亲友经营管理的单位采购不合格商品的。

(二) 为亲友非法牟利罪的司法解释

1. 最高人民法院《关于如何认定国有控股、参股股份有限公司中的国有公司、企业人员的解释》(法释〔2005〕10号)

刑法分则第三章第三节中的国有公司、企业人员还包括国有公司、企业委派到国有控股、参股公司从事公务的人员。

2. 最高人民检察院、公安部《关于公安机关管辖的刑事案件立案追诉标准的规定 (二) 》(公通字〔2010〕23号)

第十三条 〔为亲友非法牟利案(《刑法》第一百六十六条)〕国有公司、企业、事业单位的工作人员，利用职务便利，为亲友非法牟利，涉嫌下列情形之一的，应予立案追诉：

(一) 造成国家直接经济损失数额在十万元以上的；

(二) 使其亲友非法获利数额在二十万元以上的；

(三) 造成有关单位破产、停业、停产六个月以上，或者被吊销许可证和营业执照、责令关闭、撤销、解散的；

（四）其他致使国家利益遭受重大损失的情形。

二、为亲友非法牟利罪犯罪学分析

（一）为亲友非法牟利罪的犯罪现状

2010 年 1 月 1 日—2020 年 12 月 31 日全国为亲友非法牟利罪案件基本情况分析①：

1. 案件总数：18

2. 法院分布

表 18-1　　　　　　　　　　为亲友非法牟利罪案件审理法院

审理法院层级	最高人民法院	高级人民法院	中级人民法院	基层人民法院	专门法院
总件数	0	2	8	8	0

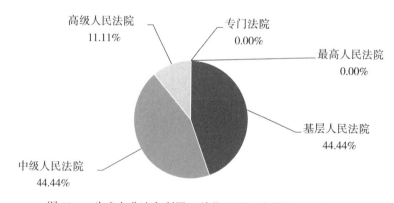

图 18-1　为亲友非法牟利罪（单位犯罪）案件审理法院级别

————————————

① 该数据选取时间为 2010 年 1 月 1 日—2020 年 12 月 31 日，数据来源：威科先行网（http//8721add15be1c16f50bd1ba831cbefd9. f2a9b9a2. libvpn. zuel. edu. cn/），最后访问日期：2021 年 3 月 31 日。

3. 审级分布

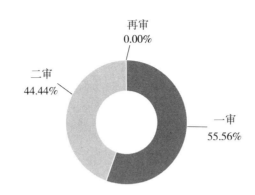

图 18-2　为亲友非法牟利罪（单位犯罪）案件审级分布

4. 地域分布

除港澳台地区，全国各省（区、市）为亲友非法牟利罪案件分布如下：

表 18-2　　　　全国各省（区、市）为亲友非法牟利罪案件分布情况

东部沿海地区									
省（区、市）	京	津	冀	沪	苏	浙	闽	鲁	粤	琼
案件数	0	0	1	2	2	1	0	3	1	0

中部地区					
省（区、市）	豫	晋	皖	赣	鄂	湘
案件数	0	1	1	0	0	2

西部地区											
省（区、市）	渝	滇	桂	川	贵	藏	陕	甘	蒙	青	宁	新
案件数	1	1	0	0	0	0	0	0	0	0	0	0

东北部地区		
省（区、市）	辽宁	吉林	黑龙江
案件数	0	1	1

5. 年度趋势

（二）为亲友非法牟利罪的犯罪特征

第一，本罪在经济较为发达地方多发。从表 18-2 全国各省（区、市）为亲友非法牟

利罪案件分布情况分析可知，2010年至今，为亲友非法牟利罪触犯频率最高的省份（区、市）为山东省，其次是江苏省、湖南省和上海市，较集中于东南沿海地区。从图18-3为亲友非法牟利罪年度趋势图分析可知，为亲友非法牟利罪案件基数较小，案件增长总体上保持稳定，2019年达至高峰。为亲友非法牟利罪案件的基数虽然较小，但现实生活中为亲友牟利的事件不少见。案件较少的原因一方面可能是由于该罪要求的主体是特殊主体，即国有公司、企业、事业单位的工作人员，另一方面可能是国有公司、企业、事业单位的工作人员已提升关于该方面的防控。

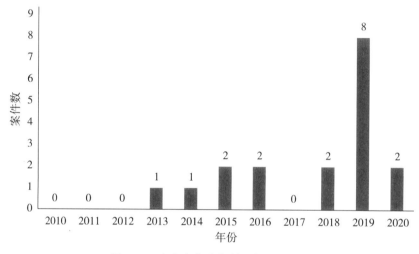

图18-3　为亲友非法牟利罪年度趋势图

第二，本罪与受贿有关联，如在郑某某非国家工作人员受贿案中，对为亲友牟利罪中的国有企业的工作人员进行了界定。该案中，被告人郑某某在任中国石油化工股份有限公司北京燕山分公司物资装备中心化工采购部化工三剂组采购员、组长兼采购员期间，利用职务便利，非法收受某公司法定代表人张某（亲属关系）给予的人民币37万元，帮助某公司成为燕化分公司的供应商，并在采购物品的采购价格和采购比例上为某公司谋取利益，造成燕化分公司损失人民币500余万元。一审法院认为郑某某的行为符合为亲友非法牟利罪的构成要件，构成为亲友非法牟利罪。北京市第二中级人民法院作为二审法院认为郑某某不具有犯罪主体身份。营业执照、企业章程等工商登记资料证明燕化分公司系中国石油化工股份有限公司的分公司，不具有独立法人资格，其企业性质应从属于总公司，而中国石油化工股份有限公司经过改制已为股份有限公司性质。刑法意义上的国有公司不包括含非国有资产成分的国家出资企业，故郑某某所在单位属于国家出资企业，但不属于刑法意义上的国有公司。最终认为原审判决认定郑某某犯为亲友非法牟利罪事实不清、定性有误，依法予以改判。

第三，本罪的隐患较大。在萧某为亲友非法牟利案中，被告人萧某利用其担任衡阳华菱钢管有限公司（以下简称衡钢公司）国际贸易公司驻海外营销经理的职务便利，私自将韩国ALPEC公司、KANGLIM公司的三笔货物订单交由第三方长沙市派普进出口贸易有限公司（以下简称派普公司），三个销售合同均已完成交易。经鉴定，被告人萧某非法为派普公司法定代表人曹某某介绍钢管出口业务，对衡钢公司造成的损失金额为2030394.65元。该案的争论焦点在于在衡钢公司不能生产韩国公司所要求的钢管及可以生产但会造成亏损的情况下，能否认定衡钢公司存在经济损失。法院经审理认为，衡钢公司如与韩国公司签订合同，在履行合同过程中因产品需出口就会有出口退税，故出口退税系履行合同后必然可得的利益，可以认定为衡钢公司的损失。且韩国 KANGLIM 公司、ALPEC 公司客服基于对衡钢公司产品的信任发邮件给萧某欲订购衡钢公司的钢管，萧某认为韩国公司订购的钢管系衡钢公司不能生产及可以生产但价格亏损的产品，遂在未向公司领导反映的情况下私自将上述可盈利合同业务介绍给曹某某任法定代表人的派普公司，给国家造成了重大损失。即便衡钢公司出于行业标准不能从事相关业务，亦不影响被告人萧某的行为给国家造成重大损失的性质认定。最终判处萧某有期徒刑一年六个月，缓刑二年，并处罚金三万元。

（三）为亲友非法牟利罪的犯罪原因

司法实务中，为亲友非法牟利罪案件数量较少，但由于该罪在企业犯罪中仍有其特殊性，其常与泄露内幕交易罪、侵吞国有资产罪、非法经营同类营业罪等罪名密切相关，在为亲友非法牟利过程中往往能够存在着合伙能够诱发其他的违法犯罪行为。因此有必要对其犯罪原因加以分析。我们认为可以从以下几个方面探讨为亲友非法牟利罪的犯罪原因。

1. 行为人的心理

为亲友非法牟利罪作为一种背信犯罪，主观罪过形式为故意。引导行为人产生背信心理的心理要素可包括积极的和消极的两个方面。就积极的心理态度而言，行为人实施为亲友非法牟利的行为包括单纯为亲友牟取非法利益，或通过为亲友牟取利益进而为自己牟取利益，比如双方间的利益输送。就消极的心理态度而言，一般是碍于人情往来而给予亲友非法便利。

2. 企业内部管理和监督机制不健全

国有企业的工作人员能够实施为亲友非法牟利的行为，进而使国家利益遭受重大损失，国有企业内部的管理和监督体制的不足是重要原因之一，主要表现在以下几个方面：

第一，财务管理记录不全。国有企业内部的财务记录不全面、不公开，将会导致资金核对过程中出现偏差，项目进展及涉及的相关单位不明确，为工作人员实施为亲友非法牟利行为提高了隐蔽性。

第二，人员管理制度规范不足。企业人员流动往往呈现常态性的特征，一个项目的开展过程也可能经过多人之手。在流动性强的工作状态下，为部分工作人员实施为亲友非法牟利的行为提供了便利。此外，有些企业内部并未设立相关业务报告回避制度，或者虽设立了此项制度但流于形式。

第三，未充分发挥内部监督作用。各地纪委曾多次针对国企领导人员的因亲属违规经商行为开展过自查自纠、随机抽查的专项清理活动。但由于亲友经商相对隐蔽，难以借由外部手段查明，企业内部的知情人员也往往抱着事不关己的态度，不愿轻易得罪领导人员。①

3. 国家打击力度不大

我国目前对于为亲友非法牟利罪的打击力度仍有上升的空间。该罪的立案标准以数额进行界定，分别是造成国家直接经济损失数额在 10 万元以上的，或使其亲友非法获利数额在 20 万元以上的，入罪门槛较低，上不封顶。但对于刑罚的规定则为"致使国家利益遭受特别重大损失的，处三年以上七年以下有期徒刑"，以七年的有期徒刑作为顶格刑，且对于"特别重大损失"的界定则未予以规定，可能造成罪刑不均衡的状况。

三、为亲友非法牟利罪刑法教义学分析

（一）为亲友非法牟利罪构成要件

为亲友非法牟利罪，是指国有公司、企业、事业单位的工作人员，利用职务便利，将本单位的盈利业务交由自己的亲友进行经营、以明显高于市场的价格向自己的亲友经营管理的单位采购商品或者以明显低于市场的价格向自己的亲友经营管理的单位销售商品，或者向自己的亲友经营管理的单位采购不合格商品，使国家利益遭受重大损失的行为，为亲友非法牟利行为实际上是一种背信经营的行为。

本罪属于背信犯罪。所谓背信犯罪是指受委托为他人处理事务的人，为谋求自己或者第三者的利益，或以损害委托人的利益为目的，而违背其任务，致使委托人的财产受到损失的行为。我国 1979 年《刑法》没有规定背信罪，在修订《刑法》的过程中，也只是增加了一些特殊的背信犯罪，为亲友非法牟利罪即是背信罪的一种表现形式。② 为亲友非法牟利罪具有如下的犯罪构成特征：

1. 客体要件

为亲友非法牟利罪规定在刑法分则第三章"破坏社会主义市场经济秩序罪"中，这类犯罪的客体，是社会主义的市场经济秩序。同时，本罪被规定在第三章第三节"妨害对公司、企业的管理秩序罪"中，更明确了该罪所保护的是国家对公司、企业的管理秩序。此外，国有公司、企业、事业单位工作人员利用职务便利，为亲友非法牟利的行为必然损害国有公司、企业、事业单位的财产权益，使国有资产受到损失。故国有公司、企业、事业单位的财产权益也是本罪的保护客体。

2. 客观要件

为亲友非法牟利罪在客观方面表现为利用职务便利，将本单位的盈利业务交由自己的

---

① 《国资委"亮剑"国企"亲缘经商腐败"》，中国政府网（www.gov.cn），访问日期：2021 年 4 月 10 日。

② 张明楷：《关于增设背信罪的探讨》，载《中国法学》1997 年第 1 期。

亲友进行经营、以明显高于市场的价格向自己的亲友经营管理的单位采购商品或者以明显低于市场的价格向自己的亲友经营管理的单位销售商品，或者向自己的亲友经营管理的单位采购不合格商品，使国家利益遭受重大损失的行为具体而言，必须具备以下几个条件：

（1）利用职务之便

行为人客观上必须实施了利用职务之便的行为。此处的利用职务之便根据本罪的行为表现方式大致包括决策权和采购权两类。即能够决定将本单位的盈利业务交由何人经营的最终决策权和根据自身职务所具备的为国有公司、企业、事业单位采购商品的采购权。实践中，若行为人不具备最终的决定权，但因工作需要对某笔交易活动具有临时的实际控制权的，利用这种实际控制权实施了为亲友非法牟利的行为的，也应视为利用职务便利。本罪并不要求工作人员需要具备何种职务，不论其职权是由其职务赋予或经他人授权所得，只要行为人实施了利用职务之便的行为即可。在具体案件中的职权范围应当按照公司法的相关规定以及公司章程的相关规定予以确认。

另外，利用职务之便的行为应该还包括利用自己的职务地位所形成的便利条件，间接为亲友非法牟利的行为。此时行为人与实际操作者之间应当具有职务上的制约关系，一般表现为上下级关系。行为人在某个项目中不具有实际控制权，但根据其职务地位或其他权力可形成对实际操作人的制约，使其迫于压力将盈利项目交予行为人的亲友的，形式上是利用实际操作人的职务便利，但实际上是利用自己的职务地位所形成的制约力达成为亲友非法牟利的目的，属于间接利用职务便利的情形，也应认定为是利用职务之便的行为。

在实践中，应当区分行为人利用职务便利和利用工作便利的行为。若行为人的行为与其职务无关，仅仅是利用了工作上的便利条件，为其亲友牟取利益的，不应将其认定为为亲友非法牟利罪。一般而言，行为人利用工作上的便利条件的行为包括利用自己对工作场所的熟悉度、因工作获得的人际关系、熟悉业务操作流程、获得公司内部信息等行为。

（2）实施了为亲友非法牟利的行为

① "亲友" 的界定

所谓亲友，一般指亲属和朋友。亲属是基于婚姻、血缘和法律拟制而形成的社会关系。根据亲属关系发生的原因，一般可分为配偶、血亲和姻亲三类。血亲又可以分为自然血亲和拟制血亲，也可以分为直系血亲和旁系血亲。可以说，我国对于亲属的理解和分类是较为明确的，但对于亲属的范围却不明确。

自古以来，对于亲属关系亲疏远近的程度，我国便有相应的计算方法。早在《仪礼·丧服》中便规定了关于丧葬礼的五服制度，以丧葬时穿戴的服饰区分亲属间的亲疏远近。现代亲属间确定亲疏远近程度的计算方式是亲等制，我国涉及亲属关系的法律规定都以亲等作为限制亲属的范围。我国民事法律领域所调整的亲属关系包括近亲属和三代以内的旁系血亲。近亲属包括夫妻、父母、子女、亲兄弟姐妹、祖父母和外祖父母、孙子女和外孙子女、儿媳和公婆、女婿和岳父母。这里的近亲属和三代以内的旁系血亲就是适用亲等制的体现。

在本罪中，虽名为为亲友非法牟利罪，但并未根据亲等制对亲属的范围予以明确。这里的亲属究竟应当作广义理解还是狭义理解？将 "亲属" 理解为具有血缘关系的任何人，还是在民商法领域内理解，将其认定为近亲属或三代以内旁系血亲？还是仅限于近亲属？

结合司法实际情况，本罪中的亲属应当作广义的理解。若将其理解为仅限近亲属，或近亲属和三代以内旁系血亲，实际上是对亲属的范围作缩小解释，但立法上将具有较广泛含义表示的"朋友"纳入本罪中，却对亲属范围予以限制，显然与立法精神相违背。

与亲属不同，朋友的范围更为广泛，甚至缺乏明确的界定标准。根据《现代汉语词典》，朋友既可以指有交情的人，也可以指恋爱对象。理论界对"朋友"的界定看法不一，存在着他人说、密切联系说、宽窄适中说、一定关系说、朋友关系推定说等学说。他人说认为这里的亲友应当作扩大化理解，只要行为人将本单位的盈利业务交给他人经营，就违背了其职责，不论能否认定为亲友，都使国家利益遭受了重大损失，因此不应将亲友与他人作严格区分。① 密切联系说认为，亲友应当是与行为人具有密切联系的人。② 宽窄适中说认为在理解亲友的范围时应当把握好宽窄适中的原则，不能仅限于近亲属、三代以内的旁系亲属和长期交往的朋友三种范围内，但也不能将与行为人有微小联系的人均纳入亲友范围，不适当地扩大打击面。③ 一定关系说认为只要行为人明知是本单位的盈利业务，利用职务之便交由他人经营，且双方存在一定关系，则可认定为是交由亲友经营。④ 朋友关系推定说则认为，判断朋友不应当以平时的来往交流程度作为评判标准，只要行为人将本单位的盈利业务交由对方经营，对方又不是行为人的亲属，也非其恋爱对象的，就可以推定双方之间为朋友关系。⑤

我们认为，上述诸说之所以得出不同的见解是因为对本罪罪状认识的着重点不同。他人说、一定关系说和朋友关系推定说都更为强调行为人的实质行为带来的社会危害性。本罪规定的目的就是为了保护国家财产的利益，不论是出于为了使何人牟利的目的，行为人实施了刑法所规定的行为，也实际上使国家利益遭受重大损失，针对此种行为就应当予以法律制裁。密切联系说和宽窄适中说则更侧重于对亲友的解释，认为既然刑法将此种规定为为亲友非法牟利罪，而非为他人非法牟利罪，就应当对亲友加以解释，不能以他人一概而论。在理解本罪时，既要重视行为所带来的社会危害性，也要从立法目的上考虑亲友范围。我们认为，立法既然将该罪规定为为亲友非法牟利罪，而非为他人非法牟利罪，至少说明双方之间是需要存在某种联系的，且这种联系不能是微小的联系，是需要达到一定的密切程度的，至少要体现在阶段内的密切联系。若双方完全仅有一面之缘的关系的，不应认定为亲友。但若双方虽然不存在密切联系，但可能具有直接相关利益的，应当作扩大解释，将其认定为亲友。如行为人将本单位的盈利业务交由未曾见面的对象的父母的，此时两者之间应认定具有亲友关系。此外，这里的亲友是指自己的亲友，迫于上级施压将本单位的盈利业务交由上级亲友经营的，不构成本罪。

②为亲友非法牟利

---

① 林维：《妨害对公司、企业管理秩序罪的认定和处理》，中国检察出版社 1998 年版，第 239 页。

② 黄京平主编：《破坏市场经济秩序罪研究》，中国人民大学出版社 1999 年版，第 284 页。

③ 王作富主编：《刑法分则实务研究（上）》，中国方正出版社 2010 年版，第 385 页。

④ 孙力主编：《妨害对公司、企业的管理秩序罪》，中国人民公安大学出版社 2003 年版，第 245 页。

⑤ 李希慧：《论为亲友非法牟利罪》，载《河南省政法管理干部学院学报》2001 年第 5 期。

根据《刑法》第 166 条的规定，为亲友牟利的方式表现为如下三种：

第一，将本单位的盈利业务交由自己的亲友进行经营的。在此种行为方式中，应当注意的是对"盈利业务"的界定。学者们对于"盈利业务"有不同的理解。有学者认为盈利业务是指本单位中能够产生经济效益、获取较大利润的业务。有学者认为，盈利业务是指在正常情况下可以获利的业务，但不需要后期一定获利。有学者认为，盈利业务既包括正在获利的业务，也包括预计可以获利的业务。还有学者认为，只有必然会盈利的业务才能被称为盈利业务。① 我们认为，所谓"盈利"为众多之利、利润。故"盈利业务"应当是能够带来利润的业务。既然是能够带来利润的业务，自然也应包括本可获得利润但如今还未获得的情形。一项业务是否有可能获得经济利润是多方面因素共同决定的。在判断交由亲友经营的业务是否为本单位的盈利业务时，不仅要考察该项业务在本单位中历年的盈利情况、发展前景，还应当考察该业务在未来的一段时间内是否有盈利的可能性，需要结合单位的经营条件、技术开发、当时的营商环境、国家政策导向等多方面进行评判。

第二，以明显高于市场的价格向自己的亲友经营管理的单位采购商品或者以明显低于市场的价格向自己的亲友经营管理的单位销售商品。此种行为方式中，应当注意两个方面，一是对于"明显高于或低于市场价格"的界定，二是对"自己的亲友经营管理的单位"的判断。在判断"明显高于或低于价格"时，应当先对"明显"形成准确认知。刑法领域尚未对"明显"确立具体的确定标准。在此可以参照民商法领域中对于"明显不合理的高价或低价"的认定，即转让价格达不到交易时交易地的指导价或者市场交易价百分之七十的，一般可以视为明显不合理的低价；转让价格高于当地指导价或者市场交易价百分之三十的，一般可以视为明显不合理的高价。当然，具体标准由各地的司法部门根据实际情况把握。在判断"自己的亲友经营管理的单位"时，有学者认为此处应指属于行为人的亲友个人所有或有股份、分红的私有性质的公司、企业，行为人的亲友承包经营管理的国有、集体所有的公司、企业，行为人亲友管理、负责的国家机关、人民团体、社会团体不属于自己亲友经营管理的单位。② 我们认为这种看法值得商榷。一方面，从单位定义的角度看，上述公司、企业均可以认定为单位，且均存在行为人亲友经营管理的行为。另一方面，本罪所惩治的是行为人破坏职务行为的廉洁性，损害国家利益的行为，对该行为的惩治不应当以亲友管理的公司性质为转移。此外，本条仅限于单位，若行为人以明显高于市场的价格采购，或以明显低于市场的价格销售本单位商品于自己亲友经营的个人商店或小作坊的，不能成立本罪。

第三，向自己的亲友经营管理的单位采购不合格商品的。此种行为方式下，应当注意对"不合格商品"的判断。不合格商品一般包括劣质产品和处理品，是质量检验不合格的产品。但在本罪中，我们认为，应当将不合格商品作一定的扩大解释，即只要是不符合单位采购要求的商品，应当认定为不合格商品。因本罪所保护的客体是国有公司、企业、事业单位的财产利益，若将"不合格商品"的理解仅限于质量标准上，对于那些采购符合国家规定的质量标准却不符合单位要求的商品的行为难以打击，不利于保护国家利益。

① 李勇红、张军：《论为亲友非法牟利罪中的盈利业务》，载《检察实践》2005 年第 3 期。
② 黄京平主编：《破坏市场经济秩序罪研究》，中国人民大学出版社 1999 年版，第 285 页。

（3）使国家利益遭受重大损失

本罪为结果犯，只有达到使国家利益遭受重大损失的程度才能构成犯罪。根据 2010 年《立案追诉标准规定（二）》，行为人实施为亲友非法牟利的行为，其一，造成国家直接经济损失数额在十万元以上的；其二，使其亲友非法获利数额在二十万元以上的；其三，造成有关单位破产、停业、停产六个月以上，或者被吊销许可证和营业执照、责令关闭、撤销、解散的；其四，有其他致使国家利益遭受重大损失的情形的，达立案标准，应予立案追诉。可见，一方面，本罪的成立不要求亲友必然从该行为中获利，在亲友未获得利益，但国家利益遭受重大损失的情形下仍然可成立本罪。另一方面，对于重大损失的判定不仅限于财产性利益的损失，还包括其他方面的利益损失。

3. 主体要件

本罪主体是特殊主体，必须是国有公司、企业、事业单位的工作人员。单位不能成为本罪主体。

国有公司、企业的认定：在非法经营同类营业罪部分，已经就国有公司、企业的范围进行论述，可得出国有公司不等同于国有控股、参股公司的结论，在此不再赘述。另外，本罪主体所指的工作人员不单单包括国有公司、企业、事业单位的国家工作人员，是泛指国有公司、企业、事业单位的所有工作人员。国有公司、企业委派到国有控股、参股公司从事公务的人员，也是本罪所指的国家公司、企业工作人员。

4. 主观要件

本罪主观方面只能是故意，过失不可能成立本罪。本罪主观上还需要具有为亲友非法牟利的目的，即行为人明知自己利用职务之便为亲友非法牟利的行为，是对任职的国有公司、企业、事业单位的背信行为，仍决意实施此种行为。

（二）为亲友非法牟利罪司法认定问题

1. 为亲友非法牟利罪与非罪的界限

为亲友非法牟利罪在立法上不甚完善，实践中的行为方式也不同，因此也造成司法实践中对于厘清其罪与非罪的界限存在困难。

（1）离职的原国有公司、企业、事业单位的员工利用其原先的职权或地位形成的便利条件，通过在职的国有公司、企业、事业单位工作人员为其亲友非法牟利的情形

此种情形下，有学者认为不能构成本罪。因从立法目的分析，本罪惩治的是行为人破坏职务上的廉洁性，为其亲友非法牟利，使国家利益遭受重大损失的行为。行为人能够破坏职务上的廉洁性的前提条件是其具有职务，若其已经丧失了职务也就无法利用职务上的便利，不存在破坏职务廉洁性的行为。

我们认为，我国是一个重视人情世故的社会，离任者与在任者之间可能形成亲友关系，该当情形还是有构成犯罪的余地。虽然行为人已经离职，在国有公司、企业、事业单位中已经不再具有职务，但如果其还具有较为明显的影响力，也可破坏公司工作人员职务

廉洁性。此时，其不是仅仅利用自己原先形成的职务便利，还借助了在职员工的职务便利，而在职员工之所以实施为行为人亲友牟利的行为，正是由于行为人原先形成的便利条件的施压，可以说，双方合谋共同实施了为亲友非法牟利罪。

（2）国有公司、企业、事业单位的工作人员迫于他人职权上的制约为其朋友提供本单位的盈利业务，后发现为自己亲属的情形

此种情形下，不仅涉及对于亲友关系的界定，还涉及行为人具有的"为亲友非法牟利"问题的判断。

第一，根据前述，对于亲属的概念应采用广义理解，因此这种情形下，行为人即便是迫于压力提供本单位的盈利业务，但因对象与自身具有亲属关系，因此也应当被纳入"自己的亲友"的范围。但若行为人与其亲属之间不存在交往，仅仅具有血缘联系这一纽带，亲属关系淡薄的，根据具体情况可以不认定为自己的亲友。

第二，对于该情形的判断还应涉及行为人在发现接受业务的对象为其亲属后是否具有主观目的的转变。若行为人在发现接受业务的对象为其亲属时尚未将该笔盈利业务交由其经营，发现后产生为亲友非法牟利的目的并将盈利业务交由亲友的，表面上行为人是迫于职权上的制约迫不得已将盈利业务交由亲友，但实际上行为人在发现双方之间的亲属关系后，职权上的制约力就不存在了，行为人完全是出于自愿的心理将本单位盈利业务交由亲属的，应当认定构成本罪。若行为人在发现接受业务的对象为其亲属时已经将该笔盈利业务交由其经营，即便发现后产生了为亲友非法牟利的目的，由于其提供本单位盈利业务的行为仍然是迫于职权上的制约所做出的，根据主客观相统一的原则，在行为当时其不具有为亲友非法牟利的目的，故不能认定行为人构成本罪。

2. 为亲友非法牟利罪与贪污罪的界限

根据《刑法》第382条的规定："国家工作人员利用职务上的便利，侵吞、窃取、骗取或者以其他手段非法占有公共财物的，是贪污罪。受国家机关、国有公司、企业、事业单位、人民团体委托管理、经营国有财产的人员，利用职务上的便利，侵吞、窃取、骗取或者以其他手段非法占有国有财物的，以贪污论。与前两款所列人员勾结，伙同贪污的，以共犯论处。"根据《刑法》第93条的规定，国家工作人员指国家机关中从事公务的人员。国有公司、企业、事业单位、人民团体中从事公务的人员和国家机关、国有公司、企业、事业单位委派到非国有公司企业、事业单位、社会团体从事公务的人员，以及其他依照法律从事公务的人员，以国家工作人员论。

为亲友非法牟利罪中行为人利用职务便利，实施为亲友非法牟利的行为，可能也存在为自己谋取非法利益的目的，在该情形下，行为人的行为还可能牵扯到贪污罪。为亲友非法牟利罪与贪污罪，究其本质，均为背信犯罪，有相似之处，主要包括以下几个方面：在客体方面，两罪之间存在重合，均要求保护职务行为的廉洁性；在主体方面，两罪之间也存在交叉，在国有公司、企业、事业单位中从事公务的人员或国有公司、企业、事业单位委派到非国有公司企业、事业单位、社会团体从事公务的人员均以国家工作人员论；在客观方面，均要求有利用职务之便的行为；在主观方面均表现为故意。

但二者之间亦存在如下差异：第一，两罪所保护的客体不同。前者保护的是国有公

司、企业、事业单位的财产利益和工作人员的职务廉洁性；后者保护的是国家工作人员职务的廉洁性和公共财产的所有权。第二，两罪的主体范围不同。前者将主体限定于国有公司、企业、事业单位的工作人员；后者的犯罪主体为国家工作人员和以国家工作人员论的其他人员。两罪的主体间存在交叉部分，即国有公司、企业、事业单位中从事公务的人员和国有公司、企业、事业单位委派到非国有公司企业、事业单位、社会团体从事公务的人员。第三，两罪的犯罪对象不同。前者通过为亲友非法牟利的行为使亲友获得利益，此处的利益是经过交易、经营活动取得的，且仅限于本单位的国有财产；后者所获的非法利益是通过侵吞、窃取、骗取等手段占有的公有财物，包括国有财物，也包括非国有单位的财物。第四，两罪的行为方式不同。前者的行为方式仅限于刑法所规定的，为亲友非法牟利的三种行为，后者的行为方式更具多元化，包括侵吞、窃取、骗取等多种手段。第五，两罪的主观目的不同。前者的主观上有为亲友非法牟利的目的，不是出于自己获利的目的，后者则要求行为人具有非法占有公共财物的目的，必须是非法占有财物归为己有，不论其后是否转送他人，在实施贪污行为时必须存在占为己有的目的。

司法实践中，若行为人不仅仅是出于为亲友非法牟利的目的，而是意图自己也分一杯羹，从中获取利益，在实施了为亲友非法牟利的行为后，就该笔交易的盈利部分与自己的亲友进行利润分红的，属于既实施了为亲友非法牟利的行为，也实施了贪污的行为，两行为之间存在牵连关系，应择一重罪处罚，在该情形下，对行为人的亲友应当以贪污罪的共犯论处。

3. 为亲友非法牟利罪与受贿罪的界限

根据《刑法》第385条规定，"国家工作人员利用职务上的便利，索取他人财物的，或者非法收受他人财物，为他人谋取利益的，是受贿罪。国家工作人员在经济往来中，违反国家规定，收受各种名义的回扣、手续费，归个人所有的，以受贿论处"。

司法实践中，为亲友非法牟利罪与受贿罪的关联程度也较高，行为人若接受他人的贿赂为其办理请托事项，实施的行为与为亲友非法牟利罪中规定的行为方式相契合的，则需要对行为人的行为是否符合两罪的构成要件进行分析判断。

为亲友非法牟利罪与受贿罪有相似之处，主要包括以下几个方面：在客体方面，两罪之间存在重合，均要求保护职务行为的廉洁性和国有公司、企业、事业单位的正常管理活动；在主体方面，两罪之间也存在交叉，交叉部分为国有公司、企业、事业单位中从事公务的人员和国有公司、企业、事业单位委派到非国有公司企业、事业单位、社会团体从事公务的人员；在客观方面，均要求有利用职务之便的行为；在主观方面均表现为故意。

但二者之间亦存在如下差异：第一，两罪所保护的客体不同。前者保护的是国有公司、企业、事业单位的财产利益和工作人员的职务廉洁性；后者保护的是国家工作人员职务的廉洁性和国家机关、国有公司、企业、事业单位、人民团体的正常管理活动。第二，两罪的主体范围不同。前者将主体限定于国有公司、企业、事业单位的工作人员；后者的犯罪主体为国家工作人员和以国家工作人员论的其他人员。第三，两罪的犯罪对象不同。前者通过为亲友非法牟利的行为使亲友获得利益，此处的利益是经过交易、经营活动取得的，且仅限于本单位的国有财产；后者的犯罪对象为财物，不限于经营活动中所获得的利润，还包括其他的有形物和财产性利益。且取得的方式亦不是通过经营、交易活动获得，而是通过为请托人办理请托事项所获得的"报酬"或通过索取他人财物的行为获得。第四，两罪的行为方式不同。两者虽都有利用职务之便的行为，但利用职务之便所达成的事项不一，其后续的行为方式不一。前者的行为方式仅限于刑法所规定的为亲友非法牟利的三种行为，后者的行为方式主要表现为通过索贿和收受他人贿赂，为他人谋取利益。第五，两罪的主观目的不同。前者的主观上有为亲友非法牟利的目的，亲友不必然要向行为人请托，行为人在没有接受亲友请托的场合也可以根据自己的意志为亲友非法牟利，且不要求行为人在过程中有为自己获利的目的。后者则要求行为人在利用职务便利为他人谋取利益时，必须要存在某种请托事项，行为人通过实现他人的请托事项以索取或收受他人财物，作为报酬。在办理请托事项的过程中，行为人需要有为自己获利的目的，即受贿目的。

司法实践中，行为人可能利用职务上的便利，将本单位的盈利业务交由他人经营，或以明显高于市场的价格向其他单位采购商品，或者以明显低于市场的价格向其他单位销售商品，或向其他单位采购不合格商品，事后接受他人的融通费、好处费、回扣等费用。此种情形下，行为人的行为若符合受贿罪的构成要件，自然属于受贿罪，但在所谓"他人"为行为人亲友的场合，行为人的行为也可能构成为亲友非法牟利罪。此种情形下，行为人即实施了为亲友非法牟利的行为，事后收受好处费的行为也符合受贿行为，主观上既具有为亲友非法牟利的目的，也具有受贿目的的，符合两罪的犯罪构成要件。但两行为之间存在牵连关系，应择一重罪处罚。此种情形下，行为人的亲友可能构成行贿罪。

四、为亲友非法牟利罪典型案例分析

（一）为亲友非法牟利罪典型案例

经江苏省南京市秦淮区人民法院审理查明，具体案件事实如下：

1. 关于国有公司人员滥用职权的事实

2004年9月，南京长发房地产公司委托长发置业公司销售长发房地产公司开发的位于本市秦淮区长发银座项目的办公中心，长发房地产公司经研究决定该项目126室、127室、128室的销售底价均为3.87万元/平方米。长发置业公司开始销售商铺后，被告人吴某某利用担任长发房地产公司法定代表人、总经理职务便利，将上述三套房屋暂不对外销售，后被告人吴某某擅自决定由其妻子唐某甲、南京长江发展股份有限公司（以下简称南京长发公司）董事长之子李某丙于2005年11月以1.6万元/平方米的单价分别购买了128室、126室，由长发房地产公司副总经理许某于2006年3月以1.6万元/平方米的单价购买了127室，三套房屋总价为人民币332.208万元。经江苏德道天诚房地产评估造价咨询有限公司估价，上述三套房屋价值为人民币950.74万元。被告人吴某某的行为造成国家经济损失达人民币618.532万元。

另查明，南京长发公司、长发房地产公司在案发时均为国有控股公司，长发房地产公司系南京长发公司的子公司。被告人吴某某于 1997 年 3 月经南京长发公司党委决定并由南京长发公司任命为长发房地产公司总经理、法定代表人，后任董事长。

被告人吴某某因群众举报其低价购房等问题并经核实后，于 2013 年 5 月被中共南京市纪律检查委员会实施"两规"措施调查，期间被告人吴某某如实供述了低价购房的事实。2013 年 7 月，被告人吴某某因涉嫌为亲友非法牟利罪被移送公安机关，2013 年 12 月 27 日被刑事拘留。

2. 关于为亲友非法牟利的事实

2006 年至 2008 年期间，被告人吴某某利用担任长发房地产公司法定代表人、总经理、董事长的职务便利，使其妻子唐某甲实际控制经营的南京博富文工贸有限公司（以下简称博富文工贸公司）承接了长发房地产公司开发的长发中心、虹桥公寓及锁金村 9 号项目的进户门供应业务。博富文工贸公司从上海泉顺门窗发展有限公司、上海泉顺建筑装饰材料有限公司采购进户门后加价供应给长发房地产公司，长发房地产公司共支付给博富文工贸公司进户门款项合计达人民币 398.27614 万元，经南京市物价局价格认证中心价格鉴定，上述进户门的市场价格合计为人民币 300.402 万元。除博富文工贸公司支付的部分锁具、铰链及安装维护等费用，实际造成国家利益损失达人民币 60 万余元。

一审法院经审理认定，根据《刑法》规定，判处被告人吴某某犯国有公司人员滥用职权罪和为亲友非法牟利罪，数罪并罚，决定执行有期徒刑七年六个月，罚金人民币十万元，并对扣押在案的被告人吴某某退出的国家经济损失人民币 221.716 万元予以追缴、李某丙退出的国家经济损失人民币 197.388 万元予以追缴，查封在案的本市秦淮区 127 室的房屋，依法处置后对国家经济损失人民币 199.428 万元予以追缴，继续追缴被告人吴某某造成的国家经济损失人民币 60 万元。①

（二）为亲友非法牟利罪案例分析

本案中，行为人的行为符合为亲友非法牟利罪的构成要件。

1. 客体要件。行为人的行为侵犯国有公司、企业、事业单位的财产权益。在本案中，具体表现为吴某某将相关采购业务交予亲友经营的公司，并以高于市场交易的价格交付款项，造成国有资产损失达 60 余万元，严重侵害了国有公司、企业、事业单位的财产权益。

2. 客观要件。行为人实施了利用职务便利为自己的亲友进行经营活动，非法提供便利，致使国家利益遭受重大损害的行为。一般包括三种表现形式：①将本单位的盈利业务交由自己的亲友进行经营的；②以明显高于市场的价格向自己的亲友经营管理的单位采购商品或者以明显低于市场的价格向自己的亲友经营管理的单位销售商品的；③向自己的亲友经营管理的单位采购不合格商品的。

法院认为，在 2006 年长发中心项目中，吴某某亲自带博富文工贸公司的唐某甲、张某甲等人至昆山泉顺公司考察，并与泉顺公司负责人当面沟通，同意使用该公司进户门，后博富文工贸公司才得以在长发中心、虹桥公寓、锁金村 9 号项目中持续向长发房地产公

---

① 江苏省南京市秦淮区刑事判决书：（2014）秦刑二初字第 384 号。

司供应泉顺发进户门。张某甲代表博富文工贸公司做圣淘沙项目时，吴某某就向公司材料部打过招呼，长发房地产公司的人都知晓博富文工贸公司系吴某某妻子唐某甲经营，且该公司报价很高无法砍价，博富文工贸公司的张某甲等人甚至带着写好价格、数量的合同来找李某甲签字，李某甲再请示吴某某即可。综上，应认定被告人吴某某利用职务之便。其在公司担任何种职务，并不影响对其行为的实质认定。

此外，博富文工贸公司除唐某甲、张某甲、代账会计之外没有其他正式员工和正式经营场所，从万某处购买进户门直接加价供应给长发房地产公司，且 60 余万元中已经扣除相关成本和费用，应认定被告人吴某某系以明显高于市场的价格向自己的亲友经营管理的单位采购商品。

3. 主体要件。本罪为特殊主体，即只有国有公司、企业、事业单位的工作人员才能构成本罪。在本案中，长发房地产公司是国有公司，吴某某任该公司法定代表人、总经理、董事长等职务，故吴某某具备国有公司的工作人员身份，符合本罪的主体构成要件。

4. 主观要件。本罪的主观方面必须出于故意，且需具有非法的目的。即行为人明知自己利用职务便利为亲友进行经营活动提供便利条件是一种背信经营的行为，但为获取非法利益仍故意实施这种行为。本案中，吴某某利用职务便利实施了两项行为，一是将该采购业务交由亲友经营管理，二是以明显高于市场价格向自己亲友经营的单位采购商品。吴某某身为长发公司的法定代表人、总经理、董事长，不应当不了解相关采购业务的市场价格情况，不应当不了解自己的行为是利用职务上的便利为亲友进行经营活动提供便利的行为，不应当不了解自己的行为是一种背信经营的行为，但其为了获取非法利益，仍然故意实施了该行为，故可以认定吴某某具备构成该罪的主观故意。

五、为亲友非法牟利罪的刑事政策与企业犯罪预防

（一）为亲友非法牟利犯罪的刑事政策

本罪在体系上被置于《刑法》分则第三章破坏社会主义市场经济秩序内容的第三节妨害对公司、企业的管理秩序罪中，也属于背信犯罪，行为人利用自身的职务便利实施了损害国有公司、企业、事业单位的利益的行为，违背了忠诚义务。本罪的主要规范目的是保障国有公司、企业、事业单位的利益，保证国有资产的保值和增值。除此之外，在社会主义市场经济的模式下，国有资产在市场经济上的分量不言而喻，国家工作人员实施的损害国有资产的行为可能给市场经济的发展、公平竞争的市场秩序等均带来负面效果，若仅以民事或行政法律进行规制，由于其国家强制力不如刑法力度大，故并不能起到良好的规制和预防作用。通过刑法加以规制，才能最大化地实现法的预测和教育作用。

（二）为亲友非法牟利犯罪的企业犯罪预防

1. 坚定法律底线

一方面，针对行为人的过度逐利心理，国有公司、企业、事业单位的工作人员应当端

正自己的态度，摆正自身的心态，加强自身的法治教育学习与建设，深化法治观念，提高自身的刑事风险防控意识，不能突破法律的底线，杜绝用违法手段谋取非法利益。另一方面，针对碍于人情而给予亲友便利的情形，国有公司、企业、事业单位的工作人员应当明确行为在道德和法律方面的界限，也应当明确人情与工作任务之间的界限，对于亲友提出的为其非法牟利的行为应坚决说不，坚定拒绝，不因为所谓的人情纠缠使自身陷入刑事风险中，得不偿失。

2. 完善企业内部的管理和监督机制

国有公司、企业、事业单位要防止自身成为此罪的受害者，应当注重企业内部的管理监督机制的完善。

第一，建立完善的财务管理体制，确保企业各项目的资金流通顺畅与公开，做好日常的财务记录、现金管理记录、档案管理记录等。挖掘出多样性的预算编制方法，社保部门可以与当地的科研所、高校联合起来，探索出多样性的预算编制方法，遵循因地制宜的原则与实践相结合，针对不同类型的险种找出适宜的编制方法。①

第二，建立稳定的人员管理制度，保证人事安排的稳定性，拒绝朝令夕改，在项目管理上，实现专人专项，完善向上审批和备案制度，对于涉及个人亲友相关的公司业务时，采取报告回避制度，从而避免碍于人情带来的刑事风险。

第三，建立动态的市场监测机制，包括价格管理和预测机制。针对某个项目的开展实施，通过该种机制实现市场价格的预判，以此价格预测来判断是否存在"不当价格"交易的问题。

第四，针对国有公司、企业、事业单位的工作人员的各自职务内容，决定对部分员工实行限制关联交易的规制，对于确有必要开展的商事合作，应当采取更加规范和谨慎的态度。

第五，完善企业内部的管理和监督机制。一方面，应当完善民主决策机制，保证针对重大事项公司股东享有充分的知情权和决策权，避免由于"一言堂"导致国有利益遭受重大损失的现象；另一方面，应当完善企业内部的监督机制，充分发挥监事、监事会的监督作用，或者在企业内部增设其他的监督渠道，有效避免企业内的腐败现象滋生。

---

① 张琼方：《成本收益视角下国企高管腐败行为分析》，载《现代商业》2017 年第 23 期。

第十九章 拒不支付劳动报酬犯罪的风险及其防控

一、拒不支付劳动报酬罪的立法规定

（一）拒不支付劳动报酬罪的行政法律法规及规章

1.《劳动法》

第三十二条 有下列情形之一的，劳动者可以随时通知用人单位解除劳动合同：

（一）在试用期内的；

（二）用人单位以暴力、威胁或者非法限制人身自由的手段强迫劳动的；

（三）用人单位未按照劳动合同约定支付劳动报酬或者提供劳动条件的。

2.《保障农民工工资支付条例》

第七条 公安机关负责及时受理、侦办涉嫌拒不支付劳动报酬刑事案件，依法处置因农民工工资拖欠引发的社会治安案件。

第四十一条第二款 人力资源社会保障行政部门发现拖欠农民工工资的违法行为涉嫌构成拒不支付劳动报酬罪的，应当按照有关规定及时移送公安机关审查并作出决定。

（二）拒不支付劳动报酬罪的刑法及司法解释

1.《刑法》规定

第二百七十六条之一 以转移财产、逃匿等方法逃避支付劳动者的劳动报酬或者有能力支付而不支付劳动者的劳动报酬，数额较大，经政府有关部门责令支付仍不支付的，处三年以下有期徒刑或者拘役，并处或者单处罚金；造成严重后果的，处三年以上七年以下有期徒刑，并处罚金。

单位犯前款罪的，对单位判处罚金，并对其直接负责的主管人员和其他直接责任人员，依照前款的规定处罚。

有前两款行为，尚未造成严重后果，在提起公诉前支付劳动者的劳动报酬，并依法承担相应赔偿责任的，可以减轻或者免除处罚。

2. 司法解释

（1）最高人民法院《关于审理拒不支付劳动报酬刑事案件适用法律若干问题的解释》（法释〔2013〕3号）

第一条　劳动者依照《中华人民共和国劳动法》和《中华人民共和国劳动合同法》等法律的规定应得的劳动报酬，包括工资、奖金、津贴、补贴、延长工作时间的工资报酬及特殊情况下支付的工资等，应当认定为《刑法》第二百七十六条之一第一款规定的"劳动者的劳动报酬"。

第二条　以逃避支付劳动者的劳动报酬为目的，具有下列情形之一的，应当认定为《刑法》第二百七十六条之一第一款规定的"以转移财产、逃匿等方法逃避支付劳动者的劳动报酬"：

（一）隐匿财产、恶意清偿、虚构债务、虚假破产、虚假倒闭或者以其他方法转移、处分财产的；

（二）逃跑、藏匿的；

（三）隐匿、销毁或者篡改账目、职工名册、工资支付记录、考勤记录等与劳动报酬相关的材料的；

（四）以其他方法逃避支付劳动报酬的。

第三条　具有下列情形之一的，应当认定为《刑法》第二百七十六条之一第一款规定的"数额较大"：

（一）拒不支付一名劳动者三个月以上的劳动报酬且数额在五千元至二万元以上的；

（二）拒不支付十名以上劳动者的劳动报酬且数额累计在三万元至十万元以上的。

各省、自治区、直辖市高级人民法院可以根据本地区经济社会发展状况，在前款规定的数额幅度内，研究确定本地区执行的具体数额标准，报最高人民法院备案。

第四条　经人力资源社会保障部门或者政府其他有关部门依法以限期整改指令书、行政处理决定书等文书责令支付劳动者的劳动报酬后，在指定的期限内仍不支付的，应当认定为《刑法》第二百七十六条之一第一款规定的"经政府有关部门责令支付仍不支付"，但有证据证明行为人有正当理由未知悉责令支付或者未及时支付劳动报酬的除外。

行为人逃匿，无法将责令支付文书送交其本人、同住成年家属或者所在单位负责收件的人的，如果有关部门已通过在行为人的住所地、生产经营场所等地张贴责令支付文书等方式责令支付，并采用拍照、录像等方式记录的，应当视为"经政府有关部门责令支付"。

第五条　拒不支付劳动者的劳动报酬，符合本解释第三条的规定，并具有下列情形之一的，应当认定为《刑法》第二百七十六条之一第一款规定的"造成严重后果"：

（一）造成劳动者或者其被赡养人、被扶养人、被抚养人的基本生活受到严重影响、重大疾病无法及时医治或者失学的；

（二）对要求支付劳动报酬的劳动者使用暴力或者进行暴力威胁的；

（三）造成其他严重后果的。

第六条 拒不支付劳动者的劳动报酬，尚未造成严重后果，在刑事立案前支付劳动者的劳动报酬，并依法承担相应赔偿责任的，可以认定为情节显著轻微危害不大，不认为是犯罪；在提起公诉前支付劳动者的劳动报酬，并依法承担相应赔偿责任的，可以减轻或者免除刑事处罚；在一审宣判前支付劳动者的劳动报酬，并依法承担相应赔偿责任的，可以从轻处罚。

对于免除刑事处罚的，可以根据案件的不同情况，予以训诫、责令具结悔过或者赔礼道歉。

拒不支付劳动者的劳动报酬，造成严重后果，但在宣判前支付劳动者的劳动报酬，并依法承担相应赔偿责任的，可以酌情从宽处罚。

第七条 不具备用工主体资格的单位或者个人，违法用工且拒不支付劳动者的劳动报酬，数额较大，经政府有关部门责令支付仍不支付的，应当依照《刑法》第二百七十六条之一的规定，以拒不支付劳动报酬罪追究刑事责任。

第八条 用人单位的实际控制人实施拒不支付劳动报酬行为，构成犯罪的，应当依照《刑法》第二百七十六条之一的规定追究刑事责任。

第九条 单位拒不支付劳动报酬，构成犯罪的，依照本解释规定的相应个人犯罪的定罪量刑标准，对直接负责的主管人员和其他直接责任人员定罪处罚，并对单位判处罚金。

二、拒不支付劳动报酬罪犯罪学分析

（一）拒不支付劳动报酬罪的犯罪现状

2010年1月1日—2020年12月31日全国拒不支付劳动报酬案件基本情况分析①：

1. 案件总数：12169；企业（家）犯罪②：286

2. 法院分布

表19-1　　　　　　　　拒不支付劳动报酬罪案件审理法院

审理法院层级	最高人民法院	高级人民法院	中级人民法院	基层人民法院	专门法院
单位犯罪案件数/总件数	0/0	3/16	58/1490	225/10663	0/0

---

① 该数据选取时间为2010年1月1日—2020年12月31日，数据来源：威科先行网（http：//8721add15be1c16f50bd1ba831cbefd9.f2a9b9a2.libvpn.zuel.edu.cn/），最后访问日期：2021年3月31日。

② 此处及以下各处企业（家）犯罪是指单位犯罪以及单位法定代表人犯罪。

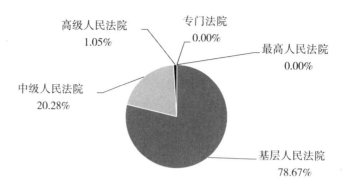

图 19-1 拒不支付劳动报酬罪（单位犯罪）案件审理法院级别

3. 审级分布

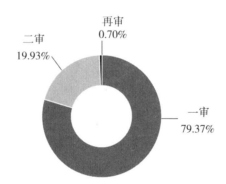

图 19-2 拒不支付劳动报酬罪（单位犯罪）案件审级分布

4. 地域分布

除港澳台地区，全国各省（区、市）拒不支付劳动报酬罪案件分布如下：

表 19-2　　　　　　　　全国各省（区、市）拒不支付劳动报酬罪案件分布情况

东部沿海地区									
省（区、市）	京	津	冀	沪	苏	浙	闽	鲁	粤	琼
案件数（单位犯罪案件数/总件数）	0/22	0/48	10/763	0/97	68/867	23/1337	20/442	8/300	21/1488	1/85

中 部 地 区					
省（区、市）	豫	晋	皖	赣	鄂	湘
案件数（单位犯罪案件数/总件数）	9/569	5/299	32/1179	7/374	17/869	16/436

续表

西 部 地 区											
省（区、市）	渝	滇	桂	川	贵	藏	陕	甘	蒙	青	宁	新
案件数（单位犯罪案件数/总件数）	1/59	6/139	1/129	10/481	2/227	0/12	4/203	5/457	2/248	0/61	0/44	4/145

东 北 部 地 区		
省（区、市）	辽宁	吉林	黑龙江
案件数（单位犯罪案件数/总件数）	4/353	7/227	3/209

5. 年度趋势

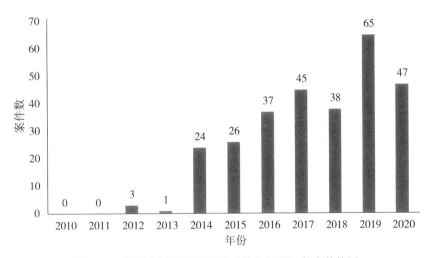

图 19-3　拒不支付劳动报酬罪（单位犯罪）年度趋势图

（二）拒不支付劳动报酬罪的犯罪特征

从图 19-3 拒不支付劳动报酬罪（单位犯罪）年度趋势图可知，2011 年《刑法修正案（八）》新增了拒不支付劳动报酬罪后，2012 年开始出现企业触犯本罪的现象，2014 年触犯频次显著增多，逐年递增，2018 年有些许减少，在 2019 年达到最高值，为 65 件。从表 19-2 全国各省（区、市）拒不支付劳动报酬罪案件分布情况分析可知，企业触犯拒不支付劳动报酬罪的频率最高的为江苏省，为 68 件，较高的有安徽省、浙江省以及广东省，分别为 32 件、23 件以及 21 件。企业触犯拒不支付劳动报酬罪的频次占触犯频次的总数比例较小。此外，拒不支付劳动报酬罪的审理法院多为基层法院，其中建筑业和劳动密集型的加工行业成为本罪的多发领域，且入罪的标准较高，在提起公诉之后，较高比例得到了清偿。拒不支付劳动报酬的案例通常受害者的人数较多、对社会危害性较大且涉案金额较高。

在广东省高级人民法院审理的彭某某犯诈骗罪、拒不支付劳动报酬罪一案中，经查，案发期间，彭某某任职的同济医院确已托管给福建佰乔公司，但虽然按照合同约定彭某某没有支付义务，彭某某作为同济医院的法定代表人，仍需履行相应的管理职责。在拖欠王某、臧某、尤某、马某等 122 名同济医院医务人员 2016 年 8 月、9 月两个月的工资共计1013518 元后，当地市人力资源和社会保障局介入调查并于 2016 年 9 月 26 日向同济医院发出《劳动保障监察限期改正指令书》，责令彭某某和福建佰乔公司于 2016 年 9 月 30 日之前付清所欠工资，但彭某某以与福建佰乔公司之间发生纠纷为由推诿责任，未履行法定代表人应尽的职责，这构成拖欠医护人员劳动报酬的重要原因，因此法院认为，彭某某身为同济医院法人代表、院长，有能力支付而拒不支付劳动者的劳动报酬，且经政府有关部门责令支付仍不配合，数额较大，其行为又构成拒不支付劳动报酬罪。鉴于在提起公诉前，陆丰同济医院已支付拖欠劳动者的劳动报酬，且尚未造成严重后果，依法可以免除刑事处罚。①

在辽宁省高级人民法院审理的王某非法吸收公众存款、诈骗、拒不支付劳动报酬罪一案中，辽宁省高级人民法院认为，王某在经营活动中，有能力支付而拒不支付劳动者的劳动报酬，数额较大，经政府有关部门责令支付而仍不支付，其行为已构成拒不支付劳动报酬罪。对于王某辩护人提出王某不支付劳动报酬不属于恶意，是公司经营不善，无力支付劳动报酬的辩护意见，经法院查明，王某身为鞍山福佰汇公司的法定代表人，福百汇公司从 2016 年开始拖欠员工劳动报酬，拖欠其公司 13 名员工工资共计人民币 228581 元，且此间公司尚在正常运转，经过劳动监察部门两次向其下达支付通知，其仍不履行义务，采取电话转移小秘书台、发短信拒不回复，在限期内迟迟不支付员工劳动报酬，足见其消极应对监管，其主观方面存在恶意，故辽宁省高级人民法院未采纳辩护人的辩护意见。②

1. 工程建设领域是欠薪案件的"重灾区"

拒不支付劳动报酬案件中涉及建筑工程行业的占据绝大部分比例，而建筑工程行业中承包、分包、转包现象较为普遍，承包方往往以发包方拖欠建筑工程款为由拖欠工人工资，这与工程建设领域存在平时支付生活费、年底或工程结束时集中支付工资的惯例有关。

2. 欠薪数额大，涉及人数多，影响巨大

公司、企业由于经营困难或资金运转问题，难以支付劳动者报酬所涉人数较多，涉及金额庞大，从数万元至几百万元不等，这样的争议纠纷影响的不仅是劳动者个人，更涉及成百上千个家庭，造成的影响不容忽视。

---

① 广东省高级人民法院刑事判决书：（2018）粤刑终 968 号。
② 辽宁省高级人民法院刑事判决书：（2020）辽刑终 60 号。

3. 企业资产状况难以查明

鉴于一般认为，拒不支付劳动报酬罪的行为类型都以行为人有支付能力为前提，实践中公司企业会利用各种手段、方式来转移财产，使得资产状况模糊，以此逃避司法机关的审查，因此这加剧了现实与法律规定中的矛盾，也增大了司法机关工作人员的办案难度。

（三）拒不支付劳动报酬罪的犯罪原因

在企业欠薪、工人讨薪现象愈演愈烈的趋势下，2011 年《刑法修正案（八）》将拒不支付劳动报酬的行为入刑，本罪是为了通过刑法规制来惩治恶意欠薪的企业，以期通过刑法的威慑力来达到保护劳动者合法权益的作用。

1. 法律规范不够完善

在法律对拒不支付劳动报酬罪的构成要件规定中，客观方面要求行为人以转移财产、逃匿等方法逃避支付劳动者的劳动报酬或者有能力支付而不支付劳动者的劳动报酬，其中对于"有支付能力"的认定在司法层面上标准不一，且举证方面也存在很大的困难。针对欠薪方公司的财产证明，需要调查的范围如何界定也有不同的观点，对欠薪方公司的财产调查是仅包括流动资金还是包括生产车间、原材料等在内的一切具有经济价值的固定资产等，实务界做法不一。而当自然人成为犯罪主体时，对其进行资产评估是否需要同时对其近亲属等进行调查，等等，这些问题成为合理定罪量刑的一大阻碍。因此，行为人很有可能利用标准尚不完善的情况进行违法犯罪，试图躲避刑事的制裁。在法律规定中，对于入罪的数额有规定，当行为人清偿了所欠的金额后，也会减轻甚至免除自己的刑事责任。因此这样的法律规定，对于行为人而言威慑力不足，如前文提到的案例，在欠薪高达 100 万元时，因已支付拖欠劳动者的劳动报酬，且尚未造成严重后果，同样依法被免除了刑事处罚。

同时在本罪中，刑法仅规定的是"劳动报酬"，但现实中，由于工资条制作的规范没有统一，不少企业拖欠的金额从工资表上无法清晰地核算，实际上可能拖欠的为社会保险福利和经济补偿金等，我们认为由于社会保险机制的不断完善，保险福利由保险机构承担较为合理，因此社会保险金不应纳入"劳动报酬"的范畴，而经济补偿金是与劳动者的劳动相联系的，是为劳动者提供了一种生活保障，具有较为实际的意义，因此应当成为本罪中"劳动报酬"包含的内容。因此在实践中，当企业拖欠劳动者经济补偿金时，也应当作为拒不支付劳动报酬同等看待，但针对这一问题暂无司法解释等进行规定，不利于劳动者合法权益的保护，也成为企业触犯本罪的可能性之一。①

2. 企业自身存在问题

由于目前信息技术发达，集资融资平台增多，拖欠以及逃匿员工劳动报酬的手段越来

---

① 参见王倍、刘淼：《法律大数据视角下的拒不支付劳动报酬罪研究》，载《中国刑事法杂志》2017 年第 2 期。

越新颖，不少企业会利用这些手段实施犯罪，现实情况为企业的违法犯罪提供了不少便利。且由于劳动者与企业相比，作为弱势一方的特性极易受到资本的打压，"在市场经济条件下，劳资关系的实质是劳动和资本的结合。利润最大化是资产的直接追求，工资最大化则是劳动的直接追求"①，这天然就会形成劳动关系中的矛盾与冲突。而利益冲突则成为其中最为突出的冲突，也是劳动关系中最根本的冲突，这通过劳动报酬也能较为直观地表现。

且随着国际国内经济形势不明朗，经济下行压力加剧，企业在生产经营过程中会出现更多的突发情况，如何平衡利益实现利润最大化、如何化解企业运转过程中的阻碍，成为企业不得不面对的难题。而当这些问题成为企业难以解决的症结时，由于资源分配不平衡，企业作为强势一方，其对利益的渴望和金钱的欲望与能够分配的资源之间存在很大的差距，企业会选择牺牲一方的利益来保护自己的利益，此时弃劳动者的利益于不顾的现象便会发生，企图通过不正当手段逃避法律的制裁，从而走上犯罪的道路。

三、拒不支付劳动报酬罪刑法教义学分析

该罪是《刑法修正案（八）》新增加的规定，2011 年两高《关于执行〈中华人民共和国刑法〉确定罪名的补充规定（五）》将其罪名确定为拒不支付劳动报酬罪。本罪是指以转移财产、逃匿等方法逃避支付劳动者的劳动报酬或者有能力支付而不支付劳动者的劳动报酬，数额较大，经政府有关部门责令支付仍不支付的行为。

（一）拒不支付劳动报酬罪构成要件

1. 客体要件

一般认为，拒不支付劳动报酬罪的客体是劳动者的财产所有权。刑法对犯罪行为进行规制的本质就是对具体犯罪可能侵犯或威胁到的法益进行保护。张明楷教授指出，确定刑法规制中保护的法益有以下两种基本方法：第一，根据具体犯罪所属的类罪确定法益内容；第二，依据具体犯罪的规定确定法益的内容。

一方面，从具体犯罪所属的类罪来看，《刑法修正案（八）》将拒不支付劳动报酬罪纳入侵犯财产罪的类别。侵犯财产罪，是指以非法占有为目的，取得公私财物，或者挪用单位财物，故意损坏公私财物的行为。张明楷教授认为，"财产犯的法益是财产的所有权，没有任何争议，即财产罪侵犯的是公民的公私财产所有权，是对所有权整体全能的侵犯，这是绝大部分侵犯财产罪的本质属性"②。因此，这样的刑法规制能够直观体现拒不支付劳动报酬罪所要保护的法益为公私财产权，在拒不支付劳动报酬罪中则表现为劳动者的财产所有权。

---

① 杜海燕：《现阶段我国私营企业劳动关系研究》，东北师范大学 2012 年博士学位论文，第 39 页。

② 张明楷：《刑法学》，法律出版社 2007 年版，第 700~701 页。

另一方面，依据具体犯罪的规定来分析犯罪侵犯的法益更具有针对性。有观点认为，根据《劳动法》第3条的明确规定："劳动者享有平等就业和选择职业的权利、取得劳动报酬的权利、休息休假的权利、获得劳动安全卫生保护的权利、接受职业技能培训的权利、享受社会保险和福利的权利、提请劳动争议处理的权利以及法律规定的其他劳动权利。"拒不支付劳动报酬罪所侵犯的法益应当具体为劳动者享有的劳动报酬权，即行为人拒绝支付劳动者报酬的行为。本罪的核心则要划清劳动报酬的界限，即劳动报酬具体包括哪些方面，根据最高人民法院《关于审理拒不支付劳动报酬刑事案件适用法律若干问题的解释》（以下简称2013年《拒不支付劳动报酬解释》）第1条，劳动者依照《中华人民共和国劳动法》和《中华人民共和国劳动合同法》等法律的规定应得的劳动报酬，包括工资、奖金、津贴、补贴、延长工作时间的工资报酬及特殊情况下支付的工资等，应当认定为《刑法》第276条之一第1款规定的"劳动者的劳动报酬"。最高人民法院研究室负责人在答记者问的时候对此解释道："该条将劳动者的劳动报酬限定为劳动报酬。根据《劳动法》《劳动合同法》等法律的规定，劳动报酬是基于用人单位和劳动者之间建立劳动关系所产生的工资收入；而劳务报酬并非基于劳动关系产生的，属于普通民事法律关系调整的范畴。立法规定拒不支付劳动报酬罪，是为了强化对处于相对弱势地位的劳动者的保护，对平等民事主体之间的劳务报酬纠纷，应通过民事程序解决。"

因此，劳动报酬包括劳动者根据自己的劳务所应得的货币对价，仅包括工资、奖金、津贴、补贴、延长工作时间的工资报酬及特殊情况下支付的工资等。但其中有观点认为社会保险也应包含在内，对此我们持反对观点，根据《中华人民共和国劳动合同法》第17条的规定，劳动合同应当包含的内容中，社会保险是与劳动报酬并列的要件，因此法律上认定的"社会保险"并不是用人单位所应支付的劳动报酬之范围。有学者认为，"在社会保险中，养老保险、医疗保险、失业保险、工伤保险这四类保险是我国法律明文规定的所有企业必须为劳动者提供的社会保险福利，如果用人单位拒为劳动者提供社会保险，那么劳动者可以通过以下两种途径来维权：申请劳动仲裁或者提起民事诉讼，不需要用刑法来加以惩罚"[1]。

此外，"财产所有权"的概念在民法中表现为包括财产的占有权、使用权、收益权和处分权在内的权利，与纯粹的侵犯财产所有权不同的是，行为人拒绝支付劳动者的劳动报酬这一行为实质上属于侵权和违约的竞合，其权利主体和义务主体是特定的，是劳动者与特定用人单位之间的劳务关系，是基于双方签订的劳动合同建立起来的；同时，劳动者的"讨薪"权利是对用人单位拖欠自己的劳动报酬所享有的劳动报酬请求权，该请求权的实现需要依靠债务人的作为行为，因此该权利属于债权债务纠纷一类，拒不支付劳动报酬罪中的行为人行为具体侵犯的为劳动者的债权。

另外有学者认为，拒不支付劳动报酬罪还侵犯了市场经济秩序的社会法益，根据《刑法》对拒不支付劳动报酬罪的规定，其规制的行为是欠薪的行为，但不是所有欠薪的行为都能通过《刑法》来规范。在欠薪的行为类型当中，因困难和纠纷导致的欠薪现象

---

[1]　孟传香：《拒不支付劳动报酬罪法律适用问题研究》，载《法学论坛》2011年第2期。

不是该罪主要意图惩治的范围，而本罪主要是为了对违背诚信有能力支付报酬而不支付的情形进行规范，只有当行为人恶意不支付劳动者报酬，经政府有关部门责令后仍不支付时，才会构成犯罪。其中之所以规定要经过政府有关部门责令这一要件，也是基于政府所具有的经济职能。"政府的具体经济职能主要有三个：效率、平等和稳定。在市场经济社会，市场失灵就会导致生产或消费的无效率，因而，政府必须出面提防或干预市场失灵。"① 因此只有当作为市场主体一方的行为对经济市场或社会秩序进行了一定的侵犯时，政府才能进行相关干涉，这就体现了拒不支付劳动报酬罪也侵犯了市场经济秩序的社会法益。

苏青教授认为，"法益理论使刑法上的价值评价独立于国家与社会，实质上从被侵害的对象本身去考察行为的社会危害性"②。综合上述利用法益理论分析可知，拒不支付劳动报酬罪的犯罪客体既包括劳动者的财产利益又包括正常的市场经济秩序。

2. 客观要件

犯罪的客观方面表现为以转移财产、藏匿等方法逃避支付劳动者的劳动报酬或者有能力支付而不支付劳动者的劳动报酬，数额较大，经政府有关部门责令支付仍不支付的行为。

（1）行为人以转移财产、藏匿等方法逃避支付劳动者的劳动报酬或者有能力支付而不支付劳动者的劳动报酬

在此情形中，行为是属于作为还是不作为，还是二者的结合的问题，学者有不同的观点。日本学者西原春夫认为，"所谓的'不作为'，是指不实施一定的身体运动；而所谓的'作为'是指实施一定的身体运动。由此可以看出，如果从物理的角度来看，作为通常是身体运动；与此相对，不作为则具有身体运动的场合，也有静止的场合"③。阿部纯二认为，"作为犯与不作为犯的标准，同作为或不作为自身没有什么关系，而应从禁止规范和命令规范中去寻求"④。因此判断犯罪属于作为犯还是不作为犯，不能简单从身体有无动作来区分，不作为犯指的是不实行被期待的某种行为为内容的犯罪。在英美刑法中，构成不作为犯需要具备三个要素，包括具有作为的法定义务、具有履行义务的可能性以及因没有履行义务给他人造成了损害。

从拒不支付劳动报酬罪来看，行为人的行为之一是积极采取措施转移财产或者逃匿，行为之二是消极地不支付劳动报酬，其中行为人具有支付劳动者劳动报酬的义务，这是基于二者的劳动合同产生的义务；同时在上文的分析中可以看出，此罪中行为人也有履行义务的可能性，因真正的困难型和纠纷型的不支付已经被排除在本罪的规范范围外；根据

① 参见王勇：《也论政府信息公开制度》，载《法学评论》2011年第6期。
② 参见苏青：《社会危害性理论的反思与改造——以法益视角为进路》，载《法学评论》2011年第3期。
③ 参见［日］西原春夫：《犯罪实行行为论》，戴波、江溯译，北京大学出版社2006年版，第86页。
④ 转引自［日］阿部纯二：《法学セミナ》1982年第26卷第2号，第80~81页。

《劳动法》第 50 条和第 91 条、《工资支付暂行规定》第 18 条、《违反和解除劳动合同的经济补偿办法》第 3 条等规定，用人单位克扣或者无故拖欠劳动者工资的，由劳动行政部门责令其在规定时间内全额支付劳动者工资报酬，加发相当于工资报酬 25% 的经济补偿金，并可责令其支付劳动者工资报酬、经济补偿总和的 1 至 5 倍赔偿金；逾期不支付的，责令用人单位按照应付金额 50% 以上 1 倍以下的标准计算，向劳动者加付赔偿金。支付劳动报酬不论是在《刑法》中还是在《劳动法》等相关法律中都属于行为人的法定义务，是一种命令性的规范，此时行为人不履行支付劳动报酬的数额较大、经政府部门责令支付而不支付时，已然给劳动者的财产权利和社会秩序造成了侵害，因此本罪满足不作为犯的要件。

而是否构成作为犯，我们可以从其他典型的作为犯罪入手分析，例如在盗窃罪中，行为人实施盗窃的行为是作为行为，违反了不得实施盗窃这一禁止性规范，只要行为人没有实施盗窃，一般对方的财产法益就不会受到伤害，但在拒不支付劳动报酬罪中，行为人仅通过消极的手段不支付劳动报酬，仍构成了对本罪所保护法益的侵害，此时要实现对劳动者获取劳动报酬的法益的保护，需要行为人积极地履行自己的义务，因此有观点认为本罪不属于作为犯，行为人有能力支付而拒不支付的行为仅属于不作为犯。

随着我国社会主义市场经济的不断发展，行为人逃避支付劳动报酬或者转移财产的行为方式和手段逐渐呈现出多样化的趋势，目前行为人主要采取拖延、捏造虚假的债务债权纠纷、谎称离婚、以投资失败资金周转不灵为借口等手段来逃避支付劳动者劳动报酬。而在实践中认定行为人"有能力"支付劳动报酬需要司法机关结合法律等相关规定以及实际情况进行分析。通过上文对拒不支付劳动报酬罪的犯罪客体进行分析可以看出，本罪主要是惩治行为人恶意不支付劳动者报酬的情形，我们评定行为人有能力是指行为人拥有足够的财产能够支付劳动报酬，这里的财产指的是公司企业的财产或者自然人通过雇佣关系所获得的财产，其中自然人的家庭财产只有通过经营财产转化过来时才属于应当考察的财产范围。

（2）经政府有关部门责令支付仍不支付

这一要件应作为拒不支付劳动报酬罪的必备要件，其中责令支付的政府有关部门范围大小在学界有不同的看法，主要涵盖各级政府人力资源社会保障部门、其设立的劳动保障监察行政机构及其依法委托的实施劳动保障监察的组织、各行业主管部门、劳动仲裁部门、劳动调解机构、各级政府相关职能部门以及各级人民法院、劳工总会等。

2013 年《拒不支付劳动报酬解释》第 4 条规定，经人力资源社会保障部门或者政府其他有关部门依法以限期整改指令书、行政处理决定书等文书责令支付劳动者的劳动报酬后，在指定的期限内仍不支付的，应当认定为《刑法》第 276 条之一第 1 款规定的"经政府有关部门责令支付仍不支付"，但有证据证明行为人有正当理由未知悉责令支付或者未及时支付劳动报酬的除外。行为人逃匿，无法将责令支付文书送交其本人、同住成年家属或者所在单位负责收件的人的，如果有关部门已通过在行为人的住所地、生产经营场所等地张贴责令支付文书等方式责令支付，并采用拍照、录像等方式记录的，应当视为"经政府有关部门责令支付"。这里将责令主体认定为人力资源社会保障部门或者政府其他有关部门，政府有关部门指的是在职权范围内可以责令用人单位支付劳动报酬的部门。

而法院是否属于政府有关部门，我们认为，法院是司法机关，当行为人经法院责令支付仍不支付，实际上可能构成的是拒不执行判决、裁定罪，因此法院不属于本罪责令主体的范围。

其他诸如劳动仲裁机构、劳动调解机构和工会都不属于责令支付的主体，因劳动仲裁机构的仲裁原则上具有终局裁决的效力，当对仲裁裁决仍不服时，可向法院起诉，而不宜认定为犯罪，对于调解机构和工会来说，二者的责令都不具有国家强制力，因此在行为人拒不履行这些主体的要求时，不应直接认定为犯罪。

（3）数额较大

这里的数额指的是作为犯罪对象的劳动者的数量还是薪酬的金额？拒不支付劳动报酬罪的犯罪客体包括了劳动者的财产所有权和社会秩序两个法益，因此此处的数额同时包含劳动者的数量和薪酬总金额。劳动者的数量较易确定，而薪酬的范围如何确定，根据2013年《拒不支付劳动报酬解释》第3条规定，具有下列情形之一的，应当认定为《刑法》第276条之一第1款规定的"数额较大"：①拒不支付1名劳动者3个月以上的劳动报酬且数额在5000元至2万元以上的；②拒不支付10名以上劳动者的劳动报酬且数额累计在3万元至10万元以上的。各省、自治区、直辖市高级人民法院可以根据本地区经济社会发展状况，在前款规定的数额幅度内，研究确定本地区执行的具体数额标准，报最高人民法院备案。

虽司法解释对数额进行了规定，但有学者认为要认定构成"数额较大"的标准还需要结合劳动者的报酬总额或者生活水平来计算；也有学者认为"判断数额较大时，不仅要达到三个月总额的标准，而且需要按照劳动行政部口公布的去年社会平均报酬当作根据，因为我国地域广大，每个地方的工资水平都不一样"①。还有观点认为，"在认定行为人行为满足拒不支付劳动报酬罪的构成要件时，尽管涉案金额没有达到数额较大的要求，但如果一年内行为人再次有拒绝支付劳动者劳动报酬的行为，可以参照纳税罪的客观方面要件将行为人的行为纳入刑法范畴，以惩治屡教不改的行为人"②。因此即便涉及财产犯罪的金额通常情况能够较为直观反映出行为人行为的社会危害性和主观恶性，但考虑我国国情，如地区差异、经济发展不一、工资及消费水平的差异等，对数额较大的认定应当以各个地方最低工资标准为基础，结合犯罪次数、受害人数、具体拖欠劳动报酬金额等因素综合考虑，其中最低工资标准的设定能够确保劳动者及其家庭的最低生活保障，有利于政府的宏观调控，也是社会公众能忍受的最低程度以及能让刑法发挥最后保障手段的作用。

综上，拒不支付劳动报酬罪的客观方面要件包括行为人有能力支付而选择采取转移财产、藏匿等方法逃避支付劳动报酬，经政府有关部门责令支付仍不支付，数额较大的行为。

---

① 薛培、叶小舟：《拒不支付劳动报酬罪的规范适用》，载《中国检察官》2015年第16期。

② 徐翠翠、冉鹏：《拒不支付劳动报酬罪的规范性解读——以法律一体化视野》，载《中国劳动关系学院学报》2015年第3期。

3. 主体要件

本罪的主体包括自然人和单位。单位犯前款罪的，对单位判处罚金，并对其直接负责的主管人员和其他直接责任人员，依照前款的规定处罚。

首先，在实践中，单位犯罪必然是通过单位中的工作人员工作来实施的，因此要准确区分自然人犯罪和单位犯罪，需要分析犯罪意思是单位工作人员的意思还是单位的整体意思。只有当犯罪是基于单位的整体意思，经过单位同意、授权或命令而实施，才能认定为单位犯罪。我国司法解释和相关规定通常根据犯罪是否属于单位名义、违法所得是否归单位或者犯罪是否为了单位利益、犯罪行为是否由单位集体决定或者负责人决定来认定单位的犯罪主体地位。但这两种认识都无法适用拒不支付劳动报酬罪的司法认定，而在相关司法案例中，即便案件事实通常都是单位在实施拒不支付劳动报酬的犯罪行为，但法院多认定本罪的犯罪主体为自然人。

根据通说可知，在一般的单位犯罪中，单位实施犯罪行为侵害的是单位之外的主体权益，而拒不支付劳动报酬罪要认定为单位犯罪，其侵害的仍然是单位内部的主体权益，此时被害人与单位之间要具有合法的劳动关系。单位犯罪如何厘清，最高人民法院在2013年《拒不支付劳动报酬解释》中，将"公司、企业、事业单位"解释为"既包括国有、集体所有的公司、企业、事业单位，也包括依法设立的合资经营、合作经营的企业和具有法人资格的独资、私营等公司、企业、事业单位"。另外，最高人民法院有观点认为："将实践中作为单位管理的，具备法人资格的私营公司、企业、事业单位规定为单位犯罪的主体是有法律和实践依据的。司法实践中，对于不具有法人资格的私营独资企业和私营合伙企业实施的犯罪行为，应当依照刑法有关自然人犯罪的规定定罪处罚。"[1] 从这里可以看出，单位要构成犯罪主体需要具备法人资格，因此虽刑法没有对拒不支付劳动报酬罪中单位的范围进行规定，但如果单位不具有法人资格，其主要责任人员犯罪仍应认定为自然人犯罪。

其次，犯罪主体是个人独资企业时也分具有法人资格和不具有法人资格两类。对于个人独资企业而言，当行为主体拒不支付劳动者劳动报酬时，尽管形式上是单位意思的表现，但论其实质，单位的经营者和决定者皆为一人，因此应当是属于自然人犯罪的范畴，此时理论界有观点认为，"可以将'法人人格否认制度'引入刑事领域，对于只有一个自然人股东的一人公司应当直接否定其'单位'性质，作为自然人犯罪追究刑事责任"[2]。但这种观点没有法律支撑，刑事立法上尚无明确的规定，因此这样的认定可能违背了罪刑法定原则的精神。

最后，当行为人不具有用工主体资格时，其拒不支付劳动报酬的行为是否就当然认为不构成拒不支付劳动报酬罪？在实践中，如单位没有进行工商登记或者登记被撤销、注销

---

[1] 孙军工：《〈关于审理单位犯罪案件具体应用法律有关问题的解释〉的理解与适用》，载《最高人民法院司法解释理解与适用全书：下卷》，法律出版社2016年版。

[2] 陈晨：《一人公司能否作为单位犯罪主体解析》，载《河北大学学报（哲学社会科学版）》2012年第5期。

时，单位就不具备劳动法上的用工主体资格，应当视其为自然人犯罪。而当单位具有用人单位主体资格，只是其未与劳动者建立劳动关系时，立法未对这种情况有认定，如不将这种情况认定为犯罪，则与拒不支付劳动报酬罪的立法意图相违背。另外，建筑领域拒不支付劳动报酬的现象多发，对于"包工头"欠薪的行为如何认定具有重大的意义。实践中"包工头"往往不具备一定的用工资格，只是会采取"挂靠"等方式承包建筑工程，成为实际上的工程承包人，但此时的"包工头"往往是支付建筑工人劳动报酬的主体，其拖欠劳动报酬的行为较多

综上所述，拒不支付劳动报酬罪的犯罪主体包括自然人与单位，司法实践中多认定犯罪主体为自然人，即便是具有法人资格的个人独资企业，为了实现"同罪同罚"，仍将其主体认定为自然人。但随着实践的发展，单位犯罪中单位可不具有法人资格已有立法上的先例，拒不支付劳动报酬罪的立法和司法认定也可借鉴这种现状而不断改进。对于不具备用工资格的单位和个人犯罪，此时劳动关系无法建立，但因其社会危害性同样巨大，影响恶劣，因此仍应对单位责任人员以自然人犯罪论处。

4. 主观要件

本罪的主观方面是故意，即明知自己的行为会发生不能给劳动者发放工资的结果，而希望或者放任这样的结果发生的态度。赵秉志教授认为，拒不支付劳动报酬罪"呈现为故意犯罪，涵盖了间接、直接的故意性。也就是雇佣单位需要知道或者已经知道其拒不支付劳动报酬的行为会产生危害情况，但却依旧对可能造成的成果持放任、希望的态度。产生以上拖欠薪酬的问题，主要是由于雇佣单位具备主观故意的特性，并没有客观层面的原因。基于此，在主观层面而言主观的最终目标为非法占有，其为故意犯罪的情况"[1]。因此，行为人拒不支付劳动报酬的目的在于将劳动报酬视为己有，对其应当具有非法占有的目的，这体现了刑法的谦抑性，认定范围不会被不合理地扩大。

2013年《拒不支付劳动报酬解释》第4条规定，"经人力资源社会保障部门或者政府其他有关部门依法以限期整改指令书、行政处理决定书等文书责令支付劳动者的劳动报酬后，在指定的期限内仍不支付的，应当认定为刑法第二百七十六条之一第一款规定的'经政府有关部门责令支付仍不支付'，但有证据证明行为人有正当理由未知悉责令支付或者未及时支付劳动报酬的除外。行为人逃匿，无法将责令支付文书送交其本人、同住成年家属或者所在单位负责收件的人的，如果有关部门已通过在行为人的住所地、生产经营场所等地张贴责令支付文书等方式责令支付，并采用拍照、录像等方式记录的，应当视为'经政府有关部门责令支付'"；其第6条规定，"拒不支付劳动者的劳动报酬，尚未造成严重后果，在刑事立案前支付劳动者的劳动报酬，并依法承担相应赔偿责任的，可以认定为情节显著轻微危害不大，不认为是犯罪；在提起公诉前支付劳动者的劳动报酬，并依法承担相应赔偿责任的，可以减轻或者免除刑事处罚；在一审宣判前支付劳动者的劳动报酬，并依法承担相应赔偿责任的，可以从轻处罚。对于免除刑事处罚的，可以根据案件的不同情况，予以训诫、责令具结悔过或者赔礼道歉。拒不支付劳动者的劳动报酬，造成严

---

[1] 参见赵秉志：《刑法修正案（八）的理解与适用》，中国法制出版社2011年版，第332页。

重后果，但在宣判前支付劳动者的劳动报酬，并依法承担相应赔偿责任的，可以酌情从宽处罚"。

根据这两条规定可知，"倘若行为人可证明自己具备合理、正当的理由，或者是根本就没有获得责令支付的相关文书或通知；或者是没有恶意拖欠，故意不进行薪资支付的情况，那么不构成本罪；倘若行为人拒绝进行薪酬的支付，并没有对员工和员工家人产生其他重大、严重损伤，并且在刑事立案前主动进行薪酬的发放和赔偿，那么本罪不成立"①。此时的行为人主观上并不具有恶意，而是客观现实问题阻碍其按约支付劳动报酬。

综上所述，虽然司法实践中，侦查机关对本罪的调查重心放在行为人是否实施了转移财产、逃匿的行为上，但当其主观上不构成恶意拖欠劳动报酬，而是因客观现实困难导致的无法及时支付劳动报酬的情况以及行为人事后及时弥补时，行为人的行为不被认定为拒不支付劳动报酬罪，因此行为人主观上对于不支付劳动报酬持有的是故意且非法占有的心态。

（二）拒不支付劳动报酬罪司法认定问题

1. 本罪与非罪的界限

现实生活中，欠薪的行为分为三种类型：一种是因实际困难导致的欠薪；一种是劳资双方存在纠纷，企业未按时支付劳动报酬；一种是企业故意不按时按量发放劳动报酬。从刑法规制的角度来看，前两种都有合理的理由，不属于刑法的制裁犯罪。只有在企业无实际困难，与劳动者之间并无纠纷时，企业故意不支付劳动报酬时，才构成本罪。

2. 本罪的行政性附属条件

《刑法》条文中"经政府有关部门责令支付仍不支付"的规定属于行政附属性的规定，从立法目的思考，该条件限制了刑法的处罚范围，符合刑法谦抑主义的要求，即便是在企业拒不支付劳动报酬且数额较大但未经政府有关部门责令支付的情形下，企业也不构成本罪。因此要认定拒不支付劳动报酬罪的成立，需要先行满足该行政性附属条件，在行政制裁无效后再实施刑事制裁。

四、拒不支付劳动报酬罪典型案例分析

（一）拒不支付劳动报酬罪典型案例

蒲某、唐某通过工程转包方式承揽了辽宁省大连经济技术开发区某工业园工程。到2018年11月，二人未能及时支付工人工资，导致拖欠125人工资共314万余元。大连金普新区人力资源和社会保障局于2018年11月7日下达限期整改指令书，责令犯罪嫌疑人蒲某、唐某十日之内支付工人工资。犯罪嫌疑人蒲某、唐某仍未在规定时间内支付工人工

---

① 杨帆：《拒不支付劳动报酬罪司法认定研究》，吉林大学2018年硕士学位论文，第18页。

资。同年 12 月 19 日，大连金普新区人力资源和社会保障局将唐某、蒲某拒不支付劳动报酬犯罪案件移送公安机关。公安机关于同年 12 月 21 日对此案立案侦查，于 2019 年 9 月 3 日移送大连经济技术开发区人民检察院审查起诉。检察机关在审查起诉过程中主动对二人释法说理，讲清认罪认罚可以从宽处理。后检察机关对唐某、蒲某适用了认罪认罚从宽制度，2019 年 9 月 9 日，蒲某、唐某将拖欠的农民工工资结清，取得农民工谅解。检察机关向法院提起公诉时，提出了单处罚金的量刑建议，法院采纳了检察机关的量刑建议，分别单处二人罚金人民币 2 万元。①

（二）拒不支付劳动报酬罪案例分析

本案符合拒不支付劳动报酬罪的构成要件。

1. 客体要件。本罪的客体为双重客体，本罪中蒲某、唐某未及时支付工人工资，侵犯劳动者的财产权，妨碍了正常的劳动用工关系，同时也侵犯了社会主义市场经济秩序。

2. 客观要件。蒲某、唐某未能及时支付工人工资，导致拖欠 125 人工资共 314 万余元，在大连金普新区人力资源和社会保障局下达限期整改指令书后仍未履行支付义务，因此属于经政府有关部门责令支付仍不支付的情形，符合本罪的客观构成要件。

3. 主体要件。蒲某、唐某作为用工主体，理应具有按期支付劳动报酬的义务。

4. 主观要件。蒲某、唐某在收到限期整改指令书后仍未在规定时间内履行义务，二人明知自己"不支付劳动者劳动报酬"的这种不作为行为会产生劳动者不能及时实际得到劳动报酬的社会危害后果，却希望或放任这种后果发生，属于故意的主观态度，构成本罪主观要件。

五、拒不支付劳动报酬罪的刑事政策与企业犯罪预防

（一）拒不支付劳动报酬犯罪的刑事政策

我国刑事政策中确立的宽严相济的基本原则对于拒不支付劳动报酬罪的合理应用起到较大的作用。最高人民法院研究室法官喻海松指出："不仅要依法严惩拒不支付劳动报酬犯罪，切实维护广大劳动者的合法权益。也要坚持贯彻宽严相济刑事政策，最大限度地发挥刑法的威慑和教育功能。适用拒不支付劳动报酬罪最为主要的目的在于促使行为人积极履行支付劳动报酬的义务，以充分维护劳动者的合法权益。"②

最高人民检察院于 2016 年发布的《关于充分发挥检察职能依法保障和促进非公有制经济健康发展的意见》中明确指出"准确把握法律政策界限，严格执行宽严相济刑事政策。坚持法治思维，充分考虑非公有制经济的特点，优先考虑企业生存发展"。因此，在定罪、量刑到刑罚的执行过程中，都要充分贯彻宽严相济的原则，对于各犯罪构成要件应

---

① 辽宁省大连经济技术开发区人民法院刑事判决书：（2019）辽 0291 刑初 706 号。
② 喻海松：《〈关于审理拒不支付劳动报酬刑事案件适用法律若干问题的解释〉的理解与适用》，载《人民司法》2013 年第 7 期。

明确认定标准，定罪上防止过度的犯罪化，对拒不支付劳动报酬行为根据原因区分以进行从严或从宽的处置，将有能力支付与无能力支付、积极承担支付义务与消极逃避支付义务区别开来，避免"一刀切"地打击对企业造成无法挽回的损失，最终造成劳动者的利益受损；基于对于企业的处置不仅影响到企业的利益，也与劳动者的权益分不开，因此量刑上也应当考虑到企业的实际状况，对于主观是否恶意应当认定清楚，不论是基本犯还是结果加重犯，在量刑的确立上都要体现宽严相济的政策；而在刑罚的执行上，对未剥夺人身自由的犯罪人和被判处实刑的犯罪人来说，宽严相济政策都具有十分重要的意义。总的来说，拒不支付劳动报酬罪在司法实践中运用宽严相济政策进行引导，能在保障劳动者合法利益的同时，也保护企业的合法利益，体现一定的社会效果，实现社会效用与刑法效用的统一。

（二）拒不支付劳动报酬犯罪的企业犯罪预防

1. 提高企业应对风险能力

企业实践中会面临的刑事风险与当前国内的经济形势息息相关，整体的经济运行情况以及国内相关的政策环境变化对企业违法犯罪也有着较大的影响。当国家经济政策发生改变时，会引发企业生存环境的变化，其中相关法律的修改，对于企业是否构成违法犯罪以及国家机关对企业相关犯罪制裁的强弱程度会产生直接的影响，这样的法律修订体现出的是国家政策的调整，也作为这些领域今后治理方式及力度发生变化的预告。

以上都构成企业生产经营中所不可避免的刑事风险，企业在面对不可控因素时应当具有相应的应对能力，及时调整应对方针，如面对经济上行、下行或转型等形势时，企业应具备提前预判的能力，围绕这些经济环境改变所引发的刑事法律风险积极开展企业防控，调整企业生产经营政策，以适应经济发展趋势以及环境的变化；而当相关法律、政策发生改变时，对于曾经仅构成一般性的违法、违规及违约行为，将会在相关法律生效后成为触犯法律的违法犯罪行为，增加了企业的刑事法律风险，因此企业也应当及时调整适应的防空政策来应对法律的修订。

且由于在风险社会的社会发展阶段，企业在生产经营中会出现不少"隐患"，而这些隐患一旦爆发会导致企业运行出现困难，进而逐渐引发相关的刑事风险。当企业未能具备相应的应对风险能力和风险防控能力时，会导致正常运行出现困难，在拒不支付劳动报酬罪中则表现为因企业生产经营困难无法按时支付报酬或企业方以风险存在为由谎称自己无法按时支付报酬，甚至是恶意逃匿的现象。因此，为了减少此类现象的发生，企业在正常的经营活动中，应当要对企业生产经营严格管控、合规化经营，严防不良现象的发生，以免让自己陷入实际的困难或谎称自己具有困难而导致的刑事风险之中。

2. 提升企业相关法律理念

针对拒不支付、拖欠劳动者劳动报酬的现象，仅靠劳动者为自己维权是难以起到预防效用的，因此企业自身需要确立拒不支付劳动报酬是恶意欠薪的法律理念，这构成保障劳动者依法获得劳动报酬的根本前提。劳动是劳动者用以谋取生存空间、换取生活必需品的基本手段，对于劳动者和整个社会正常运转都有着十分重要的意义。一方面拖欠劳动者劳动报酬会恶化劳资关系，引发更为严重的劳资矛盾进而导致冲突；另一方面也会导致我国的贫富分化愈加明显。对于劳动者而言，即便是在被欠发劳动报酬后获得相应的补偿，但对其造成的精神损失也是难以弥补的，劳资关系也很难尽快走向良性循环。

因此企业应当构建正确的法律理念，树立端正的解决薪酬问题的态度，加大对劳动者按时支付劳动报酬的关注力度，从每位管理人员出发，都要具备预防欠付、拖付劳动报酬是严重的违法犯罪的法律理念，在企业日常生产经营之外也应当对管理人员进行相应的法律教育和法律宣传，使其更加重视按时支付劳动报酬及对拒不支付劳动报酬的预防理念，使得法律意识的培养和法律理念的提高落到实处，将劳动报酬的支付视作同企业经营同等重要的事务，比如对劳动报酬的信息进行及时公告和报告等，这也能让企业内部的劳动者能及时了解自己权益的维护情况和其中存在的风险。

第二十章　侵犯公民个人信息犯罪的风险及其防控

一、侵犯公民个人信息罪的立法规定

(一) 侵犯公民个人信息罪的行政法律法规及规章

1.《网络安全法》

第二十二条　网络产品、服务具有收集用户信息功能的，其提供者应当向用户明示并取得同意；涉及用户个人信息的，还应当遵守本法和有关法律、行政法规关于个人信息保护的规定。

第四十一条　网络运营者收集、使用个人信息，应当遵循合法、正当、必要的原则，公开收集、使用规则，明示收集、使用信息的目的、方式和范围，并经被收集者同意。

网络运营者不得收集与其提供的服务无关的个人信息，不得违反法律、行政法规的规定和双方的约定收集、使用个人信息，并应当依照法律、行政法规的规定和与用户的约定，处理其保存的个人信息；

第七十六条　个人信息，是指以电子或者其他方式记录的能够单独或者与其他信息结合识别自然人个人身份的各种信息，包括但不限于自然人的姓名、出生日期、身份证件号码、个人生物识别信息、住址、电话号码等。

(二) 侵犯公民个人信息罪的刑法及司法解释

1.《刑法》规定

第二百五十三条之一　违反国家有关规定，向他人出售或者提供公民个人信息，情节严重的，处三年以下有期徒刑或者拘役，并处或者单处罚金；情节特别严重的，处三年以上七年以下有期徒刑，并处罚金。

违反国家有关规定，将在履行职责或者提供服务过程中获得的公民个人信息，出售或者提供给他人的，依照前款的规定从重处罚。

窃取或者以其他方法非法获取公民个人信息的，依照第一款的规定处罚。

单位犯前三款罪的，对单位判处罚金，并对其直接负责的主管人员和其他直接责任人员，依照各该款的规定处罚。

2. 司法解释

（1）最高人民法院、最高人民检察院《关于办理侵犯公民个人信息刑事案件适用法律若干问题的解释》（法释〔2017〕10号）

　　第一条　《刑法》第二百五十三条之一规定的"公民个人信息"，是指以电子或者其他方式记录的能够单独或者与其他信息结合识别特定自然人身份或者反映特定自然人活动情况的各种信息，包括姓名、身份证件号码、通信通讯联系方式、住址、账号密码、财产状况、行踪轨迹等。

　　第二条　违反法律、行政法规、部门规章有关公民个人信息保护的规定的，应当认定为《刑法》第二百五十三条之一规定的"违反国家有关规定"。

　　第三条　向特定人提供公民个人信息，以及通过信息网络或者其他途径发布公民个人信息的，应当认定为《刑法》第二百五十三条之一规定的"提供公民个人信息"。

　　未经被收集者同意，将合法收集的公民个人信息向他人提供的，属于《刑法》第二百五十三条之一规定的"提供公民个人信息"，但是经过处理无法识别特定个人且不能复原的除外。

　　第四条　违反国家有关规定，通过购买、收受、交换等方式获取公民个人信息，或者在履行职责、提供服务过程中收集公民个人信息的，属于《刑法》第二百五十三条之一第三款规定的"以其他方法非法获取公民个人信息"。

　　第五条　非法获取、出售或者提供公民个人信息，具有下列情形之一的，应当认定为《刑法》第二百五十三条之一规定的"情节严重"：

　　（一）出售或者提供行踪轨迹信息，被他人用于犯罪的；

　　（二）知道或者应当知道他人利用公民个人信息实施犯罪，向其出售或者提供的；

　　（三）非法获取、出售或者提供行踪轨迹信息、通信内容、征信信息、财产信息五十条以上的；

　　（四）非法获取、出售或者提供住宿信息、通信记录、健康生理信息、交易信息等其他可能影响人身、财产安全的公民个人信息五百条以上的；

　　（五）非法获取、出售或者提供第三项、第四项规定以外的公民个人信息五千条以上的；

　　（六）数量未达到第三项至第五项规定标准，但是按相应比例合计达到有关数量标准的；

　　（七）违法所得五千元以上的；

　　（八）将在履行职责或者提供服务过程中获得的公民个人信息出售或者提供给他人，数量或者数额达到第三项至第七项规定标准一半以上的；

　　（九）曾因侵犯公民个人信息受过刑事处罚或者二年内受过行政处罚，又非法获取、出售或者提供公民个人信息的；

　　（十）其他情节严重的情形。

　　实施前款规定的行为，具有下列情形之一的，应当认定为《刑法》第二百

五十三条之一第一款规定的"情节特别严重":

（一）造成被害人死亡、重伤、精神失常或者被绑架等严重后果的；

（二）造成重大经济损失或者恶劣社会影响的；

（三）数量或者数额达到前款第三项至第八项规定标准十倍以上的；

（四）其他情节特别严重的情形。

第六条 为合法经营活动而非法购买、收受本解释第五条第一款第三项、第四项规定以外的公民个人信息，具有下列情形之一的，应当认定为《刑法》第二百五十三条之一规定的"情节严重"：

（一）利用非法购买、收受的公民个人信息获利五万元以上的；

（二）曾因侵犯公民个人信息受过刑事处罚或者二年内受过行政处罚，又非法购买、收受公民个人信息的；

（三）其他情节严重的情形。

实施前款规定的行为，将购买、收受的公民个人信息非法出售或者提供的，定罪量刑标准适用本解释第五条的规定。

第七条 单位犯《刑法》第二百五十三条之一规定之罪的，依照本解释规定的相应自然人犯罪的定罪量刑标准，对直接负责的主管人员和其他直接责任人员定罪处罚，并对单位判处罚金。

第八条 设立用于实施非法获取、出售或者提供公民个人信息违法犯罪活动的网站、通讯群组，情节严重的，应当依照《刑法》第二百八十七条之一的规定，以非法利用信息网络罪定罪处罚；同时构成侵犯公民个人信息罪的，依照侵犯公民个人信息罪定罪处罚。

第十条 实施侵犯公民个人信息犯罪，不属于"情节特别严重"，行为人系初犯，全部退赃，并确有悔罪表现的，可以认定为情节轻微，不起诉或者免予刑事处罚；确有必要判处刑罚的，应当从宽处罚。

第十一条 非法获取公民个人信息后又出售或者提供的，公民个人信息的条数不重复计算。

向不同单位或者个人分别出售、提供同一公民个人信息的，公民个人信息的条数累计计算。

对批量公民个人信息的条数，根据查获的数量直接认定，但是有证据证明信息不真实或者重复的除外。

第十二条 对于侵犯公民个人信息犯罪，应当综合考虑犯罪的危害程度、犯罪的违法所得数额以及被告人的前科情况、认罪悔罪态度等，依法判处罚金。罚金数额一般在违法所得的一倍以上五倍以下。

（2）最高人民法院、最高人民检察院、公安部《关于办理电信网络诈骗等刑事案件适用法律若干问题的意见》（法发〔2016〕32号）

违反国家有关规定，向他人出售或者提供公民个人信息，窃取或者以其他方法非法获取公民个人信息，符合《刑法》第二百五十三条之一规定的，以侵犯公民个人信息罪追究刑事责任。

使用非法获取的公民个人信息，实施电信网络诈骗犯罪行为，构成数罪的，应当依法予以并罚。

明知他人实施电信网络诈骗犯罪，具有非法获取、出售、提供公民个人信息的情形，以共同犯罪论处，但法律和司法解释另有规定的除外。

（3）最高人民法院、最高人民检察院、公安部、国家安全部《关于依法办理非法生产销售使用"伪基站"设备案件的意见》（公通字〔2014〕13号）

非法使用"伪基站"设备干扰公用电信网络信号，危害公共安全的，依照《刑法》第一百二十四条第一款的规定，以破坏公用电信设施罪追究刑事责任；同时构成虚假广告罪、非法获取公民个人信息罪、破坏计算机信息系统罪、扰乱无线电通讯管理秩序罪的，依照处罚较重的规定追究刑事责任。

二、侵犯公民个人信息罪犯罪学分析

（一）侵犯公民个人信息罪的犯罪现状

2010年1月1日—2020年12月31日全国侵犯公民个人信息罪案件基本情况分析[①]：

1. 案件总数：5006；单位犯罪：61

2. 法院分布

表 20-1 侵犯公民个人信息罪案件审理法院

审理法院层级	最高人民法院	高级人民法院	中级人民法院	基层人民法院	专门法院
单位犯罪 案件数/总件数	0/0	0/4	15/696	46/4304	0/2

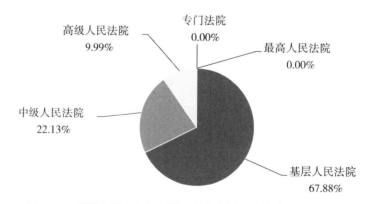

图 20-1 侵犯公民个人信息罪（单位犯罪）案件审理法院级别

---

① 该数据选取时间为2010年1月1日—2020年12月31日，数据来源：威科先行网（http：//8721add15be1c16f50bd1ba831cbefd9.f2a9b9a2.libvpn.zuel.edu.cn/），访问日期：2021年3月31日。

3. 审级分布

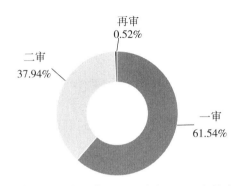

图 20-2　侵犯公民个人信息罪（单位犯罪）案件审级分布

4. 地域分布

除港澳台地区，全国各省（区、市）侵犯公民个人信息罪案件分布如下：

表 20-2　　　　　全国各省（区、市）侵犯公民个人信息罪案件分布情况

东部沿海地区									
省（区、市）	京	津	冀	沪	苏	浙	闽	鲁	粤	琼
案件数（单位犯罪案件数/总件数）	3/252	0/10	0/89	5/315	16/1511	5/741	0/373	0/85	13/344	0/11

中 部 地 区					
省（区、市）	豫	晋	皖	赣	鄂	湘
案件数（单位犯罪案件数/总件数）	2/73	0/32	1/139	0/20	2/100	1/56

西 部 地 区											
省（区、市）	渝	滇	桂	川	贵	藏	陕	甘	蒙	青	宁	新
案件数（单位犯罪案件数/总件数）	2/206	0/12	1/152	5/221	0/15	0/1	1/44	3/14	0/17	0/2	0/1	0/14

东北部地区		
省（区、市）	辽宁	吉林	黑龙江
案件数（单位犯罪案件数/总件数）	1/88	0/42	0/24

5. 年度趋势

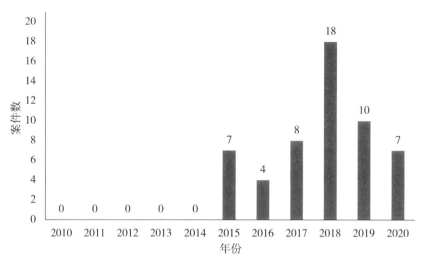

图 20-3 侵犯公民个人信息罪（单位犯罪）年度趋势图

（二）侵犯公民个人信息罪的犯罪特征

第一，本罪发案数量增长较快。根据中国裁判文书网，2014 年至 2019 年间，侵犯公民个人信息罪的触犯频次逐渐增加，2019 年至 2020 年有所回落，2018 年度侵犯公民个人信息罪的触犯频次最高，为 63 件，2019 年度为 60 件。2020 年度企业犯罪罪名分布中，侵犯公民个人信息罪的触犯频次共有 32 次，其中江苏省最高，为 13 件，其余省份较少。侵犯公民个人信息罪的审理法院多为基层法院，2020 年度基层法院审理侵犯公民个人信息罪触犯频次为 23 件，中级法院审理侵犯公民个人信息罪触犯频次为 9 件，高级法院无，直接判决的案件触犯频次为 24 件。其中涉及的法律问题最多为自首、共同犯罪、程序合法等相关的问题。

第二，犯罪主体利用职务出售他人信息的方式较常见。如在最高人民检察院发布的六起侵犯公民个人信息犯罪典型案例之一的韩某等侵犯公民个人信息案中，上海市疾病预防控制中心工作人员韩某利用其工作便利，进入他人账户窃取上海市疾病预防控制中心每月更新的全市新生婴儿信息（每月约 1 万条），并出售给黄浦区疾病预防控制中心工作人员张某某，再由张某某转卖给被告人范某某。直至案发，韩某、张某某、范某某非法获取新生婴儿信息共计 30 万余条。本案检察机关认为，随着信息化社会的到来，个人信息的重要性日益凸显，侵犯公民个人信息获取经济利益的现象逐渐增多，相关灰色产业链已初现雏形，其中国家工作人员利用职务便利非法获取公民个人信息的社会影响尤其恶劣。本案涉及国家工作人员与销售商勾结，买卖婴儿信息数量达几十万条，给家庭生活造成困扰，故对涉案的国家工作人员应当从重处罚。

第三，一些单位因收购个人信息被定罪处罚的占比在增加。在浙江省高级人民法院审理的阮某某诈骗罪一案中，被告人阮某某与上海显佳网络科技有限公司阮某商定，阮某某以每条十元的价格从显佳公司购得包含征信信息、通信记录等在内的公民个人信息共计2.2万余条，支付人民币22万余元，后将上述非法获取的公民个人信息用于犯罪集团实施犯罪。法院认为被告人阮某某以非法占有为目的，采取虚构事实，隐瞒真相的诈骗方法，骗取他人财物，数额特别巨大，其行为已构成诈骗罪；被告人阮某某以购买方式非法获取公民个人信息，情节特别严重，其行为还构成侵犯公民个人信息罪。

第四，本罪与网络电信诈骗犯罪往往具有关联性。如在浙江省高级人民法院审理的李某某、杨某某、罗某等诈骗罪一案中，被告人李某某通过电子邮箱先后从贝汇公司非法获取公民个人信息共计11万余条，由被告人宋某某下载后提供给头鲨公司业务部，用于犯罪集团实施犯罪。法院认为，被告人李某某等人以非法占有为目的，采取虚构事实、隐瞒真相的方法骗取他人财产，数额特别巨大，其行为依法均已构成诈骗罪；利用信息网络采用威胁、恐吓、滋扰等方法强行索取他人财产，被告人陈某数额巨大，其余被告人数额特别巨大，其行为依法均已构成敲诈勒索罪；被告人李某某、宋某某非法获取公民个人信息，情节特别严重，其行为依法构成侵犯公民个人信息罪。

随着信息网络的不断发展，个人信息遭到泄露的现象越来越严重，这些个人信息多数被行为人用来实施诈骗或其他违法犯罪行为。而在实践中，侵犯公民个人信息罪常与其他罪名合并处理，并作为实行其他犯罪的上游犯罪，行为人非法获取公民个人信息的目的都是为了实施下一步犯罪，在侵犯个人信息给受害人带来损害的同时，其他犯罪也进一步给受害人带来了损失，因此侵犯个人信息犯罪成为滋生其他犯罪的沃土。

(三) 侵犯公民个人信息罪的犯罪原因

1. 时代背景的影响

在信息科技高速发展下，大数据正全面改变人们的生活，人们几乎能够从任何数据中获得可转换为推动人们生活方式变化的有价值的知识。网络、移动智能终端、物联网终端以及科研活动，数据虽然抽象，但却真真切切存在于我们日常生活之中，并与我们每个人紧密相连。在大数据给我们带来便利的同时，个人信息保护也遭受到了许多风险与挑战，其中个人信息逐渐被电子化和数据化，彰显出了利润丰厚的商业价值。即便在社会生活中，碎片化的个人信息难以被利用及识别，但通过大数据的技术，能够将这些碎片化的个人信息汇总，并通过技术手段分析出一个完整的个人信息体，这些总和起来的价值远比碎片化的信息价值要大得多。除此之外，行为人利用个人信息获得的手段也随着信息化时代发生改变，加上资金的流转隐蔽性更强，司法制裁的难度进一步加大。因此数据化的时代背景一方面加大了对个人信息进行合理保护的难度，使得个人信息泄露的风险变大，另一方面造成个人信息泄露后的侵害结果也成倍地增长。

2. 法律规范不够完善

在我国现行刑法中，对侵犯公民个人信息的客观行为仅规定了包含出售、非法提供以及非法获取等在内的行为，对行为的规制范围较为狭窄，不能适应大数据的时代背景。且对于侵犯公民个人信息罪的犯罪对象——个人信息来说，个人信息处在动态之中，变化莫测，如何界定界限在实务中也成为审理案件的核心，随着信息技术将个人信息的范围不断拓宽，传统的个人信息的识别标准不再适用。司法实践中，这种不恰当地放大衡量标准的行为使得标准变得过于宽泛也不具有实际的可操作性，违背了刑法的谦抑性，成为对个人信息保护的一大阻碍。

此外，对于过失导致的侵犯公民个人信息的行为，并未将其纳入刑法的规制范围，但这一行为在实践中增长态势同样迅猛，信息科学技术带来的风险无可避免地成为犯罪人犯罪的缘由，因此为了适应现实的需要，过失犯罪的现象同样需要受到法律的制裁，否则这将成为行为人逃避法律责任的缺口。

在刑罚处罚上，侵犯公民个人信息罪的处罚较轻，无法发挥出刑罚应当具备的威慑性，也难以应对当下侵犯公民个人信息现象造成巨大损失的现实，使得刑法功能处于尴尬的境地。

3. 受害人自身原因

公民个人信息的关注度和保护力度远远落后于时代的发展，人们长期以来更关心生命权和健康权以及其他可视化的财产权利，对于同样十分重要的个人信息并未赋予应有的重视，但我们生活的方方面面都与科技、大数据的技术分不开，在日常生活中即便是对个人信息保护稍有注意的人，对变化多端的犯罪手段和犯罪方式要进行识别难度也十分巨大。因此在多数人对自身的个人信息保护意识不强的形势下，受害人极易掉入犯罪行为人的陷阱之中，更有甚者，在个人信息遭到泄露之后，也并未采取及时补救措施以挽回损失，这都成为侵犯公民个人信息罪多发的原因。

4. 监管力度不够

通过案例可知，在当今数据化时代背景中，企业为了更快地获取经济利益，大量个人信息成为其发展中可加以利用的"利器"，对个人信息进行高效利用能够为企业发展推波助澜，尤其是在销售行业，个人信息获得的数量越大，企业能够推销的范围也就越广，因此企业对于大量公民个人信息的市场需求十分强烈，这成为犯罪高发的起因。

在市场需求的呼唤下，掌握大量公民个人信息的单位或个人很难抵御来自需求方的利益诱惑，加上对这些单位或个人，特别是具有公共服务职能的单位或个人的监管力度不够，掌握公民信息的单位或个人违反法律法规或者行业内部规章制度，违背自己的保密义务，将大量的个人信息以不正当的手段进行交易，泄露给所需的单位和个人的行为，成为实践中经常发生的现象。

三、侵犯公民个人信息罪刑法教义学分析

(一) 侵犯公民个人信息罪构成要件

侵犯公民个人信息罪，是指违反国家有关规定，向他人出售或者提供公民个人信息，

或者违反国家有关规定，将在履行职责或者提供服务过程中获得的公民个人信息，出售或者提供给他人，以及窃取或者以其他方法非法获取公民个人信息，情节严重的行为。

1. 客体要件

本罪的犯罪客体的认定存在争议，既存在单一客体说，也存在复杂客体说。

单一客体说可以分为公民个人隐私权说和公民个人信息权说。有学者认为，侵犯公民个人信息罪保护的法益是公民个人信息所体现的公民隐私权，持本说的学者认为侵犯公民个人信息罪的法益无论是从刑法的立法宗旨还是出于对公民隐私权保护的必要性角度都应当是公民个人隐私权，并且，在隐私之外的信息，由于其属于社会信息正常运转的要求，因而不需要纳入刑法规范保护范围。有学者认为，本罪保护的法益为公民的个人信息权或信息安全权，即个人信息权保护的是隐私以外的一般个人信息，而刑法中的个人信息只能是具有刑法保护价值的信息，即"能给他人谋取利益提供便利，且泄露后将给公民本人合法权益带来严重侵害的个人信息"。[①]

复杂客体说则认为该罪不仅侵犯了公民的隐私权或者个人信息权，还侵害了国家机关或有关单位对公民个人信息的管理活动或正常工作秩序，刑法并不评价对单个或小规模的公民个人信息非法获取或使用的行为，而是旨在规制一定规模的公民个人信息收集和使用的秩序。

至于"个人信息"如何界定，21世纪互联网快速发展，人类已经进入了大数据时代。互联网无疑给我们带来一系列便利，但其也极大地加大了个人信息泄露的可能性。大数据时代个人信息价值的高收益性诱使侵犯公民个人信息犯罪案件频发，个人信息的商业价值在互联网技术的加持下变得与一般商品等价甚至会带来更高的经济收益。互联网的便捷方式、虚拟空间和低廉的成本使得侵犯公民个人信息罪更容易实施。同时，法律对犯罪行为的制裁成本低、道德谴责成本低。公民对个人信息的保护意识相对比较薄弱，对相关法律法规了解得不够透彻，加上侵犯公民个人信息犯罪的低风险使得侵害公民个人信息犯罪的行为更容易发生。

在大数据时代，个人信息的载体逐渐由实体信息转向电子信息，电子信息具有更易收集和传输的特点，个人信息规范性的规定始于2012年《关于加强网络信息保护的决定》。随后，2017年颁布的《网络安全法》将个人信息概念界定为能够直接识别和间接识别自然人身份的各种信息，并对国家的保护个人信息的范围进行了界定，即具有"识别性"的个人身份和个人隐私的电子信息。2017年全国信息安全标准化技术委员会发布的《个人信息安全规范》，从技术层面规范个人信息概念，采用识别性和关联性两种路径作为个人信息的认定标准，具体指以电子或者其他方式记录的能够单独或者与其他信息结合识别特定自然人身份或者反映特定自然人活动情况的各种信息。相较于以往的有关个人信息保护法律法规，《个人信息安全规范》对公民个人信息进行了前所未有的扩张，且详细列举公民个人信息范围。同年，两高颁布的《关于办理侵犯公民个人信息刑事案件适用法律若干问题的解释》（以下简称2017年《个人信息解释》）与该规范采取一致的概念表述，

---

① 黎宏：《刑法学》，法律出版社2016年版，第269~270页。

将个人信息界定为直接识别或间接识别特定自然人身份或反映特定自然人活动情况的各种信息。同时，将个人信息类型化，包括三个方面：其一，敏感信息，包括行踪轨迹信息、通信内容、征信信息、财产信息；其二，一般敏感信息，包括住宿信息、通信记录、健康生理信息、交易信息等其他可能影响人身、财产安全的公民个人信息；其三，一般个人信息。

目前，我国法律对于个人信息定义仍不明确，目前只有 2017 年《个人信息解释》和《网络安全法》采取了概括加列举方式对个人信息的内容和可识别性进行了规定，对于个人信息的具体指向对象，学界争议较多，目前尚无法明确。因此，在经历了《刑法修正案（七）》《刑法修正案（九）》和 2017 年《个人信息解释》这三部法律文件后，我国在公民个人信息安全问题方面已经初步搭建起了刑法保护体系，但是面对新的技术背景下层出不穷的各种侵权情形、愈演愈烈的个人信息网络安全犯罪，该罪名体系还亟待进一步完善。

要确定个人信息的范围，就要深入分析相近概念之间的差异，数据只是对个人信息的一种客观的反映，可以通过一个单独的数据或者整合之后的综合数据对特定的自然人进行识别。在互联网条件下，个人数据的范围就广泛很多，从一个自然人还是胎儿时，关于他的数据可能就已经存在了，从其出生至死亡，细致到其生活的各个方面，包括其可能参与到的虚拟空间，这所有的可以用来识别其个体属性的数据，都涵盖在个人数据的范围内。相对于个人数据来说，个人隐私的范围就狭窄许多，能被称为隐私的，必然与个人利益紧密相关，是自然人主体，不愿意被除自己以外的其他个体知晓的信息。对个人信息要从两方面进行了解，个人信息具有直接性和间接性，其实质是综合了所有收集到的反映特定个体的各个数据，进行整合后的产物，这也更符合大数据的特点。这些信息有的是可以公开的，有的是个体不想公开的。整体来看，个人信息的范围要比个人数据的范围小，但要比个人隐私的范围大。随着社会的不断发展，大数据技术的精进，个人信息在内容上也呈现出了扩大的趋势。在当今社会，很难将个人信息的定义完全涵盖在一个固定的范围内。因此，就需要转变思维，从开放式的角度对个人信息的范围进行定义，这就要求精准抓住个人信息的本质特征。对个人信息的保护可以从其人身属性和财产属性入手。在生活中，人们对公民个人信息的认知与其在刑法中的体现本身并不存在很大的差异，严格来讲，侵犯公民个人信息犯罪要求该侵犯行为具有社会危害性，该危害性即体现在对信息的侵害结果上。如果行为人为了达到犯罪目的，非法出售其所持有的个人信息，不论该信息的内容涉及哪方面，也不论收集信息的手段合法与否，此种行为是需要纳入刑法的调整范围的；但侵害个人信息的行为有程度上的划分，如果行为泄露出的信息或给信息主体的人身和财产造成损失，那么此种泄露信息的后果就具有了社会危害性，相反，如果经行为人泄露出去的信息并没有对信息主体造成任何影响，那么此后果就不具有社会危害性。即个人信息受侵害的程度决定了刑法对于侵害行为的刑罚力度。

另外，《民法典》区分私密信息与非私密信息对刑法适用有着较大的影响，宏观上说，《民法典》区分私密信息与非私密信息的界分，对侵犯公民个人信息罪的适用不会产生大的影响，由于司法实务中认为公民个人信息包括个人私密信息，对于非法获取、提供个人私密信息的行为在刑法适用上完全可以构成侵犯公民个人信息罪。但从微观上来说，侵犯个人私密信息刑事案件的处理，与其他侵犯公民个人信息刑事案件相比，有着较大的不同之处。如《民法典》在保护力度上明显强于个人非私密信息，对后者的处理采用的是告知同意规则，即征得自然人或其监护人同意。而在司法实践中处理涉个人私密信息的刑事案件，在认定是否"违反国家有关规定"时，除法律另有规定的情况，应当采用权利人"明确同意"的判断规则。

2. 客观要件

本罪包括三个行为类型：（1）违反国家有关规定，向他人出售或者提供公民个人信息。"出售"也属于"提供"，因为出售是一种常见类型，故法条将其独立规定。提供的方式没有限定，凡是使他人可以知悉公民个人信息的行为，均属于提供。（2）违反国家有关规定，将在履行职责或者提供服务过程中获得的公民个人信息提供给他人。"在履行职责或者提供服务过程中获得的公民个人信息"，包括作为主体的单位以及自然人在履行职责或者提供服务过程中正当、正常获得的公民个人信息。银行工作人员在工作中获得的储户个人信息，宾馆工作人员在工作中获得的旅客个人信息，网络、电信服务商在提供网络、电信服务过程中获得的公民个人信息，如此等等。（3）窃取或者以其他方法非法获取公民个人信息。"窃取"也是"非法获取"的一种方式，只是由于窃取的方式较为常见，故法条将其独立规定。凡是非法获得公民个人信息的行为，均属于"以其他方法非法获取"，如购得、骗取、夺取等。行为人采取冒充司法工作人员等方法，欺骗国家机关或者金融、电信、交通、教育、医疗等单位的工作人员，使明文提供公民个人信息的，属于第三种类型的犯罪。前两种类型均以违反国家规定为前提，后一种类型要求非法获取。这一规定的实质是提示违法阻却事由。例如，向司法机关提供公民个人信息以便查处犯罪的，就属于违法阻却事由。

上述三种类型的行为，均要求情节严重。情节严重的判断基础主要为：一是违法所得数额。2017年《个人信息解释》将违法所得5000元以上的认定为"情节严重"，主要由于侵犯公民个人信息的行为往往出于牟利的目的。二是信息用途。2017年《个人信息解释》规定了两种"情节严重"的情形，包括"出售或者提供行踪轨迹信息，被他人用于犯罪的"和"知道或者应当知道他人利用公民个人信息实施犯罪，向其出售或者提供的"。由于信息用途不同，对权利主体的利益侵害程度也会存在差异。三是主体身份。2017年《个人信息解释》规定了"将在履行职责或者提供服务过程中获得的公民个人信息出售或者提供给他人"这一"情节严重"的情形，由于出现了多起信息泄露是由于内部人员作案的案件，因此，刑法降低了入罪门槛进行惩处。四是行为人前科情况。2017年《个人信息解释》将"曾因侵犯公民个人信息受过刑事处罚或者二年内受过行政处罚，又非法获取、出售或者提供公民个人信息的"规定为"情节严重"。该行为反映了行为人主观恶性大、社会危害性较强，因此予以严惩。

对于将获得的公民个人信息出售或者非法提供给他人，被他人用以实施犯罪，造成受害人人身伤害或者死亡，或者造成重大经济损失、恶劣社会影响的，或者出售、非法提供公民个人信息数量较大，或者违法所得数额较大的，以及窃取或者以购买等方法非法获取公民个人信息数量较大，或者违法所得数额较大，或者造成其他严重后果的，均应当认定为情节严重。为更加精准地打击侵犯公民个人信息犯罪，刑法将"情节严重"规定为侵犯公民个人信息罪的入罪要件，将"情节特别严重"规定为法定加重情节。并采取了多种因素综合认定的方式对该罪进行了规定，其中主要包括"违法所得数额""信息用途""主体身份""前科情况"等。2017年《个人信息解释》规定了"情节严重"的"信息类型和数量"标准，即特别敏感信息50条以上，相对敏感信息500条以上，其他信息5000条以上。

另外，对于该罪的客观方面中的各要素也需进行分析。首先，《刑法》第96条中的"违反国家规定"属于刑法总论的范畴，理所应当对刑法分则具有重要的指导作用，刑法分则中某些条款如若有"违反国家规定""违反国家有关规定"等字眼出现，其含义都不能与刑法总则规定的"违反国家规定"的精神和内容相违背，不能把地方性法规、部门行政规章、地方行政规章等涵盖其中，而应当将其严格限定为全国人大及其常委会制定的法律和决定；国务院制定的行政法规、规定的行政措施以及发布的决定和命令以及有关部委组织制定但以最高国家行政机关名义发布的法规。其次，对"出售、非法提供、窃取"等行为方式的界定，本罪"出售"的对象无论是普通财物还是财产性利益、非财产性利益，从本质上来说都属于利益之范畴，即财物的内涵是能够包含财产性利益和非财产性利益。本罪中的"非法提供"是指违反法律法规的禁止性规定，将其知悉的个人信息以有偿或者无偿的方式交付给他人的行为。

而《民法典》是《刑法》的主要前置法之一，对其适用必然会产生重大影响。其中，《民法典》规定的个人信息的"收集、存储、使用、加工、传输、提供、公开等"，与《刑法》规定的侵犯公民个人信息罪的行为方式大致对应情况如下："收集"对应《刑法》规定的"获取"；"提供、公开"对应《刑法》规定的"提供"；"存储、使用、加工、传输"无法与《刑法》规定的行为方式对应。根据罪刑法定原则的要求，由于《刑法》第253条之一只是将非法获取、提供公民个人信息的行为入罪，对于实践中已出现的非法存储、使用、加工、传输大量公民个人信息案件，则难以直接入罪。

3. 主体要件

本罪的主体为一般主体，即达到法定年龄具有刑事责任能力的人都可构成本罪。

4. 主观要件

学术界对本罪的主观方面为故意并无太大的争议，但对于是否仅限于直接故意的问题却存在不同的观点。如张明楷教授认为"该罪的责任形式应该是直接故意和间接故意"。[①] 从认识因素来看，不应仅要求行为人对危害后果有所认识而已，还应当对危害行为的内容、认识的程度等有所认识。从意志因素来看，行为人是希望或者放任这种结果的产生。本罪中，行为人应认识到自己所侵害的对象为个人信息，同时，行为人不仅对出售、非法提供等侵害行为所造成的实际损害有所认识，而且还对上述侵害行为所造成的现实威胁有所认识。意志因素方面即行为人希望或放任这种侵害个人信息权的结果发生。故

---

① 张明楷：《刑法学（第四版）》，法律出版社2011年版，第825页。

直接故意和间接故意均为本罪的责任形式。

此外，过失能否构成该罪也曾具有一定的争议，大多数学者否认该罪可由过失构成，如学者慈健指出，"本罪的主观方面应限定为故意，将'过失或者是无意识泄露他人隐私'的行为认为构成此罪的观点显然是不恰当的"。① 而持否定说的学者则认为，行为人过失将个人信息泄露出去，会给本人造成极大的困扰和损失，而巨大损失却无人承担，也需要由刑法予以规制。但从文义解释的角度来认定，本罪是不能由过失构成的，由于我们对法律条文的解释必须在该条文的文义范围内进行，如果超过解释的限度，则有违罪刑法定之原则。

（二）侵犯公民个人信息罪司法认定问题

1. 罪与非罪的界限

当前对于侵犯公民个人信息罪的前置法规制并不发达，网络空间的治理也并不完善，本罪为侵犯公民个人法益的犯罪，在强调对公民个人法益的保障情形下，也要注重个人法益的侵犯与公民积极利用个人信息之间的区别。要区分公民的信息自决与出售公民个人信息的违法行为，公民的信息自决包括消极防御上的和积极许可上的。② "应当在社会交往的场景中，承认个人信息自主、积极使用的价值与利益"③，因此公民对个人信息具有所有权，当个人信息的利用是经过公民自身同意，属于自决时，不构成本罪。

2. 违反国家有关规定的条件认定

国家有关规定的范围在《刑法》第96条中有规定，是指违反全国人民代表大会及其常务委员会制定的法律和决定，国务院制定的行政法规、规定的行政措施、发布的决定和命令。"有关"一词虽属于虚词的范畴，但该法条是在总则中明确了规定的范围，由此可见其权威性和严肃性，值得注意的是这里的国家有关规定并不包含部门规章、地方性法规等效力较低的规范性文件，当行为人的行为涉及的国家有关规定不包含禁止"同意他人出售个人信息"时，行为人的相关行为不构成侵犯公民个人信息罪。

四、侵犯公民个人信息罪典型案例分析

（一）侵犯公民个人信息罪典型案例

被告人陈某某、潘某某于2016年5月注册成立被告单位广州市广昇银信息咨询有限

---

① 慈健：《非法提供与获取公民个人信息行为的刑法规制》，载《西南科技大学学报（哲学社会科学版）》2010年第1期。
② 冀洋：《法益自决权与侵犯公民个人信息罪的司法边界》，载《中国法学》2019年第4期。
③ 张新宝：《"普遍免费+个别付费"：个人信息保护的一个新思维》，载《比较法研究》2018年第5期。

公司，并以广州市海珠区江南大道中路××号××××号房作为办公地点。为提升公司业绩，二人多次向他人购买公民个人信息 488 万余条，其中涉及公民个人信息报告等征信信息 1 万余条，提供给公司员工拨打电话、发送短信以推销贷款等中介服务，从而获利佣金牟利。法院认为，被告单位广州市广昇银信息咨询有限公司违反国家规定，通过购买的方式获取公民个人信息，即非法获取公民个人信息，已达到法定的定罪标准，其行为构成侵犯公民个人信息罪；被告人潘某某作为广州市广昇银信息咨询有限公司的股东、法定代表人、实际经营者，被告人陈某某作为广州市广昇银信息咨询有限公司的股东、实际经营者，均为广州市广昇银信息咨询有限公司犯侵犯公民个人信息罪的直接负责的主管人员，其行为共同构成侵犯公民个人信息罪。[①]

(二) 侵犯公民个人信息罪案例分析

本案符合侵犯公民个人信息罪的构成要件。

1. 客体要件。本罪的客体是公民个人身份信息的安全和公民身份管理秩序，本案中被告人陈某某、潘某某作为主管人员，为了提升公司业绩，多次购买公民个人信息，其中也包含公民个人信息报告等征信信息，对公民个人身份信息的安全和管理秩序造成了侵犯。

2. 客观要件。被告人陈某某、潘某某作为公司实际经营者，以收买的方式收集公民个人信息 4882786 条，其中征信信息 10000 条，达到了司法解释规定的一般信息 50000 条以上或者征信信息 500 条以上 "情节特别严重" 的标准，属于情节特别严重。因此符合侵犯公民个人信息罪的客观要件。

3. 主体要件。被告单位广州市广昇银信息咨询有限公司作为本罪的犯罪主体，被告人潘某某作为广州市广昇银信息咨询有限公司的股东、法定代表人、实际经营者，被告人陈某某作为广州市广昇银信息咨询有限公司的股东、实际经营者，均为广州市广昇银信息咨询有限公司犯侵犯公民个人信息罪的直接负责的主管人员，其行为共同构成侵犯公民个人信息罪。

4. 主观要件。二被告分别作为公司股东、法定代表人、实际经营者以及股东、实际经营者，购买大量公民个人信息用于公司日常业务，且数量远超过司法解释规定的 "情节特别严重" 的数量标准，足以体现被告人潘某某、陈某某具有相当的主观恶性，其行为具有相当的社会危害性，因此被告人潘某某、陈某某的主观上应认定为故意。

五、侵犯公民个人信息罪的刑事政策与企业犯罪预防

(一) 侵犯公民个人信息犯罪的刑事政策

卢建平教授指出："刑事政策这一概念最早出现在 18 世纪末 19 世纪初德国法学教授

---

① 广东省广州市中级人民法院刑事判决书：(2018) 粤 01 刑终 566 号。

克兰斯洛德和费尔巴哈的著作中。"① 对刑事政策的范围大小，学界有不同的观点，如广义说、狭义说以及折中说。广义说涉及包含刑事犯罪在内的所有社会政策，易脱离刑法的范围，与一般社会政策难区分；狭义说仅包含与刑事法律相关的刑事政策，但限制了刑事政策的作用范围，也使得其政策指导功能难以发挥，成为对具体的刑法立法及司法工作中的解释工具；因此折中说很好地平衡了二者的优劣处，能够确保刑事政策的功能得以发挥，也保证了刑事政策属于刑法领域的特征。

"自德国学者乌尔里希·贝克 1986 年出版《风险社会》一书以来，'风险'成为理解和诠释社会变迁的一个关键性概念，'风险社会'随之也成为解释世界的全新范式。"② 对此，处于引导地位的刑事政策并不是一成不变的，因为在风险社会中，没有哪种政策的制定和实施能够完全规避风险，其功能更应该表现在对风险的防控上。对此，劳东燕教授认为，"就法益与被害人保护而言，从刑事政策上展开，应考察是否值得给予被害人刑法保护，以及值得给予多大程度的刑法保护。"③

而随着信息化时代的到来，风险社会的发展中也逐渐展现出了信息社会的特征，信息社会同样也是一种风险社会，特别是由于信息化、数据化的发展，利用信息数据进行犯罪更具有隐蔽性和复杂性，其对社会秩序造成的危害更大，对其追究也变得愈发困难。因此企业利用公民个人信息犯罪的现象愈演愈烈，对其的规制不容忽视，我国在打击侵犯公民个人信息的行为上体现了从严的刑事政策，《刑法修正案（九）》对侵犯公民个人信息罪进行了修改，提高了量刑标准，但事实上侵犯公民个人信息罪中所规制的行为仅包括非法获取个人信息的行为以及非法提供个人信息的行为，并未对非法利用个人信息的行为如何处理作出规定。因此对于这类行为的规制出现了失衡的现实情况，不会有效控制侵犯公民个人信息的现象，反而会导致侵犯公民个人信息行为往更多刑法未进行规制的范围进行偏向，对于刑事司法的裁决是一个很大的挑战。

除此之外，侵犯公民个人信息罪在量刑上也并未体现"从严打击"的刑事政策理念，其中"拘役和有期徒刑暂缓执行的案件为 301 件，占判处拘役和有期徒刑的总案件数量的 49.1%，比例较大且远远高于我国刑事案件的平均缓刑适用率"④。而运用刑事手段打击侵犯公民个人信息行为应作为强硬但并不是唯一的制裁手段，这种刑事手段应与其他的法律手段相衔接，如在民法、行政法中采取措施对相关违法违规行为进行规制，与刑事制裁手段一起形成一个完整的体系，同时也需要其他的信息保护措施与刑事手段相互配合。在信息社会中，公民个人信息极易被侵犯，仅靠刑法手段难以起到很好的效果，因此也需要提高公民个人的信息保护意识，增强其信息保护能力。

针对企业侵犯公民个人信息的行为如何进行规制，在刑事政策上应根据现实情况中存在的不足进行改进。随着利用公民个人信息的行为逐渐猖獗，沦为此种犯罪的核心违法行为，我们在侵犯公民个人信息罪所包含的行为中要明确非法利用公民个人信息的行为也属

---

① 卢建平：《刑事政策学的基本问题》，载《法学》2004 年第 2 期。
② 卢建平：《风险社会的刑事政策与刑法》，载《法学论坛》2011 年第 4 期。
③ 劳东燕：《风险社会与变动中的刑法理论》，载《中外法学》2014 年第 1 期。
④ 转引自诸葛平平总编：《中国法律年鉴》，法律出版社 2015 年版，第 1014 页。

于犯罪，可对其进行刑罚处罚；而对于侵犯公民个人信息罪的量刑体系和量刑标准而言，也应该遵循科学化的原则以及我国刑法一向适用的"宽严相济"政策，具体分析其应当适用的是定量化的标准还是非定量化的标准，从而使得量刑更有说服力；此外，也要丰富刑罚体系中的层次性，与其他处罚相协调，充分发挥刑事政策的指导性，更好体现出刑事处罚的优势。因此刑事政策的制定应当具有一定的自由，同时不失规范性，只有在合理刑事政策的引导下，刑法才能作出更合乎社会现实和价值衡量的判断，更好地规制企业的犯罪行为，维护公民个人信息的安全。

（二）侵犯公民个人信息犯罪的企业犯罪预防

1. 强化企业的主体责任

在触犯侵犯公民个人信息犯罪中，信息泄露涉及社会的方方面面，而企业作为犯罪人来说占据了较大的比例，这不仅是企业外部缺乏相应的法律监督的原因，更有企业内部监管不足的缘故，企业内部管理人员的监督管理制度远不够完善，相应的制度构建也滞后于实践的要求，再加上对此类违反犯罪现象的打击力度不够等，不少企业管理人员会利用职务上的便利来侵犯公民个人信息。从日常最为普遍的姓名、手机号或其他通信方式，到涉及安全的家庭住址、家庭成员信息，公民的个人信息极易遭到泄露而不自知。对于企业来说，其侵犯公民个人信息的动机多数在于利用电话短信等手段来推销商品或者实施诈骗，不论最终的目的为何，但都是为了获取不正当的经济利益。

在侵犯公民个人信息罪中，因其涉案信息通常较为庞大，且团伙作案的隐蔽性较强，较多利用科技手段和技术，在犯罪资源和犯罪信息方面共享而形成的"黑色网络"之中，公民个人信息的流转会导致侵犯行为进一步加剧，也进一步扩大损失。因此针对覆盖面广、危害性强的犯罪，国家机关要想进行及时而又有力的打击具有较大的难度，企业作为犯罪主体或者沦为受害者都离不开其缺乏法律意识的缘由，对公民个人信息的法律属性没有正确的认识。一方面没能采取完善的保护机制，另一方面也对相应的违反犯罪不能合理识别，在受到利益的驱使时，轻易认为侵犯公民个人信息的犯罪行为不会被国家机关截获，从而实施了犯罪。

企业作为对其所掌握的公民个人信息的管理主体时，对涉及公民个人信息的把控不严，管理体制不够健全，信息保管和操作的过程不够规范，使得具体的管理主体不够明确，管理责任不够清晰，对其责任强调不够，也没有进行合理的监管和约束，极易导致个人信息的泄露。

因此，企业应当强化其作为管理主体的主体责任，明确实践中"谁收集，谁负责"的基本原则，在对个人信息进行管理的过程中严格落实和实施，加强对于公民个人信息的识别和提高对其的重视程度，认清公民个人信息的存在价值，意识到在当下的社会背景下，侵犯公民个人信息的严肃性和违法性，从而从源头上减少侵犯公民个人信息的犯罪现象，降低公民个人信息泄露的风险。

2. 建立企业内部监管制度

"欧盟的成员国都至少设立了一个专门负责监督个人信息保护法有效施行的机构，信息的收集者处理信息之前必须告知执行机关，制定有关个人信息的法律法规时也应该咨询该部门的意见，同时该机关还有依职权或者依申请对违法行为进行调查的权力。"[1] 通过比较分析，我国各企业内部也可建立类似的监管部门，对收集的个人信息进行专门的监管，防止企业的个人信息遭到泄露，也防止企业欲通过不法手段获取更多的公民个人信息。

在收集公民个人信息和使用过程中，企业应当遵守合法性、明示性以及自主性的原则，明确获得被收集对象的许可，并尊重其作为个人信息主体的权益，公民对于个人信息的使用情况有权利了解，也有权利更改；在对公民个人信息进行保管时，监管部门应当及时更新保管技术和保管措施，加大对个人信息保管的投入资金，切实实现保护的目的；同时严格监管管理人员的举动，一旦出现侵犯公民个人信息的行为时，要进行严厉的处分，当触犯到法律时，及时向有关部门举报并配合完成调查工作，使行为人承担相应的法律责任；监管部门还可以通过设立一系列的防范措施提高行为人的犯罪成本，对管理上的缺失、技术上的漏洞进行及时的维护，提高行为人实施犯罪的难度，在行业中设立规范，推动整个行业在合法的轨道上发展。

---

[1]　宋彦坪：《侵犯公民个人信息犯罪的防控研究》，华东政法大学 2019 年硕士学位论文，第 40 页。

后　记

　　企业发展为国家经济发展、社会和谐稳定、民众安居乐业持续不断地提供了经济上的有力保障。但对企业而言，其首要的任务是生存。企业在生产经营活动中不可避免地会面临各种各样的风险，其中就包括企业的刑事风险。企业的刑事风险是企业的生产经营行为因违反有关法律、法规、规章之规定，从而触犯刑事法律构成犯罪，可能被追究刑事责任的潜在可能性。企业的生产经营往往受企业家的组织和管理，所以企业的刑事风险和企业家的刑事风险含义基本一致，范围大体吻合。企业家是企业发展的核心驱动力，企业家的刑事风险是企业最应当倾力重视和预防的风险，因为企业或者企业家犯罪是企业生产、经营、发展的大忌，它往往导致企业遭受灭顶之灾，遑论生存与发展。企业、生产经营管理的环节众多，方式各不相同，根据刑法的规定，企业或者企业家的刑事风险以不同方式存在于不同环节、不同阶段。当前，企业生产经营遇到了"三座大山"，即市场的冰山、融资的高山、转型的火山。这种情况加剧了某些企业或者企业家挑战刑事风险的决议，最终，企业家被追究刑事责任的情况比过去更为突出。其中一个不利于社会的结果是，"一个人犯罪，一个企业倒闭"。因此受企业家犯罪负面影响的绝不止于企业，还包括企业员工。我们既要从国家经济安全的高度看待企业家犯罪，也要从企业现代化治理和社会主义法治发展的维度重视企业家犯罪的防控。由于企业家犯罪类型甚广，我们在此根据所做的数据统计和其他学者的研究，遴选了20种企业家常见犯罪，对其犯罪现状、原因进行了总结，对犯罪构成问题进行了分析，还从刑事政策的角度对如何预防这些犯罪，特别是企业如何做好内部预防提出了一些不成熟的建议，希望有助于企业家认识刑事风险、识别刑事风险、控制刑事风险，积极做好企业合规制度建设。

　　本书是中南财经政法大学与北京市京师（武汉）律师事务所共同合作的成果。全书在写作中得益于中南财经政法大学几位法律硕士生的帮助，他们在资料上做了广泛搜集，并进行了极其专业的文献综述。依据章节先后顺序，资料搜集和文献综述分工如下：

　　杨雨秋：第一、二、四、五、二十章。

　　伍黛茜：第二、三、六、十、十九、二十章。

　　孙思雯：第七、八、九、十、十一、十二章。

周思喆：第十三、十四、十五、十六、十七、十八章。

其中，第二章、第二十章由伍黛茜、杨雨秋合作完成；第十章由伍黛茜、孙思雯合作完成。全书最后还得到了上述四位同学的认真校对。尤其是周思喆同学认真校对了全书书稿。在此对他们的工作表示感谢！

童德华、童高波

2021 年 8 月 16 日